中国社会科学院老学者文库

马复初汉文著述探析

金宜久 ◎ 著

中国社会科学出版社

图书在版编目（CIP）数据

马复初汉文著述探析／金宜久著．—北京：中国社会科学出版社，2021.8
（中国社会科学院老学者文库）
ISBN 978 - 7 - 5203 - 9008 - 8

Ⅰ.①马…　Ⅱ.①金…　Ⅲ.①马德新(1794 - 1874)—中文—著作—研究
Ⅳ.①B969.92

中国版本图书馆 CIP 数据核字(2021)第 175585 号

出 版 人　赵剑英
责任编辑　王　琪
责任校对　刘　娟
责任印制　戴　宽

出　　　版　中国社会科学出版社
社　　　址　北京鼓楼西大街甲 158 号
邮　　　编　100720
网　　　址　http://www.csspw.cn
发 行 部　010 - 84083685
门 市 部　010 - 84029450
经　　　销　新华书店及其他书店

印　　　刷　北京明恒达印务有限公司
装　　　订　廊坊市广阳区广增装订厂
版　　　次　2021 年 8 月第 1 版
印　　　次　2021 年 8 月第 1 次印刷

开　　　本　710 × 1000　1/16
印　　　张　34
字　　　数　442 千字
定　　　价　188.00 元

凡购买中国社会科学出版社图书,如有质量问题请与本社营销中心联系调换
电话:010 - 84083683

前　言

坚持宗教中国化的大方向，是"积极引导宗教与社会主义社会相适应"过程中，不可忽视的重大课题。马德新（复初，1794—1874年）是清末著名的经师、阿訇。他的汉文著述，对伊斯兰教中国化做出了应有的贡献。

明末清初的王岱舆、马注、刘智与马复初有中国"回族四大著作家"的盛名。只是马复初的经历之丰、见识之广、著述之多，是前三位难以比拟的。

20世纪80年代以来，我根据研究活动的需要，陆续阅读了他们的汉文著述，分别撰写了相关的论文。相继有《中国伊斯兰探秘——刘智研究》（东方出版社1999年版），2010年中国人民大学出版社将其收入"当代中国人文大系"再版；《王岱舆思想研究》（民族出版社2008年版）；《中国伊斯兰先贤——马注思想研究》（社会科学文献出版社2016年版）。研究马复初的汉文著述，也就成为顺理成章的事。

清末时，他的汉文著述冠以"马复初"刊刻问世。他在著述自序或为他人著述撰序时，亦以"马复初"署名。他的著述，除汉文外，还有阿拉伯文、波斯文作品，限于条件，笔者难以寻觅并阅读其相关作品，只能就其汉文著述研究其宗教和学理思想。鉴于清末他的刊本和署名均为"马复初"，我在沿袭前人所为尊重作者意见，故定书名为《马复初汉文著述探析》。

这里，仍一如既往地期望读者不吝批评、指正。

金宜久
2019 年 10 月 25 日

目　　录

第一章

导言——马复初生活
时代及其汉文著述

　　伊斯兰教中国化的发展，有着源远流长的历史进程。到明末清初时，在中原地区先后涌现出享有盛名的回族著作家——王岱舆、马注、刘智。他们生活的时代，正值清王朝建立后巩固其统治时期。经过康熙、雍正、乾隆三代的经营、治理，清朝迅而进入它的鼎盛时期。只是乾隆四十六年（1781 年）甘青地区爆发回民起义后，动乱不断，加之，西方列强对华入侵，严重冲击着清廷的统治。在清朝日趋衰落之际，中国伊斯兰教又有一位重要的经师、阿訇——马德新（复初，1794—1874 年）[①] 登上历史舞台。马复初的从教生涯，再也难与王、马、刘生活的昌盛时代相比拟。以后，他与王、马、刘被合称为中国"回族四大著作家"。特别是马复初领导滇东南地区的云南回民起义，对他的著述活动产生不利影响。否则的话，马复初的著述成就可能会是另外一种情景。

---

　　① 清末，马德新的汉文伊斯兰著述，均以"马复初"之名流传于世。民国时期，他的汉文作品仍以"马复初"之名再版重印。笔者沿袭前人之说而不更改为马德新。

第一节　清代由盛而衰的演变

伊斯兰教于公元 7 世纪中叶输入中国。① 伊斯兰教在华夏大地获得流传后，随即开始了它的中国化进程。伊斯兰教在中国历经唐宋元而至明末时期的 17 世纪初，于清王朝兴起于中国东北地区。

山海关外的东北地区，生活着"以建州女真部为中心的女真族"；女真族因"居鸭绿江源，长白山东，鄂谟辉之野鄂多里城，由女真变音而号曰满洲"②。女真族即满族。明末时，女真族贵族首领努尔哈赤的势力不断扩展，战败周边大部分女真部落后，逐渐摆脱明朝统治。

明万历四十四年（1616 年）努尔哈赤（太祖，1616—1626 年在位）统一女真各部，登帝位，建"大金"，定年号为天命，以赫图阿喇③为都城，后迁辽阳、沈阳为都；史称后金④。努尔哈赤逝世后，皇太极（太宗，1627—1643 年在位）继位，更年号为天聪。天聪十年（1636 年），皇太极改"金"为"清"。

明末，社会矛盾尖锐，民众生活恶化。官场腐朽、宦官专权、倭寇侵袭、边患不绝、兵军反叛、农民起义（其中以李自成、张

---

① 据陈垣《回回教入中国史略》："总之，大食与中国正式通使，确自唐永徽二年（西六五一）始。"可以认为，伊斯兰教于 7 世纪中叶（即唐永徽二年，651 年）始传中国。此后，伊斯兰教历经宋、元、明、清等不同时期的发展，在中国陆续完成它的中国化（即在中国的地方化和民族化）的演变。在此过程中，中国伊斯兰教不断涌现出以汉文表述伊斯兰思想的著述。参见李兴华、冯今源《中国伊斯兰教史参考资料选编（1911—1949）》上册，宁夏人民出版社 1985 年版，第 5 页。

② 吕振羽：《简明中国通史》下册，人民出版社 1955 年版，第 853 页。

③ 天聪八年（1634 年），赫图阿喇更名为兴京。

④ "后金"指明时东北女真族所建国名，以别于 1115 年女真族所建"金"朝。1115 年，女真族金太祖完颜旻于辽天庆五年战胜天祚帝耶律延禧，灭辽朝（916—1125 年，有 9 帝，历时 210 年）。1127 年，金太宗完颜晟建金朝，统治中国北部地区。金哀宗完颜守绪天兴三年（1234 年），金（1127—1234 年）亡。

献忠起义军为最），严重摧毁了明的统治基石；1644 年李自成农民军进入北京，明朝末代皇帝崇祯（1628—1644 年在位）于煤山（今景山）自缢，摇摇欲坠的明政权最终灭亡。这在客观上为正在崛起的清势力南下提供了有利条件。

1643 年皇太极逝世。多尔衮扶植年仅 6 岁的福临（皇太极第九子，1638—1661 年）登基称帝，定年号为顺治（1644—1661 年在位）。

1644 年，镇守山海关的总兵吴三桂降清，助多尔衮（努尔哈赤第十四子、和硕睿亲王，1612—1650 年）率八旗兵入关。此前，叛明降清的洪承畴、耿仲明、尚可喜、孔有德①在助清统一中原战斗中，起过重要作用。

多尔衮于 1644 年进关后，击退盘踞北京的李自成农民军；同年，清军占领北京。幼年称帝的顺治随之进京，由其叔多尔衮、和硕郑亲王济尔哈朗共同摄政。

入关后的清人，不过是以满族贵族为核心的、联合蒙古贵族以及降清的部分汉族地主阶级，取代明的汉族地主阶级对境内各民族的联合统治。

清廷为完成统一中原大业，除继续利用降清的吴三桂、孔有德、尚可喜等人的武装，征伐农民起义军和南明政权外，还极其残暴地镇压各地民众的反清斗争，实施高压（屠杀、抢掠、圈地）的统治政策。②

清廷尝到利用汉人征伐和统治甜头之后，延续了前朝的科举考试制度，以此招募并笼络各族知识分子，扩展其统治基础。

1650 年多尔衮逝世。翌年，顺治（14 岁时）亲政。他在执政

---

① 尚可喜于明万历三十二年（1604 年）降后金，孔有德于明崇祯四年（1631 年）叛明，后降清。

② 尤以清军"血洗扬州，继续十日"为著。参见吕振羽《简明中国通史》下册，第 867 页。

时，整吏治、免苛税、重农而轻工商。在思想文化领域，以儒为主、辅以释道的国策实行精神文化统治；随之，开启文字狱。顺治的执政措施，为其后康乾盛世奠定了基础。他虽与天主教耶稣会士汤若望（1592—1666 年）有过交往，但在顺治十四年（1657年）时，终于信奉佛教而有"出家剃度"之说。

就顺治时期的中国伊斯兰教而言，未发生值得重视的事件。至于顺治五年（1648 年）米喇印（？—1648 年）、丁国栋（？—1650 年）的"反清复明"起义，在当局看来这并非宗教信仰问题，像对待其他反清斗争一样，予以严厉镇压。

1661 年，作为短命皇帝的顺治，年仅 24 岁即去世。此前，他已下诏三子玄烨为皇太子；玄烨 7 岁（生于 1654 年）即帝位，次年改年号为康熙（1662—1722 年在位）。

康熙有索尼、苏克萨哈、遏必隆、鳌拜为辅政大臣协助统治。

康熙六年（1667 年），首辅索尼病逝，名义上他得以亲政，但难以掌控政局。鳌拜继杀苏克萨哈后，与遏必隆自封一等公。1669 年，康熙拘禁鳌拜，杀其弟侄，除其党羽；撤遏必隆太师、一等公职衔。

清廷继以武力向南方扩展疆域，镇压内地各族人民的反清斗争；随后，灭南明政权。十二年（1673 年），康熙下令"撤藩"，继而于 1681 年平三藩①之叛，清军还平定陕西、江西之乱；1683年，征伐并收复台湾。1690 年和 1696 年分别征伐准噶尔部的噶尔丹；平定察哈尔蒙古的布尔尼叛乱。1689 年，继抗击并战胜沙俄在黑龙江边境的侵略、骚扰后，订《中俄尼布楚条约》，与俄划定两国东段边界；东北地区得以稳定。他在战胜各地割据势力、叛乱和外来入侵后，为完成统一大业奠定扎实基础。

---

① "藩"即"藩王"，指叛明投清并为清政权封为"云南王"的吴三桂、"广东王"尚可喜（子之信）、"福建王"耿仲明（子继茂、孙精明），"三藩"为威胁清统一的三股地方割据势力。

康熙在执政期间，整吏治、除弊端、鼓励垦荒、轻劳役、减赋税、整修河道，亲赴外地巡视，了解民情，康熙盛世端倪日显。他延续顺治以儒为主、辅以释道实行统治的国策，在思想文化领域继续实施文字狱。

康熙同样没有关于伊斯兰教的系统而又明确的政策。据《清真指南》："康熙十八年（己未，1679 年），皇上狩于蠡城，登清真阁，见架置天经，徘徊不忍去，诏寺人能讲者来，蠡人无有应诏者。二十一年（1682 年）秋，西域国臣以天经进，上谕礼部侍郎即传京师内外，诏能讲者来，皇上登景山以待。时日将晡，次日欲幸五台，及诏至，乃教领之能诵而不能讲者。"①

康熙虽有了解伊斯兰信仰、《古兰经》经文含义的愿望，但在当时"蠡人"和"京师内外"的教领（似应含阿訇、经师、掌教等从教人员），仅为"能诵而不能讲者"，无法满足康熙的需要。北京地区一度传言"回民谋叛，夜聚明散"、其教不合礼仪，甚至有官员主张令其信徒出教，毁其清真寺。康熙遂在京微服私访，得真情后遂下诏："借端虚报回民谋反者，职司先斩后奏！"② 这表明，康熙对伊斯兰教并无反感。在新疆问题上，康熙关注的是边防安全、社会安定。上述有关征伐噶尔丹事件，其重点不是民众的宗教信仰，而是维护国家统一的政治行为。

1722 年，康熙在位 61 年，以 68 岁高龄逝世。1709 年被封为和硕雍亲王的四子胤禛，于 44 岁时登基，年号雍正（1723—1735 年在位）。

雍正继位，一改康熙宽容治政导致的国库钱粮欠缺之弊。查亏空、整吏治、除弊端、施严刑，沿袭重农抑商。为排斥异己、根除后患，他还先后监禁或杀害近十名同胞兄弟，以强化皇权、巩固统治。对南方少数民族实施"改土归流"政策；继续举兵征

① 马注：《清真指南》（卷之一）"援诏"，青海人民出版社 1989 年版，第 23 页。
② 金吉堂：《中国回教史研究》，宁夏人民出版社 2000 年版，第 77、78 页。

伐准噶尔部以固边防；与外商交往则由严格"海禁"到限制"海禁"。在精神文化领域，他并重儒释道三教，其执政实效显现为利民生、库藏充裕。

雍正因"屡有人具折密奏"而下谕旨称："直省各处，皆有回民居住，由来已久。其人既为国家之编氓，即俱为国家之赤子，原不容以异视也。"他还说："朕思回民之有教，乃其先代留遗家风土俗，亦犹中国之人，籍贯不同，嗜好方言，亦遂各异。是以回民有礼拜寺之名，有衣服、文字之别，要亦从俗从宜，各安其习。除非作奸犯科、惑世诬民者，此则回民之有教，毋庸置疑也。"① 他主张"从俗从宜，各安其习"，在"朝廷一视同仁"的同时，明确提出一般信众不宜"倘自谓别为一教，怙恶行私，则是冥顽无知、甘为异类"②，从而严格区分正常信仰与行为不端、犯罪作恶的界限，实施赏善罚恶的政策。为严格实施该政策，雍正九年（1731 年），甚至在西北回民聚居地区推行"乡约制度"。③

雍正为防止诸皇子在身后争权相残，生前已密诏四子弘历继位。1735 年，雍正病故。内侍从"正大光明"匾额后取出谕旨弘历继位的密诏。弘历于 25 岁时遵诏登基，年号乾隆（1735—1795 年在位）。

乾隆在位执政 60 年，加之在退位后仍以太上皇之衔继续执掌大权三年有余，他是中国历史上最长寿的君王。

乾隆重视农业生产、兴修水利，减免赋税、赈济灾民，但他

---

① 《清世宗实录》卷八十，雍正七年四月辛巳。

② 《清世宗实录》卷八十，雍正七年四月辛巳。

③ 所谓"乡约制度"，似可视为保甲制度。它提出："回民居住之处，嗣后请令地方官，备造册籍，印给门牌。以十户为一牌，十牌为一甲，十甲为一保。除设立牌头、甲长、保正外，选本地殷实老成者为掌教。如人户多者，再选一人为副。不时稽查所管回民。一年之内并无匪盗当事者，令地方官酌给花红，以示鼓励。如应所请，从之。"见《清世宗实录》卷一一二，雍正九年十一月戊子。

好大喜功，大兴土木，六下江南，引发上下官吏贪腐成风，其消极影响，随后陆续显现。在精神文化领域，乾隆虽沿袭以儒为主、辅以释道治理的国策，但他却延续了更为严厉的文字狱的政策。

乾隆早年沿袭雍正对伊斯兰教"从俗从宜，各安其习"之策，在下令编纂《四库全书》时，收入刘智《天方典礼》提要。乾隆对新疆白山、黑山两派信众持一视同仁政策。然而，流亡境外的和卓后裔集聚实力、窥测时机，不时发动叛乱，妄图复辟在疆的统治。

乾隆二十年（1755 年）以来，先后平定大小和卓、准噶尔叛乱；二十四年（1759 年）统一新疆，完成中国的统一大业。这是他的最大功绩。

乾隆在新疆平定大小和卓叛乱事件后，除赏赐没有参与叛乱的有功伯克家族、对来京觐见的伯克赐以居所外，考虑到地区安定、宗教信仰和民族习俗，为在京伯克家族及其随员聚集地敕建清真寺；在清真寺落成后，为之御书《回人礼拜寺碑》①。他强调"统同合异""回人亦吾人也"，提出"国家推以人治人之则，更为之因其教以和其众"②。这是说，民族与宗教有关，但不是一回事。团结民族与宗教上层，并非纯粹宗教性的政策，而是清当局治理边疆事务的一种政治行为。

乾隆认为："新疆回人年班入觐，往来络绎。内地民人亦多至回疆贸易。其有查对经卷，讲习规条者，相习为常。例所不禁。遂有红帽③、白帽，新教、旧教之名。其实新疆之回人，正其旧教也。且现在内地回民所习之教，所讲之经，皆与喀什噶尔、叶尔羌等处回人经教无异，原无新旧之别。况内外均属编氓赤子，顺

---

① 这里说的"回人"，指的是新疆维吾尔族伊斯兰信众。

② 乾隆《回人礼拜寺碑》，见国家图书馆金石组编《中国近代石刻拓本汇编》清072，中州古籍出版社 1997 年版，第 59 页。

③ 祁韵士：《皇朝藩部要略》（卷之十五）："尝以白布蒙头，故称曰缠头回，又称曰白帽回，回人自称白帽，曰达斯塔尔。别有红帽回辉和尔哈拉回诸族。然以缠头回为著。"（文海出版社 1965 年版，第 781—782 页）

则恩有可加，逆则法无可宥。"①

乾隆在新疆推行《大清律》以替代伊斯兰教法司法，陆续实施政教分离、废除和卓政教合一政权，削弱阿訇（毛拉）干预政务，即规定阿訇"乃回人内诵经识字者"，"不得干预"政事；②进而提倡儒学。以清的律法替代教法，实施政教分离、改革新疆南部地区宗教势力控制地方政权（政教合一）的体制。乾隆对新疆的政策，被其后各代君主所延续。到同治时期，进而以中原地区的"省"的政治体制，替代和卓家族的地方特权制度。

乾隆明确区分人的社会性行为与人的内心思想信仰，并不视为同一，亦不改变伊斯兰教信众的习俗，以体现雍正所说的"从俗从宜"。

乾隆四十六年（1781年），甘青地区伊斯兰教新老两派信众因信仰礼仪的差异，发生争执。清当局不察缘由，地方官员受命干预、支持老派，终于激发回民起义。乾隆从开始主张的"严断根株"参与起义者，到采取剿抚并举、德威并重、宽严相济的两手政策，"当分别从逆与否、邪正之殊，不必论其教之新旧……凡从逆回匪，俱称邪教，不必分新旧名目。俾回民等，咸知朕洞悉其教根源，不分畛域，断不肯因滋事贼匪，将无辜守法良民，一并株连之至意"③。

乾隆镇压甘青回民起义后，严格区分顺逆，而不分其红帽、白帽，新教、旧教，反映了乾隆在宗教信仰问题上的基本认识。

地方官员处理起义善后之际，广西巡抚朱椿大肆查办海富润携带伊斯兰经书案件。④乾隆对此下谕称：回民"各省多有，而

---

① 《清高宗实录》卷一二〇八，乾隆四十九年六月上甲申。

② 《清高宗实录》卷六一五，乾隆二十六年六月下辛丑。

③ 《清高宗实录》卷一一三〇，乾隆四十六年五月丁丑；卷一二〇八，乾隆四十九年六月上甲申朔。

④ 《清高宗实录》卷一一五八，乾隆四十七年六月上戊辰。参见刘智《天方至圣实录》附录二，中国伊斯兰教协会，1984年，第387—408页。

在陕西及北省居住者尤多。平日所诵经典，亦系相沿旧本，并非实有谤毁、显为悖逆之语……遇有似此鄙俚书籍，俱不必查办"，"……焉能尽其人而火其书乎？……传谕朱椿并毕沅等，竟可毋庸办理。嗣后各省督抚遇有似此鄙俚书籍，俱不必查办。将此一并传谕知之"①。朱椿因所谓海润富经书案而被"革职留任"。可见，乾隆这时已严格区分政治事件与宗教性的著述流传，并未等同看待。

乾隆四十九年（1784 年），回民又爆发新的起义。清当局的镇压活动，对当地的经济发展和民众生活造成严重影响。其后多年的战乱，导致民众的积怨。

可以说，在顺治后的康熙、雍正、乾隆三代（1662—1795年），其治国之道大同小异。在 130 余年间出现了清代的全盛时期。在政治领域，它完成和巩固了中国的统一，形成中华民族的统一多民族大家庭，确定了中国的广阔版图；在军事领域，自清人入关，除了早年它的八旗兵起过一定作用外，其后几乎是靠汉人武装连年不断的战斗，才得以完成政治领域的重要成就；在文化领域，康熙时完成了《全唐诗》[康熙四十四年（1705 年）至四十五年（1706 年）]、《康熙字典》[康熙四十九年（1710 年）至五十五年（1716 年）]、《皇舆全览图》[康熙四十七年（1708年）至五十七年（1718 年）]，雍正六年（1728 年）完成了《古今图书集成》，乾隆四年（1739 年）完成了《明史》（历时 94 年完成）、《四库全书》[乾隆三十八年（1773 年）下令编纂，9 年后完成]、《十三经石刻》[乾隆五十六年（1791 年）至五十九年（1794 年）] 等，这对中国传统文化的发展起到不可忽视的重要作用。

可是，清朝所实施的闭关锁国、重农轻商、文字狱、忽视科

---

① 《清高宗实录》卷一一五八，乾隆四十七年六月上戊辰。

学技术等政策，严重影响到国家的发展。特别是乾隆四十六年
（1781 年）镇压回民起义以来导致的阶级矛盾和民族矛盾，为其
盛世敲响了急剧步入衰落的钟声。

正值康乾盛世之际，在西方世界，英国经过 17 世纪的资产阶
级革命、建立起君主立宪制政体后，18 世纪完成了产业革命；法
国亦于 18 世纪末实现大革命，发表"人权宣言"、废除封建等级
制、建立资产阶级政权；美国在独立战争中，于 1776 年发表"独
立宣言"，摆脱英国殖民统治，宣布独立，同样建立起资产阶级政
权。其他西方国家也陆续步英法后尘，由资产阶级执掌政权。它
们向外急剧寻求资本市场，日益显现出资本主义固有的对外侵略
扩张、掠夺诈骗的罪恶本性。

早在西方普遍建立起资产阶级政权之前，英国、荷兰、西班
牙、葡萄牙、法国等国家，已在"自由贸易"的借口下，为寻求
海外市场、开拓殖民地而不时争夺。美洲新大陆的发现，为西方
列强提供了争夺的新领地。它们还把目光聚集在西亚、北非、撒
哈拉以南的黑非洲、南亚、东南亚、中亚等地，甚至为此不惜诉
诸战争。

具有侵略本性的西方列强把中国视为可以任意宰割、强取豪
夺的财源地。它们从海（东南）陆（西北）两路欲敲开与中国
"通商"之大门。

继康乾盛世之后的嘉庆（1796—1820 年在位）① 执政，成为
由盛入衰的过渡期。他在政治上再也难以延续清的昌盛大局，反
之，已日益显现其无法挽回而渐趋衰落之势。

嘉庆 37 岁继位后，大致有三年多时间仍由太上皇乾隆掌控
朝政。

嘉庆亲政后，随即整内政、严纲纪，倡节俭、禁奢华，杀和

---

① 嘉庆生于乾隆二十五年（1760 年），名颙琰，乾隆的第十五子。

珅、抄其家产、清其党羽，禁鸦片，对外则继续持排斥态度。在乾隆末年东南沿海的反清武装斗争尚未中止的同时，1796 年四川、湖北、陕西的白莲教（八卦教）起义，1802 年广东的天地会起义，1813 年的天理教（白莲教的一支）于北京、河南的起义，1795—1806 年间的苗民于湖南、贵州的起义等，严重冲击了嘉庆的统治。

嘉庆延续明清鼎革以来在精神文化领域实施的以儒为主、辅以释道的做法，对伊斯兰教仍无系统、完整的治理政策，完全赖于因须而治、因事而异。

在新疆地区，当局继续实施对黑山派（黑帽①）、白山派（白帽）信众一视同仁政策。可是，逃窜境外的和卓后裔，在外部势力（浩罕汗国）的纵容和支持下，利用宗教信仰的掩护，窜入境内，频频发动叛乱。

清当局在镇压甘青地区的起义和新疆地区的叛乱后，虽不将它与信仰伊斯兰教的一般信众等同看待。但国内的阶级矛盾和民族矛盾仍有所深化。

道光（1821—1850 年在位）② 在康乾盛世光环的余晖下，已无力固守先祖的丰硕遗产。大清帝国开始其全衰时期。

道光执政期间，虽尽力改盐法、降盐价、准开矿，以增税收，且改漕粮河运为海运，可是他在政治、经济等领域的作为成效不大。在对外方面，一方面，英国支持流亡境外的和卓家族势力利用宗教旗号犯境，或是唆使宗教势力叛乱。1820 年以来新疆边境地区叛乱不断。其中，以英帝国主义唆使境外的张格尔屡屡犯境为最③。1828 年，张格尔叛乱平定，但其后，宗教势力的叛乱仍

---

① 疑即上述的"红帽"。见《清高宗实录》卷一二〇八，乾隆四十九年六月上甲申。

② 道光生于乾隆四十七年（1782 年），名旻宁，嘉庆第二子。

③ 张格尔乃大和卓波罗尼敦之孙。其家族在逃亡境外后，贼心不死屡屡犯境。1828 年张格尔被擒，递解北京后被处死。

不断。① 另一方面，以英国为首的西方大国，以毒害中国民众的鸦片开路、继以兵舰大炮相胁，妄图实现其通商要求。② 在贸易难以满足西方国家贪欲的情况下，道光十三年（1833 年），英国居然派兵舰炮轰广东虎门口岸，妄图以此打开中国门户。

道光十八、十九年（1838、1839 年）清廷先后命林则徐（1785—1850 年）为钦差大臣和两广总督，主管查禁鸦片。林则徐焚烧以英国为首的西方国家的鸦片后，早已蓄谋入侵中国的英国，终于暴露其丑恶嘴脸和侵略行径，随之，翌年爆发"鸦片战争"。尽管中国民众对外来侵略予以英勇回击，林则徐成为中国著名的抗英民族英雄。可是，清廷在一批腐败无能的上层庸官的操纵下，战争难以获取胜利。

1840 年鸦片战争后，清廷接受了英国强加的、丧权辱国的割地赔款、五口通商的不平等条约——《南京条约》（1842 年）；随后有《中美望厦条约》（1844 年）、《中法黄埔条约》（1844 年）。1856—1860 年的第二次鸦片战争，英法联军攻占北京、火烧圆明园。西方列强强加给清朝一个个丧权辱国的条约。从此，中国由闭关自守的封建社会沦为西方列强任意宰割的半封建半殖民地社会。

几乎与外部入侵同时，在内部则出现了长达十多年的太平天国（1851—1864 年）运动、苏鲁豫皖捻军（1852—1868 年）起义、陕甘回民起义（1862—1872 年）。外侵内患严重摧毁着清朝的统治，预示着它的灭亡已指日可待。

清朝的盛衰剧变，为中国伊斯兰教的发展留下不可忽略的印记。这一期间，马复初于 1841 年出境朝觐、游学。1849 年返滇后，他的从教生涯，正值道光、咸丰（1851—1862 年在位）、同治（1863—1874 年在位）三朝约 1/4 世纪，特别是咸丰同治年间

---

① 如 1847 年的七和卓之乱，1857 年的倭里罕和卓之乱，1865 年的阿古柏叛乱等。
② 它们以鸦片换取中国的特产——茶叶、瓷器、丝绸等商品。

的云南回民起义，以他的身份、学识和地位，加之他在信众中的广泛影响，一度把他推上了参与并领导滇东南回民起义的政治舞台。这是他朝觐返乡后从未预料到的。

第二节 清代伊斯兰教概述

伊斯兰教于公元 7 世纪中叶输入中国，到明末清初时，伊斯兰教在华夏大地流传已逾千年。伊斯兰教在中国的流传过程，亦即它在华夏大地不断中国化的过程。

进入清代以来，它的发展首先显现为信众的大量繁衍。伴随着信众的增加，清真寺院在各地也随之普遍建立起来。可是，就中国伊斯兰教在思想文化方面而言，它的发展显得自发甚于自觉，相对缓慢一点。

伊斯兰教自兴起以来就体现了自我发展、自我完善的过程。大致说来，似可归纳为两个重大发展阶段：其一为理性主义纳入伊斯兰信仰的阶段；其二为苏非主义被纳入伊斯兰信仰的阶段。伊斯兰教在发展过程中，理性主义和苏非主义被纳入伊斯兰信仰后，两者就不再存在了；相反，理性主义和苏非主义在伊斯兰社会中，仍然相对独立地继续存在和发展。前者的发展以世俗哲学的形态显现于思想文化领域；后者则以社团为载体（包含与之相应的思想主张）活跃于社会领域。

作为一个受体，中国伊斯兰教接受外来的信仰礼仪，亦非一次性完成的。它是在不同地区、不同时代，由不同成员以不同形式分别输入的。这就决定了不同时期境外伊斯兰教的表现形式，只要有成员将其输入华夏大地，它就会在一定程度上留下相应的痕迹，对中国伊斯兰教的发展，都起着相当的影响。

在中国社会的大环境下，伊斯兰教从未建立起全国性的宗教机构，长期以来，在基本信条方面，也未能确认相对统一的表述形式，只能延续由输入时的礼仪和信仰。

就中原地区的信众而言，他们历来以聚居的教坊—清真寺为中心，过着各自为政、各行其是、相对独立的社会生活。他们还参与当地的社会经济活动；有些地区的信众，则与周边居民通婚，养育后代；在思想文化交流方面，很自然地接受或采纳当地民众的语言文化；他们的生活习俗，受到当地民众的影响，进而入乡随俗。除了宗教信仰、饮食习俗以及与之相关的生活方式有所差异外，与周边民众的区别并不明显。

各个教坊—清真寺的经师、阿訇，根据他们的学识和掌握经籍的水平，向一般信众传达伊斯兰教义理的认识或理解。有的地区还根据他们所掌握汉语文的程度，对相关阿拉伯文（或波斯文）经籍的含义，以汉语文直接译释，或在汉语文中夹杂着阿拉伯文（或波斯文）予以译释（即将语词概念夹在汉语文中表述）。

即便是 16 世纪下半叶经堂教育（一种有组织的宗教教育形式）建立及其在各地兴起后，它的经师、阿訇或学者，仍缺乏传授其信仰、礼仪方面的统一认识，以统一的语词概念表述其信仰礼仪，也无专人从事这一工作。在经堂教育系统培养阿訇、经师的同时，传统的家学口耳传授的宗教教育形式，仍在一些地区有所延续，成为培养从教人员的一个重要补充形式。这就决定了有关伊斯兰信仰的汉文文献资料极其匮乏。

在民间，清真寺院建造或原有寺院修缮完工后，往往仿效当地民众为寺院树碑立传的习俗，书以碑铭以资垂名千古。

根据现已汇集的资料来看，唐宋时期的清真寺汉文碑铭罕见，而自元以来特别是明清时期碑铭较多。从涉及信仰礼仪内容的表述中，可以清楚地看到，它如实地反映了这一时期的伊斯兰教，特别是清一代伊斯兰信仰在民间的一般情景。这为当今研究留下极其可贵的书文资料。

如从元到马复初时的清真寺碑铭中，可以窥见中国伊斯兰教

发展的概貌。它的行文及其相关内容，值得重视的问题，可大致
分为四类。

其一，关于信仰以及有关真主称谓。

元时，河北定州"重建礼拜寺记"［大元至正八年（1348
年）］说："吾回回人拜天其事也，不知此地亦有吾属而知所以拜
天者乎？"① 几乎在同时，广东广州"剌马丹墓碑"［元至正九年
（1349 年）］中记述："人总是要死的。真主，除他外绝无应受崇
拜的。他是永生不灭的，是维护万物的。"② 清真寺碑文已以语词
"主""真主"概念表述其信仰，只是这一称谓无论在当时还是在
其后的清真寺碑文中，都未被广泛应用。碑文中往往以"天"称
谓真主，或以"事天""拜天"表述其信仰。

例如，福建泉州元吴鉴"重立清净寺碑记"［元至正十年
（1350 年）］认为："其教以万物本乎天，天一理无可象，故事天
至虔，而无像设。每岁斋戒一月，更衣沐浴，居必易常处。日习
向拜天，净心诵经。经本天人所授……旨义渊微，以至公无私，
正心修善为本；以祝圣化民同急解厄为事。"③

到明时，碑文仍以"事天""敬天"表述，同时伴以中国传
统文化的相关内容表述其思想。例如，河北大名县南关小东街
"礼拜寺碑记"［明正德十四年（1519 年）］说："尝考其教，大
要以敬天为主，以清心寡欲为训，而正纲常、辨义利、审取舍、
昭淑慝，以劝戒者，大抵皆归于道也，其异于诸夏之圣人者寡
矣……惟万物之生本乎天，而所以事天者，一言以蔽之曰：敬事
尧典首钦若之文，虞廷谨敕天之戒，恐惧著于大易，休咎衍于箕
畴，自古圣贤未有不以敬天为急者。然敬天之意存于者，而礼拜
者，所以将其敬也；建寺者，所以洁其地也。……天道善善而恶

---

① 余振贵、雷晓静：《中国回族金石录》，宁夏人民出版社 2001 年版，第 14 页。
② 余振贵、雷晓静：《中国回族金石录》，第 466 页。
③ 余振贵、雷晓静：《中国回族金石录》，第 67、68 页。

恶，故易以遏恶扬善为顺天；王典克从，敦天叙也；五礼克庸，顺天秩也；无敢戏豫，敬天怒也；无敢驰驱，敬天渝也；于时保之，畏天威也。信斯言也，则其静与天游，动与天俱，诚中达外，纯于善而不杂于恶，而所以事天者有其本矣。"①

　　生活在明末清初的王岱舆，在《清真大学》和《正教真诠》中，已应用语词"真主"的概念，称谓信仰对象。他甚至以"真一"作为学理性的替代词，称谓真主。有的碑文在清时已明确应用语词"主""真主"概念称谓其信仰对象。例如河南郑州北大寺"大清乾隆己卯科举举人牧天颜撰五梦歌"［清乾隆二十四年（1759 年）］，已以真主予以表述。该"五梦歌"说："一梦五十年，不醒悟罔徒然，百岁光影如闪电，把作证不宣，撇五时朝参，复生怎将真主见。回答难，好伤惨，无常一到程程受熬煎。"② 又如河北定州清真寺"重修碑记"［清雍正九年（1731 年）］说："回回之寺何此清名？盖言清心寡欲耳……其常进此寺，使人默思。夫上天之载无声无臭，一生一死、一饮一啄，无非主上之恩。虔心稽首把斋礼拜以抑报主恩……一日五时礼拜，掌教者讲君臣之意，使人共知率士皆臣；明父子之亲，使人共知父生母鞠；论夫妇、长幼、朋友，使人共知有别、有序、有信。五典叙而百姓亲，共安予无事，何尝有邪心妄念，微生觊觎以自绝于圣世哉。"③ 再如广州"重修先贤赛尔德墓寺记"碑［清嘉庆二十年（1815 年）］说："谨按：天方为回回祖国，自阿丹传光五十世，而贵圣穆罕默德生，神灵敦敏，西域神服，尊为天使。其立教恭认真一，不设形像。有天经三十部，包罗天人之奥，性命之精。至于纲常各教，事物细微，莫不备具。"④

---

①　余振贵、雷晓静：《中国回族金石录》，第 213 页。
②　余振贵、雷晓静：《中国回族金石录》，第 216 页。
③　余振贵、雷晓静：《中国回族金石录》，第 20、21 页。
④　余振贵、雷晓静：《中国回族金石录》，第 469 页。

　　然而到马复初从事学术活动时，碑文关于真主（主、"真一"）这一称谓形式，在信众分散聚居，各地寺院又各自为政、自行其是的情况下，难以为从教人员普遍认同，也就很难为信众普遍接触，从而中国传统信奉的"天"成为流传最为广泛的语词，这正是马复初以《祝天大赞》表述对"天"认识的重要原因。

　　其二，涉及礼仪的表述形式各各有别。

　　在礼仪方面，明时已有大致明确的表述，只是有些碑文的表述与通常有关礼仪所述不同，有的在语词概念方面，也同礼仪一样，仍有待于统一。

　　例如，山东济南府历城县"礼拜寺重修记"［明弘治八年（1495年）］说："所谓诚、礼、斋、济、游是已。诚者，物之终始，君子诚之为贵；礼者，天理之节，文人事之仪则；斋者，斋戒沐浴，迁善改过；济者，补其不足，助其不给；又有游焉，游诸西域，以格享上天。"① 上述的"诚、礼、斋、济、游"，似在表述伊斯兰教应予履行的宗教功课。

　　又如河北张家口"重修礼拜寺记"［明嘉靖二年（1523年）］说："……不设神像，无非敬天，各欲尽其诚敬而已……吾之教不作佛事，不事神鬼，其立教之目有五：一、敬天忠君孝亲，务践其实；二、每于寅未酉戌亥五时拜天以忏过愆；三、每日必清洁身心，自旦至晡绝饮食严持斋戒；四、论人之资产以四十为率取其一储以济贫者，谓之天税；五、瞻礼西方五色玉方随其所在，建寺会拜以答所自。"② 这里说的"其立教之目有五"，显然是在表述"五功"，只是说法有所不同而已；至于它所说的"每日必清洁身心，自旦至晡绝饮食严持斋戒"，显然与每年伊斯兰教历的九月斋戒的说法有别。

　　到清时，关于礼仪方面的碑文，与明代大致相仿。如浙江杭

① 余振贵、雷晓静：《中国回族金石录》，第77页。
② 余振贵、雷晓静：《中国回族金石录》，第19页。

州"真教寺碑记"［清康熙九年（1670 年）］说："其教以清洁为主，不事像设。每日有五时之拜，摄心于日矣。每月（应为周，下同——引者注）有主玛儿（或主麻，即聚礼——引者注）之拜，摄心于月矣。每岁有一月之斋，饥不食，渴不饮，以消三毒五浊之愆，摄心于岁矣。日有日省，月有月修，积日月而成岁，则岁有心斋。"① 这里，碑文所述"每月有主玛儿之拜"，显然与每周五有聚礼的说法不同。

严格说来，所引碑文的表述形式有其明显差异，有待于其后予以统一。

其三，碑铭强烈反映出中国传统文化的影响。

清真寺碑铭行文所受中国传统文化影响，是伊斯兰思想与中国传统文化融合的一种表现形式。其中，尤以儒家语词概念为最。只是其中所述，有着明显不足之处。

例如福建泉州"重修清净寺碑"［明万历三十七年（1609 年）］说："相传宋绍兴间，兹喜鲁丁，自撒那威来泉，□□□□□（原字不清，以□表示，后文同——引者注）庙□□之左角，有上下层，以西向为尊。临街之门，从南入。砌石三圈以象天。□左右壁，各六□□九门□□，皆九九数，取苍穹□□之义。内圜顶象天，□上为望月台。下两门相峙，而中方□，□□象。入门；转西级而上，曰下楼；南级上，曰上楼。下楼石壁，门从东入。正西之座，曰奉天坛；中圜象太极；左右二门，象两仪；西四门，象四象；南八门，象八卦；北一门，以象乾天，天开于子，故曰天门；柱十有二，象十二月。上楼之正东，曰祝圣亭。亭之南，□□□□□于石城，设二十四窗，象二十四象。西座为天坛，□书皆经言。"② 可见，清真寺建筑所述"中圜象太极；左右二门，象两仪；西四门，象四象；南八门，象八卦"，极力体现太极、两

---

① 余振贵、雷晓静：《中国回族金石录》，第 54 页。

② 余振贵、雷晓静：《中国回族金石录》，第 72—73 页。

仪、四象、八卦的特色，在中国的寺院建筑中，仍属罕见。

山西大同清真寺"重修礼拜寺碑记有铭"［明天启三年（1623 年）］关于伊斯兰教的礼仪说："其一，敬天、忠君、孝亲，践其实。其二，每日寅未申酉戌五时沐浴拜天，以忏过恕。其三，叁年清斋一月，自旦晡绝饮食、严持戒，拒人之费屋。其四，以四十为率取其一以济贫，谓之天税。其五，瞻礼，西方国修典，中国不能众谒。迎建寺会以答所。"① 碑文所述，所谓"叁年清斋一月"，有误；把"瞻礼"与"西方国修典"联系起来亦不确。

甘肃武都"重修礼拜寺碑记"［明崇祯四年（1631 年）］说："予尝读《太极图说》，三百六十周天之数，总无极而太极也。生天、生地、生人、生物，孰能外此。自流衍羲皇，传及禹、汤、文、武、周、召、周、孔、孟，莫不率性而成，大都只言归根复命之理，未悉归根之源。……予虽后学，扶今筹昔，吾教祖圣人马罕默的（疑即穆罕默德——引者注）从唐中□（□中有一'宗'字）时仙骨显应，降真经六千六百六十六段，本是太极□（□中有一'祭'字）皇传诧，字九万九千九百，一数乃为无极正脉□诚无伪避却百邪之门户，有礼无形，包罗万象之囊龠，林林而生，总总而众，以土木金石作像，以回光□照为从诵，明德新民而止，至善法诗、易、书、礼而该春秋，济饥援苦，天下共为一家。"② 碑文以历史人物、无极太极为引，而所述经文"六千六百六十六段"（应为"节"），所书"字九万九千九百"有误。

到清代，以儒家思想表述碑文，是更为常见的现象。如河北"定州清真寺重修碑记"［清雍正九年（1731 年）］说："回回之寺何此清名？盖言清心寡欲耳。……一日五时礼拜，掌教者讲君臣之意，使人共知率士皆臣；明父子之亲，使人共知父生母鞠；

---

① 余振贵、雷晓静：《中国回族金石录》，第 31 页。
② 余振贵、雷晓静：《中国回族金石录》，第 220 页。

论夫妇、长幼、朋友，使人共知有别、有序、有信。五典叙而百姓亲，共安予无事，何尝有邪心妄念，微生觊觎以自绝于圣世哉。"① 湖南隆回县"桃花坪清真寺碑"［清道光七年（1827 年）］说："原夫道有太极，动而生阳，静而生阴，两仪立焉，而真根亦本于无极，此吾教所遵，造化天地万物之真宰，名虽殊，而理则一也。"② 云南开远"大庄清真寺捐资碑" ［清道光二十五年（1845 年）］说："圣奉主命，传经立教，将一切命令禁止，认礼斋济游以传其道，三纲五常仁义礼智信以阐其教，此所以谓之钦差大圣人也……凡为圣人之教生者，必须要遵圣正教、体圣法言、奉圣止行。"③ 上引碑文除借用无极、太极、两仪，"五典"（指父义、母慈、兄友、弟恭、子孝五种伦理道德）和"三纲五常仁义礼智信以阐其教"表述其思想外，在礼仪方面，关于五功的说法，与王岱舆的"五常"也有所不同。这反映了当时碑文书写者及其信众的一般认识状况。

其四，有的碑文借助佛教人物说事或不乏迷信色彩。

值得指出的是，元时，曾经存在以佛教达磨（达摩）譬喻伊斯兰信仰的碑文，反映中国传统文化对信众的影响。

例如广州"重建怀圣寺之记"［元至正十年（1350 年）］碑说："其不立象（像），教惟以心传，亦仿佛达磨。今观其寺宇空洞，阒其无有像设，与其徒日礼天祝禧，月斋戒惟谨，不遗时刻晦朔，匾额'怀圣'。"④ 清代同样有类似的比附。如浙江杭州"真教寺碑记"［清康熙九年（1670 年）］说："至于视国祐民，笃父子之亲，凛君臣之义，与尧、舜、周公、孔子遗书无异。以视浮屠氏弃去一切，老氏幽栖谷处者，又大径庭乎□?"⑤ 广州

---

① 余振贵、雷晓静：《中国回族金石录》，第 20、21 页。
② 余振贵、雷晓静：《中国回族金石录》，第 111 页。
③ 余振贵、雷晓静：《中国回族金石录》，第 310 页。
④ 余振贵、雷晓静：《中国回族金石录》，第 113 页。
⑤ 余振贵、雷晓静：《中国回族金石录》，第 54 页。

"重建怀圣塔寺之记"碑［清康熙三十七年（1698 年）］说："闻之仲尼曰：'天何言哉！四时行焉，百物生焉，天何言哉！'其所谓天命之性，率性之道，修道之教，反复千万言，皆为不信天者而发耳。石室之教，不立儒者文字，与达磨西来之旨，若有相似。然达磨以心为宗，而石室之教以天为本，且五伦之礼，不悖于儒者，究其指归，似于孔门之道，为近世□以其国近天竺，自西而来，而寺塔之属，有类于释氏，遂欲比而同之，其亦未之审矣。"① 上述碑文所说的达磨②，乃佛教遵奉的印度来华僧人，即达磨笈多（？—619 年）。隋开皇十年（590 年），他由印度来华，居瓜州（今甘肃敦煌西），后受邀到长安大兴善寺译经，卒于洛阳；汉文碑铭以佛教僧侣为例比附伊斯兰教，说明其所受中国传统文化影响之深非同一般；至于碑文所说的"浮屠"，所指的是和尚，以和尚说事，似不妥。

又如"福建泉州先贤古墓阿文碑"［伊斯兰教历 722 年（1323 年）］说："此墓为昔日传教此方二先贤之墓。……墓有灵异，其遭运不佳，或抱病不起者，皆来此祈祷二贤保佑，有求必应。每届冬季，常有多人自远方至此墓瞻礼行香，归家无不康健安全，俱叹行千里而不徒劳也。"③ 又如"资善大夫海道都漕运万户府达鲁花赤买公惠政之碑并铭"［约元至正九年（1349 年）］说："公至之日，恭祀海神，而祝曰：'皇元混一之初……某等恭承朝命，克循旧规，罔敢惰慢。风涛天险，神其相之'。"④ 早年，信众对伊斯兰信仰缺乏了解，出现"墓有灵异""恭祀海神"这类迷信色彩的碑文，在所难免。随着信众对伊斯兰信仰认识有所深化，到清时类似有着迷信色彩的碑文很少再见。

---

① 余振贵、雷晓静：《中国回族金石录》，第 114 页。
② 任继愈：《宗教大辞典》，上海辞书出版社 1998 年版，第 142 页。
③ 余振贵、雷晓静：《中国回族金石录》，第 250 页。
④ 余振贵、雷晓静：《中国回族金石录》，第 327 页。

　　可是，到马复初从教时，一般民众，包括那些"业儒"（即习儒学）的信众，对教义教理的了解仍极其含混。据马开科为《大化总归》所撰"序"称："有时问诸父老师长，不过得其风俗中之末节耳。甚有妄谈不经以骇俗故，为谬语以欺人。予滋疑焉。疑夫回之理为失其中正也，回之道为归于妄诞也，回之教为流于偏倚也。非科一回人之业儒者如是，凡回人之业儒者亦莫不如是。"① 这是说，一般学儒的信众仅认知伊斯兰教"风俗之末节"，而对其"道"、其"理"、其"教"则了解不多、理解不深，从而在认识上"失其中正"、在行为上"归于妄诞"、在信仰上"流于偏倚"，有的信众甚至"妄谈不经"，以"谬语欺人"。

　　一般信众之所以对伊斯兰教缺乏应有认识，从而出现行为"妄诞"、信仰"偏倚"，甚至"妄谈不经"，以"谬语欺人"，"醉梦之不觉"的情况，正如赵灿（真回裕心贫者，康熙时人）在《经学系传谱》中所说的："吾教自唐迄明，虽有经籍传入兹土，而其理艺难传，旨义难悉，故世代无一二精通教理之掌教，以致多人沦落迷途，漫漫长夜而醉梦之不觉也。"② 缺乏"精通教理之掌教"，是导致"多人沦落迷途，漫漫长夜而醉梦之不觉"的重要原因。一般从教人员自身学业不精、行为不端，讲不出符合经训的真谛奥义及其相关义理，也就难以要求一般信众正确认识伊斯兰教。

　　这种在信仰礼仪表述形式上的不同，无疑是值得那些信仰虔诚、认真践行礼仪的信众，尤其是经师、阿訇或学者密切重视的。这在客观上要求中国伊斯兰教应有权威的，或是相对权威的经师、阿訇、学者，来从事这一有关信仰礼仪的语词概念及其表述形式的统一工作。历史的责任自然地落在了马复初的身上。应该说，马复初对中国伊斯兰教的重大贡献在于，通过他的著述活动，特

① 　马复初：《大化总归》，马开科"序"。
② 　赵灿：《经学系传谱》，青海人民出版社1989年版，"经学系传谱序"第1页。

别是他的《四典要会》和《明德经》（即《真德弥维》和《礼法启爱》）大致统一了相关的教义信条，进而为信众所普遍认可。

第三节　清代伊斯兰宗教教育

伊斯兰教自传入中国以来，穆斯林陆续来华者日增。在明末经堂教育兴起之前，究竟如何从事宗教教育、进而培养它的宗教从业人员（或从教人员，即经师、阿訇），鉴于缺乏信史资料，目前难以做出确切而又肯定的叙说。可以认为的是，可能主要是以家学形式培养其子弟，在这部分子弟学业能够胜任工作后，遂开始独立主持信众的宗教生活；在合适的情况下，他们则延续家学的形式，从事相应的教学活动。当然，从境外不时引进部分从教人员，以适应不断来华的和日益增加的信众的宗教生活需要，也是可行的一个途径。只是这与伊斯兰教自身的宗教教育毕竟不是一回事。

这是说，以家学形式培养从教人员，这可能是相当长时间的事。明末胡登洲（1522—1597年）创办经堂教育，大致是有组织的宗教教育之始。

到了清初，宗教教育已有所发展。赵灿于康熙三十六年（1697年）前后所著的《经学系传谱》，关于"经学"的"系传总图"中，列有活跃在华夏大地的经师、阿訇的姓氏。据该图，从胡登洲创办经堂教育起，所列著名弟子、再传弟子……的谱系（有姓氏的经师，或只知其姓而不知其名的经师）共有八代，除胡登洲本人外，共62名；[1] 可是，该书行文中所列有名有姓的经师则有272名。[2] 这些经师来自不同地区，他们"穿衣挂帐"、学习

---

[1]　据不完全统计，《经学系传谱》所列第二代知名经师2名、第三代知名经师5名、第四代知名经师8名、第五代知名经师10名、第六代知名经师17名、第七代知名经师12名、第八代知名经师6名，共62名。见赵灿《经学系传谱》，第22页。

[2]　参见《经学系传谱》一书。

结业后，得以分赴各地受聘而为阿訇（主持信众宗教生活），或任经师（从事宗教教育）。例如，乾隆五十一年（1786年），纪明新阿訇远赴新疆吐鲁番"东大寺任伊玛目，传授伊斯兰教学问，被本门弟子尊为宗师，并形成自己的学派，称为'纪门'，代代相传"[①]。

赵灿是著名经师舍蕴善（真回破衲痴，1638—1718年）的学生。《经学系传谱》提及康熙时的常蕴华、李定寰、马君实、马明龙为"东土学者之四镇"[②]，他们活跃于经学教育讲堂的时间大致在明末清初，舍蕴善是常蕴华的学生，此外，在北京的王允卿、安宁宇也是常蕴华的学生。[③]

一般地说，经堂教育中经师应向经生传授"十三本经"（一说"十四本经"）[④]，完成学业的经生才得以就任教职。在经生的读本中，苏非著作约占1/3，但对一般经生来说，学好这类著作，似有一定难度。[⑤]

约17世纪末，安宁宇于牛街一清真寺任教职。随后，王允卿、舍蕴善陆续来京。王允卿"讲说典故，侈演天堂地狱之说，冈人益神之。俄云善（即舍蕴善——引者注）亦来京，迎接之仪，亚于允卿。及闻天人性命之学，冈人兴致索然"。此前，王允卿与舍蕴善素有"不协"，他"谓冈人曰：'……今云善（即舍蕴善——引者注）背师说，倡邪说……'"，从而引发舍、王关于

①　《中国新疆地区伊斯兰教史》编写组：参《中国新疆地区伊斯兰教史》第一册，第390页。

②　其原文为"然时人以蕴华、定寰、君实、明龙四先生为东土学者之四镇云"。参见赵灿《经学系传谱》，第58页。

③　在"常蕴华、李延龄二先生传谱"所"传"的弟子中，除有舍蕴善、安宁宇外，它所提及的"王云卿"可能即上述的"王允卿"。见赵灿《经学系传谱》，第54—56页。

④　白寿彝：《中国回族小史》，见《中国伊斯兰史存稿》，宁夏人民出版社1982年版，第81—84页。

⑤　金宜久：《苏非主义在中国》，社会科学文献出版社2013年版，第43—50页。

"性命之学"的学理之争。① 论辩虽说获体面结束，但也反映了舍蕴善在跟随常蕴华学习过程中，成绩优异。他在经堂教育中所受的苏非学理的影响，使他在论辩中得以提出"谓性有四种：曰金石之性、曰草木之性、曰血气之性、曰真常之性。万物各具一偏，而人则兼有之"② 之说，使得听取论辩的信众大开眼界，而受其益。所谓"四性"之说，乃苏非主义关于"性"的主张之一，其学理已涉及相当精深的程度，非一般性的宣教布道所述及的天堂地狱、赏善罚恶的内容。舍蕴善与王允卿所学读本的不同，反映了经堂在从事教学过程中，经师根据经生的学业情况，在教学内容上采取"因人施教"的方法，对不同经生分别传授不同的读本。就舍蕴善所受的"四性"之说，显然不同于王允卿的"皆言性一而已"③。

经堂教育在发展过程中，形成了不同的学派，即经堂教育源出地的"陕西派"、在东部地区则有"山东派"，以后在其他地区分别形成地方性的学派，如云南地区形成"云南派"。

为从事或方便教学，在当时的社会条件下，对一些无法予以汉文确切释义的阿拉伯（或波斯）文的语词，在教学中很自然地形成一套宗教教育专用的"经堂语"。所谓"经堂语"，是以汉语为基础的、其中夹杂着阿拉伯（或波斯）语词概念的音译词而从事教学的话语；由于它在经堂教育中的广泛应用，也会影响到信众的日常生活；即便是那些并不通晓阿拉伯（或波斯）文的一般信众，天长日久，也就耳濡目染知道这类音译词的大致含义。在经堂语形成的前后，在经师和学经的经生中形成并流行着一种不同于书写汉文的"小儿锦"。所谓"小儿锦"，在形式上是一种拼

---

① 刘东声、刘盛林：《北京牛街志书——〈冈志〉》，北京出版社 1990 年版，第 48 页；金宜久：《苏非主义在中国》，第 110—112 页。

② 有关论辩的详情，可见刘东声、刘盛林《北京牛街志书——〈冈志〉》，第 48—52 页。

③ 刘东声、刘盛林：《北京牛街志书——〈冈志〉》，第 48—52 页。

音文字，即以阿拉伯文字母拼写汉语；而在内容上则为解读或理解经文确切含义的、个人的学习心得和读书笔记，为的是使经籍中相对深奥的经文含义易于理解、便于记忆。当年，它不同于经训（"大经"）而被称为"小经"（使经文含义变小、变狭，得以通俗易解，故亦有"狭经"之称），通常被书写在相关经文的边页，或是以眉批形式出现，这是经堂教育中独有的语言工具。随着经堂教育的普及，它甚至在一些不识（不会书写）汉文的信众之间，成为日常通信交往特有的书写文字。

　　根据现有资料，值得提出的是赵灿将学者分为三等。他说："'学者之有优劣耳，有天赋其聪者，上学也，由其勤惰者，中学也、下学也'。故曰'上学以神听也，中学以心听也，下学以耳听也'。"[①] 根据赵灿之说，他所说的上学者可能指他心目中的经师的标准，也就是"学者"的基本条件。他说："凡学者之取有五。一取有学焉，选其学有大成也；次取有传焉，选其训诲有法也；三取有德焉，选其素履无玷也；四取有言焉，选其劝诫多方也；五取有守焉，选其贫困自甘也。盖寻学未获大成，苟乏德行，虽弟子之列尚不可居，况其他乎！如求学者，既学已大成矣，然而训诲无法，不能遗教后世，是为啬学。"[②] 可见，在赵灿看来，作为经师的学者，应具有学、传、德、言、守五种品德，否则的话，其从教只能是缺乏教学方法、无益于信仰的"啬学"。

第四节　清代伊斯兰汉文著述

　　中国伊斯兰教汉文著述[③]，在马复初之前，除了反映在寺碑上

---

　　① 赵灿：《经学系传谱》，"经学系传宗谱叙"，第 4 页。
　　② 赵灿：《经学系传谱》，"经学系传宗谱叙"，第 6 页。
　　③ 此处所述"中国伊斯兰教汉文著述"，含翻译、编译、著作、编辑、注释、译述等中国伊斯兰教学人或宗教从业者（经师、阿訇等）的汉文作品。

的《来复铭》（陈思撰）外，值得提及者，首先是明末的詹应鹏（约1572—约1653年）和张忻（？—约1658年）。严格说来，詹和张都不是宗教从业人员，也不是伊斯兰教学者。他们二人均为明朝进士。前者曾任职于户部，后在地方任职因年老而离任返乡；后者于明朝曾任职于吏部，后官至刑部尚书，清时授职兵部左侍郎兼右副部御史。作为世俗官员，他们只是基于族裔和信仰而在其有关著作中，以伊斯兰正统观念阐述信仰问题。

詹应鹏的《群书汇辑释疑》已失传。他为该书所写的"跋"，为刘智《天方至圣实录》所载。其"跋"关于伊斯兰教的信仰说："志云：'其教专以事天为本而无像。'无像诚是也，第以为'天'则非也。盖所事者，宰乎天地万物之主；惟主，故无像也。若曰'天'，天即有像矣；有像者，皆真主之所造，吾教事主之外，凡主一切所造之物俱不事焉。故曰事主，非事天也。作此志者，或以万物莫尊于天，故以天之名称主，非其天即主也。阅者于'事天''拜天'等语，俱当以'天'字之'主'字观，慎勿作'天'字观也。"①詹的说法强调的是"以天之名称主，非其天即主也"，这无疑对上述有关"事天"、"拜天"之说的一个极其明确的更正。

张忻的《清真教考》亦失传。人们在《天方至圣实录》中只能读到他为《清真教考》所撰的序。他就伊斯兰教的"经之所载"说："言理则举无极以前，太极既判，以及人之所以像天地与像一十八千世界之故，深切而著明之；言事则举真主所以造化天地、造化人神万物，以及古今圣贤作则于天下之事，历历而详述之；言物则举天以上之所有、地以下之所有，以及宇宙间风火水土胎卵化湿之物，莫不备悉而记载之。"他接着说："予故采辑数语，使天下达者知清真一教独高出诸家之上；至其理之精深，道

---

① 詹应鹏：《群书汇辑释疑》"跋"，见刘智《天方至圣实录》，中国伊斯兰教协会印，1864年，第366页。

之正大，又当据其经传与有志者相求于无尽焉。"① 显然，该序说为的是"使天下达者知清真一教独高出诸家之上"，至于张认为它"独高出诸家之上"，只是他个人的见解。

继詹应鹏和张忻之后，在明末清初从事汉文著述的王岱舆、马注、刘智，"有一个共同特点，即他们都是号称'学通四教'的人。他们首先通晓阿拉伯教义，同时也研究儒学、道教和佛教所说的道理。他们往往吸收儒释道的、一般是儒家的有利因素，并引用中国历史上的故事，来阐述伊斯兰的主张，解答各种疑难的质问；有时是用诘难的方法来申明正面的论点"②。

王、马、刘三人在中国伊斯兰教汉文著述方面的成就是国内人们共识的。王岱舆（16 世纪末—约 1657 年）有《清真大学》《正教真诠》《希真正答》；马注（1640—1711 年）有《清真指南》；刘智（约 1662—约 1730 年）的著述更丰，他有《天方性理》《天方典礼》《天方至圣实录》《五功释义》《真境昭微》《天方字母解义》等。鉴于笔者已有专著③论及他们的思想，本书拟不赘言。

值得提出的是，明末清初时，伊斯兰教汉文著述是个多产的时期。值得提出的汉文著述有：张中（约 1584—1670 年）的《归真总义》《四篇要道译解》《克理默解》；马明龙（1597—1679年）的《推原正达》《认己醒悟》；王岱舆的老师马君实（生卒年不详，康熙时人）的《天方卫真要略》；王岱舆的弟子伍遵契（约1598—1698 年）的《归真要道》《修真蒙引》；舍蕴善（1638—

---

① 张忻：《清真教考》"序"，见刘智《天方至圣实录》，第 365、366 页。
② 白寿彝：《中国伊斯兰史存稿》，宁夏人民出版社 1983 年版，第 48 页。
③ 可见《王岱舆思想研究》（民族出版社 2008 年版）、《中国伊斯兰先贤·马注思想研究》（社会科学文献出版社 2016 年版）、《中国伊斯兰探秘·刘智研究》（东方出版社 1999 年版、中国人民大学出版社 2010 年版）。

1703 年)① 的《昭元秘诀》(《勒默阿忒》)、《推原正达》、《归真必要》(《默格索特》)、《醒迷录》；舍蕴善的弟子赵灿（康熙时人）的《经学系传谱》；马伯良（康熙时人）的《教款捷要》（有康熙十七年序）；米万济（康熙时人）的《教款微论》等。

乾隆以来，继续涌现出汉文著述。其中，值得提及的有黑鸣凤（刘智同时代人）的《性理本经注释》；余浩洲（生卒年不详，刘智弟子）的《真功发微》（刘智曾为该书撰序）；金天柱（1690—1765 年）的《清真释疑》；蓝煦（生卒年不详）的《天方正学》［有咸丰二年（1852 年）自序］；杨保元（？—1873 年）的《纲常》等。应该指出的是，由于乾隆四十六年（1781 年）回民起义及其善后处置，在汉文著述方面随之受到影响，已大不如前。

其后，在民间流传着一些抄本。其原著在马复初从事教学时代是否已获刊刻，因缺乏相关资料难以断言。这些著述中，有道光年间甘肃湟中（今青海湟中县）的马统勋（志业）的《觉乐经》（其中提及所著 34 本"汉经"），只是这些著述有的只知其名，未能读到原著。有些抄本在马复初之后刊刻，特别是解放以来由不同道门或学者分别予以加工、整理而由出版社出书，此处不列。②

就汉文著述中有关信仰礼仪的语词概念而言，可以将其大致分为三个不同的时期。其一，即自伊斯兰教于 7 世纪中叶输入华夏大地，到 16 世纪末叶胡登洲创办经堂教育为一个时期。这时，有关信仰礼仪的语词概念，在阿拉伯文或波斯文中的表述形式上是统一的，而在汉文表述形式上则因时、因地、因人而异。其二，

---

① 舍蕴善的老师常蕴华（约 1610—1670 年）有语法书《海瓦依·米诺哈吉》，可惜它并非汉文著述，而是一本波斯文读本。

② 相关的著述可参见金宜久的《苏非主义在中国》，第 195—211 页；马通、马海滨编著的《中国苏菲派典籍》（上册、下册），2010 年，内部刊本。

从经堂教育兴起后到马复初从事学术活动及其著述活动时，可以说是第二时期。由于伊斯兰教这时无论是教门还是道门在信众的人数上、在信众从事宗教生活的清真寺院或是道堂的数量上均有所发展，虽然在以汉文解说信仰礼仪方面，经过经堂教育的传授已有所前进，但这仍未能完全替代此前民间各地已流传九个多世纪的、关于信仰礼仪的传统说法，而有所差异。其三，自马复初从事教学和著述活动以来，由于汉文著述在信众中陆续获得普及或流传，不同地区在应用有关信仰礼仪的语词概念方面，经过经师、阿訇一代代的游学、传授，有关信仰礼仪及其相关的语词概念，才陆续趋于统一。

第五节　清代伊斯兰教门与道门

伊斯兰教在发展过程中，它的内部衍生出苏非神秘主义，其信奉者有着"苏非"的称谓。大致于 12 世纪末 13 世纪初，伊拉克的巴格达建立起最早的苏非教团（卡迪里教团）[1] 及其道堂（讲道场所或功修基地），其后，在伊斯兰流传地区陆续兴起其他苏非教团；13—14 世纪时，中亚先后建立起库布里教团和纳格西班迪教团，其传教士更是向周边地区宣教布道以传播教团的苏非主张。

自元以来，苏非传教士来华从未中断。据赵灿，"西域来游之辈，自有清以来，约千百计"[2]。由于境外波斯（今伊朗）出现非遵法派苏非，"明末之际，不幸殃及齿泥（即中国——原注），兹土之谟民（即穆斯林——引者注），适有虎喇撒国（今伊朗的一

---

① 金宜久：《伊斯兰教》，中国社会科学出版社 2009 年版，第 241 页；有关最早建立的苏非教团的情况，可见金宜久《伊斯兰教》，第 240 页注②；另见 Thomas Patrick Hughes，*Dictionary of Islam*，Cosmo Publications，New Delhi，India，1977，p. 117。

② 赵灿：《经学系传谱》，第 61 页。

个省——原注）之缠头失利夫（人名），虽习经学，艺义欠通……因文艺狂妄偏僻，国君震怒，欲置于死……遂逃遁至我中华……后居甘州（今甘肃张掖——引者注），乃逞才自炫，按兹土之清真风俗，著经（'凯它布'；其实，作为阿拉伯文的语词，其含义仅为'书'或'读本'，并非通常意义上理解的是经籍或经典）四十七本，分散河湟（指今甘肃东乡/河州、青海湟中——引者注）各方……然其文风舛错，义理乖张……今已稽考流传于兹土二十七本"①，这些流传于西北地区的"经"，赵灿从伊斯兰正统信仰观点看来，纯系"异端"之作；只是在早年无论是由境外传教士携入的、还是由新疆传入中原地区的苏非著作，在一般信众难以区辨其是否背离伊斯兰正统信仰的情况下，往往视其为"经"或神圣经典。

苏非传教士由西而东进入新疆后，苏非主义在当地随之有所流传，他们先后建立起隶属于不同苏非教团的道堂。此后，苏非道堂的信奉者日增，它的苏非长老（谢赫、道长等），特别是那些据说是"圣裔"后代的"和卓"，与当地封建贵族结合（往往是联姻或纳徒），形成不同家族的宗教—政治势力。其中，在新疆地区史上一直居于重要地位的白山（白帽）、黑山（黑帽）两派，皆出于同一家族的不同后裔。它们之间的争权斗争，严重影响着当地民众的社会政治和经济生活；即便是"和卓"借助宗教外衣从事反叛活动，清当局在处置这类叛乱问题上，并不单纯地将其视为宗教问题。清廷在从事平叛活动中，并未影响一般信众的正常信仰和宗教生活。

早年，在华夏大地已获流传的伊斯兰教，在信仰、礼仪以至于社团组织、生活方式等方面，与苏非主义都有所不同。② 在中原

① 赵灿：《经学系传谱》，"经学系传谱叙"第13、89页。
② 关于苏非主义在华流传的过程，可参见金宜久的《苏非主义在中国》（社会科学文献出版社2013年版）。

地区，伊斯兰教信众历来自称归属不同的教门。

教门在其发展过程中，它的信众逐渐形成聚集区，后建造起清真寺，形成教坊—清真寺为信众宗教生活和社会生活的中心。教坊—清真寺在发展过程中，逐渐形成三掌教制（即伊玛目—教长、海推布—讲道员、穆安津—宣礼员）；掌教历来实施世袭制。各不同教坊—清真寺之间虽有交往，但寺坊各自为政、自行其是。大致在 18 世纪时，掌教世袭制在不同地区先后被废除。各地陆续实行教长（阿訇）的选聘制。

16、17 世纪以来，苏非传教士已在中原地区各地伊斯兰信众聚居区宣教布道。与此同时，苏非著作被引入中原地区。

据赵灿《经学系传谱》，大致在 16 世纪 70 年代，胡登洲"置货殖，欲售都门（北京——引者注）"，在旅途中遇到"一进贡缠头叟"，在北京再次遇到该叟，后"叟尽传兹土所无之经，故益增其学"①。在该传谱中，赵灿提及先后受益于苏非传教士（如极料理）的经师有海文轩（设学同心城，迁往韦州）、马明龙、常蕴华等。② 17 世纪 40 年代，张中游学南京时，投到印度苏非传教士阿世格门下学经。这些事例说明苏非传教士在中原地区活跃的一般情况。应该指出，中原地区与西北地区不同的是，其中传教士虽活跃，其影响仅限于思想领域，即便是有些信众在其影响下从事相关的精神功修，但在中原地区从未形成有组织的以实体形式出现的道门，或建立隶属于某个功修者的道堂；而后者的影响，不仅在思想领域，而且在社团组织以及日常生活领域，都留下深刻的印记。

苏非主义在中原地区有所传播时，并没有引起信众之间的矛

---

① 赵灿：《经学系传谱》，第 26—28 页。
② 赵灿：《经学系传谱》，第 32、44、59 页。

盾和对立，其影响仅限于教内的知识阶层，并不为一般信众所关注。① 它的相关著作，如上述，被视为"经典"，经堂教育则以其为教材，由经师教授经生；信众或民间对之并无反感。

由于经堂教育传授苏非著作的影响，加之汉文著述中有关苏非主义思想的影响，特别是来华的苏非传教士在中原地区的宣教布道活动，到了康熙时期，苏非主义的影响有所扩展。其中，不可忽视经堂教育的发展，特别是它的经师向经生传授苏非著作，在某种意义上可以说，它是促使中国伊斯兰教分化，并从教门中分化出道门、道门由是兴起的重要原因之一。

据传，康熙十年（1671 年），阿帕克和卓在争夺地方政教两权斗争中失利，被迫潜逃入邻近的甘肃、青海等地区，借助在甘青等地的宣教布道、传播苏非主义以待时机返疆重振权势。②

新疆不同道堂对苏非主义在甘肃、青海等地的流传和发展，有着重要影响，成为甘肃、青海地区建立的道门（道堂）的源头之一。一些宗教从业人员，或是受过经堂教育的从教人员，前往新疆或赴境外道堂修道学业；他们完成学业后，则被遣返原籍建立道堂、传播苏非主义，有的甚至被任命为该道堂在甘青的首传人。如甘肃东乡北庄门宦创始人马葆真（1772—1826 年）曾于嘉庆五年（1800 年）赴新疆莎车道堂；12 年后，再赴莎车道堂并在夏·奥里亚门下就学一年。③

苏非主义在西北甘青地区获得流传后，特别是那些从新疆、甘肃、青海或是境外完成修业的从教人员返回原籍，传教授道、

---

① 关于苏非主义在中国传播的大致情况，可参见金宜久《苏非主义在中国》，第20—31 页。

② "阿帕克和卓"即所传的"穆罕默德二十五世后裔"华哲·阿法格·赫达叶通拉希。见《中国新疆地区伊斯兰教史》编写组，《中国新疆地区伊斯兰教史》第一册，第 335 页。

③ 《中国新疆地区伊斯兰教史》编写组：《中国新疆地区伊斯兰教史》第一册，第397 页；马通：《中国伊斯兰教教派与门宦制度史略》，甘肃省民族研究所，1981 年，第283 页。

传播苏非思想，有的甚至随即建立起道堂。它的信众或追随者虽然仍在清真寺礼拜、参与其相关活动，但道堂则成为他们宗教活动的真正中心。在民间，那些遵行苏非修道者的信众逐渐形成不同于当地寺坊信众的新派，进而被称为"新教"（"新行"）。他们在日常宗教生活的某些方面，不同于那些传统信仰伊斯兰教的、有着"格迪目"（"格底木"）或"老教"（"古行"）之称的教门。

伴随着"新教"称谓的出现，道堂也就很自然地从教门中分化而出，其后，在伊斯兰教中也就有着不同于教门的称谓——"道门"①；所谓"道门"亦即以教主的道堂为中心，它反映了苏非主义在中原地区有组织的形式正式形成。在甘肃、青海地区，受到外来的（或是受到新疆苏非传教士）影响的苏非教团，如卡迪里教团在甘肃、青海地区则称为格底林耶，库布里教团则称为库布林耶；纳格西班迪教团因所诵经文分为高诵和低诵两种形式，那些学得高诵者，其追随者以后形成高诵派（哲合林耶）；学得低诵（或默诵）者，其追随者以后形成低诵派（虎非耶）。② 其中，格底林耶、哲合林耶和库布林耶在随后的发展过程中，分化出不同的分支，但它们仍然遵奉道门的创始人为道祖（道长、老太爷等）；虎非耶的创始人，并非源自一人，故各个道门互不隶属，各有其道祖（道长、老太爷等）；仅因诵经形式相同而得名"虎非耶"。

"新教"的不同道门，可以分为两类：其一，世袭制，即道门教权由父子（或教主家族）相袭；其二，选贤制，道门教权不得世袭，由道长任命中意的门人弟子执掌教权。这两类道门的共同点则是教权集中于教主（或道门当家人）之手。信众以教主（或

---

① 见赵正轩、花醴泉译《天方道程启径浅说》。

② 语词"高诵"源自阿拉伯文 jahriyyah 的意译，其音译为哲合林耶，在中国形成高诵派；语词"低诵"源自阿拉伯文 khufiyyah 的意译，其音译为虎非耶，在中国形成低诵派。

当家人）的道堂及其陵墓（拱北）为宗教活动中心，从事宗教活动；清真寺不过是从事一般宗教生活的活动场所。

清末时，道门被称为"门宦"①。

第六节　马复初的生平②

马复初是云南太和（今大理）人。乾隆五十九年（1794年）出生于伊斯兰经学世家。据马安礼所撰马复初墓志，他是"咸阳王赛典赤二十一世贤孙。少承家学，具有渊源……壮游秦川，博览经籍，晚好儒学，深通大义"③。基于渊博的家学，他在幼年时随父习读阿拉伯文和波斯文，后赴陕西随"周大阿訇"学经。

马复初"幼未业儒，年四十始有志于汉文"，这反映出他在道光十四年（1834年）时奋而习学汉文的情景。他虽然自认为"时已晚矣。仅得于亲友中之学士文人强为执经问字"，可是，他"经数年苦功，字画渐晓，书理稍知，即细心研究性理一集"，大致在他注释《天方性理》卷五时，"迄今三十余年已"④。他在为马安礼的《天方诗经》撰序中亦称："余幼习我教经典，不暇学儒。年过四十，方从事儒道。惜已晚矣。然于诗书文字之间，尝有精愈求精，密愈求密之想，而所尤好者，是之一途也。故凡高人咏士，警句佳章，莫不珍藏而笃学之。"⑤ 这是说，马复初精于阿拉伯文、波斯文经典，对他这样一个爱好"警句佳章"尤其是阿拉

---

① 1897 年（清光绪二十三年），河州知府杨增新的奏折《呈请裁革回教门宦》中，最早出现"门宦"一词，以后为社会、学者所袭用。

② 参考白寿彝《回族人物志·近代》，第 176—184 页。

③ 马安礼：《云南滇南回回总掌教马公墓志》，清嘉庆至光绪年间（1796 年—1908 年），见余振贵、雷晓静《中国回族金石录》，第 502 页。

④ 马复初：《性理第五卷注释》，"性理注释·自序"。

⑤ 马复初：《天方诗经》"初序"。

伯文和儒家"诗书文字"的阿訇，在"年过四十"始学儒，无疑
是件十分艰巨而重要的事，确实有助于他来日从事写作。可能他
在汉文水平有所提高，同时也为"诗书文字之间，尝有精愈求精，
密愈求密之想"，对"警句佳章，莫不珍藏而笃学之"，从而有翻
译阿拉伯诗歌为汉文的愿望，也就有了赴外朝觐并藉此游学以获
深造、搜寻相关经籍的机遇。至于他在 40 岁前的经历，除了马安
礼"墓志"所述外，人们知之甚少。

1841 年（道光二十一年），他"诚意朝觐，偕诸商人向阿瓦
（缅甸旧都曼德勒）而行……由是自景东、普洱、思茅经行……出
中国界"①。他从滇南出境后，在缅甸边城"辞诸商，与数佣人由
小路步行……至阿瓦城"②。马复初一行在缅境内走走停停，翌年
7 月到仰光；在仰光，他登海船到印度东海岸的"克来克特"（即
加尔各答）③。

1843 年，他再由海路继续西行，经"赛依喇岛"（即锡兰
岛）、"买来波"（即马尔代夫所属岛屿）、"尔当城"（即也门的
亚丁）、"哈代德城"（即荷台达）④，旅途花费约两年抵达阿拉伯
半岛西岸，"予在海中对野赖斓戒关受戒，后二日至淳德城（吉
达——引者注）……至满克（麦加——引者注）。是年，东土
（即中国——引者注）闰七月，觐月（指的是伊斯兰教历——引
者注）十一月，行朝谒（履行朝觐礼仪——引者注）"⑤。

1844 年，马复初完成朝觐功课后，于次年"至默底纳（即麦
地那——引者注）……始知圣陵（指穆罕默德陵墓——引者注）

① 马德新（复初原著）：《朝觐途记》，马安礼译，宁夏人民出版社 1988 年版，第
17 页。
② 马德新（复初原著）：《朝觐途记》，马安礼译，第 18、19 页。
③ 马德新（复初原著）：《朝觐途记》，马安礼译，第 21 页，注释第 22 页。
④ 马德新（复初原著）：《朝觐途记》，马安礼译，第 22 页，注释第 23、24 页。
⑤ 马德新（复初原著）：《朝觐途记》，马安礼译，第 24 页。

在朝堂（即先知寺——引者注）内"①。他离开麦地那后，返回麦加，再经陆海路到埃及（即《朝觐途记》的"谜思尔"）。在埃及居留于开罗、亚历山大数月。

1845 年，他从埃及出发，从海路经数地而至奥斯曼帝国（今土耳其）的"易司篆补（即伊斯坦布尔）"；在伊斯坦布尔居留期间，曾"赴王宴"，参观皇宫博物馆。② 他复从海路返埃及。途中，曾访问耶路撒冷、罗德岛、塞浦路斯岛。在埃及居六月后，他又与人同行拟赴麦加再次朝觐。在抵达吉达之前已闻麦加曾暴发瘟疫，抵达吉达后得知麦加再发瘟疫，不得不在麦加郊外停留半年。此时，麦加发生火灾，可能引发他归国之意。

马复初旅居海外，除了旅途中花费大量时日外，他在麦加、开罗、伊斯坦布尔等地的居留，无疑是个良好的游学机遇。这一经历使他在所到之地，跟随当地学者学习，接触在滇从未读过的著作，这使他有可能注重搜集经籍、抄录珍本，为归国后的教学、写作带来不可低估的收益。

1847 年，马复初由吉达经海路回国。他沿途先后经过卡拉奇、阿勒皮、班达亚齐、槟城等城市，过马六甲海峡后而至新加坡。③

新加坡因"地近中线④，乃南北间正中之线，平分地（球）为两半……昼夜如一，夏至昼不长，冬至昼不见短。日在春分、秋分。凡太阳偏南（午正无影），影偏北；凡太阳偏北，影偏南"⑤。马复初在新加坡，"居斯岛一年"。他采用中国"立竿测影"的古老办法，⑥ 以"罗盘间立一针，验其二至二分"，实地"观测这里的天时以解决历法上的疑问"，从而"得古人所言，皆

---

① 马德新（复初原著）：《朝觐途记》，马安礼译，第 30 页。
② 马德新（复初原著）：《朝觐途记》，马安礼译，第 36 页。
③ 马德新（复初原著）：《朝觐途记》，马安礼译，第 51—53 页。
④ 这里说的"中线"，即"赤道"。
⑤ 马德新（复初原著）：《朝觐途记》，马安礼译，第 53 页。
⑥ 马德新（复初原著）：《朝觐途记》，马安礼译，第 53 页。

属真，与所遇符合"①。

1848 年（道光二十八年）八月，马复初由新加坡起程回国。九月回到广东，经肇庆到广西的梧州、南宁，再过贵州的百色，于 1849 年返回滇南。他在外远行游学，到他回到家乡，已"整整有七个半年头"②。

马复初的朝觐亦即游学之旅。他的《朝觐途记》《天方历源》《寰宇述要》即此次经历之作。在游学期间，他对苏非主义又有新的认识，决定了他此后对苏非派中的非遵法派的种种言行持否定态度；而对苏非主义及其信奉者有关精神功修的作为，尤其是为正统信仰所吸纳的那些作为，则予以接纳而未排斥。

马复初游学返滇时，清的衰微之势越加明显。乾隆时期的回民起义虽已过去，但它无法改变民间由于战乱所潜伏的不安和不满；随之而来的西方列强咄咄逼人的入侵，加剧了国内阶级矛盾和民族矛盾。

马复初返乡后，"设教于临安之回龙，四方从学之徒，星列云集，可谓盛矣"③。

1850 年，参与马复初著述活动的马安礼投入他的门下为弟子。

1851 年（咸丰元年），马复初在从事教学外，为适应教学需要，翻译经籍、编写讲稿。正如他在《四典要会》自序中所说的："予生而鲁钝，僻处滇隅。幼习天方经典，游学于秦，粗知吾教之指归，未识其中之奥妙。乃远涉波涛，亲至天方。得博览夫经传。复访问高明，而后知吾教之理，其发明夫先天，后天之蕴奥者如此。其信而有微也！故不揣固陋，以汉文译之"④，他"闭户著

---

① 白寿彝：《回族人物志·近代》，第 176 页；马德新（复初原著）：《朝觐途记》，马安礼译，第 53 页。

② 有关朝觐前后过程，可见他的《朝觐途记》。

③ 马安礼：《云南滇南回回总掌教马公墓志》，清嘉庆至光绪年间（1796—1908），见余振贵、雷晓静《中国回族金石录》，第 502 页。

④ 马复初：《四典要会》"自序"。

书，阐发天方之学"[1]。他所汉译的文稿，亦即陆续刊刻问世的著述；此外，他还有阿拉伯文和波斯文的作品。

他的《天方历法图真本》刊本于同年问世。他的《天方历源》可能于同年或随后刊刻问世。

应该提及的是，不知马复初何时翻译《古兰经》。传说中他译有20卷，目前所见仅为五卷本的《宝命真经直解》，由中国回教学会于1927年刊印，赵真学为该译本撰序，人们从中可知刊刻"五卷本"的缘由。[2]

1856年（咸丰六年），地方当局对回汉民之间的械斗，没有认真调解，甚而杀害回民，导致回民不满和反抗。随后，反清斗争发展为回民起义。[3] 次年，咸同年间云南爆发回民起义。马复初基于他的宗教和社会影响，而被卷入斗争旋涡，进而被推举为滇东南回民起义领袖。这是他的从教生涯中难以想象也是无法回避的经历。可是，作为经师、阿訇的马复初，打打杀杀毕竟不是他的专长。他与另一起义领袖马如龙适时地与当局媾和，从而避免了更多的伤亡。值得指出的是，在领导起义的空隙，他仍不忘从事写作。

1858年（咸丰八年），张石卿（亮基，1807—1871年）"奉命抚滇"。马复初"呈所著《幽明释义》一书"（即《四典要会》

---

① 马安礼：《云南滇南回回总掌教马公墓志》，清嘉庆至光绪年间（1796—1908），见余振贵、雷晓静《中国回族金石录》，第502页。

② 该序称："清光绪二十八年，□□陕西安康主讲，道经汉南谒马君品石。马君出示抄本一册，珍重言曰：'此马公复初汉译古兰经稿也。同治某年余役于蜀，闻彭县苏核推布（原意为"演讲者"，系伊斯兰教"三掌教制"的掌教之一，地位次于伊玛目——引者注）家藏复初氏真经译本。复初氏甫译二十卷而辞世。嘱其徒苏君保存之。'余过苏第展阅译文，词简义明，开余茅塞。爱商诸苏君手录副本，盖意在鸠资付刊，以广流传也。乃誊录未竟，家报倏来。趣归故乡，只录五卷。"这可能是《宝命真经》五卷以后由中国回教学会刊刻使之流传的缘由。见《宝命真经直解》，1927年，赵真学序。

③ 其中，杜文秀领导的滇西反清斗争，是云南回民起义的另一支队伍。

四卷之一的"幽明释义")①，张石卿为之撰序；此外，"钦命提督，云南学政"吴存义（和甫，1802—1868年）②亦为该文稿撰序；汪复一还为之题"五古十八韵"。马复初的《礼法捷径》于当年重刊。鉴于马复初在信众中的声望，清当局认为他对平息起义有所作用，从而授予他滇南"回总掌教"③的头衔。

同年，马联元校正刘智所撰《天方三字经》，其中，含马复初著《续天方三字经》。在他的续三字经中，除斥责那种只强调"内功"、修心而不修身的非遵法派苏非外，仍主张"身之功，为礼乘；心之功，为道乘；所以然，名真乘。夫礼乘，为本根；道真乘，从此生；礼乘废，三功冥"④。这表明，他在反对非遵法派苏非的同时，并不完全否定苏非主义关于精神功修的作为。

1859年（咸丰九年），他的《四典要会》刊本问世，他为之撰"自序""自叙"4篇；还有他的弟子马安礼的序文和马兆龙的序文。

其后，他的著述陆续刊刻问世。可以认为，咸同年间回民起义前后，是马复初著述最丰富的时期。

1860年（咸丰十年），这时云南地区的回民起义并未完全中止，清当局仍不时利用他的声望以绥靖回民。

1861年（咸丰十一年），马复初在朝觐和游学过程中，曾以阿拉伯文记载整个旅居的行程。马安礼将该途记译成汉文并以《朝觐途记》为名，于当年由昆明刊刻问世；该书除有马安礼译后

① 马复初的《四典要会》含"信源六箴""礼功精义""幽明释义""正异考述"四卷。其中，除"幽明释义"有张石卿、吴存义等多人为之撰序。"信源六箴""礼功精义"和"正异考述"无人写序，可能这时即将完稿。

② 吴存义（和甫，1802—1868年），江苏泰兴人。道光十八年（1838年）进士，授编修。二十二年（1842年）督云南学政。二十八年（1848年），母病逝，返乡守制。咸丰五年（1855年）典试云南，留滇督学政。前后在滇8年，深知民情。

③ 见马复初的《四典要会》，张石卿"序"。

④ 刘智撰，马联元校正，马复初续：《天方三字经幼义、附续天方三字经》，"续天方三字经"，第4页。

所撰序外，还有徐之铭的序言。

1862 年（同治元年）滇南回民起义与地方当局媾和，清政府赐马复初二品伯克头衔。他的《醒世箴》《天理命运说》《寰宇述要》的刊本于当年问世。

1863 年（同治二年），马复初收马开科为弟子。同年，他的《性命宗旨》刊行；所译《汉译道行究竟》完稿；马安礼于当年为文稿撰序。马复初还校补刘智的《天方字母释义》并为之撰序并刊行。他的《祝天大赞真经》（即《祝天大赞》，其中附马注《至圣赞》）刊行。

值得提出的是，马复初在朝觐期间有幸"得我教诗经注解"。他在回国后，已有翻译埃及人蒲绥里（1213—1294 或 1297 年）的《裘衣颂》的"夙愿"，"思以汉文译出"，只是限于个人文字功底，仍感到翻译"音韵合而义理差池，义理合而音韵乖谬，难乎其难，莫此为甚"。他的弟子马安礼协助他完成多本著述后，在他的指导下，继而翻译《裘衣颂》，他的"夙愿"在数十年后得以变为现实。即今人所见的《天方诗经》①。

1864 年（同治三年），他注释刘智《天方性理》"卷五"完稿，他在自序中说"年四十始有志于汉文"，经过"细心研究性理一集。迄今三十余年矣"②。就注释而言，他"虽稍有见解"，惟恐注释"词不达意，因嘱马生开科校订成章。另置一帙，以便对解"③，可见他在治学上的严谨态度。同年，宋延春④为注释所写序言说："先生造诣精微，近世习天方学者所罕见。虽其微文奥义有非余之所敢知，然其苦心孤诣，上接古圣之薪传，下开后学

① 《天方诗经》（《裘衣颂》）是汉文所译的第一部阿拉伯文长诗。它以《诗经》体裁问世，故弥足珍贵。1956 年，人民文学出版社根据光绪十六年（1890 年）刻本影印出版。
② 马复初：《性理第五卷注释》，"自序"第 3 页。
③ 马复初：《性理第五卷注释》，"自序"第 3 页。
④ 宋延春，清道光进士，资政大夫兼署云南按察使。

之蒙蔽，其有功于回教也。"①

同年，王岱舆的《正教真诠》由他所辑，并由马安礼采订，以《真诠要录》之名刊本问世；他所录马注《清真指南》以《清真要言》刊本亦随之问世。

1865 年（同治四年），马复初朝觐返国时曾携归《甫苏思》一书。他在为弟子讲授该书的过程中，"择其尤足以惊动人心者，口讲指画，逐句互校，逐字对勘。命马生代为译出。而词意未尽妥协者，又复几经改换，成为一帙"②。此即以"马开科著"的名义问世的《大化总归》。同年，马复初写给天主教古若望司铎的信函，以《据理质证》刊行。

1866 年（同治五年），马安礼完成《天方诗经》译作，马复初为之撰序。同年，他的《天方蒙引歌》刊行。

1867 年（同治六年），他的《性理第五卷注释》（实际上为该书"卷五"注释，有同治三年马复初的自序）刊行。

1869 年（同治八年），他的《实录宝训》（即刘智《天方至圣实录年谱》的采编本，有马光烈序）刊行。

1870 年/1871 年（同治九/十年），《汉译道行究竟》刊本问世。刊有马安礼于 1863 年（同治二年）为《性命宗旨》所撰序。

1874 年（同治十三年），云南政局趋稳。在此形势下，时任巡抚的岑毓英，因"忌妒德新在回民中的威信，把这个八十一岁的老翁诓到呈贡安江村，借口同治元年的事，以大逆不道的罪名，加以杀害"③。

一个无法回避的事实是，他的著述范围之广（涉及语言、哲理、宗教、天文、地理、历法等不同领域），是王岱舆、马注、刘智等前人所未经历过的。只是他本人的汉文造诣，与王岱舆、马

---

①　马复初：《性理第五卷注释》，宋延春"序"第 1 页。

②　马复初：《大化总归》，马复初"序"第 1 页。

③　白寿彝：《回族人物志·近代》，宁夏人民出版社 1997 年版，第 184 页。

注、刘智相比，多少有所逊色。正如他的弟子马开科所说的，"夫子之所遇，较王刘诸公又胜之矣。彼王刘当日，有德而无权，有学而无势，虽著作不下数百卷，因王公见忌而不敢传者，有之；因赀费不足而不能传者，又有之。夫子德与权合，学与势兴，所以刊刻之多，为王刘诸公所不及。"① 至于他周游多国的经历之丰、视野之阔，也是王、马、刘等人所欠缺的，也是难以比拟的。

应该提及的是，马复初虽为云南当局所害，但他的著述仍受到信众的重视，不同地方寺院或书社将之刊刻。如镇江清真寺于光绪九年（1883 年）重刊他的《天方蒙引歌》；成都敬畏堂于光绪二十五年（1899 年）刊刻马复初辑、马安礼译的《真德弥维礼法启爱合编》（即《明德经》）；至于民国时期，他的著述付印后更是广为流传。

第七节　马复初的汉文著述

探析马复初的汉文著述，可以了解他对中国伊斯兰学理的贡献，更为重要的是，通过他对伊斯兰教的阐释，从中还能发现他在从事教学并任职阿訇的过程中，对信众的影响究竟达到何种程度。

中国伊斯兰教汉文著述的作者中，马复初算得上是多产作家。据白寿彝《中国回教小史》："他所译著，有阿拉伯文的，有波斯文的，有汉文的。汉文译著，有：一、《宝命真经》五卷。二、《信源六箴》一卷。三、《礼功精义》一卷。四、《幽明释义》一卷。五、《正异考述》一卷。以上四种，又合称为《四典要会》，是德新的重要译述。六、《性命宗旨》一卷。七、《会归要语》一卷。八、《醒世箴》一卷。九、《天理命运说》一卷。十、《礼法启爱》一卷。十一、《道行究竟》一卷。十二、《寰宇述要》一

---

① 马复初：《大化总归》，马开科"大化总归序"第 3 页。

卷。十三、《天方历源》一卷。十四、《据理质证》一卷。以上十四种书，俱有昆明刊本。这些书大概都是德新口述，他的学生马安礼、马开科笔受并修润的。"① 这里没有提及他的《大化总归》。而在《回族人物志·近代》中，却提出"他译著编删的书，有下列的三十多种"，其中就列有"《大化总归》二卷，马开科著，德新校订，汉文本，同治四年刊"②。

"另外，他又有一、《真诠要录》，是删削王岱舆《正教真诠》而成。二、《指南要语（言——引者注)》，是删削马注《清真指南》而成。三、《天方性理注释》，是刘智《天方性理》第五卷的注释。四、《尔勒壁春秋》。五、《天方至圣实录宝训》。这两种是撮摘《天方至圣实录》而成。这都是德新整理前人的成绩，马安礼、马开科的助力也还是占很重要的成份。"③

根据白寿彝的《回族人物志·近代》，马复初生前已刊刻问世的汉文、阿拉伯文和波斯文的著述有 34 种。

马复初名下的著述，有的是他个人的成果；有的并非全由他个人独立完成的，有的则是在他的指导下或是借助马开科、马安礼等门人弟子完成的。严格说来，他的著述是与门人弟子合作而得以成书的，正如白寿彝所说的"马安礼、马开科的助力也还是占很重要的成份"。

马复初的著述，除了汉文著述外，还有阿拉伯文和波斯文的著述。鉴于笔者无力探析后两类作品，遂将探析重点集中在他的部分汉文著述方面。

其一，《指南要言》。

马注的《清真指南》（下简称为"指南"）是一本宗教哲理性著述。它由马复初摘其要而辑《指南要言》（下简称为"要言"）。

---

① 白寿彝:《中国伊斯兰史存稿》，宁夏人民出版社 1982 年版，第 38 页。

② 白寿彝:《回族人物志·近代》，宁夏人民出版社 1997 年版，第 179、180 页。

③ 白寿彝:《中国伊斯兰史存稿》，第 39 页。

"指南"共10卷20余万字，马复初从中摘取8万余字的"要言"成书。马复初摘录"指南"的基本原则是，"是者存之，非者革之，烦者删之，简者就之"①。

马复初将所摘行文分别编入"要言"四卷。"要言"卷一摘录"指南"卷之二（含客问、真慈、体认、本用、天命、前定）和卷之三（含穷理、格物、性命、四行、天仙、神鬼）的部分内容，即有关"天人性命之学"②。卷二摘录"指南"卷之四（含认主、五课、课施、戒持、因教、世纪、本来）和卷之五（含忠孝、宗戒）的部分内容。卷三摘录"指南"卷之五的格论、卷之六的问答、卷之八（含教条、禁解、讨白）的部分内容。卷四摘录"指南"卷之七的八赞（含独一、大能、普慈、调养、独慈、天国、地禁、判理）和圣赞、卷之八的登霄说、卷之一（含进经疏、请褒表、援诏、郁素馥传）的部分内容。

在摘录过程中，马复初除了概述所摘行文要义外，他变更"指南"节目顺序，重新整合并润色原著行文，解说部分音译词含义；他还革非删繁，剔除行文中的原注和释文，省略譬喻、衍文，删除典故、民间传说，简化或变换"指南"的语词。鉴于对"指南"有关行文理解有误，所摘内容亦有差错。

其二，《真诠要录》。

王岱舆的《正教真诠》（下简称为"真诠"）是一本宗教哲理性著述，它是马复初所"辑"、马安礼"采订"的《真诠要录》（下简称为"要录"）的底本。

"真诠"分为上、下卷。上卷20篇，下卷亦为20篇，共40篇。马复初从8万余字"真诠"中选录4万—5万字辑成"要录"。"要录"将"真诠"上下卷的40篇概括为10篇，分上下卷；并将"真诠"的"篇"改为"章"。改编后的"要录"，上

---

① 马复初：《大化总归》，马开科"大化总归序"。
② 白寿彝：《回族人物志·清代》，宁夏人民出版社1996年版，第48页。

卷 4 篇（含真道、人极、教道、辨异等篇）19 章，下卷 6 篇（含真功、人伦、慎修、民常、主禁、生死等篇）21 章。

"要录"上卷真道篇含 6 章，讨论真主（"真一"）的性质、"真一"与"数一"（指以至圣为代表的宇宙万有）的关系问题；人极篇含 4 章，讨论真主的代理——人极为有无造化之玄枢问题；教道篇含 5 章，讨论伊斯兰教的教道问题；辨异篇含 4 章，讨论那种似清真而又非清真的谬误思想和作为问题，以上共 19 章。下卷的真功篇含 3 章，讨论人生的大本（即至诚）问题；人伦篇含 4 章，讨论社会伦理问题；慎修篇含 5 章，讨论修道者的精神功修问题；民常篇含 2 章，讨论饮食和名利问题；主禁篇含 3 章，讨论日常生活规范和禁戒问题；生死篇含 4 章，讨论生死与今生来世问题，以上共 21 章。

"要录"在摘录时，首先，变更原著行文中的有关语词概念；其次，简化行文表述形式，补充原著表述的欠缺之处，概述或删减赘述、衍生的行文，删除过多引用的经文、语录、典故、传说；再次，在学理方面发展原著的表述或阐释；复次，眉批和注释原著行文；最后，对"要录"相关问题（如原著摘录、删减的基本原则，与中国传统文化关系，它的谬误）的讨论。

其三，《性理第五卷注释》。

刘智的《天方性理》（下简称为"性理"）也是一本哲理性著述。"性理"原著分为两个部分。第一部分为"本经五章"和附图 10 幅；第二部分为"图传五卷"，共分 60 节（即每卷 12 节），图 64 幅。

马复初仅分别注释"性理"卷五的 12 节行文内容。它以《天方性理注释》（即《性理第五卷注释》，下简称为"注释"）之名问世。

"注释"除保留了原著卷五 12 节节目的称谓，并根据相关经籍，对其行文做出注释外，还根据原著内容，增添了原著未曾涉及的两个图示，即"性命来复图"和"万化归一图"，并阐释增添图示的含义。前者涉及的内容包括理世气世（即精神世界和物质世界，或上界下界）、来复升降、大命和修身践形问题；后者以命为中心，向外扩展，涉及身—心—性—命—性—心—身问题，并将人分为四等（即圣、贤、智、愚）而向中极复归问题。

这两节行文反映了马复初对《天方性理》卷五的整体认识和对卷五思想的发展。

其四，《四典要会》。

《四典要会》是一本宗教性的著述。它分为信源六箴、礼功精义、幽明释义、正异考释"四卷"。它以伊斯兰正统思想表述各卷的基本内容及其义理。

"信源六箴"亦即关于信仰的六项告诫，应予遵循的"六大信仰"（信真主、信天神、信真经、信圣人、信前定、信复生）。该卷着重讨论信仰的真实含义及其与顺从的关系，"真一"的性质、体用、知能，"真一"之道，信圣即信"真一"，"真一"主宰复生、前定人的归宿等问题。

"礼功精义"不是介绍"五功"（念、礼、斋、课、朝）知识，而是强调"拜"的真实含义在于："学莫贵于认主，功莫贵于事主，礼（拜——引者注）莫贵于敬主"[①]，并以拜功为基点，讨论拜与身、心、性、命、财五者的关系问题。

"幽明释义"阐释"幽"（阴间）与"明"（阳间）相关的问题。该卷主旨在于说明"清真之言复生……实有合乎原始要终之道，但浅见而溺于见闻者，难免生疑。予不得已，集诸明经，而采其至要者，辑以汉文，以释其疑焉"[②]。

"正异考释"以多本阿拉伯文和波斯文经籍，并借助刘智《天方性理》内容，考释不同历史时期的思想、论述的正异（异

---

① 马复初：《四典要会》（卷二）"礼功精义"。

② 马复初：《四典要会》（卷三）"幽明释义"。

指"异端"），或非遵法派苏非的言行作为。其主旨在于强调"入道之要"，"是书所言，皆幽深玄远之理"①。

其五，《大化总归》。

《大化总归》是一本关于末世学的译作。它据《甫苏思》（一译《甫苏师》）为原本编译而成。分上下卷。上卷含 16 章，涉及如下内容：真主为人造化（"大化"）宇宙万有与光阴，真宰无可比伦，由真宰大能可见复生非虚，譬喻为使人自悟真宰，人之大在于道，造人以显真宰全体大用，不可轻天国而重尘世，人自负自昧者多，先天后天分著性品，强调至圣作用，天道人道各承其任，以梦喻今生后世，关于死之义理，勿以本为末以大为小，天国所显纯灵性非形体，天方之学独得正大精微等。

下卷亦含 16 章，分别涉及真宰纲维理数掌握天人，真宰定赏善罚恶，真宰特生圣人阐扬天国后世，认定天国后世实有，造化今生定后世、造化后世显今生，今生不行报应，后世报应，人身为今生后世间隔，正人死后以灵性显其精粹，人死后有人性者显人形、有物性者显物形，善恶死后有报，尘世善恶半以前定半以自由，返本还源以证复生，人于天堂有其品位等级，天堂，地狱等，另附两章，即总论和理欲公私说。

其六，《汉译道行究竟》。

《汉译道行究竟》是一本涉及精神功修的"性命书"。该书"原文法尔西（即波斯文——引者注）也，因文精义奥……余故以阿尔比（即阿拉伯文——引者注）译之。复虑其知书者难明，故再以汉文译之"②。该书经过两次翻译，有的刊本前冠以"汉译"的书名。它引用刘智《天方性理》的相关内容，只能视为编译性的讲道文稿的汇集，而非纯粹意义的译著。《汉译道行究竟》分为上卷和二卷（似应为下卷）。上卷分为 9 章：行道至于复命之

---

① 马复初：《四典要会》，马安礼"序"。
② 马复初：《汉译道行究竟》（卷一）。

境、礼道真三乘、全人、隐士、相伴道长之理、弃绝之理、道乘所成、修功之效、尘世光阴不常等；二卷分为 5 章：认识真宰、真一显化流行次序、真宰之为、人之信心等级、礼乘道乘之学者等。其中，第五章中又分为 6 节：认己之道、人身之用有十、万化出于大命、人与修功者转升之升品第、行道之升腾、专言修道者等。

就其内容而言，该著述的主旨在于阐述"真一之理""当行之道"，对"有心斯道者，未尝无得"①。

其七，《性命宗旨》。

《性命宗旨》是一本宗教性著述。它涉及哲理、天道、人道、功修、伦理等不同领域的问题。正如马安礼所述："道在目前，人不自知"，"我夫子复初氏……每于讲劝教谕之下，著为经籍……今集其数册为性命书。虽不能使聋者尽闻，盲者尽睹，然于有心斯道者，未尝无得焉"②。"马复初经师悯吾教同人，得失念切，罔惜性命，弃绝宗旨"，故该书主旨在于劝勉信众"识性命之宗旨"③。

该书除开端有发隐章外，全书共分为 9 章，即认一章、事天章、明理章、敬修章、人性章、生死章、寡欲章、立德章、法圣章等。

其八，《醒世箴》。

《醒世箴》是一本宗教性文章。它的写作时间在 1858 年前后，同于《会归要语》，以及《四典要会》的"幽明释义"和"信源六篇"④。它有着极其鲜明的宣教布道、"醒世"箴言的性质。该书未分篇章。

就其内容而言，可分为 12 个中心议题：信众应认主、顺主；

---

① 马复初：《汉译道行究竟》，马安礼"序"。
② 马复初：《性命宗旨》，马安礼"序"。
③ 马复初：《性命宗旨》，周明德"性命宗旨序"。
④ 见《大化总归》，马复初"大化总归序"。

应知理、践礼、修德；人的祸患有二：财货、子孙，福祸无常，源自酒与财色气；身内之恩：康健、安宁、才智、知识；理世象世之明德，明德之反为过、恶、不义；尘世一切皆幻，应求解脱；色象身与义理性；念礼斋课朝五功；人有三品（上、中、下），道也有三品（"礼乘""道乘""真乘"）；"三乘"间关系（"礼乘乃道乘之根，道乘乃真乘之源"），"礼乘"之功有十二仪，"道乘"之功有八（四少四常）；代理，乱道，异端，防乱道有七（法尔西杂经、邪说、异行风俗、以后世易今世、自满、奸宄、嫉妒），如此等等。

其九，《天理命运说》。

《天理命运说》是一篇宗教性短文（不足3000字），亦未分篇章。其主旨在于表明"天地人物之事未显之先，早已预定于造物大觉之中。是以谓之天理，谓之前定"①。它强调"理"显化于外而为命运，即内理决定外事，前定出于天理，命运不能越乎前定，此乃天数。

其十，《祝天大赞》。

《祝天大赞》是一篇宗教性赞文。据马复初的"祝天大赞原序"中说："游天方，得救劫真经，特译为祝天大赞"，"天即吾教所谓天地人物万有之真宰也"，"诗曰：天生烝民。书曰：天降下民，是人之赋畀，皆出于天。故尽心知性，所以知天。存心养性，所以事天。人固不可一日而忘天也"②。全文仅320字。其中，字词"天"有70处。

其十一，《明德经》。

《明德经》（《真德弥维礼法启爱合编》）是一本涉及教法的宗教性著述。共二卷。它分为真德弥维卷一和礼法启爱卷二。该书由马安礼译为汉文。其主旨在于表明，"我夫子复初氏，悯念东人

---

① 马复初：《天理命运说》，见《醒世箴》。
② 马复初：《祝天大赞》，"祝天大赞原序"。

讲习之难，于是提要、钩元，约为真德弥维、礼法启爱，二经。以明认一之道，修真之法。简矣至矣。道之命脉，其在斯乎"①。

卷一仅含真德篇。它申明《明德经》的主旨在于认主独一。它说："凡为穆民之至要者，讲习清真认一之学，以至于确然无疑；知圣人之教真实无伪。奉天明命，而非私智创设者也。"②

卷二（即《礼法启爱》）含13篇。即原礼篇、沐浴篇、礼拜篇、聚礼篇、会礼篇、殡礼篇、课赋篇、斋戒篇、朝觐篇、婚礼篇、乳亲篇、出妻篇、立誓篇。原礼篇在各篇之前，类似该卷的引言。它明确指出："凡我同人，当以礼法为先务。礼法不明，则修身无术。夫未有五功既失，而百行能立者也。"③

可以认为，《明德经》是应用于"书馆"以教授儿童为对象的宗教性读物。④

其十二，《据理质证》。

《据理质证》是一封宗教性信函。该函件系同治四年（1865年）四月十四日马复初对天主教古若望司铎（或司祭，即神父）的信函的回复。他发出信函后，古若望司铎是否收到函件、是否予以回复，目前还欠缺相关资料予以明证。

在《据理质证》中，马复初肯定天主教经籍所述内容的同时，还根据来函内容，提出天主教教义有"不可解者十"，随后，又提出"十疑"。此乃马复初关于信仰问题与天主教从教人员的论辩。

其十三，《会归要语》。

《会归要语》是一篇宗教性著述。它的写作时间在1858年前后，同于《四典要会》的"幽明释义""信源六箴"和《醒世箴》。⑤

① 马复初：《真德弥维礼法启爱合编》，马安礼"序"。
② 马复初：《真德弥维礼法启爱合编》，"真德篇"。
③ 马复初：《真德弥维礼法启爱合编》，礼法启爱卷二"原礼篇"。
④ 马复初：《真德弥维礼法启爱合编》，"引"。
⑤ 见《大化总归》，马复初"大化总归序"。

　　它是一篇包括 10 章的短文。在正文前有一近百字类似前言的表述。它分别涉及真宰造化、万有之源及道之本来、大小世界相合、人的生死义理、人的灵性和复生、善恶赏罚、天堂地狱等内容。所述内容与《大化总归》相仿。

　　以上汉文著述是笔者拟探析的。鉴于马复初的其他著述，除了波斯文或阿拉伯文的作品笔者难以望及外，他所译的《古兰经》（五卷本，《宝命真经》），关于"撮摘"《天方至圣实录年谱》而编的《尔勒壁春秋》和《实录宝训》，关于天文、历法、科技、旅游方面的著述（如《寰宇述要》《天方历源》《朝觐途记》等），将不予讨论。马复初的几篇浅显性的通俗作品（如《天方蒙引歌》《续天方三字经》和《教法捷径》等）的内容，将在相关章节中予以讨论，而不作专门探析。

第八节　探析马复初汉文著述概要①

　　探析马复初的汉文著述，笔者除在导言（第一章）中涉及马复初从事写作的时代背景及其相关著述情况（清代由盛而衰的演变、伊斯兰教的发展、马复初的生平经历、马复初汉文著述概览等）外，拟分为四个部分予以讨论。

　　首先，笔者拟分别对他据马注《清真指南》所辑《指南要言》、据王岱舆《正教真诠》所辑《真诠要录》、据刘智《天方性理》卷五所作《性理第五卷注释》予以探析。这包括第二、第三、第四诸章内容。

　　其次，笔者将分别探析马复初的几部主要著述，即《四典要会》《大化总归》《会归要语》《汉译道行究竟》《性命宗旨》。拟就马复初个人关于哲学、苏非主义、礼仪、伦理等方面的著述，

---

　　① 相关的作品有孙振玉的《马德新及其伊斯兰思想研究》（兰州大学出版社 2002 年版）和杨桂萍的《马德新思想研究》（宗教文化出版社 2004 年版）。

作一探析。这包括第五、第六、第七、第八章诸章内容。

再次，笔者将于第九章分别探析马复初的《祝天大赞》《醒世箴》《天理命运说》、《明德经》（《真德弥维礼法启爱合编》）、《据理质证》五部著述的相关内容。

复次，笔者将根据所探析的汉文伊斯兰著述的主旨思想、著述方法，论述其对伊斯兰教中国化做出的贡献，即第十章的内容。

最后，笔者有一个简短的结束语。

第 二 章

马复初的《指南要言》

　　马注的《清真指南》是一本哲理性著述。马复初摘录《清真指南》行文之要，辑《指南要言》（四卷）一书。《指南要言》有清同治甲子（同治三年，1864 年）刊本。① 民国期间，马福祥重印《指南要言》，以《清真指南要言》之名出版该书并为之撰序，显示其推崇《指南要言》之义。马复初的门人弟子马开科为《大化总归》所撰序言中，高度概括马复初著述的指导思想："是者存之，非者革之，烦者删之，简者就之……显与异端相隔阂，隐与儒教为表里。"② 马开科所述，似可视为马复初摘录《清真指南》之要的基本原则。笔者以"马复初辑"《清真指南要言》为底本，探析《指南要言》的行文及其内容，这既是研究马复初汉文著述的一个重要组成部分，又是笔者在无形中延续对马注思想更深层次的研究和探讨，因而有其不可忽视的重要意义。本章除就《指南要言》的版本作一探讨外，还拟分别涉及《指南要言》的基本情况、摘录的基本原则、摘录中删繁就简的内容，以及讨论与摘录相关的问题。

---

① 清同治三年刊本，由云南提督军门马如龙刊印。
② 马复初：《大化总归》，马开科"大化总归序"。

第一节　《指南要言》简介

1926 年（民国十五年），马福祥（1876—1932 年）重印《指南要言》，以《清真指南要言》之名，出"民国铅印本"，并为之撰序。

前数年，笔者曾以青海人民出版社 1989 年版的《清真指南》（下简称"青海本"）① 为底本，同时参照宁夏人民出版社 1988 年版的《清真指南》（下简称"宁夏本"）②，对马注思想作一研究。③ "青海本"据道光八年（1828 年）汉南马大恩重刻本刊印（下简称"道光本"），其中，录有马大恩"重刻《清真指南》叙"；"宁夏本"除有道光八年汉南马大恩"重刻《清真指南》叙"外，与之不同的是，它还增添了同治八年（1869 年）保安吉的"再次重刻《清真指南》序"（下简称"同治本"）。上述"青海本"和"宁夏本"，均为十卷本。

《清真指南》（十卷本；下简称"指南"）有多个版本。根据《清真指南》（"道光本"），对照马福祥 1926 年《清真指南要言》（"民国铅印本"），可以发现马复初所辑《指南要言》（四卷本；下简称"要言"）依据的版本值得作一讨论。

就马复初与马注而言，他们二位均为滇南人。马注是赛典赤·赡思丁的十五世孙，④ 马复初乃赛典赤·赡思丁的二十一世孙。⑤ 从族裔或血统上说，他们二人都是赛典赤·赡思丁不同支系

----

① "青海少数民族古籍丛书"之一，郭璟、孙滔、马忠校注。

② "中国回族古籍丛书"之一，余振贵标点。

③ 其成果可见金宜久《中国伊斯兰先贤·马注思想研究》（社会科学文献出版社 2016 年版）。

④ 白寿彝：《回族人物志·清代》，第 43 页。

⑤ 马安礼：《云南滇南回回总掌教马公墓志》，见余振贵、雷晓静《中国回族金石录》，第 502 页。

的同宗后裔，只是所处时代有 150 余年之隔。不言而喻的是，马复初仍极其重视他的先辈所著的"指南"。他摘录"指南"之要，以它作为教材以适应当时教学之需，是很自然的事。

可是，作为"指南"的重要行文内容，"要言"（四卷）文本应予摘录并辑入"要言"的，马复初却没有辑入。究其原因，可以认为，这不是他的疏忽或失误，显然是与马复初依据的"指南"版本有关。就笔者而言，难以读到"指南"的所有版本。仅据"指南"的"道光本"所述，涉及该印本的行文，似可表述如下：

其一，马注在京都任教时，"指南"已有刻本。"郁速馥传"中，有"书成，以示知音，进教者日继。时康熙二十一年壬戌（1682 年）"①。

这个刻本也可能就是他在"八箴"中所说："韶华易迈，转眼成愁，正道同闻，虽死犹生。因检昔日纂录，删述全书，勉付厥梓，递相传阅，用公同志，勿负造化之全恩云。"② "八箴"写于"康熙龙飞二十二年癸亥（1683 年）"，该刻本在同人间"递相传阅"。以此可以认定它可能是"要言"最早刊刻的印本。

其二，康熙二十七年戊辰（1688 年），马注在返乡路经四川时曾向保天佐出示"指南"，保天佐为之写"指南叙"说："丁卯（1687 年）冬，适圣裔仲翁马老师自燕旋滇，道经阆中，课拜之暇，出《清真指南》以示，予展卷披阅，顿忘世务。"③

马注向保天佐出示并赠予的"指南"，很可能仍是康熙二十一年（1682 年）"书成，以示知音"的版本；在短短的四五年间，"指南"不可能有新刻本问世。

其三，马注写于康熙壬午（1702 年）的"授书说"，其行文

① 马注：《清真指南》（卷之一）"郁速馥传"，青海人民出版社 1989 年版，第31 页。
② 这里说的"勉付厥梓"，可能是"指南"最早的刊刻本，以便于"递相传阅"。马注：《清真指南》（卷之一），第 3 页。
③ 马注：《清真指南》（卷之一）保天佐"指南叙"，第 10 页。

开头就明确提出："是书之授，岂偶然哉！……丙寅（1686年）春正月朔五日，予自燕旋滇，舟次皖城，率家属暂寓，承教亲爱予甚笃……乃得以书而遗之。"①

马注在安徽所授人之书，与其后（即同年）授予保天佐的"指南"，很可能是同一刻本的书，即书成于康熙二十一年（1682年）的版本。"授书说"可能是康熙四十一年（1702年）忆及当年"授书"情景而为"指南"新刻本而作。

在马复初与马注两者大致相隔150余年的期间，"指南"又有道光八年（1828年）汉南马大恩为之撰序的"重刻本"问世（即"道光本"）；其后，有保安吉此前为之撰序而于同治八年（1869年）刊印的"再次重刻本"问世（即"同治本"）。马复初返滇后为适应教学需要，不是依据"道光本"辑其"要言"（四卷），就是依据康熙二十一年或是四十一年（1702年）的刊本。可以肯定的是，他不可能依据同治八年（1869年）的印本摘录"要言"。

就"要言"摘录所据的"指南"刻本而言，完全是与马注写作"指南"的进程密切相关。康熙二十一年，"指南""书成"，刊刻付印"以示知音"；康熙二十五年（1686年），马注"自燕旋滇"途中，在"皖城"和"阆中"，均以"指南"赠人。他在返回云南后，继续从事"指南"的写作。正如白寿彝所述，"注（指马注——引者注）回到云南后，继续《指南》的增补工作。大概一直到康熙四十一年，《指南》形成了如下的内容：卷一……卷八……"②；他还说："康熙四十六年（1707年）六月，注在四川会理，作《原道跋》。四十八年（1709年）作《天宫赋》。在这两篇文章外，后来又加上了《问答》三十一章，作为《指南》

① 马注：《清真指南》（卷之八）"授书说"，第375页。
② 白寿彝：《回族人物志·清代》，第47页。

卷九。"① 这是说，在康熙二十一年（1682 年）或是四十一年
（1702 年）的刊本中，不可能包括四十八年"指南"（卷之九）
的"原道跋""天宫赋""问答三十一章"的内容。"要言"于
1864 年刊刻问世，也没有摘录"原道跋""天宫赋""问答三十一
章"。

　　马复初摘录"指南"所应用的版本，显然早于康熙四十六年
（《原道跋》）和四十八年（《天宫赋》）。这个版本可能即白寿彝
所说的康熙四十一年的版本。

　　马复初是否选用"道光本"辑其"要言"呢？马复初朝觐麦
加和游学（1841—1849 年）归国返乡后，"设教于临安（1914 年
更名为建水）之回龙"② 时，为从事经学教育，急需为门人弟子
讲述马注著述。大致可以认定，这时他的手头只有康熙二十一年
或是四十一年"指南"刻本，而在滇南地区可能一时难以寻得马
大恩的"重刻本"（即"道光本"），不得不以手头的刻本为据，
边摘录边教学，终而辑成"要言"一书，此乃不得已而为之。至
于"道光本"中是否包含白寿彝所说的"指南"（卷之九）的
"原道跋""天宫赋""问答三十一章"，如果包含，而且马复初应
用了该刊本，为何不录"原道跋""天宫赋""问答三十一章"的
内容，这可从另一方面表明他没有以"道光本"摘其所要。

　　1856 年（咸丰六年），云南爆发反清回民起义。基于马复初
在当地教学和从教的声望及其宗教情怀，在政局发生巨大动荡的
情况下，也就很自然地把他推上政治舞台，卷入滇东南地区的起
义，并任起义的领袖。1858 年（咸丰八年），起义军与地方当局
和解，他"奉旨敕为回总掌教"③，清廷利用他在信众中的影响，

---

　　①　白寿彝：《回族人物志·清代》，第 49 页。
　　②　马安礼：《云南滇南回回总掌教马公墓志》，见余振贵、雷晓静《中国回族金石
录》，第 502 页。
　　③　马复初：《四典要会》，青海人民出版社 1988 年版，张石卿"序"第 5 页。

和缓起义民众与当局的对立。① 在战乱期间，他无法再依据其他版本对所摘录的"要言"予以增补；还由于他的名声，使得"要言"与他的其他著述陆续刻印问世。这就是目前人们所见到的"要言"。

1874 年（同治十三年），云南政局已趋正常，马复初对云南当局已无利用价值，随之被升为巡抚的岑毓英所杀害，② 留传下来的只能是同治三年（1864 年）的"要言"。

第二节　《指南要言》内容概述

马注"指南"究竟有多少行文，说法不一。它有"篇中二十万余字"之说，也有"爰是辑《清真指南》十万余言"③。笔者在《中国伊斯兰先贤·马注思想研究》④ 中已有所论及。这里不予赘述。

白寿彝在《回族人物志·清代》中，述及马注的生平、业绩及其著述的情况时，对"指南"做了如下概括。他说："卷一只是序说，不是书的正文，但在这里也收了几篇重要的文章"，"卷二和卷三讲的是天人性命之学。这两卷的要义又概括为卷七的《八赞》。卷四和卷五讲的是敬慎持身之道。这两卷的纲领又略备于《宗戒》一篇。卷六的问答，是杂论，共一百条，借问答的方式解释各种可能的疑问，所以补以前四卷的不足。卷八也是杂论"⑤。

马复初正是从上述八卷本的"指南"中，按卷摘录其要约 8

---

① 马复初：《性理第五卷注释》"自序"；白寿彝：《回族人物志·近代》，第177 页。

② 白寿彝：《回族人物志·近代》，宁夏人民出版社 1997 年版，第 184 页。

③ 马注：《清真指南》（卷之一）"八箴"，第 3 页；"郁素馥传"，第 30 页。

④ 金宜久：《中国伊斯兰先贤·马注思想研究》，第 33 页。

⑤ 白寿彝：《回族人物志·清代》，第 48 页。

万余字，辑后而成四卷本"要言"（四卷）。

就是说，"要言"（卷一）包括了"指南"（卷之二）和（卷之三）的内容。它"讲的是天人性命之学"①。其中，它从"指南"（卷之二）的客问、真慈、体认、本用、大命、前定等中，共摘录 6400 余字；从"指南"（卷之三）的穷理、格物、性命、四行、天仙、神鬼等中，共摘录 10400 余字，两卷共摘录 16800 余字。摘录后的"要言"（卷一）节目顺序为，原教、体认、大用、真慈、前定、真德、穷理、格物、性命、四行、天仙、神鬼。

"要言"（卷二）包括了"指南"（卷之四）和（卷之五）的内容。它"讲的是敬慎修身之道"②。其中，它从"指南"（卷之四）的认主、五课、课施、戒持、因教、世纪、本来等节中，共摘录 16000 余字；从"指南"（卷之五）的忠孝和宗戒中，共摘录约 5200 字，两卷共摘录 21200 余字。摘录后的"要言"（卷二）节目顺序为：认主、五课、课施、斋戒、因教、世纪、本来、忠孝、宗戒。

"要言"（卷三）包括"指南"（卷之五）（卷之六）和（卷之八）的内容。它从"指南"（卷之五）的格论中摘录约 8200 字；从（卷之六）的问答（即杂论）中摘录约 8200 字；从（卷之八）的教条（八款）、禁解、讨白等节中共摘录 4800 余字，"要言"（卷三）从上述节目中，共摘录 21200 余字。摘录后的"要言"（卷三）节目顺序为格论、问答篇、教条八款、禁律、讨白书。

"要言"（卷四）包括"卷之七""卷之八"和"卷之一"的内容。它从"指南"（卷之七）八赞［独一、大能、普慈、调养（摘录后更名为"化育"）、独慈、天国、地禁、判理］和圣赞中，共摘录 15600 余字；从（卷之八）中的登霄说中摘录 700 余字；

---

① 白寿彝：《回族人物志·清代》，第 48 页。
② 白寿彝：《回族人物志·清代》，第 48 页。

从（卷之一）的进经疏、请褒表、援诏、郁速馥传等章中，摘录5000 余字，即从以上三卷中共摘录 21300 余字。摘录后的"要言"（卷四）章节顺序为：八赞（独一、大能、普慈、化育、独慈、天国、地禁、判理）、至圣赞、登霄说、进经疏、请褒表、郁速馥传、授诏（由援诏更名）①。

马复初在摘录"指南"辑其"要言"时，除了从字数上予以删减（将在下面讨论）外，还在编排所摘录的章节顺序上予以变换，在章节语词上作了更名（或更改）。例如，在章节语词方面，"要言"（卷一）将"指南"的客问更名为原教、本用更名为大用、大命更名为真德；"要言"（卷二）将"指南"的戒持更名为斋戒；"要言"（卷三）将"指南"的问答更名为问答篇、禁解更名为禁律、讨白更名为讨白书、教条（八款）更改为教条八款；"要言"（卷四）将"指南"的圣赞更名为至圣赞，如此等等。

又如在节目顺序方面，"要言"（卷一）将"指南"的客问、真慈、体认、本用……更改为原教、体认、大用、真慈……；"指南"（卷之一）的节目顺序为"进经疏、请褒表、援诏、郁速馥传"，而在摘录后的"要言"（卷四）中，将其更改为"进经疏、请褒表、郁速馥传、授诏"；摘录不仅改变了篇目顺序，而且更改了篇目语词，即援诏更改为授诏。

值得提出的是，马福祥在"要言"中，照录了保天佐于康熙二十七年（1688 年）为马注"指南"所撰序。② 他也引录了马注于康熙二十二年（1683 年）为"指南"所撰的"自序"，只是在排印"要言"时，从"自序"开头的"天下事，有可以理推者，有不可以理推者"起，到"客商一定回家"共 700 余字，全都删

---

① 查清同治甲子刊（即同治三年，1864 年）《指南要言》（云南提督军门马如龙刊印）本，马福祥《清真指南要言》"民国铅印本"的"授诏"系误，应为"援诏"。

② 马复初：《清真指南要言》（铅印本），保天佐"序"第1—4 页。

去，只引用其后的"借物终还原主……"① 而至"自序"结束。

笔者查阅"同治甲子"（即同治三年，1864 年）"要言"（四卷刊本），它完整地保留了马注的"自序"。② 马福祥的"民国铅印本"所删内容，可能有"清真至理，以人生为客商，以尘世为市集……"③ 之句，这类行文语词所包含的思想，可能在有些人看来反映的是苏非主义主张，并非"清真至理"，因而从其观念出发，予以删除是极其自然的事。

马福祥重印《清真指南要言》本所据的版本，并非"要言"（同治三年刊印本）；至于该"铅印本"是否以其他版本为据而有所省略，抑或是马福祥重印"要言"时所为，限于笔者的版本学识，在此难以作答。

但不管怎么说，马福祥的序言是值得重视的。众所周知，王岱舆、马注、刘智在伊斯兰汉文著述、在宗教学术领域的卓越造诣和成就，可以说是对伊斯兰教学理的重要贡献，在伊斯兰教中国化方面，可以说起着典范的作用。只是基于时代条件、生活环境、教育经历、成长道路等方面的原因，如马复初赴海外朝觐、游学，与他在境外搜集经籍、视野见闻方面相比，王、马、刘则是望尘莫及的；至于马复初在掌握阿拉伯文和波斯文的功底及其在这方面的著述成果而言，也是王、马、刘无法与之比拟的。然而马复初在掌握汉语文知识及其应用汉文从事著述方面，则显得较之王、马、刘有所逊色。总的来说，作为国内当前公认的中国"回族四大著作家"，互有其长则是毫无疑义的。

---

① 核清同治甲子刊（即同治三年，1864 年）云南提督军门马如龙刊印的马复初《指南要言》，它全文刊印马注序（"马注识"），与马福祥刊印的《清真指南要言》（铅印本）马福祥谨序（第 11 页）"重印清真指南要言序"有别。

② 即从"天下事，有可以理推者，有不可以理推者"起，一直到"客商一定回家"，下接《清真指南要言》开头的"借物终还原主……"，直至结束。参见马复初《清真指南要言》（铅印本），第 7 页。

③ 马注：《清真指南》，青海人民出版社 1989 年版，"指南叙"第 13 页；马复初：《清真指南要言》（铅印本），第 7 页。

马福祥为"要言"所撰序中，极其赞赏马复初的成果，"见其苦心孤诣，撮要钩立，金经百炼而益精，玉以细碾而增润"，并以"执圣之奥，抉经之心，爰亟付印，先广流传。或亦不失先河后海之意"①，马福祥形象地比附王岱舆、马注、刘智、马复初这"回族四大著作家"在汉文伊斯兰教著述上的成就，有"先河后海"之喻，只能是仁者见仁、智者见智了。

第三节　录辑《清真指南》基本原则

马复初"幼未业儒，年四十始有志于汉文"②。他在 40 岁（约 1834 年）之前已经意识到，在中国社会条件下，作为经师、阿訇，仅仅主持信众的宗教生活，从事阿拉伯语文和伊斯兰宗教知识方面的教学，是远远不够的，有必要重视中国传统文化对伊斯兰教的影响，关注王岱舆、马注、刘智在融合伊斯兰教与中国传统文化方面的成果，从而开始了汉语文学习。

道光二十一年（1841 年），马复初赴麦加朝觐。其后，他在一些伊斯兰国家游学。1849 年，马复初朝觐、游学归来。他有条件和时间开始对"王岱舆、马注、刘智的译著""下功夫加以研讨"③。他在从事写作外，还摘录"指南"之要以为教材，从事教学。

同治三年（1864 年），"要言"（四卷）以刻本形式问世。这表明，在战乱期间（1856—1874 年），马复初没有停止写作。只是在这一期间，基于教学需要，"要言"仍是他讲述的重要内容。他所辑"指南"之要，这时很可能已有所流传，"要言"大致成

---

① 马复初：《清真指南要言》（铅印本），"马福祥谨序"第 11 页。
② 马复初：《性理第五卷注释》自序，见中国宗教历史文献集成编纂委员会编纂《清真大典》第十七册，黄山书社 2005 年版，第 126 页。
③ 白寿彝：《回族人物志·近代》，第 176 页。

为形式相对稳定的教材。

就马复初摘录"指南"而言，他的弟子马开科在为《大化总归》所撰序言中，有如下表述：马复初在"越漂洋，觐天庭，经数万里之风霜雨雪，矢八九载之琢磨切磋……搜括群书"[①] 后，似以他摘录"指南"之要时的作为，加之他在翻译、录记、写作、引证、编辑等方面的学术生涯，概括为"是者存之，非者革之，烦者删之，简者就之。杜虚诞不经之谈，归大中至正之道。俾学者易于从由，教者难于惑乱。显与异端相隔阂，隐与儒教为表里"[②]。马开科所言可以视为马复初学术生涯的写照，也是辑"指南"之要的基本原则。

根据马开科的这一概括，具体说来，它有这样几层含义。

首先，所谓"是者存之，非者革之，烦者删之，简者就之"，无非是指存是革非、删烦就简。

就"存是""就简"而言，"要言"各卷比比皆是，在上述摘录8万余言中，人们随处可以读到"是者存之""简者就之"的行文。这正是读者得以从"要言"中看到他"存是""就简"的实况。这无疑反映了马复初与马注一样，在表述伊斯兰教的基本教义主张方面，没有什么原则性的区别。这里不予赘述。

"要言"的基点在于"革非""删烦"。"要言"所"革"之非、所"删"之繁的内容，是马复初花费精力经过认真筛选的，确定"指南"内容、行文及其相关思想，何者为"是"、为"简"而当"存"、当"就"；何者为"非"、为"烦"而当"革"、当"删"，最终辑成"要言"。因而可以说，"革非""删烦"是"要言"成其为"指南"之要的原因所在。

就"革非""删烦"而言，关于史实年代，"要言"的表述与"指南"不同。

---

①　马复初：《大化总归》，马开科"序"。

②　马复初：《大化总归》，马开科"序"。

例如，"指南"（卷之四）关于穆罕默德与"尔撒"（即《圣经·新约》中的耶稣）出生时间的间隔年代有误。它认为，穆罕默德（应为《圣经·旧约》中的摩西）之后"五百年，至于尔撒，生而能言，感应万状，惜也登天之迹已杳，而认拜之理难凭。又三百年至于穆罕默德圣人，授受真经，超越万圣，天仙不复降，圣人不再生"①。"要言"从中摘录并更改为：

> 又六百年，至于穆罕默德圣人，授受真经，超越万圣，天仙不复降，圣人不再生。（卷二"世纪"）

根据史实，穆罕默德约生于 570 年，尔撒一般被视为生于公元纪年前后。所谓"三百年"显然为误，"六百年"之说大致更近于史实。

又如"指南"在"圣赞"赞词"迄今千载而下"后有"原注"。它说："按至圣穆罕默德生梁中大同五年癸丑（533 年），崩文帝开皇十五年乙卯（595 年），由隋唐周宋元明至大清康熙十四年乙卯（1675 年），已历十八乙卯，至康熙二十九年庚午（1690 年），共辞世一千九十六年。"②"要言"更正为：

> 至圣穆罕默德生陈太建辛卯（571 年），迁都于唐武德壬午（622 年），终于贞观壬辰（632 年）。（卷四"至圣赞"）

此说符合穆罕默德生平。这一更改，同样是革非之举。

至于"指南"所述"共辞世一千九十六年"，此说如以"崩文帝开皇十五年乙卯"计算，则无误。可是，"要言"在上述引

---

① 马注：《清真指南》（卷之四）"世纪"，第 170 页。
② 马注：《清真指南》（卷之七）"圣赞"，第 319 页。

文后接着说："自圣终至大清道光丙寅共一千二百四十八年。"①其说有误。

"要言"之误在于：其一，道光在位30年（1821—1850年）。其间无"丙寅"年，只有丙戌（1826年）、丙申（1836年）、丙午（1846年），与"圣终"的632年相差均无1248年。其二，如以道光在位的庚寅（1830年）、壬寅（1842年）计算，与"圣终"的632年相差亦无1248年。其三，如以同治五年丙寅（1866年）计算，同样不是1248年。其四，如以"圣终"的632年与1248年相加，则为1880年。此时，马复初已辞世六年。

可见，"革非"并非一件容易的事。然而，"革非""删烦"却又是马复初摘录"指南"的第一个原则；也是本书探析"要言"的重点之一。至于有关"革非""删烦"的具体内容，这里不予赘述。

其次，所谓"杜虚诞不经之谈，归大中至正之道"，可以认为是马复初整个著述的主旨之一。

马复初在相关经籍的翻译、编选、录记、写作、引证过程中，并非轻易地采取"拿来主义"，更不是毫无原则、不加选择地从事著述，为的是一切应"归大中至正之道"，而"杜虚诞不经之谈"。实际上，这是马复初摘录的第二个原则。

例如"指南"（卷之八）有"登霄说"和"登霄传"（所述12000余字）。"要言"（卷四）在摘录"登霄说"后，没有摘录形象描述"登霄"整个过程的"登霄传"。在该传中，附有关于真主造化宇宙万有及其"登霄"前因后果的12点理由的"原注"。②很可能是马复初认为应予"杜"之，即回避民间流传的"虚诞不经之谈"，而以正面表述形式，使之"归大中至正之道"。

---

① 马复初：《指南要言》（卷四）"至圣赞"，第39页。
② 马注：《清真指南》（卷之八）"登霄传"，第329—346页。

"要言"在摘录"登霄说"后有"复初师曰"（约 1600
字）。① 所谓"复初师曰"，从语气上来看，是马复初在教学过程
中对"登霄传"的评议，由他的门人弟子录记后，在"要言"中
予以刊载的。

据"复初师曰"：

> 彼妄诞不经者，谬以天国地禁之，景物窥测之。如云者
> 白勒衣（伊斯兰教信奉的天使之一，即基督教信奉的天使加
> 百列——引者注）率无数天神奉主命，引仙马召圣登霄等语，
> 殊可诧异。夫至圣登霄，而必引仙马。则是圣不能登，必借
> 马力而后登。既有如是之马，凡人皆可登矣……（卷四"登
> 霄说"）

这是说，马复初认定"登霄"确有奇人所经历的奇事。其理
由是：其一，"至圣德超万人，心涵众有，而本性达乎本然，真体
接乎真宰……而实真宰之妙合于无间也"。其二，那种"使登霄一
事，尽付之奇奇怪怪之中，而于奇情奇理，概没其真……介廉先
生（即刘智——引者注）译性理（即《天方性理》——引者注）
有言曰，吾圣登霄，不过一息事焉耳"②。这是说，刘智所言，显
然并非"指南"原文，乃录记者所为。其三，"夫至圣之性，即
真宰之首显者也。本性之内，包含万有，度越万圣……真宰以本
体无所不有之妙，尽发现于至圣；至圣即以真宰之所发现者，一
一发现之……登霄之游，是真宰之特诏，至圣以践夫期会之大
信"。其四，"真宰所未施之恩，无不为至圣施之；真宰所未被之
德，无不为至圣被之。则谓登霄之游，真宰所以独隆至圣，而特
召之以行庆而施惠者，其在是与。然则登霄之游，实境实事也，

---

① 马复初：《指南要言》（卷四）"登霄说"，第 41—45 页。
② 马复初：《指南要言》（卷四）"登霄说"，第 43 页。

而究非虚境虚事"①。这是说，在马复初看来，"登霄"实有其事，但并非那种过于夸张而成虚诞不经之谈，其摘录完全体现了马开科所说的"归大中至正之道"。

再次，所谓"俾学者易于从由，教者难于惑乱"，这是就马复初的著述成果而言的。

就"要言"来说，它择清晰、简明的行文显现，而弃其过于累赘、重复的表述，这完全有利于教与学。

根据"指南"（卷之五）"格论"内容，所论条款约150条。其中，各个条款的字数多少不一。少者数十字，多者数百字。"要言"未予摘取的有50余条。即便是对所摘录的条款，它也极力精简文字。为使读者"易于从由"，也使教者"难于惑乱"。

如据"指南"（卷之五）"忠孝"一节所述："真主运无极而开众妙之门，成太极而为万有之宗，造人极而为万民之根。无极为种，太极为树，人极为果。树生果里，果藏树中，人极虽微，所包者大。真主运此三大纲领，以造化乾坤万物，天仙神鬼，水陆飞行，草木金石，总备人极之用。"② 鉴于无极、太极等相关语词及其思想在"指南"（卷之三）"格物"一节中已有所表述，故"要言"更为简略地摘录其内容：

> 真主运大命而开众妙之门，本元气而为万有之宗，造人极而为万民之根。人极虽微，所包者大。真主运此三大纲领，以造化乾坤万物，天仙神鬼，水陆飞行，草木金石，总备人极之用。（卷二"忠孝"）

这里，马复初以"大命"替代"无极"，以"元气"替代"太极"，这与马注的思想完全相符。因为马注表述中的无极、大

---

① 马复初：《指南要言》（卷四）"登霄说"，第43、44、45页。
② 马注：《清真指南》（卷之五）"忠孝"，第220页。

命（甚至还包括大笔，或仙笔）均为"至圣之灵光"（即"穆罕默德之灵光"）的余光的显现。根据马注的说法："真主能有维持之动静，显于圣命，故谓之作为。因包括万物之命性，故谓之大父也、大命也、大笔也、大智也、无极也，所称不同，其名一也"，"无极者，仙笔也"①。这是说，马复初的简化，并不影响"指南"的主体思想。在某种意义上可以说，它显得行文更为简洁，更能突出所述内容的中心思想。以这一原则处理行文，有助于读者，也有益于经学教育的从教者。

为"俾学者易于从由"，"要言"颠倒了"指南"的表述形式，也是马复初理解学习的重要性而在摘录过程中做出的改动。

"指南"（卷之四）"因教"按经文所述："寻学在一切男女是主命"之说，提出"盖学明则道明，道明则理明，理明则是物不能摇夺。以此观之，以媕纳（即'信仰'——引者注）之发生，在于培养。培养失时，父母之过也"②。"要言"在摘录上述行文时，予以颠倒表述：

> 习学者穆民男妇之正制。盖学明则理明，理明则道明，道明则外物不能摇夺。以此观之，以媕纳（即"信仰"——引者注）之发生，在乎培养。培养失时，父母之过也。（卷二"因教"）

"要言"之所以改变马注的"学明则道明，道明则理明"为"学明则理明，理明则道明"，在马复初看来，这完全基于"道"比之"理"在宗教信仰中为更根本的因素——信仰之根。因为这个"道"指的是"真主之道"；有了"真主之道"，才有穆罕默德

---

① 马注：《清真指南》（卷之二）"本用"，第62页；（卷之二）"前定"，第74页。

② 马注：《清真指南》（卷之四）"因教"，第152页。

创立的"至圣之教",此"教"即伊斯兰教;有了教才有表述、宣讲教义之理。由此信众才有信仰的明确目标,从而得以明了信仰之"理"。可能在马复初看来,"要言"做此安排,比之马注说的"理",只是后天现实的一般的道理。就后天信仰而言,"道"比之"理"是更为根本的因素。就"道"和"理"而言,有"道"才有"理",亦即人们常说的"道理"。"道"在前,"理"在后,将"道"置于"理"之前,显然人们认为"道"比之"理"是更为根本、更为重要的原因所在;也是肯定有正确之"道",才有正确之"理"的原因所在。由此,信仰才得以有所"培养",让子女学习,应成为"正制",是父母的责任所在。如子女"培养失时",则是"父母之过"。至于就先天而言,则是另外一种情景。

最后,关于"显与异端相隔阂,隐与儒教为表里",则是"要言"摘录"指南"的第四个原则。

这里说的"隐""显",无外乎是说,"指南"在涉及儒释道三者的思想方面,视释道为"异端",它在行文中有公然与之"相隔阂"的语词。而对儒家,马复初则与王岱舆、马注、刘智等人一样,以其著述显现伊斯兰思想与儒家思想互为"表里"。①

在"显与异端相隔阂"方面,例如"要言"删除行文中有关责难佛教之言论,也未摘录佛教的"轮回之说"。② 这可能考虑到不同宗教信仰之间在信仰、在教义主张方面很自然地存在差异,主动采取回避的说法,是可取的。

---

① 关于这方面的说法很多。例如,何汉敬所撰"《正教真诠》叙"说:"独清真一教,其说本于天,而理宗于一,与吾儒大相表里"(见《正教真诠》何汉敬"叙"),马锡蕃为马注《清真指南》所撰"叙"说:"清真之教……实赖有通经、通儒之士,如王岱舆、刘介廉两先生作《真诠》、著《性》、《典》,以中国文字译西方经旨,使孔子之教与穆罕默德之教若符合,无少异。""盖儒与回相表里,固一以贯之者也。"(见《清真指南》马锡蕃"叙")

② 马注:《清真指南》(卷之五)"格论",第 197 页。

至于涉及不得不有所论辩的思想，如"指南"所言，佛教的
"嵩山和尚恒言自性为主"①，"要言"（卷三）引用"指南"的话
表明"自性"不能是"主"的原因，"要言"针对"嵩山和
尚"说：

> 五谷蔬菜入于腹，而充于饥。通乎目者为泪，通乎口者
> 为津，通乎鼻者为涕，通乎心者为血，通乎窍者为汗，通乎
> 肾者为精。阴阳变化，清升浊沉，君能自主乎……夫以尔之
> 一身，不能自主，乃欲擅造化之权，为万物主，罪矣……况
> 生死无常，又当躬之大事，君能主乎？抑不能主乎？（卷三
> "格论"）

显然，从"指南"或"要言"的表述中，"嵩山和尚"对此
究竟如何，应由相关宗教人士作答。"要言"摘取其他宗教有关论
辩内容及其说辞，为信仰而论辩的做法，也是很自然的事。

至于在"隐与儒教为表里"方面，可以"要言"摘录马注
"客问（十六答）"中的提问及其相关答复为例，说明马复初主张
伊斯兰教应与儒家思想相融合。

"指南"对有关"二氏之教，古之所谓杨墨也"② 的提问持否
定态度。所谓"二氏之教"，王岱舆指的是释道两家；刘智说：
"二氏乃指朱乎得忒尔撒两教徒也。朱乎得乃母撒之教徒。忒尔撒
乃尔撒之教徒。"③ 马注则以其称谓"杨墨"，杨指杨朱，墨指墨
翟（即墨子）。所谓"杨墨之道"，历史上杨墨两派的学说，流行
于战国时期，不同于儒家的思想主张。由于他们反对儒家学说，

---

① 马注：《清真指南》（卷之五）"格论"，第 190 页
② 马注：《清真指南》（卷之三）"穷理"，第 78 页。
③ 刘智：《天方至圣实录》"凡例"，第 15 页。

受到孟子的批评。他说："天下之言，不归杨则归墨。"①

"指南"对"儒者之道"虽持肯定态度，但它在肯定伊斯兰教与儒教互为表里的同时，又特意将儒家思想与伊斯兰教相比，认为儒家尚欠缺"真主明命，至圣真传"，故而有所"遗憾"。"要言"认可"指南"所述，它说：

> 客曰：二氏既非，儒者之道何如？曰：纲常伦彝，正心诚意，修齐治平之道，至中至正，不偏不倚，非此则人道不全，治法不备。此儒道独隆于东土，第其始之所以来，终之所以往，造化本原，生死关头，一切不言。天下深观之士，不能无疑焉……宋儒起而阐明至道，意亦良善。惜乎未得真主明命，至圣真传，徒以语言文字之所及者，及之；语言文字之所不及者，则不及之，未免有遗憾焉……（卷一"原教"）

马复初同于马注之说，是肯定无疑的。在表述"显与异端相隔阂，隐与儒教为表里"方面，还可以伊斯兰教与儒释道三者在"认主"方面不同的论述为证，"要言"摘录"指南"的语词说：

> 儒知而言浑，玄知而不切，释不知而自认。（卷一"穷理"）

这里，说释道的"自认"和"不切"，是持否定的语气的。所谓"言浑"，意思是说儒家关于"认主"问题，虽说了，但说

---

① 孟子说："杨朱墨翟之道盈天下。天下之言，不归杨则归墨。杨氏为我，是无君也。墨氏兼爱，是无父也。无父无君，是禽兽也。杨墨之道不息，孔子之道不著，是邪说诬民，充塞仁义也。"见《孟子·滕文公下》。

得很含混。它接着说：

> 孔子五十知天命，其言则性与天道，畏天命，畏圣人之言。获罪于天，无所祷也。子思（孔伋，孔子嫡孙，孔鲤之子——引者注）天命之谓性，其为物不贰，则其生物不测。既言命出于天，性本于命，不测无二。读此书者，即宜因教寻道，因道悟性，因性顾命，因命知天。（卷一"穷理"）

在马复初看来，此"天"并非寻常可见的有形象的物质之天，而是可以视为信仰对象的"天"。就中国传统文化而言，把"天"视为主宰一切的观点由来已久。在中国的社会条件下，伊斯兰教信众在很长的一段时间内，接受这一说法，然而，这并非认同可见之"天"为信奉的主宰。就一般信众而言，他们并不了解其真实含义。值得注意的是，马复初在"要言"中，继续接受有关"天"之说，即上述的"因教寻道，因道悟性，因性顾命，因命知天"①，是他认可的"指南"中最为重要的结论之一。

在中国传统典籍中，涉及伊斯兰教信仰对象的语词，往往为"事天为本，而无像设"，或类似的语词表述。在相关典籍中，如唐杜环《经行记》有"祀天"之说，明代的书籍亦有"事天""拜天"之说。同样的，反映不同时代的碑记中，如14世纪中叶福建泉州元吴鉴"重立清净寺碑记"中，有"其教以万物本乎天，天一理无可象，故事天至虔，而无像设"②；福建福州清真寺"重建清真寺碑记"中，亦记有"专以事天为本"③。17世纪初山

---

① 马复初在《祝天大赞》中关于"天"的思想主张，将在第九章中论及，本章从略。

② 《福建泉州元吴鉴"重立清净寺碑记"》（元至正十年，1350年），见余振贵、雷晓静《中国回族金石录》，第67页。

③ 《福建福州清真寺"重建清真寺碑记"》（明嘉靖二十八年，1549年），见余振贵、雷晓静《中国回族金石录》，第70页。

东济南清真南大寺"来复铭"碑，有"存心养性，以事其天"①
之说。

其实，詹应鹏在《群书汇辑释疑跋（录旧）》中，关于"志
云：'其教专以事天为本而无像'"的说法，有如下阐释，他说：
"无像诚是也，第以为'天'则非也。盖所事者，宰乎天地万物
之主；唯主，故无像也……作此志者，或以万物莫尊于天，故以
天之名称主，非其天即主也。阅者于'事天'、'拜天'等语，俱
当以'天'字作'主'字观，慎勿作'天'字观也。"②

1863 年（同治二年），马复初所撰"《祝天大赞》原序"中，
有"天，即吾教所谓天地人物万有之真宰也"③。可以认为，马复
初所说的"天"并非一般意义上所说的物质性的天，而是指造化
并主宰宇宙万有的真主。马复初之所以在伊斯兰信仰中仍然认可
"天"，这是与他"显与异端相隔阂，隐与儒教为表里"的原则相
一致的。

上述马开科在《大化总归》中所述的四项原则，"要言"正
是以此四项原则从事摘录，其目的显然在于删繁就简，既便于从
事教学的需要，又便于掌握一般汉语文知识的信众阅读，无疑是
他在学术领域的重要贡献之一。

第四节　删繁就简，突出主旨

马复初在摘录"指南"过程中，革非存是、删繁就简，是
"要言"之所以极其简略的原因所在。就革非、删繁而言，"要
言"着重点在于删繁，而不是革非。因为很难说"指南"所述之

---

① 《山东济南清真南大寺"来复铭"碑》（明嘉靖七年，1528 年），见余振贵、雷
晓静《中国回族金石录》，第 215 页。
② 刘智：《天方至圣实录》（卷之二十），中国伊斯兰教协会印，1984 年，第
366 页。
③ 何日平撰：《祝天大赞集解》（马复初"祝天大赞原序"）。

中有其大量之"非"而应予革除。

应该指出，马复初摘录与删繁本身，是他在辑其"要言"同时从事的两个不可分割的学术活动；有取必有舍，有舍才得以保证其取的必要和合适。否则的话，也就无所谓摘录，无所谓删繁了。所谓删繁，也就是"要言"未予摘录的行文。至于何者应删，何者应摘，这完全是仁智各见的问题。

"要言"摘录的行文内容，人们在"要言"中完全可以读到；而就"要言"删繁而言，没有必要将所删行文一一列出。就所删行文而言，既有内容方面的，也有语词方面的。这里，仅将"要言"就简的主要方面大致归纳、述及如下。

首先，概述经籍主旨，突出行文要义。

这里说的经籍，指的是《古兰经》、"圣训"和相关的典籍。"指南"在表述其论题的主旨思想（或含义）时，往往以"天经曰""真主谕云"的形式，明确、完整地引用《古兰经》经文以证其实，或是以"圣训"（"至圣曰"）的相关训示，有时也以其他典籍（"经曰""经云"、诗曰等）所述的形式，旁证其说有根有据。"要言"为使行文简略而不伤"指南"主旨（或原意），通常以概述形式表述其论题要点。

例如"指南"为了表明真主造化宇宙万有，乃由至圣予以代理完成，它引用相关经文以为明证，进而以太阳及其光辉之间的关系说明真主与至圣的关系。为的是表明，人们只有通过认识"代理"，即至圣在真主造化中的作用，才能"认主"。它说："经云：'真主自要为中，显现了万有之原种，曰大笔、曰象海、曰无极、曰数一、曰钦差、曰元圣、曰代理、曰首仆。'譬若太阳之与光辉，光辉之与明亮。明亮不即光辉，亦不离光辉，非光辉自无明亮；光辉不即太阳，亦不离太阳，非太阳自无光辉。乃同而不同，在而不在，分之不离，共之不合……诗曰……谟民以此作证，则认识之道几希矣。"①

"要言"根据马注思想，概括上述引文语词含义，它说：

> 经云：真主首显万有之原种，是曰大笔。譬若日之与光，光之与明。明不即光，亦不离光，非光自无明；光不即日，亦不离日，非日自无光。乃同而不同，在而不在，分之不离，共之不合者也。知此则认识之道几希矣。（卷二"认主"）

在马注的思想中，除"代理"外，他所说的象海、无极、数一、钦差、首仆等语词，与大笔在造化过程中的含义、作用、功能完全相同，只是根据表述内容及其行文的需要，而以上述不同语词具体表述其含义。这与王岱舆《清真大学》所述类同。②"要言"在引文中不仅省略了"诗曰"及其后的诗文，而且在引文最后一句"则认识之道几希矣"之前，以"知此"替代"谟民以此作证"。以"知此则认识之道几希矣"，为的是点明所引行文的中心思想乃"认主"。这不仅做到了删繁就简，而且使所摘"认主"一节的中心思想更为突出、明确。③

"降伏自性"是马注在"戒持"中极其强调的内容。"要言"摘取"指南"所引经文关于"自性之恋有六"（即恩爱、财物、安居、饮食、寤寐、衣服）的主张。只是在摘取引文时，除了精炼"指南"的行文外，还相应地省略了下述经文："天经谕云：'我造化你，原非为嗜性受用与生灵好欲，莫非你们猜度我造化你们为顽（玩——引者注）戏，将来不归于我么？'"④

---

① 马注：《清真指南》（卷之四）"认主"，第 121 页。
② 王岱舆：《清真大学》"数一"，见王岱舆《正教真诠·清真大学·希真正答》，余振贵点校，宁夏人民出版社 1987 年版，第 235 页。
③ 马复初：《指南要言》（卷二），第 3 页；马注：《清真指南》（卷之四）"认主"，第 118—121 页。
④ 马注：《清真指南》（卷之四）"戒持"，第 143、144 页。

"要言"在概述经籍主旨、突出行文要义时，那些与主旨思想不相符合，或是过于繁杂、重复的语句，在不伤害"指南"行文原义的基础上，则不做摘录。如借助其他典籍（《归真要道》）重复表述主体思想的行文或引文，如关于造糖的比喻（约200字）①，关于"笔蒙真主之观看，笔不能受，分为两歧……"的行文（约80字）②，马复初则予以删除。

其次，删除行文中的原注或释文。

在"指南"的行文中，有的章节安排"原注"和"释文"，可能马注以此扩展阐释或深化表述或参照对比以突出所述论题的主旨思想。它是所述内容不可或缺的组成部分。

马复初在"要言"中并未删除所有的"原注"，而是根据所述问题行文的需要，对那些被视为有所赘述、不实，或过于烦琐、可有可无的，或重复列举的"原注"，予以删除。这类"原注"删除后，并不影响论题行文原意。同样的，"要言"也未全部删除论题行文的释文，而是剔除那些赘述、重复的释文。

如关于穆罕默德的"命"（或灵魂、精神、本然、灵光等）先于他的肉身躯体之前存在（或降生）的问题，"指南"说："穆罕默德命立于未有天地之前，为万圣命之鼻祖。诞生于十二万四千有零圣人之后，萃万圣身之英华。"③ "要言"在摘录上述行文后，完全删除了其后"按天经云"的150余字"原注"。④ 就其"原注"的意思来说，无外乎是对造化圣人行文的进一步表述。可能马复初认为，大致了解所摘录的"指南"行文已足以获得相关

---

① 这一譬喻的行文，在王岱舆的《正教真诠·清真大学·希真正答》"元始"（第25页）中，人们同样可以读到。

② 见伍遵契《归真要道》（卷一）"第一篇显化人神等命"，第16页；马注《清真指南》（卷之二）"前定"，第67页；马注：《清真指南》（卷之三）"格物"，第99页。

③ 马注：《清真指南》（卷之二）"客问"，第35页。

④ 马注：《清真指南》（卷之二）"客问"，第35页；马复初：《指南要言》（卷一），第1页。

知识，无须予以展开而影响对行文要义的理解。

又如关于人类产生于"阿丹之始"的问题，"指南"有如下的说法："按经云：真主造化了天地万物，始命天仙取五方土，造化阿丹之形体，复以其本来真性，自命智两源，结成人祖之一身。然后四肢百骸，运动灵明，又自彼之左助（应为'左肋'——引者注），造化其妻，名曰好娲……"，其后有关纯系传说的、人类如何得以繁衍的100余字的"原注"，"要言"予以完全删除。①

再如删除有关"二氏之教"的答问行文中的释文。② 这里说的"二氏之教"，如上述，乃马注对"杨墨之道"的称谓。这是不同于王岱舆、刘智的。在马注看来，杨墨非儒家正统学说。马复初认同"杨墨之道"非儒家思想的主张，只是认为没有必要通过释文予以表述，故删除了如下的内容："二氏之教，古之所谓杨墨也。杨墨之道，无君臣、父子、兄弟、夫妇、朋友之伦，虎狼一体。蛇蝎不伤翠竹、黄花，无非佛性，天下举而尊之。尊之者，谓其可以转人之死生祸福也。死生祸福，在二氏亦不能自主，而欲使……非天地止于盈尺，乃知见有以限之也。"③ 所删释文200余字。

再次，省略譬喻、衍文。

删除过于烦琐的譬喻，是"要言"得以简洁的一个重要原因。如"指南"在表述形、性、理、"真一"的关系时，借用人们书写"文章"为喻，以表明宇宙万有皆由真主造化而成。"指南"说："一部文章，千行万字……莫不有至理妙义安藏于章句点画之间，然后发而为体、为式、为声、为韵、为……见墨翰之清切，则知为文士之才能……法象之巨，万物之繁，岂无主而能自成

---

① 马注：《清真指南》（卷之二）"客问"，第41、42页。
② 马注：《清真指南》（卷之二）"客问"，第40页；马复初：《指南要言》（卷一），第4页。
③ 马注：《清真指南》（卷之二）"客问"，第40页。

乎？"① "要言"删除与文章譬喻有关的行文 150 余字，仅保留
"法象之巨，万物之繁，岂无主而能自成乎"的结语。②

在表述"心能格万物之理，理得而物不染于心"时，删除有
关天地、日月，以至于镜子、美人之喻。③ 特别是有关镜子、美人
的譬喻，往往有其浓厚的神秘主义色彩，可能在马复初看来，删
除这类譬喻，并不消减行文的思想内涵，也不影响他对苏非主义
的看法。

如关于"五课之原根"问题，"指南"以"知性命之原根与
身体之原根，则可以知五课之原根"作答，它进而指出"性命之
原根，即无极之本来，至圣穆罕默德之灵光是也。身体之原根，
即人极之本来，阿丹人祖是也。阿丹未有形体之前，先有至圣穆
罕默德之命，穆罕默德已具天地万有之根"，"指南"接着说：
"缘真主自似珠光之玄妙幔中，造化至圣穆罕默德之命，俊美光
洁，复造一镜甚至自照，感谢真主，叩首五遍。真主喜此五叩，
遂预定为吾人五时朝拜之种子。"④ 这里，"指南"对信众应予践
行"五课"的缘由做一说明。

可是，在马复初看来，对一般信众来说，似无必要从性理的
视角，或以学理性的解说表述宗教功课的根源，只要讲明信众应
予遵行的宗教功课即可。对此，"要言"先后删除其行文 1600 余
字，其中包括关于从穆罕默德灵光中，"落下一切珠光"，"故至
圣云：'主上造化头一物是我的命，头一物是我的光'"，"真主谕
云：'若不是你为圣的，决然我也不造化乾坤万物'"，以及由珠
光造化出宇宙万有的精神性实体和物质性实体，关于造化阿丹、

---

① 马注：《清真指南》（卷之三）"格物"，第 86 页。
② 马复初：《指南要言》（卷一）"格物"，第 26 页。
③ 马注：《清真指南》（卷之三）"格物"，第 86 页。
④ 马注：《清真指南》（卷之四）"五课"，第 122、123 页。

阿丹"降罚于世"等多处行文。①

"要言"还删除了"指南"有关"四圣""四女"②的明证，同样省略其笔墨。

所谓"四圣"，"指南"指的是苏喇马纳（即《圣经·旧约》中的所罗门）、尔撒（即《圣经·新约》中的耶稣）、蔼玉布（即《圣经·旧约》中的约伯）、依布拉希默（即《圣经·旧约》中的亚伯拉罕，伊斯兰教称其为易卜拉欣、伊布拉欣）；所谓"四女"，指的是阿锡叶（《古兰经》传说人物埃及法老之妻，经文未提其名）、默勒嫣（《古兰经》传说人物尔撒之母麦而彦，即《圣经·新约》中的耶稣之母马利亚）、赫底彻（穆罕默德之妻）、法土墨（穆罕默德之女法蒂玛）。"指南"以他们的富贵（或贫难、或病患）而能无违犯（或能顺命、或能施济、或能安贫）而于末日审判时，将居高位。为的是说明"真主为偏私之前定，人生有自取之因由"③。"指南"以"四圣""四女"为例证表明他们的虔诚信仰。可能由于此类事例在"指南"中比比皆是，无法提出行文的中心思想，故"要言"未予摘取。这类行文约350字。

复次，删除民间传说、典故、事迹。

中国民间有大量施恩、济贫而不求名图报的美谈。关于"施济之道"问题，马注从"以学、以财、以言、以力、以心"五个方面给予学施、财施、言施、力施、心施。"指南"列举的相关典故、事迹有"辍女嫁婢之钟离瑾""闻泣假书之刘理顺""冯商焚

---

① 可对照马注《清真指南》（卷之四）第122—124页"五课"与马复初《指南要言》（卷二）第4页"原教"的内容。

② 王岱舆的《正教真诠·清真大学·希真正答》"普慈"载"后世有四大圣人"之说："后世公判之日，有数赖玛纳圣人，至富贵而无违犯，则为富贵者之证明；有尔撒圣人，至贫难而怨念，则为贫难者之证明；有蔼玉卜圣人，多病患而无怠惰，则为病患者之证明；有以卜腊希默圣人，全孤陋而不迷惑，则为孤陋者之证明。"（第34页）此说与《清真指南》第131页所述雷同。

③ 马注：《清真指南》（卷之四）"课施"，第131页；马复初：《指南要言》（卷二），"斋戒"，第11页。

券""马涓赠金""鬻产伪书"等。①

"要言"并未摘录上述 2000 余字的生动事迹，只是摘取了"指南"对这类善举有所不妥的结语：

> 有济人之心而使人闻之，是炫已（己——引者注）也；有济人之心而使人知之，是辱人也；有济人之心而使人感之，是沽恩也；有济人之心而使人报之，是易情也；有济人之心而使人求之，是市德也。有一于此，与恶无异。（卷二"课施"）

"指南"为了表述有关忠孝思想，以典故、事迹说事。"要言"为贯彻其删繁就简原则，删除了"伯夷、叔齐耻食周粟……遂饿而死"之例，复删伯夷、叔齐"兄弟互让"事例。② 又如删"武王伐纣"而释伯夷、叔齐事迹；"闯王犯燕"，王贞开城门迎闯王而遭诛的事迹。③ 显然，"要言"为略其行文，只取结语，而删相关传说、典故内容。可能在马复初看来，这类传说、典故在民间流传，为信众所熟知，无须赘述而删之。但它所摘录行文主旨或是相关事迹的结语，仍有其以史镜鉴的意义。

马注重视人伦"忠孝"问题，"指南"说："二亲既迈，尽孝无多，当无恙之时，犹能起居自理，设遇鳏寡疾患，其苦尤甚。亲之所望子者此时，子之报亲者亦惟此时。"④ 马注列举了中国历史上的一些尽孝事例，借以昭示信众尽其孝。"要言"在摘取上述引文后，略去马注所举事例及其"原注"。其中有"泣杖之伯俞""斑衣之莱子""恣蚊饱血，虑亲体之难堪""温衾扇枕，恐炎凉之及母""弃职寻亲""佣工养母""负米之子路，遇虎不返"

---

① 马注：《清真指南》（卷之四）"课施"，第 135—139 页。
② 马注：《清真指南》（卷之四）"戒持"和"因教"，第 145、159 页。
③ 马注：《清真指南》（卷之四）"因教"，第 160 页。
④ 马注：《清真指南》（卷之五）"忠孝"，第 226 页。

"埋儿之郭巨，掘冢获金""取鹿乳以奉亲""泣泽堇而养母"等事例。① 此外，"要言"删除的典故还有九方皋相马、东施献颦（或东施效颦）。②

至于"要言"删除"指南"关于解说语词"回辉"含义的行文，可能认为王岱舆在《正教真诠》中已有述及而为众知，故省略不录。③

类似的赘言引证，"要言"删除的有南柯梦、《咏蜂诗》《陈情表》等行文；至于以"羽毛鳞甲之族"表述它们与人类的运动知觉的区别，似有画蛇添足之嫌，同样予以删除。④

删除"指南"过多借助典籍的譬喻，同样是"要言"所省略文字的重要方面。如"指南"在表述"嗜性能伤真性"时，过多借助相关典籍阐释其思想。应该指出，马复初并不反对中国传统文化，甚至在一定程度上使之与伊斯兰思想相融合。但是，过多引证则会淹没行文的主旨思想。故"要言"屡屡删除相关语词或是涉及相关人物、事件的行文。如删除有关"修齐治平"的阐释；有关尧舜、下惠、桀纣等人物事件。⑤

马复初所略"指南"的典故、事迹，并不限于上述诸例。在中国的社会环境下，马复初当然知道民间流传的种种典故事迹的真实含义。作为供人习学的"要言"，为提出行文的主旨思想，略去过多典故事例，不为不可。可是，作为辑其"要言"的书，不宜由过多的典故、传说之类的内容占据行文，敢于大胆删减、就简，这可能也是经过慎重斟酌而后下笔的事。

---

① 马注：《清真指南》（卷之四）"忠孝"，第226、228页。
② 马注：《清真指南》（卷之五）"格论"，第213页。
③ 王岱舆：《正教真诠·清真大学·希真正答》，《正教真诠》"回回"，第78页；马注：《清真指南》（卷之六）"问答"，第258页。
④ 马注：《清真指南》（卷之三）"格物"，第89、90页。
⑤ 马注：《清真指南》（卷之二）"天命"，第66页；马注：《清真指南》（卷之三）"穷理"，第82页；马注：《清真指南》（卷之三）"格物"，第99页。

同样的，"要言"除删略中国的有关传说、典故外，还删略外国的传说、典故。这方面的例子如：删除埃及法老（国王）及其妻室阿锡叶（《古兰经》未提法老及其妻阿锡叶之名；经文38：12、10：92、66：11、79：24与之有关）与穆洒（即摩西，《圣经·旧约》"出埃及记"）；删除关于尔撒（耶稣，《古兰经》2：87、5：72）的故事传说；① 删除"无舟自渡"的传说②；如此等等。

最后，有选择地简化行文语词。

"要言"简化或改变行文语词的表述形式，这可能是马复初对"指南"的重要加工。当然，这类改写并不损害行文的原义，有的更能切合"指南"的主旨，有的则深化了"指南"思想。这方面的实例，可以说遍及各章节，从而使行文清晰、明确。

例如，"指南"关于真主是否"可见"的提问，以"见己身之性灵，则可以见真主矣"③ 作答。这是马注关于该问题的机智答复。随之，提问者有"性灵安在？"的提问，马注做了如下表述："君之欲动欲静，欲语欲默，皆性灵之用……夫天覆而地载，日升而月沉，阴卷而阳舒，春荣而秋实，万物消长，亘古如一，此皆真主之大能，分明认主之凭据……似此至妙安排，或亲或己，兴废权衡，渺茫莫测，此皆真主之妙用，分明认主之确据。"④ 马复初将"指南"所述，在"要言"中予以简略表述为：

夫天覆地载，阳舒阴敛，四时代谢，万物消长，若非真主运用，何以亘古如一，此分明认主之据也……若无真主神化，何以安排至妙，玄微莫测，此又分明认主之据也。（卷一"原教"）

---

① 马注：《清真指南》（卷之四）"因教"，第152页。
② 马注：《清真指南》（卷之四）"因教"，第161页。
③ 马注：《清真指南》（卷之二）"客问"，第37页。
④ 马注：《清真指南》（卷之二）"客问"，第37页。

　　"要言"在这里不仅没有改变"指南"的原意，而且表述得更为清晰。

　　又如马注在行文中，讨论关于"天命"（即主命）的内涵，"天命"与"附余"（或副功）的关系。在他的表述中，涉及信众对"天命"应予信仰并遵行的态度。对此，马注明确提出关于"以妈纳"（即"信仰"——引者注）的五个"首端"。他说，"天命为一切功课之首端"，"纳妈资（即礼拜——引者注）为一切功课之首端"，"饮食又为一切功课之首端"，"你叶特（即举意——引者注）又为一切功课之首端"，"野格你（即定信——引者注）又为一切功课之首端"。①

　　"要言"认同"指南"关于"天命"内涵的表述，关于"天命"与副功关系的表述，与此同时，马复初将五个"首端"予以概括，将其简化为三，即"天命为一切功课之首端"，"礼拜又为一切天命之首端"，"虔诚乃一切功课之首端"。② 他以"虔诚"这一简略表述，完全保持了"指南"关于信众在饮食、举意、定信等方面践行的真谛。

　　"要言"在简化"指南"相关行文表述形式的同时，适当变换行文语词，从而使"指南"思想内涵的表述，更为明确。

　　例如，"指南"关于真主与宇宙万有的关系，区分了作为先天精神性实体的"四行"（水、火、气、土）与作为后天物质性实体的"五行"（金、木、水、火、土）之间的关系。"指南"说："盖五行生尅③（克，下同——引者注）之理，清真造化之根。生尅谓之后天，造化谓之先天。先天有根，然后后天有理。"④ "五行"得以生尅，根源于"清真"的造化。这里说的"理"和

---

①　马注：《清真指南》（卷之二）"天命"，第68、69页。

②　马复初：《指南要言》（卷一）"真德"，第18、19页。

③　这里的尅有战胜、克制之意。指五行中的相生相克，即水生火、火生金、金生木、木生土、土生水。

④　马注：《清真指南》（卷之三）"四行"，第101页。

"根"，是以"体—用"表述其间的关系的。只不过这个"体—用"纯粹是精神性的。这是说，有先天"四行"之体，而后有其用；其用以其作为的形式显现为后天"五行"的生尅变化。

"要言"赞同"指南"之说。它说：

　　盖五行乃生尅之理，四行乃造化之根。生尅谓之后天，造化谓之先天。先天有根，然后后天有理。（卷一"四行"）

由上可见，"要言"只是在行文中以"四行"替代"清真"，从而给予读者更为清晰、明确的表述。

何谓"清真"，"指南"说："清真之品，乃真主原有独尊，无有一物相同之称。"① "要言"以"四行"替代"清真"，无外乎是从真主于先天造化的一系列过程中，以"四行"为由精神性实体显化为物质性实体的最为关键、最为基本的演变因素。离开"四行"的演变，在王岱舆、马注、刘智、马复初等人看来，一切造化皆无从谈起。马复初正是为了更为清晰地表述后天之所以有"五行"的"生尅"，其根源则在于说明"四行乃造化之根"。对于读者而言，"清真"在造化中的含义，在理解上有所含混，显然不及作为精神性实体的"四行"更为清晰。因为作为精神性元素的"四行"，比以语词"清真"表述为"造化之根"多少要明确一些。

再如"指南"关于"朋友居五伦之一，不可不择……故友有可交者一，而当绝者八"②。"要言"摘录了"朋友居五伦之一，不可不择"的表述，③ 删去如下的行文："故友可交者一，而当绝者八。凡尔遗忘，即加提醒；凡尔偏僻，即加匡正；凡而昏愚，

---

① 马注：《清真指南》（卷之四）"认主"，第120页。

② 马注：《清真指南》（卷之四）"因教"，第153页。

③ 马复初：《指南要言》（卷二）"因教"，第19页。

即便教诲，此可交中一也……此当绝者八也。"① 马注所说的当绝者八，指的是狂言者、愚昧者、鄙吝者、无信者、趋势者、趋财者、贪得者、贪食者。② 马复初之所以不摘录这类800余字的行文，很可能在他看来，这类交友的行文，应从正面阐释，而过于点明这八类人的缺陷，似与"因教"节目的主旨不符，故未采纳。

一般说来，"要言"并不反对那种反映苏非主义的思想。只是在"指南"涉及这方面的内容时，往往为使文字凝练而有所舍弃。例如"指南"格论中有"天地为藩庐，人生其寄寓，性命为借赀，世道为剧场，富贵为傀儡，妍媸为粉黛，玩用为戏具。如灼目之电光，如悬岩之朽木，鼓罢锣收，戏场终散。问君资借何营？难免赤手空返"③ 之说，"要言"没有摘录这段比较典型的体现苏非主义思想的行文。这表明"要言"在摘录方面是有所选择的。

马注在"指南"中极其强调阿訇、教长或伊玛目在清真寺院、教坊中的重要地位及其作用。他针对当时的情况说："盖谓一方之升沉，系于以妈目（即伊玛目——引者注）……今欲泛尘世之苦海……越地狱之火禁，登天堂之乐境；乃以无德无学者居之，一方之疾苦不闻，往来之痛痒无关；父子相承，兄弟替代，私富众为垄断，避瘠寡若针毡。"④ 马复初本人受家学影响，经过深造后出任阿訇。"要言"在摘录时，回避了"父子相承，兄弟替代"⑤ 数字。这也是有选择地摘录行文的事例。

第五节　变换语词，深化认识

"要言"在简化"指南"相关行文的表述形式的同时，对它

①　马注：《清真指南》（卷之四）"因教"，第153页。
②　马注：《清真指南》（卷之四）"因教"，第152、153页。
③　马注：《清真指南》（卷之五）"格论"，第204页。
④　马注：《清真指南》（卷之四）"世纪"，第171—172页。
⑤　马注：《清真指南》（卷之四）"世纪"，第171—172页。

的行文适当变换语词，以使行文清晰、明确，从而对"指南"表述的主旨思想有所发展或深化，同样值得人们关注。

首先，变音译词为汉译以体现宗教中国化。

在汉文伊斯兰教著述中，人们往往会读到一些未注释其含义的音译词，"指南"也不例外。"要言"将"指南"行文中的某些音译词，译为汉文（由译音变译义），这就便于那些受过儒学教育的读者（含信众），得以顺利阅读伊斯兰教的汉文著述。

"要言"在有的章节段落行文中，以汉文解说"指南"的外来音译词，是值得重视的。可惜的是，它没有把"指南"所有的音译词以汉文意译，或解释其含义，或是变换为汉文语词。即便如此，这仍然是值得重视、应予肯定的中国化的做法。它至少可以使信众或是读者了解其含义，从而避免因行文中不时出现的音译词而令人费解（对那些已经习惯于音译词的信众另当别论）。就早年的一般信众而言，真正理解音译词的真实含义之前，会有一个犯难、摸索的过程。

在"指南"中，既有外来音译词的汉译，又有未经汉译的音译词，两者同时出现。如"指南"（卷之四）"五课"就是如此。它说："真主……乃命阿丹在寅时朝礼两拜……及未时，又命朝礼四拜……及申时，又命朝礼四拜……及酉时，又命朝礼三拜……及亥时，又命朝礼四拜……"；关于五时礼拜，它又说："一、榜打德，始自阿丹圣人……二、撒申，始自依布拉希默（即易卜拉欣、伊布拉欣）圣人……三、底格尔始自禹努思（即约拿）圣人……四、沙没，始自尔撒（即耶稣）圣人……五、虎甫滩始自穆洒（即摩西）圣人……"[①]；上述"榜打德""撒申""底格尔""沙没""虎甫滩"为波斯文，"指南"只音译而未意译。

"要言"则将波斯文"榜打德""撒申""底格尔""沙没"

---

① 马注：《清真指南》（卷之四）"五课"，第124—126页。

"虎甫滩"，分别意译为礼拜的五个时辰（即寅时、未时、申时、酉时、亥时），转换成汉文，分别意译为"晨礼""晌礼""晡礼""昏礼""宵礼"。① 同样的，在某些地区寺坊中，通行的是阿拉伯文音译词。如"苏布哈"（或"法吉尔"，即"晨礼"）、"祖赫尔"（即"晌礼"）、"阿苏尔"（即"晡礼"）、"马格里布"（即"昏礼"）、"尔沙伊"（即"宵礼"），只是"指南"没有涉及这些外来词，"要言"没有提及而已。显然，将外来词中国化，这可能不仅是为了使得信众了解其确切含义，还为使那些不熟悉波斯文或阿拉伯文的读者了解其含义。

又如"指南"（卷之四）"课施"中，有"我做纳妈资（原注：译曰'礼拜'），把捞则（原注：译曰'斋戒'），散（呣）德格（原注：译曰'施舍'），出（呣）咯特（原注：译曰'天课'）……"②，如果没有"原注"，只有音译词，人们了解伊斯兰教的宗教功课，是相当难的。

"要言"对这些音译词，以汉文意译，表述为："仆礼拜斋戒，施舍散课。"（卷二"课施"）

可以说，这既节省了笔墨，其含义又极其明确。"要言"对"指南"音译词的这一汉译、加工，完全有助于读者更为清晰地了解伊斯兰教的礼仪践行的确切含义。这在某种意义上可以说，它撤去了宗教的神秘主义色彩，完全有利于宗教中国化的需要，便于它在中国的流传。

又如"指南"有如下说法："称心事不宜太过，因趸邪是迷人天堂，谟民监禁……"③ "要言"对"趸邪"做了意译，它说："称心事不宜太过，因尘世乃迷人天堂，穆民监禁……"（卷三"格论"）

---

① 马复初：《指南要言》（卷二）"五课"，第4页。
② 马注：《清真指南》（卷之四）"课施"，第135页。
③ 马注：《清真指南》（卷之五）"格论"，第187页。

显然，改音译词"戹邪"为汉文"尘世"，可以使更多的读者了解其含义。又如将"勒默杂月"做一改动也是可取的。① 因为就语言的含义而言，"勒默杂"的原义为伊斯兰教历（有的民间统称为"回历"）的九月，即"斋月"。如果将"勒默杂"表述为"勒默杂月"，其行文似乎是外来语＋汉语，就其确切含义而言，则是"斋月（'九月'）月"，显得有所重复、赘述。实际上，人们在日常生活中，特别是在"斋月"期间，可以不时听到语词"勒默杂月"。"要言"改变其说法，无疑是合乎一般行文正常表述形式的。与之相关的是，人们还会听到"过'尔得节'"之说。其实，外来词"尔得"的含义就是节日——"节"。说"过'尔得节'"，也就在重复说"过'节节'"。将外来词音译而不做意译，其结果只能增加信仰的神秘性；对一般不通晓外来语的信众而言，也就显得从教人员的才学深奥及其不可或缺性。

再如"要言"改变"指南"关于"板德有七层黑暗，作以思略目（伊斯兰，有顺从、顺服之义——引者注）之幔帐"之说，"要言"改动为"人有七层黑暗，为顺德之幔帐"②，显然这一改动更合乎一般读者的阅读习惯。

马复初在进行上述改动的同时，对某些音译词仍未改动（如谟民、板德），可能在他看来这类语词含义已为人所周知，从而保留音译的原貌。

"要言"除了将日常礼仪的音译词汉译外，对"指南"行文中提及的具有学理性的语词概念，如"俍璧世界""木立克世界""默勒枯特世界"，则分别改为"隐微世界""色象世界""性理世

---

① 马注:《清真指南》（卷之五）"格论"，第201页；马复初:《指南要言》（卷三），第14页。
② 马注:《清真指南》（卷之五）"格论"，第203页；马复初:《指南要言》（卷三），第15页。

界"①，无疑更符合汉文行文习惯。就这类音译词而言，可能并非所有伊斯兰教信众都能理解其确切含义。其实，马注完全了解"默勒枯特""偍璧""木立克世界"的汉文释义，他在"天有九重"的提问中，就将"默勒枯特"译称为"灵魂世界"（马复初则以"性理世界"称之），视"偍璧"为"真主世界"，视"木立克"为"形世"，只是他在不同节日中进行了不同的表述而已。

另如改"母纳费格"为"奸人"，改"登米尔喇直"为"登霄"，删"母揸位"（指清真寺中管理杂物的人员）②，也是值得重视的。

在中国的社会条件下，就伊斯兰教来说，在汉文中夹杂着音译词，这或是早年的宣教布道者限于汉语文水平，无法将外来的（阿拉伯的或是波斯的）语词以确切的汉文语词意译其含义，从而不得不以音译词的形式予以表述；或是出于信仰的需要而为之。不管怎么说，在汉文的行文中夹杂着音译词，多少都会显现出掌握此类外来语的从教人员的神秘性。将外来词以确切的汉文含义予以翻译，这既反映译者的外语水平，又以这种表述形式避免而不是增添外来语词的神秘性。可以认为，这是马复初在宗教中国化方面所做的一项有益的工作，他的这一更改，无疑有益于学术的发展。

其实，就世界三大宗教中的佛教、基督教（含天主教、东正教、新教）而言，在它们的语词中，同样存在大量的音译词。如果将其完全意译，其神秘主义的色彩多少也会顿失一些。这无疑有益于宗教中国化的发展。

---

① 马注：《清真指南》（卷之五）"格论"，第208页；马注：《清真指南》（卷之六）"问答"，第246页；马复初：《指南要言》（卷三），第18、26页。
② 马注：《清真指南》（卷之六）"问答"，第259、264、361页；马复初：《指南要言》（卷三），第34、38页。

其次，润色文字使行文更臻简略、完善。

对于人们如何认识真主造化宇宙万有的问题，"指南"有如下表述："盖真主未造化天地人神万物之前，预造仙笔，以写人神万品之好歹，及书降一切真经，为之无极。无极者，圣人之灵光也。及圣生于十二万四千有零圣人之后，受授真经，包括前圣，以阐造化天地人神万物两世之根由，为之钦差。钦差者，主之仙笔也。笔从主显，主以笔露。先天无色象，受于真主之本然；后天有形神，显于天房之文籍。真主为主人，圣人为大笔，天仙为妙手，万象为文章，色界为画谱。笔从心显，心借笔喻，分之不离，共之不合。"它还说："真主从无色象之光明，造化至圣穆罕默德之大命。"① 这里，伊斯兰教的神光思想，即把真主视为光（真光），真光的照明，乃宇宙万有得以显现的真正根源，这是马注行文的中心思想。

概略地说，光具有照明、照射的功能。"指南"所述，真光最初的照明则有穆罕默德之光的显现，由此开始了真主的一切造化活动。把"圣人之灵光"（亦即穆罕默德之光、穆罕默德灵光、穆罕默德真理、穆罕默德之大命等）视为真主造化的代理，该灵光的显现，则以无极、大命、仙笔三者合一为钦差，其身份分别起着体—用—为的作用。

可能马复初认为"指南"所述真主造化问题过于学理化，其义理过于烦琐，一般信众难以理解其确切含义。他对上述引文做一概述：

　　当未造化天地人神万物之先，真主首显大命，阐发大用之妙。万性万理，由是而出。而至圣之性，为其元首，故曰大笔。又曰至圣性。及此圣既生，缵迷群圣，总集大成。特

① 马注：《清真指南》（卷之六）"问答"，第238页。

受真经，阐发天地人物幽明始终之理。是大命为先天，大笔至圣为后天。大笔先天无色象，受于真主之本然；后天有形神，得于天仙之提觉。真主为主人，天仙为妙手，万象为文章，天然而成。莫窥其妙，岂可以形色求哉。（卷三"问答篇"）

"要言"无疑以体—用—为的显化过程，即大命为体、大用为用、以大笔为为，造化出宇宙万有。"要言"的这一表述，并不影响"指南"关于真主造化宇宙万有的基本含义，同时又较"指南"简洁。这可以认为它乃"要言"润色文字的一大特点。

"指南"关于天地的规律性运动，表述如下："夫天地，形器尔。寒喧（暄，下同——引者注）相递，昼夜循环，若无一定规则，必致阴阳失序，四时不调，乾坤错乱矣。"[1] 马复初在"要言"中将"寒喧（暄）相递，昼夜循环，若无一定规则"概括为"若无纲维之者"，使行文更为简洁、明确。他说：

> 夫天地，形器尔。若无纲维之者，必致阴阳失序，四时不调，而乾坤乱矣。（卷三"问答篇"）

所谓"纲维"，就社会领域而言，可以说是法纪；就自然领域而言，可以说是事物的发展规律。"要言"以"若无纲维之者"，替代"寒喧（暄）相递，昼夜循环，若无一定规则"，显得文字简略，行文有所润色，使之更臻完善。

马复初在"要言"摘录行文过程中，对"指南"回避的答问则做了明确答复。据"指南"载：有人提问"男子千人惟一人得登天境，女子万人惟一人得登天境。闻之胆寒，不几使办功松懈

---

① 马注：《清真指南》（卷之六）"问答"，第250页。

懒惰之人无望乎?"①　"指南"对男女进天堂相差十倍的比例，没有从正面做出答复，只是说："总尽人类而言之尔。因人有护善、承领、等待、黜退之四等。护善属于圣人，承领属于谟民，等待属于迷教，黜退无分正邪……习性、清心是天堂第一品级。"②　显然，这一200余字的答复是难以慰藉提问者"闻之胆寒"的心理的。"要言"则从各人身心修养为要而机智、简略地做出答复，使之更臻完善。它说：

> 虽登天至少，恐我在一人之数，不可无望。入地益多，恐我在千万人之中，不可不惧。惧者急宜进修，望则不可退步。(卷三"问答篇")

再次，重组行文以简化表述。

"要言"除了对"指南"的内容予以"革""删"之外，还在相关的内容中做出改动，予以简化，方便了读者对"指南"思想真谛的了解，有其可取之处，无疑是对"指南"的一大贡献。

例如"指南"关于"大能"的行文表述过繁，"要言"予以简化。这既不是因其"非"而"革之"，又非因其"烦"而"删之"。可以说，"要言"重新组织行文，使之更为明确，这是它在表述形式方面的特点。

关于真主大能问题，"指南"说："言真主大能，自止一之余光造化一切圣智凡愚、天仙神鬼、水陆飞行、草木金石之本来，所（是）谓无极，无极涵无形之妙。又自资源之理，显性理之余光，造化一切无灵觉之本来，是谓太极，太极具有形之理。经云：'真主欲造世界，先造明珠一颗。真主观其珠，化为水；观其水，化为火；火中储气，水里含尘。轻清者上浮而为天之形，重浊者

---

① 马注：《清真指南》（卷之六）"问答"，第266、267页。
② 马注：《清真指南》（卷之六）"问答"，第266、267页。

下凝而为地之体。'太极分而两仪判矣。于是有日月星辰之四象照临其上……"① 马注的这段话约有 900 字。

就无极太极、阴阳两仪、四象等相关内容而言，马复初可能考虑到这类语词在"要言"（卷一）中已有所述及，故在"要言"（卷四）中重组行文。它说：

> 言真主大能，自止一之余光首显大命。为万理之大原。爰自大命中性源之发显，化造圣智凡愚、天仙神鬼，一切有灵觉之本来。又自资源之发显，造化天地山川、草木金石，一切无灵觉之本来。由理而显气，是为万象之宗。元气中具有真水真火，是为阴阳。阴阳错合，天地生焉。于是有日月星辰之四象照临其上……（卷四"大能"）

比较"指南"与"要言"所述，均为阐释真主之大能，只是在表述的繁、简问题上有所不同而已。

例如在表述人的形体方面，"指南"说："人之形体，在外为色，在内为性，用而为情，发而为声。"② "要言"则以"能"替代"声"，表述为：

> 人之形体，在外为色，在内为性，用而为情，发而为能。（卷四"普慈"）

显然，以"能"（能力、活动、行为等）替代"声"可以更好地显现出人的外在形体、肤色和内在的性理、心理；因为人的功能所"发"的并不限于"声"。更为重要的是，一字更换，将人的能力、作为与人内在的思维、情感相对应，行文也就显得更

---

① 马注：《清真指南》（卷之七）"大能"，第 282 页。
② 马注：《清真指南》（卷之七）"普慈"，第 285 页。

胜一筹。

在重组行文方面，还表现为对"指南"的相关内容予以改写。

值得提出的是，"要言"改动了"教条八款"的小目，使之与相关内容的表述得以一致。

"指南"的"教条（八款）"中有关于"教体之宜遵也"的小目。所谓"教体"，无疑指的是与伊斯兰宗教体制相关的禁戒。可是，它的内容没有涉及教体宜遵这方面的问题，其行文表述的则是"清真教本清静""清真严禁鼓乐"。其危害在于"淫声美色乱于心"，从而反对"艳曲淫词""舞唱歌弹"。

"要言"将其小目更改为"音乐之宜禁也"①。它以"宜禁"替代"宜遵"，这一改动更合乎"指南"所述内容拟表述的思想，也可与前面关于严禁烟酒的条款相呼应。

又如"指南"关于"独慈"一节，它在赞颂真主造化宇宙万有时说："言真主造化天地万物，本为育这一粒真种。"所谓"真种"，指的是"人"。它接着说："人身之灵，莫贵于心。盖心能承载真主与天地万物，而能遵守明命，得以妈纳（信仰——引者注）之贵。宇宙无人，天地亦属顽空。譬若妆台无镜，虽设诸有，则尊大之俊美不显，造化之真机不露，本然动静尽属袋藏，而造镜之正意隐矣。"

"缘夫初立三才之始，其一，造化……其二，造成……其三，造成……其四，以火风水土化而为……从至圣性源之余波，历一切性之等第，至四形之性而止。"

"复自命性之浑浊，化一至宝……第一旋……第二旋……第三旋……第四旋……第五旋……第六旋……所以天地人神万物成于六日。第七旋，始命朝主，感造物之全恩。"②

---

① 马复初：《指南要言》（卷三）"教条八款"，第52页；马注：《清真指南》（卷之八）"教条（八款）"，第370页。

② 马注：《清真指南》（卷之七）"独慈"，第291—292页。

　　这里，省略的行文语词涉及阿勒始、库尔西、八天堂、七地狱、火风水土，以至于"化而为大地青霄，是兹色界，浑原一体"，以及通过七旋人得以诞生的行文有 600 余字。

　　鉴于"指南"关于真主造化宇宙万有之说，前已有所述及，"要言"（卷四）中不仅对行文重新组合，而且删除了七旋中的五旋。它说：

　　　　人身之灵，莫贵于心。心能承载真主，遵守明命，得以媒纳（信仰——引者注）之贵。宇宙无人，天地亦属顽空。缘夫初立三才之始……所以天地人神万物成于六日。第七日始命朝主，感造物之全恩。（卷四"独慈"）

　　从"要言"摘录的内容及其行文来看，不足 200 字。可见，重新组织文字，简化表述形式，是有必要的，也是可取的。

　　另外，"要言"将"指南"关于"真主之玄妙，约有二品：曰：本然之品，曰：维持之品"①，更改为：

　　　　真主之玄妙，约有二品：曰：大用；曰：作为。（卷一"大用"）

　　这一改动，显得更为简洁、明确。

　　最后，更换表述形式以扩展认识。

　　"指南"主旨思想，经过"要言"删改、更换其行文语序、语词，从而对同一论题的理解或表述形式有所不同，似有扩展并深化其认识的含义。这方面可以列举的行文表述如下。

　　其一，关于真主与宇宙万有的关系。

————————————

　　①　马注：《清真指南》（卷之二）"本用"，第 61 页。

　　"指南"在述及宇宙万有与真主的关系问题时，认为"万物不能自立，必赖于两仪，两仪必本于太极、太极必本于真一"，它进而指出："形不离性，性不离命，命不离理，理不离真一。真一有万殊之理，而后无极有万殊之命，太极有万殊之性，两仪有万殊之形。"①

　　这里，"真一"是王岱舆以来伊斯兰学者关于真主的学理性的替代词。"指南"的意思无外乎是说，宇宙万有之形、性、命、理皆由"真一"造化而出。"真一"乃宇宙万有的形、性、命、理的本原，上引行文的意思无疑是说，"真一"的造化顺序系由理而命、由命而性、由性而形的先后过程；即真一——理—命—性—形。有了形，一般的物体也就有了存在的基础，也就有了存在的外在形式，即由精神性实体的宇宙万有派生出物质性实体的天地万物的过程，由此天地万物得以显现其形、其命、其性、其理。

　　对此，"要言"在行文语词上做了些微调换。它说：

　　　　形不离性，性不离命，命不离理，理不离真一。真一含万殊之理，而后大命显万殊之命，太极含万殊之质，而后两仪显万殊之形。（卷一"格物"）

　　这里，马注和马复初所说的"万殊"，亦即通常所说的宇宙万有。"要言"以"含"和"显"分别替代"指南"所说的四个"有"。一般地说，其含义似乎区别不大。其实，"有"可能有"存在"（或"存在过"）、"具有""所有""含有"等义，但它并没有显现出它的鲜明变化；而"要言"将"含"和"显"结合起来表述其行文，则可以明显地看出其"有"含有一个显化（造化）的过程。"显"是马注在"指南"的不同卷次中一再表述的。

――――――――

　　①　马注：《清真指南》（卷之三）"格物"，第85、86页。

"要言"在这里适当地变换语词，保持了它与"指南"在语词表述形式上的统一，而更为重要的是，它使得读者多少深化了对行文原意的理解。就是说，造化过程是在先天和后天分别完成的。至于"要言"以"大命"替代"无极"，也是为了让读者更好地理解"指南"的整体思想。

其实，按照马注的思想，真主造化宇宙万有，完全是在自我显化过程中，以真光（或余光）照明的形式，由"穆罕默德灵命"（或"穆罕默德灵光"）代理真主造化宇宙万有的活动的。其灵命亦被称为大命。在马注那里，无极—大命—仙笔乃三位一体的体现造化活动的体—用—为。①

"要言"在这里尽管只予以概略的表述，但它却反映了"指南"关于宇宙万有与真主关系的中心思想。可以说，这对"指南"这段表述的认识有所发展和深化。

其二，关于真主与天仙。

在"要言"（卷三）的"格论"中，它改变"指南"的表述形式，显得更为清晰、明确。例如，"指南"提出信众在"立心举念""独寐寤言""动静饮食""营谋趋避""得志遂心"等时刻，均应赞念、感恩真主，"故能得天仙日护，所祈必准"②。"要言"对"故能得天仙日护，所祈必准"这段话，相应地做一更改。它说：

故能得真主日护，所祈必准。（卷三"格论"）

尽管它只是以"真主"替换"天仙"，更改了语词，但这却是含义完全不同的两个关键词。一是"能得天仙日护"，一是

---

① 相关阐释，可见马注《清真指南》和金宜久《中国伊斯兰先贤·马注思想研究》。

② 马注：《清真指南》（卷之五）"格论"，第186页。

"能得真主日护"，"要言"的改动有其合理的一面。因为从信仰的视角考虑，真正能护佑并能准其所祈的是真主而非天仙；如果认识天仙能"护"信众"所祈"的话，那也是在天仙获得真主的认可下才得以护佑的。所以说，最终的决定权仍在真主而非天仙。马复初的这一改动，显得比马注略胜一筹。

同样的，关于信众处世方面，"指南"提出"须防天仙记过，真主循环"①。所谓"真主循环"，其含义有所不明。"要言"对语词予以更换。它说：

> 须防天仙记过，真主罪罚。（卷三"格论"）

这是说，以"罪罚"更换"循环"，显得更为清晰、明确。所谓"循环"，无外乎是说，行善而得善报，作恶则有恶报，因为天仙所记的是其人之罪恶。从善恶皆有报应的思想来看，有善行，应受赏赐；有罪、有过则应受惩罚，是理所当然的事。所以说，这一更改也是可取的，是对"指南"认识的延续和扩展。

其三，关于"阿勒始"。

什么是"阿勒始"？"阿勒始"（或阿而实）即真主的宝座。

"指南"说："然周天之阿勒始居表，周身之阿勒始居里，表则能包含万物，里则能承载真主。以形论之，则天之阿勒始大；以理论之，则心之阿勒始尤大。若行为一有不正，则身体之黑暗侵于性，性之黑暗侵于心，心之黑暗蔽于命。命光既为所蔽，则妙世之道塞，而真主之恩慈阻矣。"②

根据马注的这段说法，有四层含义。第一层含义是说，"阿勒始"有表里。其表乃周天，能包含天地万物；其里乃周身，"能承载真主"。

---

① 马注：《清真指南》（卷之五）"格论"，第 187 页。
② 马注：《清真指南》（卷之四）"因教"，第 155 页。

第二层含义是说，"阿勒始"乃先天精神性实体向后天物质性实体过渡的中间环节。"阿勒始居色界之尽限，与妙世切近。"①作为真主"宝座"的"阿勒始"，位于妙世（或妙界、上界、先天、理世、精神世界等）和色界（即尘世、色世、下界、后天、象世、物质世界等）之间，如果以譬喻的方式形象地说明这一思想的话，"阿勒始"则处于"色界之尽限"，即后天、色世、下界的"尽限"，因为它"与妙世切近"，它的上面（如果以上下譬喻妙世和色世的话）就是妙世（即先天、妙界、上界等）。至于"切近"到何种程度，"阿勒始"究竟是否处于妙世，或者说，作为妙世的不可分割的组成部分，马注没有明确表述，在其行文中亦未言及，笔者在此不便揣测。

第三层含义是说，可以对"阿勒始"从其"形"或是从其"理"两个不同方面来认识它。就"形"而言，"则天之阿勒始大"；就"理"而言，"则心之阿勒始尤大"。"指南"在"忠孝"中有类似的说法。它说："盖先天有奥妙之宝，故后天发隐藏之秘。论色界，则有形之世界大，而人包其中；论心界，则身体之世界大，而色妙包其中。"② 其实，在"要言"的"忠孝"一节中，同样表述了这一思想。③ 这里说的"心界"，亦即"身体之世界"，无疑指的是包含人的头脑和躯体在内的活生生的人类。就个体的人而言，身心正常的人都有其思想。它所说的"色妙包其中"，显然指的是色界和妙界，即一切有形无形世界（即精神世界和物质世界）均在人的思想中有所显现，均为人的思维对象。

第四层含义是说，由于"阿勒始"的一面向着色世（即后天、色界、下界），或者说，向着人们现实生活的今生今世，先天的一切精神性实体演变（派生、显化、造化等）为物质性实体，

---

① 马注：《清真指南》（卷之四）"因教"，第154页。
② 马注：《清真指南》（卷之五）"忠孝"，第221页。
③ 马复初：《指南要言》（卷二）"忠孝"，第42页。

必须经过这一"与妙世切近"的"尽限"——"阿勒始",方能从"妙世"进入"色界"。"身体之黑暗侵于性,性之黑暗侵于心,心之黑暗蔽于命",无外乎是由身体而性、而心、而命的过程(即身体—性—心—命)。

在"要言"看来,心、性、命三者的关系非同一般。它对此有不同说法:

> 然周天之阿勒始居表,周身之阿勒始居里,表则能包含万物,里则能承载真主。以形论之,则天之阿勒始大;以理论之,则心之阿勒始尤大。若行有不正,则身体之黑暗侵于心,心之黑暗侵于性,性之黑暗蔽于命。命光既蔽,则妙世之道塞,而真主之恩慈阻矣。(卷二"因教")

马复初是从由下界向上界复归的视角认识并表述这一问题的。因此,他提出不同于马注的说法,认为这一过程不过是由身体而心、而性、而命的过程(即身体—心—性—命)。

一般地说,身体和心乃有形的实体,它们与性和命不同,性和命看不见、摸不着,而两者又确实客观地一同存在着。

马复初与马注的说法不同,反映了两位先贤在这一问题认识上的差异。可能是由于马复初与马注对同一问题有着不同的理解,从而在表述的语词上有所差异。但不管怎么说,从不同侧面表述问题、提出不同的说法,都加深了人们对心、性、命之间关系的认识。

其四,关于节目。

马复初对相关问题的理解,可能与马注多少有所不同,从而对"要言"各卷节目顺序排列、节目称谓做出相应改变,以切合行文含义。

如对"天人性命之学"的理解,"指南"(卷之二)的"十六问"中，有八问涉及真主的本质问题，其他问题涉及与伊斯兰教相关的问题（如儒释道、圣人、人物关系等）。

"要言"（卷一）在节目顺序上也相应地有所变化，即"天命"原排列在"前定"之前，而在更名"真德"后，则安排在"前定"之后；它还将"指南"（卷之二）的"真慈"移至"大用"之后；"要言"（卷四）将"指南"（卷之一）的"援诏"移至"郁素馥传"之后，如此等等。

在节目称谓方面的改动，同样反映了马复初与马注在同一问题的理解方面，有其差异之处。例如，"要言"（卷一）将"指南"（卷之二）的"本用"更名为"大用"、"大命"更名为"真德"；"要言"（卷二）将"指南"（卷之四）的"戒持"更名为"斋戒"；"要言"（卷三）将"指南"（卷之六）的"问答"更名为"问答篇"，将"指南"（卷之八）的"教条（八款）"更名为"教条八款"、"禁解"更名为"禁律"、"讨白"更名为"讨白书"；"要言"（卷四）将"指南"（卷之七）的"调养"更名为"化育"、"圣赞"更名为"至圣赞"，如此等等。

将认识上的差异表述出来，这在学术上无疑是可取的、有益的，在认识上有所深化，从某种意义上可以说，它是对马注思想的一个发展；至于其发展是否可取，那是另外一个问题。

第六节　摘录原著有误

"要言"对"指南"行文、语词的改动（或些微改动），有的并不影响行文的原意，甚至使之更臻完善。"要言"之所以做出这类改动，力图以此更好地反映行文含义，可能与马复初的表述习惯有关。

"智者千虑必有一失。""要言"在删改、变动行文、语词、观点，或简化"指南"内容的过程中，在主观上期望行文更趋完善的同时，却由于疏忽、误解，考虑欠周，同样不能避免不当之处，从而"必有一失"。

例如，"指南"（卷之二）"客问"中，有关于"至道"之所以"独厚于西土"的提问，马注的答复是："予阅《漂洋客纪》，自闽发棹，好风凡两个月，穿西洋大海，历佛狼机、黑人、红毛各国，直抵大西洋，去国渐远，尽吾教人，其间……与东土无疑。由彼而至天房，自海而江，自江而陆，又一年路。其间不知几国几都，几帝几王，皆奉穆罕默德圣人之教。"[①] 这里，马注根据"予阅"做出答复。

显然，马复初赴麦加朝觐往返既过路海陆两途，又有在西亚北非地区生活的多年经历。"要言"对上述马注之说，以"予游"替代"予阅"，做了如下改动：

> 予游《漂洋客纪》，自闽发棹，好风凡两个月，穿西洋大海，历佛狼机、黑人、红毛各国，直抵大西洋，去国渐远，尽吾教人，其间……与东土无疑。由彼而至天房，自海而江，自江而陆，又一年路。其间不知几国几都，几帝几王，皆奉穆罕默德圣人之教。（卷一"原教"）

"要言"以"予游"替换"予阅"，问题在于《漂洋客纪》是马注读过的一本著作，而非江河湖海，人是无法出游于其中的。同时，该书所述国家大致是真实的。经过这一字的改动，无疑表明马复初朝觐麦加时，"历佛狼机、黑人、红毛各国，直抵大西洋"[②]。事实是，马复初是从滇南出发经缅甸"发棹"出海（并非"自闽发棹"出海）而到麦加的；他在朝觐前后途中所经历的国

---

① 马注：《清真指南》（卷之二）"客问"，第 44 页。
② 马注：《清真指南》（卷之二），第 49 页有佛狼机、黑人、红毛的相关注释，见注释［49］至注释［51］。

家（或地区）是印度、锡兰（今斯里兰卡）、巴勒斯坦、阿拉伯半岛、埃及、土耳其、塞浦路斯等，而非"要言"所述的曾"历佛狼机、黑人、红毛各国"，更未"直抵大西洋"。可见所改不妥。

又如，在"格物"一节中，因改变一字，使得含义有所差异，更换的语词与原有行文难以相提并论。

"指南"原文为："论色世，则天地为一大世界，而人居其中；论身世，则人为一大世界，而天地居其中。"① 这里的意思很清楚，所谓"色世"，指的是天地大世界，即人们生活其中的物质世界；所谓"身世"，指的是人的躯体及其具有的思维能力。基于人脑的思维功能的无限性，人的思想不仅能包容作为大世界的天地万物，并能以天地万物为人脑思维的对象，也就是"天地居其中"，而且人的思维能力还能包容精神世界的一切。这是说，人的思维能力具有无限性。

"要言"将上述的"身世"更改为"妙世"：

　　论色世，则天地为大世界，而人居其中；论妙世，则人为大世界，而天地居其中。（卷一"格物"）

这里，"要言"省略了两个"一"字，并不影响人们对其行文含义的理解。可是，将"身世"改为"妙世"，仅改一字，却完全改变了"指南"的原意。因为按照"指南"的说法，"色世"亦即他在行文中所说的现世、象世、后天、下界，或者说，即人们生活其中的物质世界，其中的"身世"不过是"色世"以人的躯体所体现的物化形式之一；或者说，人的"身世"生活于"色世"之中。而"妙世"则指的是精神世界，或是与之相应的后

---

① 马注：《清真指南》（卷之三）"格物"，第86页。

世、理世、先天、上界。在马注的思想中，人乃"妙世"（精神世界）的产物，人有思维能力是真主造化（通过一系列过程）的结果；人们不能将人的思维能力或是精神生活视为"妙世"。将人的物质性"身世"，虽有其思维、想象等精神活动的能力，但与精神性的"妙世"等同看待，是难以想象的。还应指出的是，就马注的表述而言，"妙世"的内涵远远超出作为人体的"身世"。此乃"要言"的又一失误之处。

再如，根据"指南"关于形、性、命、理与真一的关系，[①]它提出："真主不离万物，若离万物，则万物皆毁；灵命不离身体，若离身体，则身体皆死。无万物，不能显造化之全功；无身体，不能显灵命之妙用；无灵命，不能显真主之全品。"[②] 这是说，宇宙万有的形体源自与之相应的灵性，灵性源自与之相应的灵命，灵命源自与之相应的精神性的"理"，"理"所显现的这一切，皆为"真主之全品"。

可是，"要言"做了一字改动，以"灵性"替代"灵命"（或者说，"性"替代"命"），在某种意义上却改变了行文的含义：

　　　　真主不离万物，若离万物，则万物皆毁。灵性不离身体，若离身体，则身体皆死。无万物，不能显造化之全功；无身体，不能显灵性之妙用；无灵性，不能显真主之全品。（卷一"性命"）

在马注那里，性与命处于不同的等第，就是说，在先天，先有性，而后有后天的命；在后天，有命则有性；命与性合为一体，才是活生生的人。[③] 表面上看来，灵性与灵命（或者说，性与命）

① 马注：《清真指南》（卷之三）"格物"，第 85、86 页。
② 马注：《清真指南》（卷之三）"格物"，第 94 页。
③ 金宜久：《马注论"命"》，《世界宗教研究》2015 年第 6 期。

皆为一体，如果就马注的真实含义看来，人的躯体得以显现其灵性，就在于它有灵命，因为没有"命"也就无所谓有"性"。"要言"似乎忽视了"性"与"命"之间仍有其差异。

"要言"为何会失误呢？其原因为何？具体分析"要言"之误，有多种情况应予考虑。

首先，应该指出的是，"要言"在摘取个别行文时有误。

究其原因在于"指南"所述有误。例如"指南"说"耳目，声色之关也。耳辨乎声，则目不能辨色"，"要言"照录。[1] 这里，"指南"之述和"要言"摘录，在"声"与"色"的表述上均有误。

如果认为"目不能辨色"，那完全是因为该"目"本身有疾而"不能辨色"。就一般正常人的"目"而言，是能"辨色"的，除非是色盲者，但色盲者并非所有的色彩均无法辨认。马注在这方面是不会以有目疾者说事的。

原文完整、正确的表述形式似应为"耳辨乎声，则目不能辨声；目辨乎色，则耳不能辨色"。"指南"所述"耳辨乎声，则目不能辨色"，这可能是马注表述本身有"失"、有误；从刊刻、校订而言，也可能是马注无误，而是在刊刻过程中，将原文"耳辨乎声，则目不能辨声，*目辨乎色，则耳不能辨色*"中的斜体字遗漏，从而出现此误；而校订由于疏忽对此亦未觉察，从而出现此误。从写作和刊刻来看，两种情况都有可能。但不管怎么说，这既是马注"指南"之误（或疏忽），也可能是马复初在摘录过程中的疏忽（或失误）。

其次，后人作为导致"要言"出现其误。

例如"指南"（卷之一）的"援诏"，被"要言"（马福祥民

---

[1] 马注：《清真指南》（卷之五）"格论"，第 193 页；马复初：《指南要言》（卷三）"格论"，第 9 页。

国铅印本）更名为"授诏"①。"援诏"是指马注著述其"指南"后，闻康熙有"诏"而"援"引该"诏"以"进经"，并说明所"进"之"经"乃"纂辑真经抽译切要"，期望"皇上详阅而采择之"②。而"授诏"则有该"诏"乃"授"予马注之义，这一字的改动多少让人有所误解。

查核同治三年（1864年）刊印本的"要言"，它仍为"援诏"而非"授诏"。可以说，它并非"要言"之误。不管此误究竟系何人所为，都是背离马注原著思想的。

再次，"要言"与"指南"行文差异，其原因值得探究。

"要言"（卷四）"至圣赞"可以分为两部分内容。其一为赞词；其二为对赞词所做的注释（即"原注"）。该"赞词"是对作为先知的穆罕默德的赞颂，在某种意义上有其神秘性，也有其神圣性。刘智甚至对赞词做出大量注释。

总的来说，"要言"并未完全摘录赞词，而对部分行文语词有所更改。如对照"要言"和"指南"则可发现，"要言"有多处增添，或省略，或调换、颠倒"指南"的行文语序。③

如"指南"的行文为："若夫受真经，遵明命，拥天仙而服鬼神，明幽两济……作之君，作之师，奉天讨以正群迷，道御三寸。"④

"要言"照录其内容的同时，改变其行文表述形式：

　　　若夫受真经，遵明命，拥天仙而服神鬼，统御三才……

---

① 见马福祥《清真指南要言》（卷四）"授诏"，第55页；《指南要言》（同治甲子三年/1864年刊印本），云南提督军门马（如龙）刊印，（卷四）"授诏"，第60页。

② 见马注《清真指南》（卷之一）"进经疏"、"援诏"第21、24页。

③ 如增添"感万象以输诚，历幽明，亲对越"，省略"拜丹青于唐主，道迈三皇，称大圣于孔子，德超五帝"。见马注《清真指南》，第311、312页；马复初《指南要言》（卷四）"至圣赞"，第27、28页。

④ 见马注《清真指南》（卷之七）"圣赞"，第312页。

作之君，作之师，奉天讨以正群迷，明幽两济。（卷四"至圣赞"）

此外，它在删减两处"赞词"行文（含"原注"）的同时，却以刘智《天方至圣实录》的行文及其注释做一替代。这是令人费解的。

"指南"（卷之七）"圣赞"中，有"奈缘蹇于谗叔，惟笃慕乎恩姑"之句及其"原注"①。但这句话在"要言"中被删除。根据"要言"（卷四）"赞词"行文，在"孰谓能文，金云天授"和"道不吾行，弃墨克之溺土"两句赞词之间，增添赞词"毋曰人子，普颂钦差"。在该行文后，随之有注说："毋曰人子，普颂钦差。"其注释为：

> 经曰：穆罕默德，非尔人父也。但为真主钦差也。又曰，予差而为慈悯普世也。时人见吾圣，上无父母，下无子嗣，根系皆绝。咸讥之。真主降敕以晓之。若曰：圣人之事不可凡等例也。凡人皆根系于祖父，吾圣则根系于真主。凡人以子嗣为继后，吾圣则以天下之遵道者为继后也。（卷四"至圣赞"）

就增添的赞词及其注释而言，与"指南"相关赞词及其原注所述内容，通过比照，人们不难发现其间的差异。笔者查核《天方至圣实录》"至圣赞"，发现该"实录"无此句，且增添了一句赞词："毋曰人子，普颂钦差"（及其相关注释）。"要言"同样以《天方至圣实录》的这句赞词"毋曰人子，普颂钦差"（及其注

---

① 马注：《清真指南》（卷之七）"圣赞"，第316页。

释）增添在被删除行文的位置。这句赞词是"指南"原著没有的。① 在行文"大哉圣人，功同天地之能，道冠人神之表，与七十二嗣之苗裔，超群轶类"② 的赞词中，除了省略"之能"和"之表"外，没有摘录"与七十二嗣之苗裔，超群轶类"及其"原注"③。查核《天方至圣实录》"至圣赞"，亦无此句。④ 笔者存疑的是，"要言"的这两段赞词，显然不是依据康熙四十一年"指南"（康熙版）原著，它究竟依据的是什么版本，是刘智的《天方至圣实录》，还是其他的版本。笔者在此不过多揣测，只能存疑。

总之，马复初在"要言"中所做的摘录，使得读者认可"指南"为简易读本。对那些急切需要而又无暇通读"指南"的门人弟子，或有条件阅读汉文著述的信众，以"要言"替代原著，是一条可供选择的捷径，也是它得以流传，并受到欢迎、重视的原因之一。

---

① 马复初：《指南要言》（卷四）"至圣赞"，第35页；刘智：《天方至圣实录》（卷之十）"至圣赞"，中国伊斯兰教协会印，第305页。

② 马注：《清真指南》（卷之七）"圣赞"，第319页。

③ 马复初：《指南要言》（卷四）"至圣赞"，第39页。

④ 刘智：《天方至圣实录》（卷之十）"至圣赞"，第307页。

第三章

马复初的《真诠要录》

《真诠要录》乃王岱舆《正教真诠》（宗教哲理性著述）的摘录本。1864 年（清同治三年/甲子），马复初的学生马安礼摘录《正教真诠》，以《真诠要录》之名由云南提督军门马如龙刊行问世。1987 年宁夏人民出版社的《正教真诠·清真大学·希真正答》（以下简称"宁夏本"）中，在《正教真诠》后，将 1931 年中华书局的《正教真诠》（实为《真诠要录》更名，以下简称为"中华书局刊本"）纳入印行，成为目前中国伊斯兰教流传较广的刊本之一。[①] 笔者以《正教真诠·清真大学·希真正答》所含《正教真诠》（即《真诠要录》"中华书局刊本"）为底本，[②] 同时参照国家图书馆古籍馆藏同治三年《真诠要录》本（以下简称"古籍馆藏本"，有 3 个不同刊本[③]）、《中国宗教历史文献集成·清真

[①] 王岱舆：《正教真诠》（1931 年中华书局刊本），见王岱舆《正教真诠·清真大学·希真正答》，余振贵点校，宁夏人民出版社 1987 年版，第 145—224 页。关于该书的版本及相关问题，杨晓春在《关于 1931 年中华书局刊本〈正教真诠〉的版本渊源及相关问题》[《西北第二民族学院学报》（哲学社会科学版）2008 年第 3 期]中说："在不经意间，我发现了中华书局刊本《正教真诠》的确切来源——同治三年（1864 年）刊本《真诠要录》。"

[②] 即以余振贵点校本《正教真诠·清真大学·希真正答》（第 147—224 页）中的"《正教真诠》（1931 年中华书局刊本）"为底本从事探析。

[③] 国家图书馆古籍馆有 3 个藏本，编号分别为 133775、134615、21163。

大典》（以下简称"《清真大典》"）所录《真诠要录》① 和《回族典藏全书·宗教类》（以下简称为"《回族典藏全书》"）所刊《真诠要录》，② 开展相关研究，以探析该书摘录《正教真诠》的行文内容，以及隐含于所录行文中的宗教哲理思想。马安礼摘录《正教真诠》时，受到马复初的关注或指导，它反映了马复初的编选思想。探析《真诠要录》，既是研究马复初的宗教哲理思想的一个重要组成部分，又可视为笔者对王岱舆思想研究的延续。本章除介绍《真诠要录》的基本情况外，还涉及它的基本内容、它对原著行文的删减和改写、有关的批语和注释、对原著认识的发展，以及讨论与摘录的相关问题。

第一节 《真诠要录》简介

《真诠要录》（以下简称为"要录"）的底本《正教真诠》（以下简称为"真诠"），是王岱舆的著述之一。该书行文乃作者与不同学人论辩的追记。正如"真诠"作者在"自叙"中所说："或晤诸家多滋辩论，彼恒不竞，为予理屈。于是诸君子之悦服者，每以不得全览正教之书为恨，予时有动于中，归而取所论记之，更于闲时漫然有作，集之数载，纸墨遂多，存要芟芜，得四十篇。"③ 作为一本宗教哲理性著述，"真诠"是他"集之数载"

---

① 该刊本视《真诠要录》为王岱舆的《正教真诠》，同于1931年中华书局刊本。

② 《回族典藏全书》刊作者为明末王岱舆，版本为清木刻本。该刊本的《真诠要录》复印本中缺4页（第45—48页），即同治三年《真诠要录》刊本的第21、22页的正反面，涉及"人极篇第二·真心章"和"教道篇·第三"的部分内容，疑似以中药方替代原文。在该复印本的"主禁篇"的"风水章"中，还缺原著第32页反面和第33页正面两页行文，即该《真诠要录》复印本的第148页和149页。其实，在"古籍馆藏本"编号为134615的同治三年《真诠要录》刊本中，亦缺此两页，其他编号藏本为完整刊本。

③ 王岱舆：《正教真诠》"自叙"，见王岱舆《正教真诠·清真大学·希真正答》，余振贵点校，第16页。

的成果，其篇目编排自有其内在逻辑，而非随意或激情下的拼凑。该书正文8万余字，分上、下两卷。上卷20篇，下卷亦20篇。

马安礼除"采订"、摘录"真诠"4.5万余字而成"要录"外，还根据所摘内容，将其归纳为10篇（即真道篇、人极篇、教道篇、辨异篇、真功篇、人伦篇、慎修篇、民常篇、主禁篇、生死篇），并将"真诠"的"四十篇"内容分别列入"要录"10篇的相关章目之中。

"要录"同治三年（1864年）刊本（"古籍馆藏本"），均分为上、下两卷。其目录为上卷5篇22章，即真道篇①（6章）、人极篇（4章）、教道篇（5章）、辨异篇（4篇）、真功篇（3章）；下卷5篇18章，其中人伦篇（4章）、慎修篇（5章）、民常篇（2章）、主禁篇（3章）、生死篇（4章）。可是，它的刊刻本的上卷却为4篇19章，将真功篇（3章）移入下卷，下卷为6篇21章。它的"目录"与刊刻本正文的表述形式有一定差异。据该刊本"目录"，它并未在各篇之后列出第一、第二……一直到第十的序数。可是，在刊刻的正文中，则在各篇篇目后均列出其顺序：如"真道篇第一""人极篇第二"……一直到"生死篇第十"。该刊本的这一安排，不知其缘由为何。1931年"中华书局刊本"，在各篇称谓后均列出序数。这一调整，不同于同治三年刊本。

如上述，笔者以"中华书局刊本"（"金陵真回老人王岱舆著，后学马安礼参订"）② 为底本，从事研究活动。就该版本而言，仍有讨论的必要。

"中华书局刊本"同其他三个刊本均为上、下卷的两卷本。前述三个刊本首页署名"天方学人王岱舆著""后学马安礼采订"，

---

① 《真诠要录》（同治三年刊本）"目录"中，并未在各篇之后列出第一、第二……一直到第十的序数。可是，在正文中，则在各篇称谓后均列出其顺序，如真道篇第一、人极篇第二……一直到生死篇第十等，有所不同。

② 见王岱舆《正教真诠·清真大学·希真正答》，余振贵点校，第145页。

只是"中华书局刊本"刊为"金陵真回老人王岱舆著""后学马安礼参订"。

细究起来，"参订"与"采订"的含义仍有些微差异。就"中华书局刊本"所云"参订"而言，"参"有参与、参加含义，"订"有校订、订正、评议、检验含义；"参订"无疑有参与校订或"参校订正"①之义。其他刊本以"采订"表述，"采"有采纳、摘取、摘录之义，"采订"可以说有摘录并予以订正的意思。显然，就"参订"与"采订"二者而言，仅为一字之差，但仍有"采录"与"参与"之别。

联系马注的《清真指南》（青海人民出版社 1989 年版），该书共十卷。其"卷之二"到"卷之九"的八卷中，均有为之"检阅"者（有刘三杰、古之瓒、马之骐、马世英等）和"参订"者（有马之骐、马绥泰、马廷瑞、孙必第、马世雄等）。这些"检阅"者和"参订"者均为马注同时代的学人，并与马注相识；这些人实际上都分别协助并参与了马注《清真指南》所见版本的定稿活动。可是，作为"中华书局刊本"的"要录"被视为"真诠"的"参订"者马安礼，与王岱舆的生活年代相隔约 200 年，既谈不上两人见过面，更无法参与并协助王岱舆的定稿工作。有鉴于此，由"采订"改为"参订"是应予存疑的。笔者认为"中华书局刊本"的"参订"者马安礼参与"真诠"的"参订"是毫无根据的。

鉴于"要录"所摘的原著是王岱舆的著述，而"要录"并非王岱舆的原著。把马复初所辑，并指导其弟子马安礼所摘的"要录"视为（或等同于）王岱舆的《正教真诠》，则是一种误解。正如杨晓春所说："从中华书局刊本《正教真诠》实出自同治三年刊本《真诠要录》看，我们是不能把中华书局刊本《正教真

---

① 《现代汉语词典》，商务印书馆 1996 年版，第 113 页。

诠》看作是《正教真诠》的一种版本的，它只是《正教真诠》的节录本罢了，因而也就不必要在引述《正教真诠》的文字时考虑中华书局刊本《正教真诠》是否有可能更好地表达了原著的意思的问题。"① 杨晓春提出其"发现"的重要意义在于颠覆了自清末以来的相关误解，这是笔者在《王岱舆思想研究》中未曾探究的。

白寿彝在《回族人物志·近代》中，关于马复初"译著编删的书"列有"三十多种"。其中所列"二十九、《真诠要录》二卷，同治三年刊"②，认为"《真诠要录》……是对王岱舆……著作的介绍或删节"③。他在《中国回族小史》中，认为"《真诠要录》，是删削王岱舆《正教真诠》而成"④。可见，白寿彝是以马复初"译著编删""删削"的形式将"要录"纳入他的著述的，或者说，将马安礼"参订"的"要录"归为马复初所"辑"的著述。其说是值得重视的。

马复初曾从《清真指南》中"辑"其"要言"而成《清真指南要言》。如以马复初"辑"的形式表述"要录"，就显得更为切合实际。不同的是，"要录"是由门人弟子马安礼在他的指导下摘其所要，"参订"成书。关于马安礼"参订"之说，可以认为他参与了马复初所"辑""要录"的工作，是说得通的。只是在"要录"上应有相应的反映。为此，可视中华书局刊本的《正教真诠》为马复初的《真诠要录》。

---

① 杨晓春：《关于1931年中华书局刊本〈正教真诠〉的版本渊源及相关问题》，《西北第二民族学院学报》（哲学社会科学版）2008年第3期。

② 白寿彝：《回族人物志·近代》，宁夏人民出版社1997年版，第179、181页。

③ 白寿彝：《回族人物志·近代》，宁夏人民出版社1997年版，第182页。

④ 白寿彝：《中国回族小史》，见《中国伊斯兰史存稿》，宁夏人民出版社1982年版，第38页。

第二节　《真诠要录》内容概述

"真诠"作为一本宗教哲理性著述，它的各篇均有特定内容。它表述的哲理思想，既类似于一般性宗教著述的内容，又与宗教著述所应用的语词概念有所差别；至于它从性理视角表述其思想主张，更是一般宗教性著述难以想象的。它以学理性语词"真一"，替代一般信众信奉的"真主"；以"数一"称谓一般信众奉为至圣（或圣人）的穆罕默德，如此等等，也是纯宗教性著述所回避的。

马安礼之所以摘录"真诠"，似可认为，这既是马复初教学需要，也是他在"辑"《指南要言》的同时，指导马安礼学习伊斯兰哲理，以供其他弟子学习应用。

本节拟分别将"真诠"40篇的基本内容做一概括，而后对"要录"的内容予以概述，以便于探析"要录"是如何摘录并编辑成书的。

就"真诠"（上卷）20篇而言，"是讲宗教哲学的"①。似可将其基本内容做如下简略概括。

其一，最前的6篇（即真一、元始、前定、普慈、真赐、真圣）主要从学理的视角认定宇宙万有（含精神性实体和物质性实体）的造物主——"真一"的本质及其为造化宇宙万有而具有的相关属性；造化宇宙万有则由真一的"代理"（至圣）实施。

其二，其后的4篇（即似真、易真、昧真、迥异）在正面表述伊斯兰基本信仰的同时，指出背离真一信仰的相关主张的谬误。

---

① 白寿彝：《回族人物志·清代》，第35页。

其三，再后的 6 篇（即性命、真心、生死、人品、夫妇、仙神）认为"真一"所造化的宇宙万有（含不同品性的人和仙神）存在世间的时限。

其四，最后的 4 篇（即正教、正学、回回、作证）确认伊斯兰信仰的基本要义。

"真诠"（下卷）20 篇"基本上是讲教法的"①，所应用的语词概念，及其表述形式也与一般涉及礼仪教法的著述有些微差异，似可将其基本内容相应地简略概括如下。

其一，最初的 6 篇（即五常、真忠、至孝、听命、首领、友道）涉及有关信众日常的信仰礼仪、处世待人的伦理规范。

其二，其后的 6 篇（即取舍、预备、察理、参悟、利名、较量）涉及信众有关日常精神功修的要求。

其三，再后的 4 篇（即宰牲、荤素、博饮、利谷）是关于信众日常的饮食禁戒、伦理规范和处置利害事宜的主张。

其四，最后的 4 篇（即风水、正命、今世、后世）就信众如何处置今生与后世关系提出相应要求。

王岱舆所列 40 篇的安排及其相关内容大致如此。它反映了王岱舆从哲学的视角对伊斯兰信仰的整体认识并予以学理性的表述。

"要录"摘"真诠"之要，其上卷 4 篇 19 章的基本内容，似可大致概述如下。

其一，真道篇（含真一章、元始章、前定章、普慈章、至圣章、神仙章），主要讨论真一的性质及其与数一的关系。

真一乃无始之原有，为宇宙万有的造物主；真一超乎万有，又与万有俱（即与万有同在）；真一被譬为光（即真光），真光有其光余而为止一之余光；自止一之余光之显，则为至圣（即人极、数一或至圣性）之本来（隐含万有之性理），称为大命（乃千古

---

① 白寿彝：《回族人物志·清代》，第 35 页。

群命之总命），即一切妙明（含有性源和智源，乃天地万物）无形之始。亦即它所说的至圣（数一）先天地而为万有之源。天地万物，皆为大命余光的显现。真一有动静两端。即其大用（含原知、原活、本观、本听、大能、自立等），和作为（造化天地万物、使人生死、贵贱、闻见、知觉等）。

大命所显（即其造化之余），是为元气（其体即大命之用，乃天地万物）有形之始。人极乃有始之原宗；自其性源之妙，显灵觉中余光，并以此造化一切有灵觉（即人神鸟兽活类）之本来；自其智源之理，显理性之余光，造化一切无灵觉（即诸天世界、日月星辰、土木水火、草木金石、万物）之本来。真主的这一切造化（即纯精神性实体——语词概念的显化）于瞬间完成。其后，则步入物质性实体的化生过程。

元气之阴阳、大命之性智、真主之知能，原始无终之妙，均显于人。人可以通过万物、当体、教道而体认真主和宇宙万有。

人的善恶由真主前定。即前定为天事，自由归人为。真主普慈，但根据人的善恶分别予以真世赏罚（前定根于造化，兼以自取天国或地狱）和尘世赏罚（即贫富、贵贱、安危、得失）。顺道者有赏无罚；逆道者则有罚无赏。人有行善或作恶的自由。故善恶赏罚，半以天定、半以人为，而人为又不出天定。人因贵贱不一，君子小人所获仁慈则不齐。这一切取决于人的气质和时数。

伊斯兰教关于信仰和践行的理论根据有三，即天命（明命、兆命、觉命）、典礼（乃天理之当然，或天秩天叙）、圣则（乃至圣之言行修持：圣修、圣法）。由于人能弘道，故道惟专责于人（人分九品，其上品据此以传道）。

其二，人极篇（含人品章、真德章、性命章、真心章）。该篇主要讨论人极为有无造化之玄枢。

真主运大命开众妙（人之性理）之门，资元气而造天地之形。浑一未分，是为人极。人先天地总括万灵而为万有之根源，后天地而继立大道为万有之归结。天地万物本为人用。

三纲五常、君臣父子，莫不由夫妇之仁而立。

真主以真光恩赐予人则为信仰——真赐（其义有三：顺一、认一、成一）。顺一在先天，是为种子；认一在今世，是为培养；成一乃复命之时，是为结果。

有真赐（其显兆为恐惧、希望、真乐）而后有真知，有真知而后有定理。定理即道（循主制、遵圣则），为日常当然之路、性命率由之准，定信、定行而进乎道。道乃人达于真主之路。求道者应先认知性（含六品：德性、本性、气性、觉性、长性、坚定），性乃各物之本然。

性源自本然之光。先天为命，后天为性；非命则无性，非性则命不著，故性能知先天无始之始、独一之真、性命所从出。

性寓于心，心乃身之主宰。心分为三：兽心、人心、真心；三心有七品：欲、智、仁、见、喜、玄、至。兽心居欲品；由于觉性，人心居智、仁二品；由于灵性，真心居见、喜、玄、至四品。庸人只有欲、智、仁三品；穆民有七品。

人之身乃天地万物形色之精微；人之性乃天地万物本来之枢机；心之色，乃身之拔萃；心之妙，乃性之玄机。

其三，教道篇（含正教章、正学章、回回章、作证章、听命章），讨论伊斯兰教的教道问题。

真主立"清真"（"纯洁无染之谓清，诚一不二之谓真"）之原，命天仙传命阿丹，代己立极，阐扬至道（即真主之道）。后有至圣立纲常而创教（即至圣之教），命人笃信真理、力行正务、知己从来、悟己归宿，其法乃指示人之至理。故穆斯林男女应学习，应知圣人得真主真传，应参己身之微妙。

学乃入道指南，修德准绳。学道者应先识大原，不以名利动心，荣辱夺志，从而天人一贯、内外兼修，其教、道始清而真。正学有三：修身、明心、归真。归真可认主，明心可见性，修身可治国。

人得兹学，用之不竭。人的思想论其大则天地在其内，论其小则微尘在其外。

所谓回，指身回（即还复、归去）、心回（即正心、无心之回）。无心之回，即显真性而归大命，体大命而认真主、由尘世而归于真主。

认主之要，首言作证。认主必先认己，认己方能认主。

听命为天道，克己为人道。天道人道，互为表里。听命者不任自性，克己私心，而寓于四事：意念（顺主忠君）、口舌（赞主赞圣）、身体（拜主孝亲）、财物（感主济人）。

其四，辨异篇（含似真章、昧真章、易真章、迥异章），讨论似清真而非清真的谬误思想和作为。

清真之本乃遵明命而认化生之真主，知至圣为人极之大原，从而得以知己。至圣者，大命其体，元气其用，两仪其分，四时其变，天地其覆载，万物其整齐。知己则必悟性命由何而成，形体何物；不能认己，则不能格物穷理，识自己之本来，亦不能知大命并认主。

真主自其本体所发而有知、能，即所谓大用。大用具有天地万物之所以然，是谓真理。真理显而大命立，大命中具有天地万物之所当然，是谓性理，而万性、万理又以至圣性为元首。故至圣之大命，有性理之世界，必显有形色之世界；元气乃真主所立万象之宗而显性理之相。

天、上帝、理、气等皆非真主，否定以性为主。否认人与真主同体。反对释道之说。反对以讹易正，以伪易真。伊斯兰教内的异端，指外托正大之名，内演空玄之理，合诸家为一家，实为伪道，表现为真知灼见者少，以耳为目者多。如粗知汉学、稍习经旨者著书于世；或不通汉学、经旨者，以道听途说而纂编成书；或以异端之学，混淆清真。其谬者，如视万殊一本、混淆空与主、以人之观听视为主之观听、认为至圣为真主显化、以滋生万物替代造化万物、大命非真主之本体。

伊斯兰教与其他宗教的差异有七：伊斯兰教遵"真一"，认可原有新生，主张天地万物皆为人、人为万物之灵，遵真主之命而修道立教，拜独一真主，主张前定自由，主张归回。其他宗教则遵数一，视万物为本来一体，视天地为父母而自卑伏拜，循自性而立教，拜佛祈神，主张理同气异或气异理同，主张轮回。

"要录"下卷6篇21章的基本内容，似可大致概述如下。

其一，真功篇（含至诚章、五功章、宰牲章）主要讨论人生的大本问题。

人之大本乃至诚。人生有三要：敬主、忠君、孝亲。为此，应扫除万有，独事真主。不拜佛，灭诸邪，尊独一，无二主。作为真人，能明心见性，超越万有，至诚不二，独契合真主，其人品至极。内外兼持，不偏不倚，始为正道。它有三大障碍：财物、恩爱、自己。

大本至诚，如认己修身、忠君事亲、处夫妇、交朋友，治国齐家，均由此发。

履行五功，念（有二：意念、赞念）为万行之根；礼（有二：拜之理、拜之形）乃天理自然之节文；斋（有三：省过、节欲、清心）乃戒自性、持智慧；课含施（身心智慧之施、物之施）；朝（全先天之约，复命归真）。

宰牲（有二：宰外牲即不忘旧典、遵法而不自作聪明；宰内牲为降自性）乃禋祀古礼。

其二，人伦篇（含夫妇章、至孝章、君长章、友道章），主要讨论社会伦理问题。

它所说的"大命"，即万有之始、元气之原，或谓之"大人"，亦即人极。人极体大命之理，继元气之用（乃万象之原），显性命，化而为夫妇（婚配为真主明命），随之则有君臣父子。

孝乃人之本。道德事主，仁义事亲。忠主者必孝，行孝者必忠。忠孝两全，方为至道。君体恤民物，尤为根本。认为孝有三品，即身孝、心孝、命孝；此三品皆备即为至孝。主张不孝有五，指不认主、不提圣、不亲贤、不生理、不学习。

在处理人际关系方面，认为亏人即亏己，恕己不若恕人。正人以公为道，以和为美。己之所悦，施之于人。己之不欲，存之于己。损人利己，家庭亦化仇敌。克己济人，四海可为兄弟。

君子、小人之交有别。与其滥交，不若慎择。能提醒忘却、指引错误者可与交往；而诳言者、愚昧者、鄙吝者、无信者、重口腹者、贪财者则当避绝。

其三，慎修篇（含取舍章、预备章、体察章、参悟章、戒慎章），主要讨论修道者的精神功修问题。

认为万物皆朽，惟属于真主者无朽。修道者唯有摆脱尘缘，始能契合原有。当舍不舍谓之吝，不当舍而舍谓之妄；当取不取谓之迂，不当取而取谓之贪。取舍不明则弊多。

今世任人善恶，后世赏罚不易。有天堂地狱为不塞行善之门。人不能不有所准备。观物以形，不可独观其外，不若以理察之，始得其体。切勿混为一谈。

察理，切勿参悟其本然。天地乃一模范，人身其镜，性命其光，教道乃其磨拭，缺一不可。人之安危，不出善恶两端。恶中之恶易知，善中之恶难知。是故，扬人之善与隐人之恶易，显己之恶与隐己之善难。善恶两端，其本皆出于己。善出于知己，恶出于不知己。

故初修道者，应有三德（心信、口诵、力行）十行（节饮食、节语言、节睡眠、悔过、僻静、甘贫、安分、忍耐、顺服、乐从）。

其四，民常篇（含饮食章、利名章），主要讨论饮食和名利问题。

天地万物为人而设。养生之道莫大于饮食。在饮食方面，事亲不备为不孝，节日不杀为异端，医治不食为鄙吝，会客婚丧不用为无礼；饮食应荤素随意，但应区分可食物和不可食物。①

反对浮名虚利（指今世之利、后世之利），持世之名利者，欠缺德业。原因在于不事真主、不行正道、不识归宿、不畏惩罚。

其五，主禁篇（含博饮章、利谷章、风水章），主要讨论日常生活交往中的应有规范和禁戒问题。

如博戏饮酒，涉禁。禁月利生财、积谷待价。积谷的目的有三：赈济、防饥、生利。主张生财有道、交易宜公，贫富得失，当顺其自然、从其前定。

丧葬不用棺椁以显其自然、清净。

其六，生死篇（含生死章、正命章、今世章、后世章），主要讨论生死与今世来世问题。

生死谓之有无。有有三：无始无终之有（真主），有始无终之有（人神、数一），有始有终之有（水陆飞行、草木金石）。人有原始、现在、归回之三世。今世、来世；天堂地狱。有始的人和生物有生死。

物有自性，命附于其体。性的功能在于生长、知觉、灵慧。

心有二性：真性、气性。

人受命归真，去而不返，乃善恶之结局。人于尘世乃戏局；人有四敌：自性、魔首、迷人、尘世。清真之道，以死亡为正命（非所谓轮回果报之说），哀伤为人情；首重本源，次言仪礼。

以上为简略概述"要录"的要旨。

第三节　更改《正教真诠》篇目、语词

人们的认识活动和语言是不断发展的。"真诠"乃明末清初王

---

① 关于可食物和不可食物，见《真诠要录》（下卷）"饮食章"，第137页。

岱舆的学术成果。它反映了当时人们对伊斯兰教基本知识了解的一般状况。到了清末马复初生活的时代，距离王岱舆已经过去了约两个世纪。一般信众对伊斯兰教的了解，随着时代前进和社会发展而有所变化。"要录"在摘"真诠"之要的同时，对原著的语词和篇目，顺应时代的发展而相应地做出调整或更改，是极其自然的事。更为重要的是，他的这一更改，对他的教学或者对一般读者（含信众）了解"真诠"的基本含义，也是必要的。

为便于说明问题，本节将"真诠"与"要录"不同版本的目录分别列为下表。

表3-1　　　　《正教真诠》与《真诠要录》不同版本的目录

《正教真诠》	《真诠要录》 （同治三年刊本）	《真诠要录》 （"中华书局刊本"）
上卷	上卷	上卷
	真道篇	真道篇第一
1 真一	1 真一章	1 真一章
2 元始	2 元始章	2 元始章
3 前定	3 前定章	3 前定章
4 普慈	4 普慈章	4 普慈章
5 真赐	5 至圣章	5 至圣章
6 真圣	6 仙神（神仙）章①	6 仙神章
	人极篇	人极篇第二
7 似真	7 人品章	7 人品章
8 易真	8 真德章	8 真德章
9 昧真	9 性命章	9 性命章
10 迥异	10 真心章	10 真心章
11 性命	教道篇 11 正教章	教道篇第三 11 正教章
12 真心	12 正学章	12 正学章
13 生死	13 回回章	13 回回章
14 人品	14 作证章	14 作证章

① 目录为"仙神章"，正文更改为神仙章。

《正教真诠》	《真诠要录》 （同治三年刊本）	《真诠要录》 （"中华书局刊本"）
15 夫妇	15 听命章	15 听命章
16 仙神	辨异篇 16 似真章	辨异篇第四 16 似真章
17 正教	17 易真章①	17 昧真章
18 正学	18 昧真章②	18 易真章
19 回回	19 迥异章	19 迥异章
20 作证		
下卷	下卷	下卷
	真功篇③	真功篇第五
1 五常	1 诚敬（至诚）章	1 至诚章
2 真忠	2 五功章	2 五功章
3 至孝	3 宰牲章	3 宰牲章
	人伦篇	人伦篇第六
4 听命	4 夫妇章	4 夫妇章
5 首领	5 至孝章	5 至孝章
6 友道	6 君长章	6 君长章
7 取舍	7 友道章	7 友道章
	慎修篇	慎修篇第七
8 预备	8 取舍章	8 取舍章
9 察时（理）	9 预备章	9 预备章
10 参悟	10 体察章	10 体察章
11 利名	11 参悟章	11 参悟章
	12 戒慎章	12 戒慎章

---

① 《真诠要录》"目录"中，其"辨异篇"章目顺序为似真章、易真章、昧真章、迥异章（见《回族典藏全书》第4页）。在正文中，昧真章列于似真章之后（见《回族典藏全书》第70页），易真章列于昧真章之后（见《回族典藏全书》第75页）。

② 《真诠要录》"目录"中，其"辨异篇"章目顺序为似真章、易真章、昧真章、迥异章（见《回族典藏全书》第4页）。在正文中，昧真章列于似真章之后（见《回族典藏全书》第70页），易真章列于昧真章之后（见《回族典藏全书》第75页）。

③ 《真诠要录》（同治三年刊本）目录将"真功篇"三章（诚敬章、五功章、宰牲章）置于上卷，而在分卷时，则将该篇分入下卷。

《正教真诠》	《真诠要录》 （同治三年刊本）	《真诠要录》 （"中华书局刊本"）
	民常篇	民常篇第八
12 较量	13 饮食章	13 饮食章
13 宰牲	14 利名章	14 利名章
	主禁篇	主禁篇第九
14 荤素	15 博饮章	15 博饮章
15 博饮	16 利谷章	16 利谷章
16 利谷	17 风水章	17 风水章
	生死篇	生死篇第十
17 风水	18 生死章	18 生死章
18 正命	19 正命章	19 正命章
19 今世	20 今世章	20 今世章
20 后世	21 后世章	21 后世章

就篇目顺序而言，"要录"调整了"真诠"原有篇目的编排顺序，并重新安排。

如"要录"将"真诠"（上卷）编号（见表 3 - 1）为 7—10 的"似真""易真""昧真""迥异"4 篇的篇目进行了调整。从顺序上说，则在"真诠"（上卷）"辨异篇第四"之下，以"似真章""昧真章""易真章""迥异章"表示，其章目顺序为 16—19 章；"真诠"（下卷）编号为 13 的"宰牲"，编入"要录"（上卷）"真功篇第五"编号为 3 的"宰牲章"；"真诠"（上卷）编号为 13 的"生死"，被编入"要录"（下卷）"生死篇第十"编号为 18 的"生死章"；"真诠"（上卷）编号为 12、14、15 的"真心""人品""夫妇"，则被分别编入"要录"（上卷）"人极篇第二"编号为 7、10 的"人品章"和"真心章"，以及"要录"（下卷）"人伦篇第六"编号为 4 的"夫妇章"。

"要录"改动了原著的部分语词。为便于人们了解"真诠"

应用的语词在"要言"中做出的改动情况，本节以"要录"应用的语词列于前，而将"真诠"的原有语词列于后，其间以虚线连接，在所列语词之后，括以章目（或篇目）。这对理解"要录"的整体思想及其行文内容可能有所裨益。

《真诠要录》　　　　　《正教真诠》

大用（真一章）……本然（真一）

作为（真一章）……维持（真一）

性源（元始章）……命源（元始）

元气（元始章）……太极（元始）

大命（元始章）……无极（元始）

知能（元始章）……恩威（元始）

至圣（至圣章）……真圣（真圣）

典礼（至圣章）……天理（真圣）

圣则（至圣章）……圣治（真圣）

圣法（至圣章）……圣法之治（真圣）

圣修（至圣章）……圣人之治（真圣）

真德（真德章）……真赐（真赐）

清真（正教章）……正教（正教）

四行（回回章）……四大（回回）

至诚（敬诚章）……真忠（真忠）

体一（至诚章）……习一（真忠）

五功（五功章）……五常（五常）

君长（君长章）……首领（首领）

体察（体察章）……察理（察理）

戒慎（戒慎章）……较量（较量）

饮食（饮食章）……荤素（荤素）

"要录"除了更改"真诠"的有关语词外，还相应地改变了篇目的称谓和篇目顺序。下面，则以"真诠"的篇目列于前，而将"要录"更改后的篇目列于后，并以虚线连接。

《正教真诠》		《真诠要录》
真圣	……	至圣章
真赐	……	真德章
五常	……	五功章
首领	……	君长章
察理	……	体察章
荤素	……	饮食章
较量	……	戒慎章
真忠	……	敬诚章或至诚章

在"真诠"的行文内容方面，"要录"将"真诠"中有的篇目的内容，合并于相关篇目之中，使之归于新章目。如将"真诠"的"生死"篇的部分行文内容，并入"要录"的"性命章"。①又如将"真诠"的"普慈"篇关于"荣辱""贵贱"，以及有关"三大经学""四大圣人""六源总领"的内容，并入"要录"的"前定章"。②

从语词、行文内容的改动中，可以认为它反映了马复初所处的时代特点，更合乎王岱舆之后信众生活时代的习惯用语，及其对伊斯兰教相关问题的认识、理解的发展和变化。正如杨晓春所说："《真诠要录》的内容是有超出《正教真诠》的地方的，因为

---

① 分别见王岱舆《正教真诠》（上卷）"生死"（第61页）与《真诠要录》（上卷）"性命章"，第41页。

② 分别见王岱舆《正教真诠》（上卷）"普慈"（第33—36页）与《真诠要录》（上卷）"前定章"，第18—20页。

《真诠要录》并非《正教真诠》的一种纯粹的节录本。因此,《真诠要录》在一定程度上也可以说反映了节录本的思想。"①

第四节   删减、变更原著行文

"要录"对"真诠"的行文处理,概略地说,就是在摘录"真诠"行文的同时,又对行文予以相应地删减或变更。一般地说,"要录"对"真诠"行文的处理,并不改变原著的主旨思想及其行文原意。至于"要录"所摘取的内容,可详见"要录"的正文,本节恕不重复阐释。

首先,"要录"删减与摘录并举。

"要录"根据"真诠"篇目的主旨思想,摘其所需而删其赘述的语词、引文、事例、典故(这是删减的主要对象);可以说,它对原著的摘录与删减并举。

人们可以发现"要录"在删减过程中,体现了马安礼为《大化总归》撰序写下的指导思想。由于笔者在"马复初的《指南要言》"中已有所论及,这里不再赘述。根据"要录"在摘其所要过程中,删减行文及其对行文内容(含文句,语词)的简化,大致有如下几种情况。

其一,整段(或整句)删原著行文。

"要录"在摘录原著各篇内容中反映其主体思想的行文时,对那些赘述的文字予以删除。这一删除并不影响相关篇目行文的整体思想,甚至在某种程度上突出了该篇目的主旨思想。

人们在"要录"中,可以读到它在表述"真一"的本质时,有如下行文:

---

① 杨晓春:《关于1931年中华书局刊本〈正教真诠〉的版本渊源及相关问题》,《西北第二民族学院学报》(哲学社会科学版)2008年第3期。

　　真主独一，无有比拟，乃无始之原有，非受命之有也。盖真一之本然，非从所生，亦无从所生。无似象、无往来、无始终、无处所、无时光、无依赖、无气质、不囿物、不同物，所以智慧之觉悟、声色之拟议，皆无能为矣。（真一章）

　　比照"真诠"（上卷）"真一"篇，人们可以发现，在上引"……非受命之有也。盖真一之本然……"这段行文之间，原著有"若以受有之文字，详夫真一之原有，必不能得，何也?"[①]　"要录"则对原著这段行文整句删除。

　　又如"真诠"（下卷）"利谷"篇主要表述的是伊斯兰教对"月利生财，积谷待价，二事清真切禁"[②] 的行文，即"须知眼前富贵，即如流水，始过多方，今及此地，瞬息流迁别所，不少停焉。未及巳时，非为己水。及巳则灌己田，或净己污，或解己渴，实为己水不用即逝，又非己有也。譬如二人同行，后遂一仆，是时皆不知谁为其主，及别后始知也。世人居此，富贵皆从，愚昧者误认为己有，去世之时，富贵从事而不从人，岂为己有? 本世之公物也。噫! 贪财者为财之役，非财之主也。夫人有仆，为分忧代劳，但人不能遣财出户，财能使人海角天涯，苦心冒险，无不顺从，非财之仆役而谁? 悲哉"[③]。可能"要录"认为该段行文所述内容在于表明尘世生活短暂，信众只图眼前财利，不过是"财之仆役"而已。行文虽符合该篇主旨思想，只是从上下文来看，这200余字与原著前述内容有所重复，"要录"遂予以删除。

　　其二，对经文训示有选择地删除。

　　"要录"在有选择地删除"真诠"行文时，一个重要的方面

① 王岱舆：《正教真诠》（上卷）"真一"，第19页。
② 王岱舆：《正教真诠》（下卷）"利谷"，第126页。
③ 王岱舆：《正教真诠》（下卷）"利谷"，第129、130页。

是删减原著引用的经文和训示。一般地说，经文、训示在宗教性著述中有其特殊的重要性。这类引文往往是原著表述其主旨思想的导言、纲目、根据、结语，或是表述其说的旁证。问题是，所谓的经文和训示，有的并非信众视为神圣经典的《古兰经》经文，亦非作为先知穆罕默德言行的训示，而是把早年境外输入的（即以阿拉伯文或波斯文）著作，在信众不了解其真实内容及其作者的情况下，一股脑儿视其所著所述为神圣典籍。其实，有的不过是"文风舛错，义理乖张"①的"凯它布"（其原意为"书"或"读本"）。到了19世纪中叶以后，国内信众，特别是他们中的经师、阿訇或学者，对外来书籍已有所知晓并予以区分，也就有条件对这类以前被视为经籍的引文做出删减。

可能"要录"认为这类具有说教性质的经文或语录，其行文有的过于累赘、重复，有的可有可无。删除这类行文既不影响该篇的主旨思想，也不影响信众对行文含义的理解，从而将其纳入删减范围。

如被删的经文有："经云：'前定乃大海，凡人探之，必被其溺矣。'"②"经云：'尘世乃古今之桥，必游之径，尔等过之，不可修理。'"③与之相应的是，删除那些对经文所做的阐释。

又如被删的经文有："贤曰：'世人若牛马，皆食饮于尘世之糟头'。或曰：'君食于何所？'曰：予亦食于此。但彼等食而欢乐，独予食而悲哀。欢乐者不若牛马，何也？牛马饱餐，则安眠知足；贪图之人，则昼夜不宁，因忘其死也。处世之道，必要有五：乃充饥之食、解渴之饮、蔽体之衣、容身之屋、当用之学，此外皆余事耳。智人必不以余事误其正事，因现前光阴，其价无

① 赵灿：《经学系传谱》，青海人民出版社1989年版，第13页。
② 王岱舆：《正教真诠》（上卷）"前定"，第29页。
③ 王岱舆：《正教真诠》（下卷）"今世"，第137页。

量，须当仔细体勘，切莫等闲放过。"① 上引行文并非王岱舆关于"今世"应该提防的"四敌"（即自性、魔首、迷人、尘世），与主旨不合，故删之。

"要录"删除"真诠"行文的另一种做法，则是有选择地进行删除。如"真诠"（下卷）"后世"篇中有一段原话，其主旨在于说明一切造化皆来自"真主所命"，它接着说："以所命之尘腐枯朽，复成人之原身，何足为异。且未有此身之先，自无造化出此身。今以其有，而成其有，复何足疑。但真主之有，不以色相，全是有，无所不有；明不以三光，全是明，无所不明；言不以口舌，全是言，无所不言。故事无难易，亦无多少，亦无巨细，造天地如造弹丸，理万物如理一物。譬如太阳以全光照一物，亦以全光照万物。"② "要录"所摘取的内容为：

> 以所命之尘腐枯朽，复成人之原身，何足为异。且未有此身之先，自无造化出此身。今以其有，而成其有，复何足疑。但真主造天地如弹丸，理万物如一物。譬如太阳以全光照一物，亦以全光照万物……（"后世章"）

在这里，可以明显地看出它删除了有关阐释真主之"有"的行文，即删除了"之有，不以色相，全是有，无所不有；明不以三光，全是明，无所不明；言不以口舌，全是言，无所不言。故事无难易，亦无多少，亦无巨细"60 余字，这既不影响原著行文的原意，又显得更为清晰。因为所删除的内容，无外乎是对"有""明""言"等语词含义的具体解释，它可有可无，故而删之。

其三，删所引中外典故传说。

"真诠"中有相当数量涉及中国传统文化的典故传说。删减这

---

①　王岱舆：《正教真诠》（下卷）"今世"，第 138 页。

②　王岱舆：《正教真诠》（下卷）"后世"，第 141 页。

类典故传说，是"要录"处理"真诠"行文的一项重要删减工作。

如"真诠"（上卷）"前定"篇，关于尧舜之说，"要录"删去如下内容："如尧知舜之贤久矣，众皆言于尧，尧曰：'吾其试哉。'妻之二女以显其德；使诸山林川泽，暴风雷雨，舜卒不迷。是时尧始鸣于众曰：'其为贤已'。倘非尧故使舜于危险，天下终不知其贤也。然则世人直知尧之难舜，卒不知其耀之耳。"① 在该篇中，关于人的贫富、生死、善恶等，均认为此乃前定，不言自明。同样的，"要录"在该篇所述："若广成乐生，夷齐乐死，其乐均也。下惠恶恶，盗跖恶善，其恶均也。设夺广成之生，以与夷齐；夺夷齐之死，以与广成；下惠之善，加之于盗跖；盗跖之恶，加之于下惠，皆非其志也。"② 它从"前定"篇删去这段话，而将其置于"要录"（上卷）"普慈章"中，同时多少变更表述行文：

> 譬如广成乐生，夷齐乐死，其乐均也。展禽恶恶，盗跖恶善，其恶均也。设夺广成之生，以与夷齐；夺夷齐之死，以与广成；展禽之善，加之于盗跖；盗跖之恶，易之于展禽，皆非其志也。（"普慈章"）

"要录"将"下惠"③ 变更为"展禽"，增加一般读者的相关历史知识，这一改动仍然是有益的。

又如"真诠"（上卷）"人品"篇关于"类体之别，不可混一"之说，以事为例而言其非。"要录"（上卷）"人品章"中删

---

① 王岱舆：《正教真诠》（上卷）"前定"，第30页。
② 王岱舆：《正教真诠》（上卷）"前定"，第30、31页。
③ "下惠"即"展禽"。展禽（名获，字禽）是春秋时鲁国大夫，以讲究贵族礼仪著称。他的食邑（封地）在柳下，谥"惠"。故称柳下惠，简称"下惠"。

减了"真诠"的如下行文:"若天下万物,果为一体,如盗跖一人为盗,下惠亦可为盗;文王一人行仁,商纣亦可称仁,因其一体,固赏罚不得不同,倘如是见,岂不混各物之本然乎。"①

"真诠"(下卷)"正命"篇中关于因果报应之说,提及:"昔瞽叟之恶,当报之以大刑,而反报之以圣子;勋华之德,当报之以哲子,继世而有天下,而反报之以不肖之嗣。以此观之,果报何有?"②"要录"(下卷)"正命"篇删去这段行文。就"真诠"的"正命"篇而言,有2200余字,而"要录"的"正命篇"仅摘录不足1000字的行文。

事实上,"要录"删除的有关典故、传说行文的字数很多。这可能与王岱舆当年"晤诸家多滋辩论",从而引用典故、传说以说服对方有关。时过境迁,可能编辑"要录"主要是适应教学需要,同时也供一般信众阅读使用。它并不以论辩形式出现,从而没有必要大量摘录"真诠"所言及的典故、传说,遂大量删减此类行文。

"要录"在删减中国传统文化中的典故、传说的同时,对涉及外国的有关故事传说,也做类似处理。

如"真诠""友道"篇关于朋友之道的典故、传说被删除。它说:"昔史补理尊者有疾,居于养病堂,亲友往视焉,曰:'尔等何人?'众曰:'皆君之友,至此候安。'尊者遂投石击之,众皆潜避,笑曰:'尔等皆谬言也,凡为契友,虽赴汤蹈火不辞,今以微难,尽皆逃走,岂非欺诳乎!'夫友道至隆,定须择取。"③这一关于朋友之道的说教,被"要录"删除而不录。

又如删减的传说有:"昔母撒(即摩西——引者注)圣人郊行,忽有呼其名者,回顾之,见一人立于瓦窑,上身赤露,下掩

① 王岱舆:《正教真诠》(上卷)"人品",第65页。
② 王岱舆:《正教真诠》(下卷)"正命",第136页。
③ 王岱舆:《正教真诠》(下卷)"友道",第100页。

败垣。圣曰：'尔欲何为？'曰：'仆身无一缕，家无粒粟，敢求吾圣代祈真主，少宽衣食足矣。'圣允其请。久之游于城市，见向之贫人，身戴枷锁，遂尔问故。皆曰：'彼强暴杀人者。'圣人即自悟，斯人之祸，由我之妄祈也。"[①] 无论这段传说是否为摩西的事迹、是否出自《圣经·旧约》，"要录"将其全段删除，不影响对"前定"的理解。

从"要录"所删减"真诠"的相关行文来看，显然是摘其所需过程中的一个重要方面。这里仅就"要录"对"真诠"做出行文处理的相关内容，有选择地做一介绍，为的是举一反三，不可能列出它所删减"真诠"的全部行文。

其次，"要录"变更原著行文及其内容。

"要录"对原著行文处理的过程中，变更行文内容，同样是一个重要的方面。它改写原著行文，既保持并体现原著的主旨思想，又较之原著简洁、明确。因此它对那些累赘的表述形式，或是难以确切表述行文真实含义的行文，予以文字加工处理，有删有录、有增有改，在改写时，并未影响原著行文的本意。这无疑完善了原著的行文，润色了原著的文字。

"要录"在这方面的文字处理，似可概括为以下几种情况。

其一，概述原著行文。

如"真诠"（上卷）真一篇在表述真一与数一的关系时，做如是说："须知真一乃单另之一，非数之一也。数之一，非独一也。曰：'太极生两仪，两仪生四象'，数之一也。曰：'一本万殊'，'万法归一'，亦数之一也。曰：'无名天地之始，有名万物之母'，亦数之一也。以是观之，诸所谓一，乃天地万物之一粒种子，并是数一。真一乃是数一之主也。"[②]

"要录"对上述引文做一改写，亦即在删减部分（非整句、

---

① 王岱舆：《正教真诠》（上卷）"前定"，第 30 页。
② 王岱舆：《正教真诠》（上卷）"真一"，第 19 页。

整段）行文后，简化如下：

> 真一乃独一耳，非数一也。数之一，自独一来也。曰：
> "无极而太极，太极生两仪"，数之一也；曰："一本万殊"，
> "万法归一"，亦数之一也；曰："无名天地之始，有名万物
> 之母"，亦数之一也；数一，乃天地万物之种，真一，乃数一
> 之主。（"真一章"）

"要录"将原著上引的"以是观之，诸所谓一，乃天地万物
之一粒种子，并是数一。真一乃是数一之主也"，而改写为"数
一，乃天地万物之种，真一，乃数一之主也"。显然，这一改写，
并不影响原著行文的主旨思想。

又如上引"真诠"（上卷）表述数一的特性时说："数之一，
非独一也。曰'太极生两仪，两仪生四象'，数之一也。曰'一
本万殊'，'万法归一'，亦数之一也。曰'无名天地之始，有名
万物之母'，亦数之一也。以是观之，诸所谓一，乃天地万物之一
粒种子，并是数一。真一乃是数一之主也。"[①]

"要录"以如下文字做一简化。他说：

> 数一乃天地万物之种。真一乃数一之主。（"真一章"）

经过"要言"的这一改写，并非删减原著的整段、整句行文，
而是抓住原著所述要点，予以加工、简化，显得文字更为清晰、
流畅，它并未影响人们对该篇目内容以及对真一、数一之间主从
关系的理解。

其二，更换原著行文语词。

---

① 王岱舆：《正教真诠》（上卷）"真一"，第19页。

　　更换行文语词，是改写的一个重要方面。如"真诠"（上卷）真一篇所述，"真主要造天仙神鬼，乾坤万物，自止一之余光显了万圣之元首，即穆罕默德无极之本原，乃一切妙明之始也"，随后，它又说："所谓造作无时刻难易，正此指耳。其所存者，乃清中之浊，是为太极，亦凭真主仁慈威严之照映，化而为水火……轻清者上升，化而为天之形体；重浊者下降，化而为地之形体。是故，无极乃天地万物无形之始；太极乃天地万物有形之始。"①原著该段行文 800 余字。

　　上引这段话有以下几层含义：真主是"一"，其独一存在而非多；真主是光、是真光，其光即"止一之光"；真光（"止一之光"）的照明，而有"止一之光"的余光；此余光亦即"止一之余光"；"止一之余光"的显现，而有"万圣之元首"（即至圣、穆罕默德之光）的显现（或照明、照射）②；"穆罕默德之光"的显现，亦即"一切妙明"的显现（或存在，即其产生、形成、发展、变化、消亡，如此等等）之始。这里说的"一切妙明"，指的是宇宙万有（含精神性实体和物质性实体）。宇宙万有中的精神性实体向物质性实体的转化，亦即由精神变物质（或无中生有）的过程。就是说，在真主造化宇宙万有的整个过程中，借助无极太极的变化，也就有了"天之形体"和"地之形体"。这里，"天之形体"和"地之形体"中包含了一切应有的天地万物。可以说，中国传统的无极太极之说，在王岱舆的表述中，起到了极其重要的作用。因为"无极乃天地万物无形之始，太极乃天地万物有形之始"。"真诠"以伊斯兰教神光论思想表述的宇宙万有起源说，无疑过于学理化，难以为一般信众所理解。

　　"要录"在借助真主为光（真光）的思想的同时，对其行文予以概括、简化。它以大命、元气替代王岱舆的无极、太极，进

---

①　王岱舆：《正教真诠》（上卷）"元始"，第 24—26 页。
②　在伊斯兰教的有关著述中，"止一之余光"即"穆罕默德之光"。

而简略其行文并表述其主张。它说：

> 真主自止一之余光，显至圣之本来，谓之大命，乃一切妙明之始……其所存者，乃清中之浊，是为元气。元气分为阴阳，阴阳化为水火……轻清者上升，化为天之形体，重浊者下降，化为地之形体。是故，大命乃天地万物无形之始，元气乃天地万物有形之始。（"元始章"）

经过"要录"文字处置后，录不足 400 字，删减 400 余字。

在变更语词概念方面，还应提及"真诠"（上卷）"真圣"篇，其中说："经云：'未有天地万物时，首先造化至圣之本来'，即所谓无极也。无极之显，是为太极，太极之体，无极之用也。真主运无极而开众妙之门，化生天地万物，皆无极之余光，然其本体的无亏欠。"①

"要录"关于大命、元气的思想贯彻于其后的表述中。如在"至圣章"中，他明确提出大命与元气以及与之相应的体—用关系。他以"至圣之本来"表明大命与元气之间的体—用关系。它说：

> 经云："未有天地万物时，首造化至圣之本来"，即所谓大命也。大命之显，是为元气。元气之体，大命之用也。真主运大命，而开万有之门，化生天地万物，皆大命之余光。余光言妙明也。② 然其本体，略无亏欠。（"至圣章"）

在这里，除改变语词概念外，在行文方面虽未做更多改变，但亦有所简化。

---

① 王岱舆：《正教真诠》（上卷）"真圣"，第 38 页。
② 下标圆点小字部分为注释，本书其余同，不再重复说明。

其三，改写原著行文。

如"真诠"（上卷）"人品"篇关于"人极"的表述说："人极玄枢，包罗万象，有无造化之希微，尽载此身之古册。太始之时，真主运无极而开众妙之门，乃本人之性理；用太极而造天地之形，亦本人之气质。天地万物，譬如一株大树，人为万物之灵，人之性理，即斯树之种子也；人为万物之贵，人之身体，即斯树之果实也。兹树之本末精粗，合而言之谓人。人者仁也，浑一未分，是为人极。一化为二，是为夫妇。"① "要录"对上引行文做了简化表述。它说：

> 人极者，有无造化之玄枢也。太始之时，真主运大命而开众妙之门，乃本人之性理。资元气而造天地之形，亦本人之气质。盖天地万物，譬如一株大树，人之性理，斯树之种也；人之身体，斯树之果也。浑一未分，是为人极。一化为二，是为夫妇。（"人品章"）

这里，"要录"不仅替换了原著的部分语词（即以"大命"替换"无极"，以"元气"替换"太极"），而且对原著似有衍生之感的行文，如"人为万物之灵""人为万物之贵""兹树之本末精粗，合而言之谓人。人者仁也"予以简化，同时对原著行文做一改写：将"即斯树之种子也"改为"斯树之种也"；将"即斯树之果实也"改为"斯树之果也"。显然，从文字上来说，似要简洁一些。

又如，"真诠"（上卷）"真一"篇中的"一切动静总有两端，其判断却有三品。所谓两端者，乃本然之动静，维持之动静。本然之动静，若原知、原活、本观、本听、自能、自立之类是

---

① 王岱舆：《正教真诠》（上卷）"人品"，第64页。

也……维持之动静，若能使人生死，能使人贵贱，能使人见闻知觉，造化天地之类是也……夫判断之三品，乃万物之判断，当体之判断，教道之判断是也"①。为说明"两端"和"三品"，"真诠"不惜以大量笔墨表述其说。

"要录"对此则予以简化。它除将"本然之动静"表述为"大用"，"维持之动静"表述为"作为"，"判断"表述为"体认"外，还将万物之判断、当体之判断、教道之判断，分别表述为"万物""当体""教道"。"要录"对上述引文做出如下的改写。它说：

> 动静有两端，大用也，作为也。大用若原知、原活、本观、本听、大能、自立之类是也……作为，若造化天地，使人生死贵贱、闻见知觉之类是也……体认有三品，万物也、当体也、教道也。（"真一章"）

"要录"除对有关"动静"、"大用"（即本然之动静）、万物、当体、教道的含义照录外，对过多的事例、解释、引证、演绎，则通过概述而予以改写，从而删减了大量文字，使行文得以简化。

其四，合并不同篇目内容。

"真诠"（上卷）"前定"篇强调真主造化人后，以"试人之善恶也。成立善恶乃前定，作用善恶乃自由。若无前定，亦无自由。非自由不显前定，然自由不碍前定，前定亦不碍自由，似并立而非并立也"②。它还以"善本原来，恶即新有""前定之外无有自由，自由之志囿于前定"③ 说明前定与自由的关系。

---

① 王岱舆：《正教真诠》（上卷）"真一"，第21、22页。
② 王岱舆：《正教真诠》（上卷）"前定"，第29页。
③ 王岱舆：《正教真诠》（上卷）"前定"，第31、32页。

　　"要录"删减该篇很大一部分内容的同时,将"真诠"(上卷)"普慈"篇关于"荣辱""贵贱",以及有关"三大经学""四大圣人""六源总领"的内容,①列入"前定章"以显其新义。它说:

　　　　善者自趋而为善,恶者自趋而为恶,人为不同,故真主之赏罚亦异。赏罚有二:曰"真世荣辱",曰"后世荣辱"。真荣真辱,根于造化,兼之自取,天国地禁是也。顺者登天国,逆者堕地禁,故曰自取。世荣世辱,始于气质,遭于时数,贫富、贵贱、安危、得失是也。真荣真辱,无更易而永久,俱在后世;世荣世辱,有变迁而虚浮,俱在今世。("前定章")

它还说:

　　　　夫顺主之要,莫先于认主。上古有四大圣人,今世有三大经学,当体有六源总领,此即体认自修之明验也。("前定章")

　　这是说,"要录"把王岱舆关于真主普慈的表述,纳入"前定章",这无疑是与王岱舆在"普慈"和"前定"问题的具体看法上有歧义,亦可视为是以新说法而对原著行文的处理。至于两者究竟谁更能反映伊斯兰教对这一问题的看法,只能由读者的认知判定其得失。

　　这里,笔者只能蜻蜓点水似地提及"要录"对原著行文的改写、简化,同样不可能将"要录"对原著行文内容的处置,全都予以罗列。

---

　　① 王岱舆:《正教真诠》(上卷)"普慈",第33—36页。

第五节　批语与注释

清同治十二年（1873 年）的"真诠"刊本（四川锦城宝真堂藏本的重刊本），照录了"明崇祯壬午（十五年，1642 年）梁以浚"（逾民）为之所撰序文。该刊本落款"真回老人著、天壤逾民阅"。① 梁以浚在通阅《正教真诠》并撰序的同时，很可能在一些重要章节处做了眉批。据不完全统计，在不同行文上方有"批语"约 182 条。②

"要录"一些章节行文的内容处，同样有其眉批。据不完全统计，有批语约 160 条。这些批语并非完全摘录"真诠"刊本原有的眉批。③"要录"的批语，很可能是马复初所为。鉴于中华书局刊本未录相关批语，笔者据同治三年（1864 年）刊本录所引批语。

就"要录"的批语而言，它的字数多寡不一，多者有数十字。

如它对"要录"（上卷）"真一章"中，"真主独一，无有比拟，乃无始之原有，非受命之有也……真一乃独一耳，非数一也。数之一，自独一来也。曰无极而太极，太极生两仪，数之一也……"④ 一段，摘录有关"真一"本质表述的批语说：

独一、无二之谓真一。有一、有二之谓数一。数一乃真一之首显，于穆流行，莫可端倪，故曰无极。真一确在无极之先。单另独一，至理精深，故无有比似。（"真一章"）

---

① 王岱舆：《正教真诠》，见《清真大典》第 16 卷，第 52 页。

② 王岱舆：《正教真诠》，见《清真大典》眉批。

③ 见杨晓春《关于 1931 年中华书局刊本〈正教真诠〉的版本渊源及相关问题》第 40—41 页有关批语的论述："四、广州清真堂刊本《正教真诠》梁以浚批语问题及与《真诠要录》批语的异同"。

④ 马复初：《真诠要录》"真一章"，见《回族典藏全书》，第 7 页。

又如在"要录"（上卷）"宰牲章"中，为表明信众为克服人主之间的"三大障碍"（即财物、恩爱、自己），则以"宰牲赎罪"表述其作为。对这一行文，则有上百字的批语。它说：

> 要知一切万物皆为人造，为人用。以无罪之牲，赎有罪之人，此真主贵人之大恩而即此令人醒悟。去牲之牲，如去巳（己——引者注）之牲。人之去浊还清，亦如牲之还归清净，脱离尘网，此又恩中之恩也。释氏至此不能不帖然而服。若不服，更从何处置啄。（"宰牲章"）

眉批少者，如在"要录"（上卷）"至诚章"中，"在君亲须知，贵不能自贵，长不能自长。有贵之、长之者，在自不敢安受至贵、至长之礼，此君亲之诚敬也。在卑下亦不敢希宠取幸，以紊其贵贵、长长之礼，此卑下之诚敬也。皆礼也。今人不能奉君亲于无过之地，徒见不拜，遂以为无礼者，不知礼也"[①] 一段，其批语为：

> 名言。（"至诚章"）

再如，在"要录"（上卷）"五功章"中，它关于"拜乃真主恩赐。其理有二：一以克己；一以还真"[②] 所做的批语，则以断然肯定的口吻说：

> 确实。（"五功章"）

---

① 马复初：《真诠要录》"至诚章"，见《回族典藏全书》，第88页。
② 马复初：《真诠要录》"五功章"，见《回族典藏全书》，第91页。

"要录"所做的批语中，就其内容而言，大致可以归纳为如下几个方面。

其一，批语起画龙点睛的作用。

如"要录"（上卷）"真一章"关于"真一"的显化表现为"动静"。它说："动静有两端：大用也，作为也。大用，若原知、原活、本观、本听、大能、自立之类是也。作为，若造化天地、使人生死、贵贱、闻见、知觉之类是也。若谓大用即作为，或谓作为即大用，皆外道也。"① 这一严格区分"大用"与"作为"的表述，显然与中国传统哲学所述的体—用关系不同，而是在王岱舆的体—用—为的表述形式上的复述。由此批语说：

> 用不即为，为不即用。误认则非，况以大命为真一乎。大命之真一作为之首，万理之原也。儒曰太极、老曰大道、释曰大觉，乃数一也。（"真一章"）

又如"要录"（下卷）"戒慎章"提出，精神功修乃"吾教修道之功，无有穷尽。然其初入者总于三德十行"②。它视此为修道的根本，批语点明其要害说：

> 三德十行，立道之本。（"戒慎章"）

其二，揭示行文内容的主旨。

如"要录"（上卷）"迥异章"中的"清真之教，迥异诸家。

---

① 马复初：《真诠要录》"真一章"，见《回族典藏全书》，第9、10页。
② 关于修道的"三德十行"，"三德"指的是心信、口诵、力行；"十行"指的是节饮食、节言语、节睡眠、悔过、僻静、甘贫、安分、忍耐、顺服、乐从（马复初：《戒慎章》，见《回族典藏全书》，第129—134页）。

大端有七"①。这里，"要录"根据王岱舆所概括的伊斯兰教与其
他宗教的迥异之点的说法（是否周全、恰当，另当别论）。为该行
文所做的眉批，却极其明确。它说：

> 七异透彻，方可与言至理。（"迥异章"）

这一批语向读者清晰地表明了"迥异章"的主旨，在于将伊
斯兰教与其他宗教的基本信条严格区分开来。

又如"要录"（下卷）"取舍章"关于"知巳（应为'己'，
下同——引者注）则生谦，谦乃万善之源。逊让敬畏，虚心服善，
乃其流也。不知巳（己）则生傲，傲乃诸恶之根。强梁忌妒，钓
誉沽名，即其支也。非谦何以克傲，谦则无巳（己），无巳（己）
受善，即若海之纳流"②，相关的批语为：

> 满招损，谦受益。即是意也。（"取舍章"）

再如"正教章"有批语两条，一处为"夫清真之原，乃真主
自立……阐扬至道，首立纲常而后有教焉。凡命人笃信者，莫非
真理；命人力行者，莫非正务；其所禁止者，莫非异端僻行，及
一切非义非礼之事也"③，它的批语为：

> 数语统论清真教之纲领，旨趣原始要终。（"正教章"）

---

① "七异"指的是，"我教（指伊斯兰教——引者注，下同）尊单另独一；诸家以
数一为尊"，"我教认原有新生……诸家言万物本来一体，唯有名相不同"，"我教知天
地为人之居止，万类皆人之用物；诸教以天地为大父母"，"我教尊真主之明命，修道而
立教……诸教循自性而立教"，"我教至诚不二，惟尊一主；诸教拜佛祈神，杂而不一"，
"我教有前定自由；诸教言自然之理"，"我教有归回，诸教惟轮转"。见《回族典藏全
书》（《真诠要录》），第80—85页。

② 《真诠要录》，见《回族典藏全书》，第116页。

③ 《回族典藏全书》应刊"正教章"处为中药方（第45—48页），另见马复初
《真诠要录》"正教章"，第21页。

在这处之下的"后人因思忆亲恩，感仰君德，逐图其像而拜礼之，以彰忠孝之念，及去古既远，失其遗意，不复知为死者之像，妄称神灵"①，其批语是：

> 可辟释道之谬，悠荒唐。（"正教章"）

其三，借儒突出章目主旨思想。

如在"要录"（上卷）"性命章"中关于"性"有如下说法："人之一性，具此六品②……所以人为万物之至灵至贵也。然先天之真性杂乎后天之气质，则真理隐矣。故论性之本体，未漓（似应为'离'——引者注）乎真，固无有不善，及其发而为情，或徇乎气质之偏，或夺于外感之私，则习于善而善，习于恶而恶者有之矣。"③ 对上述行文的批语为：

> 孔子曰：性相近，习相远。孟子曰：性善实是见理之言。（"性命章"）

又如"要录"（上卷）"普慈章"中有"且如诸教中，天资明敏，品行端方者，若使示之正道，或能遵行，未可知也。奈彼竟无真经开示，徒使善良之辈，不获归于正教，岂不更可痛惜……"④。对此，引北宋张载（1020—1077 年）所著"西铭"，其批语说：

> 西铭云：富贵福泽，将厚吾之生也。贫贱忧戚，庸王（玉——引者注）汝于此也。此儒家见理有合处。（"普慈章"）

---

① 马复初：《真诠要录》"正教章"，第 20 页。
② 《真诠要录》"性命章"所述六品指德性、本性、气性、觉性、长性、坚定。
③ 马复初：《真诠要录》"性命章"。
④ 此处所引为该书同治三年（1864 年）版第 9 页；中华书局版与此不同，它表述为"岂不可痛可惜"。马复初：《真诠要录》"普慈章"。

　　《西铭》原为《正蒙·乾称篇》的一部分。张载在学堂东西（即左右）两扇窗户上分别书"乾称篇"的"砭愚"和"订顽"。后程颐（1033—1107 年）改称"砭愚"为《东铭》，"订顽"为"西铭"。南宋朱熹（1130—1200 年）注释"西铭"，后"西铭"独立成篇。

　　该文受程颐、程颢（1032—1085 年）和朱熹推崇，获流行。眉批所引文字与原文有些微差异，① 也可能是眉批者刻意以"此"替换原文的"成"。

　　其四，借抨击释道表述主旨思想。

　　例如，"要录"（下卷）"夫妇章"关于男女婚配"乃真主明命"，提出"违此者逆矣"。随之，抨击说："若夫异端寂灭之教，上违主命，下背人伦，以绝灭不生为正。尝言夫妇之道，本为淫欲，止人婚娶。又常戒人杀生，其意竟欲灭人伦，而让天下与禽兽也，可乎？"② 对这段行文的批语说：

　　　　古今所以屏释老而不用者，正以灭绝人伦也。（"夫妇章"）

　　又如在"要录"（下卷）"至孝章"中，"经云：真主之喜，寄于人子、父母所喜之间。父母不悦，其子虽有万行，亦无论矣"③ 处的批语抨击佛道说：

　　　　释佛（似应为"道"——引者注）两家不知有父母者，

---

① "西铭"原文为："富贵福泽，将厚吾之生也。贫贱忧戚，庸玉汝于成也。存，吾顺事。没，吾宁也。"见冯契《哲学大辞典》，上海辞书出版社 1989 年版，第 504 页。

② 马复初：《真诠要录》"夫妇章"。

③ 马复初：《真诠要录》"至孝章"。

可少转（"少转"似应为"少传"之误——引者注）矣。
（"至孝章"）

再如"要录"（下卷）"正命章"言及"所谓轮回者，乃释氏之道。始自汉时。其设言立教，陈利害之果报。假轮回之虚说，激诱世人，趋附其道而惑食焉。或曰：'轮回之道何凭?'"彼曰："要知前世因，今生受者是；要知后世因，今生作者是。……"①时，其批语为：

辟佛老之谬，悠衍正教之宗脉。（"正命章"）

显然，"要录"像"真诠"一样，在对待中国传统文化方面，重儒而贬释道。

"要录"在摘录过程中，为简化行文及其内容，对那些并不反映"真诠"原著主旨思想的行文内容予以改写，使得文字更为简洁。这是摘录过程中不可忽视的。比照"真诠"行文和"要录"改写的内容，可以发现正是通过这种文字处理，使得"要录"既包含了原著行文的含义，又在简化过程中摘录其行文并突出其主旨思想。

对那些并不涉及主旨思想的行文及其相关的语词概念，在表述其原著内容时，有的行文或语词概念又是不可或缺的。对这类行文或语词概念"要录"则以注释形式录入行文。

就"要录"的注释内容而言，有的是将原著行文以注释形式（并不反映其主旨思想，删之可惜）予以表述，有的是对原著语词概念含义的表述。"要录"将这些注释分别插入（夹在）所录行文中（似对摘录行文内容未尽之意的补述），只是其字体较之正文

———————————

① 马复初：《真诠要录》"正命章"。

字体稍小。有的长段注释则另排一行，分别置于一些篇章的最后（在字体上同于正文）。对这类注释，其注释者可能是"辑""要录"的马复初。

就"要录"全书而言，它共有 24 段注释，其中上卷有 22 段（即"真道"篇有 11 段注释、"人极"篇 2 段注释、"辨异"篇 7 段注释、"至诚"篇 2 段注释），下卷只有 2 段（分别在"人伦"篇和"生死"篇）。

与那些注释夹在正文中或置于该篇章最后不同，唯有"要言"（上卷）"辨异篇第四"的一段注释，紧接着篇之后表述，从所述注释内容上看，它似以该篇的引言形式出现，概述"辨异篇"所含四章（即"似真章""昧真章""易真章""迥异章"）的主旨思想，并对行文的相关内容以略小的字体做一说明。它说：

> 是篇多援引诸教，反复论难，非好辩也。实欲补偏救弊，使天下同归于正道。盖天下万教，皆盘古氏子孙，皆我兄弟，虽其立教之始，无非圣贤。然无天经指示，明命真传，难免太过、不及之偏。或有之而代远年湮，典籍残略，古道衰微，其不入于歧途者几希矣。夫如是，吾安能听吾手吾足之不仁而不疗治之也。仁人君子其细参之。（"辨异篇第四"）

从该篇目这一注释的内容来看，它无外乎是说明"要录"之所以摘录上述四章内容，不是为了"反复论难"，亦非"好辩"，目的在于"同归于正道"。由于这些宗教"无天经指示"、无"明命真传"，遂有"太过不及之偏"，进而"入于歧途"。

"真诠"（上卷）"元始"篇有如下表述："真主要造天仙神鬼，乾坤万物，自止一之余光显了万圣之元首，即穆罕默德无极之本原，乃一切妙明之始也。所谓余光之义，缘真主之有，有二品，曰'原有'，曰'能有'。原有与万物无干。能有则供养万物，此余光之谓也。"①

"要录"（上卷）"元始章"在摘录并简化"真诠"的这段行文后，不仅将上述的"穆罕默德无极之本原"（或"无极"）改称"大命"，而且以略小的字体夹在行文中对"大命"做出清晰的注释。它说：

> 真主自止一之余光，显至圣之本来，谓之大命，乃一切妙明之始。大命者，真一之首。显千古群命之总命也。至圣为人极之大全。故至圣之本来为万性万理之大原。浑而言之，曰"大命"，总而言之曰"至圣性"。（"元始章"）

这段注释插在上述"乃一切妙明之始也"之后，为的是表明"大命"的确切含义；而这段行文内容是王岱舆没有提及的。这一注释，不仅使"真诠"在行文上更为简洁，而且这一变换，也完全反映了王岱舆关于至圣乃"首命"②的思想，马注所说的"大命"③亦即这一含义。

又如"真诠"（上卷）"真圣"篇中："清真正教，其要有三：一曰'天命'、二曰'天理'、三曰'圣治'。此三事者，乃万行之根也。天命者，乃人力所不能至者，如认主之玄机，己身之微妙，天地之本源，万物之所以，若非明命真传，岂能至此？天命之义，乃真主敕命天仙，降传至圣，从天而下，故谓之天命，非所谓天降之命也。天命有三品：曰'明命'、曰'兆命'、曰'觉命'。明命者，有明证、有玄旨、有法令，非觉兆也。即吾圣之时，降传明命，六千六百六十六章，始成天经全部，兹经之妙，

---

① 王岱舆：《正教真诠》（上卷）"元始"篇。
② 王岱舆：《清真大学》，见王岱舆《正教真诠·清真大学·希真正答》，余振贵点校，第235页。
③ 马注：《清真指南》（卷之六）"问答"，第239页。

贯彻万物之机，超越有无之外。先天地而有真得，后天地而有真命，其为正道之至教也。兆命者，梦中受命，若黄帝……武丁……文王……觉命者，心间开悟，若夫子……孟子……天命三品，惟全正教，其他无非觉兆而已。"①

"要录"（上卷）"至圣章"对这一大段引文，做了如下摘录和改写。它在"至圣出而天地位，万物育，开导群迷，归真认主，尊崇明命，而教化行焉"其后，对"天命"做一注释以略小的字体并夹在行文中。它说：

> 清真教学，其要有三，曰"天命"，曰"典礼"，曰"圣则"。此三者，乃万行之根。而天命又人力所不能至者，如认主之玄机，巳（己——引者注）身之微妙，天地之本原，万物之所然，若非明命真传，岂能至此。天命，乃真主敕命天仙，降传至圣，从天而下，故谓之天命。天命有三品：曰明命、曰兆命、曰觉命。明命者，特授真经，阐明正道，有明证，有玄旨，有法令。明证，即传命天仙；玄旨，乃认主之人；法令乃命禁赏罚。见于大圣。兆命者，梦中受命，显扬正道，列圣是也。觉命者，心间开悟，顺应真宰，钦圣是也。天命三品，惟至圣全之。（"至圣章"）

"要录"对上引文字做了改动。即将"真诠"所述的"天命之义，乃真主敕命天仙，降传至圣，从天而下，故谓之天命，非所谓天降之命也"这段行文，以"天命，乃真主敕命天仙，降传至圣，从天而下，故谓之天命"的注释形式夹在引文中；同样的，在删减"非觉兆也"后的大段行文时，也以"明证，即传命天仙；玄旨，乃认主之人；法令乃命禁赏罚"的注释形式夹在行

---

① 王岱舆：《正教真诠》（上卷）"真圣"篇，第39页。

文中。

在"至圣章"结束前，有一段行文说："遵真主之明命，三要全备，万行具足，神化无极，感应万端。括天地而理万物。自生民以来，未有大于至圣者也。"① 在上引行文后有一段单列数行、字体略小的注释说：

> 或曰："清真教学，必以证圣为要。何也？"曰：证圣乃极大正事。至圣穆罕默德，感应万端，不特天仙奉命，神鬼畏避，自开辟初分，真主特降明命，经经记载，圣圣相传，预定朝代年月与其将出有何征瑞。是以天下莫不慕其降生，及其应运而兴，与记载遗传，若合符节，宇宙皆知，毫无可疑。然二氏②诸教，犹昧心抗违，自外于正道。是违圣即违主也。故不证圣为无"以媒纳"。（"至圣章"）

所谓"三要"，"要录"指的是天命、典礼、圣则。③ 所谓"无以媒纳"，指的是无信仰。该注释把"自生民以来，未有大于至圣者也"，进而把"违圣"等同于"即违主"的程度，可见，在伊斯兰教中遵圣的信条居于显要地位。

再如在"要录""似真章"后，关于儒家之说，有一段单列的注释，它的字体也略小。它说：

> 按性理诸书，儒者之学，惟以理为宗始。故所言上帝上天、无极太极、皆指理而言。但理乃事物之所以然，应该如是，不过虚义，非实然有一自立之体。必托诸气。故又以气

---

① 马复初：《真诠要录》"至圣章"。
② 该注释原注："二氏谓野乎得、乃梭罗"。
③ 所谓"三要"，指的是"清真教学，其要有三：曰天命、曰典礼、曰圣则。"见马复初《真诠要录》"至圣章"。

兼言之。然气亦在有形无形之间，恐人求之不得，堕于虚无寂灭，故又以苍天实之。夫以理、气、天三者，混而为一，则无先后次第。且即知理不能自立，而又不求理之根源，盖未见吾教认主真经，无征不信，故但言理，而不知先天之发现有六品；但言气而不知后天之化生亦有六品，而总归于真一。诚哉，理学之难也。（"似真章"）

这段注释无疑是说，中国传统的儒家学者，虽以上帝、上天、无极、太极或理、气等为宇宙万有的根源，但他们所谓的"理""气"，与伊斯兰教所说的"理"有着本质区别。就是说，儒家虽说"理"，但它并"不知先天之发现有六品"，说"气"，同样的，也"不知后天之化生有六品"，而先天后天，理气"总归于真一"。

或者说，该注释在于说明儒家并不了解伊斯兰教关于宇宙万有根源之说，故而"似真"而非真。

另如，"要录"在斥责那种不明造化真谛、不分主仆之别后，也有一段单列数行、字体略小的注释说：

按老氏所云，"大道先天地而独立"。佛氏所云，"真空实有而无色相"。似皆指无形之天、万有之主而言。后人以老子、释迦佛当之，未免尊人而欺天。盖因夸誉太过，增益附会，失其本意，流传既远，遂入于妄诞不经。即如阿瓦诸城，佛国也。君臣父子夫妇与中国等。所奉仅一如来，梵宇无钟磬（磬——引者注）木鱼等器，可知源流之异矣。（"昧真章"）

显然，在它看来，中国传统文化所说的"道"或"空"等，虽然流传甚广，都不能与伊斯兰教所说的最高主宰相提并论，其本质仍在于真一与数一之别。

"要录"有"吾教之道，不孝有五，绝后为大"①。这与中国民间的传统说法，极其相似。对此，"要录"在该章后有一段注释说：

按此非孟子不孝有三，无后为大之说。（"至孝章"）

其实，它要说的是"所谓绝后者，非绝子嗣之谓，乃失学也"②，与民间传统所说的"绝后"含义完全不同。

就"要录"的长篇注释而言，它不同于夹在行文中的注释，而分别置于"元始章""至圣章""似真章""昧真章""至孝章"的最后。

"要录"的这类注释，无疑再次强调认主独一的主旨思想。

第六节 发展原著认识

所谓发展，就一般著述而言，可以是学理上、思想上的，也可以是注释、阐述方面的；可以是行文内容上的，也可以是表述形式上的。发展可以不拘一格，只要在行文、语词、内容、形式等任何一个方面，是在原著主旨思想的基础上，给以演绎、说明、深化、扩展、增补、充实，在表述上有新义、有特色，或者说，与原著相比，有不同于原著的说法，就可以视为发展。如准，其发展大致可提及如下。

首先，"要录"对语词概念内涵认识的发展。

"要录"在解释"性"或"性命"的内涵方面，较之"真诠"有所扩展。例如"真诠"认为，"有有三品，曰：'无始无终

---

① 这里说的"不孝有五"，指的是"其一乃不认主，其二乃不体圣，其三乃不亲贤，其四乃不生理，其五乃不学习"。见马复初《真诠要录》"至孝章"。

② 马复初：《真诠要录》"至孝章"。

之有'，乃真主独一之有也；'有始无终之有'，乃天仙、人神、数一之有也；'有始有终之有，乃水陆飞行、草木金石倚赖之有也。盖性命有三品：下品曰'生性'；中品曰'觉性'；上品曰'灵性'。"① 这一关于"性命"的"三品"之说，虽然是继"有"的"三品"之后说的。但它所说的"性命"，其实就其内涵而言，仍然说的是"性"，而非一般意义上所说的有生命体的性命。

"要录"的说法却与"真诠"不同。"真诠"并未具体讨论有关"性"的问题。它从性理视角言及"性"时，补充了"真诠"的"性命"篇并未提及的"性"有"六品"的主张。② 它说：

> 盖性唯一本，而该含六品。曰：德性，曰：本性，曰：气性，曰：觉性，曰：长性，曰：坚定。（"性命章"）

性有"六品"是刘智在《天方性理》中的基本主张。③ 他的"六品"指的是继性、人性、气性、活性、长性、坚定（性）。这是王岱舆的三本著述④从未提及的。马复初无疑是受刘智《天方性理》的影响，有着上述类似的主张。一方面，人们可以发现，"要录"在语词概念的具体表述形式上，多少不同于刘智的说法，但其思想则是相同的。⑤ 另一方面，其不同于王岱舆的性命"三品"之说，可以认为这是马复初关于性命"六品"、是对王岱舆的性的"三品"之说在内涵上的补充和发展。

---

① 王岱舆：《正教真诠》（上卷）"生死"。

② 尽管以"中华书局刊本"为底本，但所引行文并非《正教真诠》的内容，仍应视为《真诠要录》的行文。

③ 见刘智《天方性理》（卷三）"灵性"关于人性含"六品"的主张。

④ 即《正教真诠》《清真大学》《希真正答》。

⑤ 在《真诠要录》"性命章"中，有"德性出于命原，实先天之至理，倘能发露，至诚不二，一心向主，则神应无方与主契合，故又曰继性。本性者，人所得于先天，本然分与之性也。万理具足，万事不遗，倘能发露，则知觉爱恶，纯乎天理，绝意后天，直趋先天，而人极立矣。故又曰人性"。

从理学的视角（或者说，从伊斯兰关于性理主张）出发，所谓"德性"（或刘智的"继性"），"本性"（"人性"）、气性、"觉性"（或"活性"）、长性、坚定，指的是先天（或理世、上界、妙世等）作为精神性实体的宇宙万有的本原而言的，这一本原即为真主的本然。上述六品之"性"，正是形成后天（或象世、下界、尘世等）物质性实体的天地万物的基础；其中既有人，又有水陆飞行、草木金石等宇宙万有。

其次，"要录"在界定语词概念含义方面有所发展。

"要录"较之"真诠"在界定语词概念的含义方面似又前进了一步。

根据《古兰经》（24：35）关于"真主是天地的光明"的经文，伊斯兰教一般视宇宙万有为光的显现。所谓"本然之光"，亦即"本然"自我显现的"光"。就"本然"而言，王岱舆认为，"所谓本然者，原有无始，久远无终，不属阴阳，本无对待。独一至尊，别无一物。无岁月，无方所，无形相，无搀杂，无阻碍，无近远，无伴侣，无比肩，无如何，能命有无而不落有无；造化万物而不类万物，绝无比拟，此真主原有之本然也"[1]。刘智也说："自有天地物我以来，幻境多矣。然而莫非本然之流行也"，"身之内外，无非本然也"[2]。这在王、刘看来，"本然"亦即真主自我而显现的宇宙万有，或者说，宇宙万有不过是真主"本然"的显现。在苏非主义的著作中，"光"也被称为"真光"（或"真主之光"，或"神光"）。应该说，王岱舆在"真诠"中，并不反对"真主之光"的说法，它在"元始"篇中，就提及"真主……自止一之余光显了万圣之元首，即穆罕默德无极之本原，乃一切妙明之始"[3] 的问题。"真诠"所说的"止一之光"亦即"真

---

[1]　王岱舆：《清真大学》"本然第一章"。
[2]　刘智：《天方性理》（卷四）"本然"。
[3]　王岱舆：《正教真诠》"元始"。

光";有"真光"而有"真光"之余光,由此而有真主的一切造化活动。这是王岱舆在该篇目中所述的基本思想。

一般地说,把"性"与"光"联系起来表述语词概念,是王岱舆、马注、刘智等人受到苏非主义影响的表现;或者说,以"光"界定"性"的含义,"性"即"光",这在一定程度上反映了王岱舆、刘智的思想。在伊斯兰教学界中,往往将先天之"性"(如刘智)或是"命"(如马注)视为后天的人(以及有生命体)的性命的基础。即有先天的性(或命),人类才有后天的性命。为了省略笔墨,他们往往笼统谈及性命,而不予以细分。这是应予以说明的。

例如,就语词"性"的含义而言,"真诠"在"性命"篇中就有多处表述。它说:"先天为命,后天为性,命乃种子,性乃果子,命非性不离于性,性非命不离于命。非命则无性,非性则不全矣。"① 它还把"性"与"命"、与"情"联系起来,言及"性善""性恶"问题表述其思想,例如它说:"性命乃各物之本然,善恶乃性命之发用","所谓情者即性之所发",它关于"何为性"的回答则是"性即命也",他甚至借鉴宋明理学有关"性"的说法,以表述其思想。②

尽管"真诠"关于"性"有上述不同说法,但它没有像"要录"那样明确阐释"性"的含义,而"要录"则明确地说:

> 盖性者,本然之光,真主首显之大命。赋畀于人者,故能知先天无始之始、独一之真。则知性命所从出矣。性命为真光之发显,故知此身,则知真主之造化。见此性,则知真主之玄机。("性命章")

---

① 王岱舆:《正教真诠》"性命"。
② 王岱舆:《正教真诠》"性命"。

"要录"界定的是"性"而非"性命";在它看来,"性"即"本然之光,真主首显之大命"。只是王岱舆在"性命"篇中没有这样明确地把"性"与"光"联系起来(只是说"性命乃各物之本然"),不以"光"来界定、表述"光"("本然之光")即"真主首显之大命"。由"要录"对"性"的界定,即可视为是对"真诠"相关问题的发展,更应视为它所说的"见此性,则知真主之玄机"之说,比之以前的伊斯兰教学者,可以说在认识上又前进了一步。

再次,"要录"重视语词概念含义的些微区辨。

严格区分语词概念的确切含义,在学术活动中是一个不可忽视的问题。例如"要录"关于"真赐"含义的理解,是值得重视的。

王岱舆在"真诠"中所说的"真赐","要录"将其改称为"真德",进而严格区分了语词"真德"与"真赐"的含义,可以说,这是在语词概念理解上的一个重要发展。

"真诠"关于"真赐"的含义为:"真赐者,即所谓以妈纳也。① 此乃真主之动静,赐之于人者,所以人遂以其所赐,方认得真主确当,故谓之真赐,非受造之有也。"② "真诠"的这段话有这样两层含义:

第一层含义是,"真赐"是信仰,即对伊斯兰教的真主的信仰;或者说,信仰的主体是信众,而信仰的对象(客体)为真主。"真赐"是"非受造之有",作为"以妈纳"(即信仰)的"真赐",是原有的、非造的。作为一种赐予行为,由真主赐予对象这一层含义出发,真主赐给信众的是信仰,从而信众"方认得真主"。

---

① 紧接着"真赐者,即所谓以妈纳也"有如下的小体字注释。它说:"以妈纳三字,乃西域本音,译曰:即明德之源也。"见王岱舆《正教真诠》"真赐"。

② 王岱舆:《正教真诠》"真赐"。

　　第二层含义是，"真赐"是"真主之动静"。在这里，"动静"
（这里指的是恩赐、赐予）的主体是真主，"动静"（赐予）的对
象（客体）是信众，即将"信仰"（以妈纳）"赐之于人"；或者
说，这一恩赐行为，就是把对真主的信仰赐予信众。作为真主赐
予行为的"真赐"，"人遂以其所赐"的信仰，"方认得真主"。也
就是说，人之所以"方认得真主"，完全是由于"人遂以其所赐，
方认得真主"。

　　从"真诠"所述"真赐"的含义来看，既把它视为赐予主
体，又把它视为赐予客体的信仰（"以妈纳"）。

　　"要录"认为，"真德"即"信仰"。它把"真赐"与"真
德"严格区分开来。"真德"即对伊斯兰教信奉的真主的信仰；
而"真赐"指的是真主对信众的恩赐行为，是"真主之动静"所
显现的赐予行为，所赐予的是对伊斯兰教的信仰。按照"要录"
的说法，"真赐"的是"真德"。"要录"对"真德"与"真赐"
做出严格区分，以"真德"替换"真赐"，使两者有所区别，即
把"真赐"理解为真主的赐予，是一种恩赐行为；赐予的对象是
信仰（"以妈纳"）——即"真德"，从而以"真德"替换"真
赐"。换句话说，"要录"把赐予行为（"真赐"）与赐予对象
（"真德"）做出严格区分，改变了"真诠"将赐予行为与赐予对
象的笼统表述，在行文方面是有所发展的。

　　最后，"要录"对语词概念的含义予以明确阐释。

　　这里，应将"真德"做进一步的解释。就是说，"要录"将
语词"真赐"更改为"真德"的同时，对"真德"的含义做出明
确阐释，同样是值得重视的。它说：

　　　　真德者，真主之真光。（"真德章"）

　　"要录"在"真德者，真主之真光"后，紧接着以略小的字

体做一注释。它说：

> 真光者，真一本体之妙，发显于外，乃无色之色，无相
> 之相。自然实有，大明不昧，故以光喻之。相者理之表，象
> 之里也。（"真德章"）

"要录"从真光思想出发，把"真德"视为"真主之真光"。
尽管此"真光"为"无色之色，无相之相"，但就其显现为信众
的信仰行为时，或者说，作为信众的一种观念性行为——信
仰——而言，则有其色相。它所谓的"相者理之表，象之里"，无
疑是在进一步地表述它的思想。

一般地说，人们通常所说的理、象关系乃表里关系。值得重
视的是，"要录"在解释什么是"真光"的含义时，"以光喻之"
其"相"；它进而以"相者理之表，象之里"来说明真主、真光、
宇宙万有三者之间的关系。这无疑是将真主视为"理"，以"象"
譬为真主所造化的宇宙万有，在理、象之间置以"相"；或者说，
作为观念性的"理"为里，宇宙万有之"象"为表，在"理"
"象"之间引入了"相"，从而在这三者中形成这样的关系，即作
为观念性的"理"，有其作为表的"相"——即真光；这个"相"
又是作为宇宙万有的"象"的里。可以认为，这是"要录"在说
明"真德"为"真主之真光"的同时，在宇宙万有的造物主与所
造物之间，增加了真光作为真主与万有之间的中介物；或者说，
它表现为理—相—象，即真主—真光—宇宙万有。可以认为，这
是"要录"在理论方面对王岱舆表述形式的扩展。在某种意义上
可以说，它补充了原著表述的含义，有益于人们对该问题认识的
深化。

就语词概念而言，"要录"不仅以"光"解说"性"，而且以
"光"解说"真德"，可见"光"在"要录"表述其思想过程中

的重要地位。可以说，研究王岱舆、马注、刘智、马复初等先贤
的思想，离开"光"的思想，有很多问题就说不清楚。鉴于有关
"光"或"真光"问题，笔者在有关著作中已有所论及，此处不
予赘述。①

又如"真诠"在表述真主乃无始之原有、人极乃有始之原宗，
从而真主无所不能时说："其尊大清静（古通'净'——引者注）
皆具于己，不假乎外，无天地万物亦不灭，有天地万物亦不增。
此外人神天仙，莫不有始，然不能自创其始，惟真主能创之，其
能乃全能，故无所不能。"②

"要言"在简化此段文字的同时，做了如下表述。它说：

> 其尊大清净皆具于己，不假乎外。无天地万物亦不减，
> 有天地万物亦不增。其知无所不知，其能无所不能……（"元
> 始章"）

"真诠"表述真主"无所不能"并不为误，"要言"在上述行
文中增加了"其知无所不知"，这就更为完满地表述了真主不仅
"全能"，即"无所不能"，而且还"无所不知"。如果从"知能"
（即认识和行为两个不同方面）考察的话，认为真主的"知能"
乃"无所不知，无所不能"，则更为完满一些。

第七节　讨论相关问题

如上述，马安礼是在马复初指导下采订"真诠"的。重新构
建与马复初著述思想体系相适应的行文语词概念，反映了他们对

---

① 可见金宜久《伊斯兰教》（中国社会科学出版社 2009 年版）及金宜久《苏非主
义在中国》（社会科学文献出版社 2013 年版）相关章节。

② 王岱舆：《正教真诠》（上卷）"元始"。

伊斯兰信仰及其学理问题认识的时代，是不同于王岱舆的。

作为"真诠"的摘编本，"要录"究竟在哪些方面应予探析？根据"要录"的行文内容，似有以下几点值得重视。

其一，重视中国传统文化。

从"要录"的整个行文中，可以看出，尽管它在摘录过程中，已如上述，省略了有关中国传统文化中的大量典故、传说，甚至将有关儒释道的引文，予以删减。但这不是说，"要录"轻视或反对中国传统文化。

实际上，"要录"完全是根据需要，或摘录、保留其相关内容，或适当更改其行文，它的基本做法仍然保留了一些典故或内容，借以表述与其主旨思想相关的内容，或以其为相关论点的佐证，或以它表明伊斯兰信仰相符于中国传统思想。这方面的实例很多。

如"元始章"对相关行文的注释中，"要录"以"人祖"阿丹比附中国民间传说中的盘古氏，对"真诠"之说进行补充。

"真诠"表述真主造化人祖阿丹的行文后说："真主自彼之左肋，造化其妻，名曰好娲。"阿丹和好娲因"被魔之诱，违主之约"，被逐出天国。① "要录"对这一说法，以注释的形式说明"阿丹即盘古氏。生于天方国"②。鉴于"真诠"多引用儒释道的著作或典故表述其主张（或作为斥责的对象），在当时的社会条件下，适当扩展其所述内容，以伊斯兰教信仰的人祖"阿丹"与中国民间传说中的神话人物"盘古氏"联系起来，以便于信众了解伊斯兰信仰之缘由，可能是王岱舆的一个有意义的表述内容。

又如在"人品章"中，为表明伊斯兰教关于妇女在社会中的重要地位，不同于中国封建社会历来主张的男尊女卑，妇女处于低下地位。它把夫妇提到首要地位，甚至认为"三纲五常"乃基

---

① 王岱舆：《正教真诠》"元始"。
② 马复初：《真诠要录》"元始章"。

于"夫妇之仁"而立。它说：

> 人之性理，斯树之种也。人之身体，斯树之果也。浑一
> 为分，是为人极。一化为二，是为夫妇。人极原一人，夫妇
> 为二人。一人者，人也。二人者，仁也。是故，三纲五常，
> 君臣父子，莫不由夫妇之仁而立焉。（"人品章"）

这一说法，既不同于中国的传统主张，又极力与传统说法求
同。其用意显然在于表明伊斯兰思想与儒家主张的"三纲五常"
相符合，以此表明妇女在伊斯兰教中的地位。

这表明，马复初并不反对中国传统文化中的那些有利于他的
思想演绎的内容。从"要录"的整个表述中，完全可以认为马复
初在宗教中国化方面，像王岱舆、马注、刘智一样，做出了值得
重视的重大学术贡献。

其二，"要录"成集的基本原则。

"要录"摘编、删减、改写原著究竟有无原则，其标准为何，
这是探析"要录"应予考虑的问题。

其实，马复初对王岱舆原著的改动，更为重要的是对原著行
文内容的处理。简略说来，"要录"无外乎是在摘录的同时，对那
些未摘录的行文内容予以删减。这可以视为处置行文的互为表里
的两个不同方面。

所谓"摘录"，即对原著行文的基本内容予以照录。这一摘录
并非照录某个篇目整个章节的全文，而是就其中具有完整含义的
段落（或是语句）予以录记，或是对某个具有完整含义的段落
（或是语句）的内容，经过加工、改写（其中有所删减）而摘其
所要，即有摘、有录，有删、有减，摘则摘其篇目所要，录则录
其段落全文；摘中有删、删中有录、录中有减，从而简化原著行
文。这样处置"真诠"，最终将 8 万余字的内容，删减 3.5 万余

字，压缩成 4.5 万余字的"要录"。

在马安礼摘录"真诠"时，马复初大致也在从事摘取《清真指南》之要的工作。他的另一学生马开科在为《大化总归》所撰序中，对其师所辑《指南要言》的基本原则，已做出上述的"是者存之，非者革之，烦者删之，简者就之。杜虚诞不经之谈，归大中至正之道"① 的概括，这对马安礼似乎也有所影响，亦可认为其乃马安礼摘录"真诠"之要的指导思想。他在行文中也确实通过摘录、删减，省略了文字，从而成集付印。完全是为了"俾学者易于从由，教者难于惑乱。显与异端相隔阂，隐与儒教为表里"②，体现了马开科所述的这一原则。

其三，"要录"深化了对宗教践行的认识。

"要录"改变了"真诠"某些行文及其语词概念，以至于它的表述形式的更改，似可认为这是它对"真诠"认识的深化。

伊斯兰教 7 世纪中叶输入中国并在中国有所流传、发展以来，到王岱舆生活的时代，大致已逾千年。然而，有关宗教礼仪的日常用语，在中国境内远未统一。马复初和马安礼从事学术著述时，与王岱舆生活的时代相比，又延续了约两个世纪左右。人们对伊斯兰教礼仪的了解和认识又前进了一步。由此，"要录"改变"真诠"关于"五功"的表述形式。它除以语词"五功"替代王岱舆关于"五常"③ 的说法外，在"五功"的顺序方面，则以"念、礼、斋、课、朝"替代王岱舆的"念、施、戒、拜、聚"；至于在表述"五功"的具体内容方面，并没有做出多少改变，但其表述形式却为近代以来国内伊斯兰教界所认同，也为国内一般学人普遍接受，以它表述伊斯兰教基本功课。这似可视为"要录"在认识上较之"真诠"又深化了一些。

---

① 马复初：《大化总归》马开科序。
② 马复初：《大化总归》马开科序。
③ 王岱舆：《正教真诠》（下卷）"五常"。

　　至于"要录"关于信众的"作证词"而言，较之"真诠"似
又有所不同，这也可视为对宗教践行认识的深化。例如王岱舆说：
"清真正教，入德之门，认主之要，首言我作证一句。何也？缘认
主必须认己，认己方能认主也。因己之有，乃天然众妙之文章，
造化玄机之古册，凡人反观本身之古册，而阅当体之文章，是何
等亲切，是何等简便，舍此别图，皆歧路也，故'我作证'一句，
唤醒古今醉梦。"①

　　"要录"中关于信仰应予"作证"问题，言：

　　　　清真教入德之门，认主之要，首言我作证，何也？曰：
　　"认主必须认己，认己方能认主也。"盖人之身心，乃天地之
　　菁华。人之性灵，乃真光之发显。内照返观，参悟化机，是
　　如何亲切，是如何简便。故我作证一言，唤醒古今，不必远
　　求诸物而但即其本体参之。（"作证章"）

　　从"要录"的表述中，可以看出它不仅以"盖人之身心，乃
天地之菁华。人之性灵，乃真光之发显。内照返观，参悟化机，
是如何亲切，是如何简便"②替代"真诠"所说的"因己之有，
乃天然众妙之文章，造化玄机之古册，凡人反观本身之古册，而
阅当体之文章，是何等亲切，是何等简便，舍此别图，皆歧路
也"③，显得更为简洁、明确，而且在用词方面对"作证"的认识
较之王岱舆似又深化了一步。

　　就语词概念的些微变化而言，它确实更切近于一般信众，无
疑是表述内容及其形式的发展。

　　其四，信众应否有"处世之道"。

---

①　王岱舆：《正教真诠》（上卷）"作证"。

②　马复初：《真诠要录》（上卷）"作证章"。

③　王岱舆：《正教真诠》（上卷）"作证"。

在社会伦理观方面，可能马复初对"真诠"所述信众应有"处世之道"的观点持有异议，故"要录"删减了这一说法。甚至与"处世"相关的"人伦篇"和"生死篇"中亦未提及"处世之道"。

根据"真诠"的说法："处世之道，必要有五：乃充饥之食、解渴之饮、蔽体之衣、容身之屋、当用之学，此外皆余事耳。"①

为什么"要录"在摘"真诠"的"今世"篇的相关行文时，对有关信众日常生活应有的基本条件不予提及，很可能在它看来，信众在尘世生活中的"处世之道"，与信仰相比并非居于首要地位，似可避而不谈。

从信仰的视角出发，首要的应是对真主的信仰，以及践行与信仰密切相关的宗教功课。

可能王岱舆关于"处世之道"的主张，是在与他人论辩时提及的论题，从而在他的写作中保留了这方面的内容。就是说，"处世"乃信众日常生活的基点，由此出发才得以有所信仰和践行宗教功课，而马复初、马安礼考虑的可能是信众应有其信赖真主的前定，不应过多思虑日常生活问题，特别是处理人们之间的俗务关系。两者的着眼点不同，从而对同一问题有不同的态度。

---

① 王岱舆：《正教真诠》（下卷）"今世"。

第 四 章

马复初的《性理第五卷注释》

刘智是个著述甚丰的穆斯林学者。他的《天方性理》受到马复初的关注。马复初简称《天方性理》为"性理"，并对它的卷五正文做了注释。马复初在《性理卷五注释》（亦被称为《性理第五卷注释》）的"自序"中说："天方之书最难解者，莫如性理。而性理之尤难解者，莫如第五卷补说大小两世未尽之义，盖其义倍精奥，非浅学人所能知。"① 他又说："予幼未业儒，年四十始有志于汉文"，以后，"经数年苦功，字画渐晓，书理稍知，即细心研究性理一集，迄今三十余年"，终于在 1864 年（同治三年）完成对该卷的注释。可是，由于"予虽稍有见解，而词不达意，因嘱马生开科校订成章，另置一帙，以便对解"②。一方面，人们可以看到，马复初认定《天方性理》在汉文伊斯兰教著述中"最难解者，莫如性理"，该书在他心目中的重要地位，非同一般；另一方面，还应看到他有汉文注释性理的意愿，但在理解、写作和表述方面仍有"词不达意"之处，由其门人弟子马开科协助"校订成章"而成书稿。笔者除对《天方性理》的基本内容做一简介以为引子外，拟据该卷内容节目，分别探析马复初对性理的注释行文及其内容。笔者以《性理卷五注释》（参见《清真大

① 马复初：《性理卷五注释》"自序"，第1页。
② 马复初：《性理卷五注释》"自序"，第1页。

藏·天方性理》）为底本，与《天方性理》（黎明文化事业公司）
相对照，从事相关研究活动。

第一节 《天方性理》简介

《天方性理》是一本宗教哲理性著述，刘智的三本重要著述之
一。[①] 刘智在《天方至圣实录》"著书述"中，就他三本著述的主
旨说："《典礼》者，明教之书也。《性理》者，明道之书也。今
复著《至圣录》以明教道渊源之自出，而示天下以证道之全体也。
盖三书者，三而一者也；履阶而登，升堂入室，其庶几矣。"[②] 在
刘智的思想中，《天方性理》乃阐释伊斯兰根本精神的著述，即
"明道之书"。

事实上，刘智关于性理，关于道、教、法的关系，在《天方
典礼》《五功释义》等著述中，都有过清晰、明确的论断。[③] 他认
为，"人之一生，以道为本"，"教为道之体，道为教之灵"，"道
非教不明，教非法不立"，"圣人之道，即天道也。圣人之教，即
天道流行者也"。[④] 若把刘智关于性理的认识，置于他对伊斯兰教
整体认识的基础上了解其含义，也就有可能将"最难解者，莫如
性理"迎刃而解了。

本节拟对《天方性理》的基本内容做如下简介。

首先，关于《天方性理》的一般情况。

《天方性理》分为两大部分：第一部分为"本经五章"[⑤] 和附

---

① 刘智的三本重要著述，指的是《天方性理》《天方典礼》《天方至圣实录》。

② 刘智：《天方至圣实录》"著书述"，第 4 页。

③ 参见金宜久《中国伊斯兰探秘·刘智研究》（第八章"四统"论之道、教、
法），东方出版社 1998 年版；中国人民大学出版社 2010 年版。

④ 分别见《五功释义》《天方典礼》。

⑤ 关于"本经五章"，可参见王希的《马复初〈本经五章译解〉初探》，《回族研
究》2012 年第 3 期。

图 10 幅；第二部分为"图传五卷"。其中，每卷 12 节，其目录列有节目名称；有图有文，以图立文，以文释图，共 60 节，图 64 幅。

该书有"例言"、"纂译天方性理图传"（其后为全书五卷目录）、"采辑经书目"（40 本，分别列阿拉伯文和波斯文书目及其汉译本名称）、"纂译天方性理卷首"（"本经五章"目录及其 10 幅附图），最后分别为"天方性理图传"五卷目录及其内容。

刘智生前，该书有多人为之撰序。有的序文简介了该书的内容。如康熙四十三年（甲申，1704 年），刘智的老师袁汝琦为《天方性理》撰序说："天方有大贤查密氏暨阿补德欧默尔辈，皆学识超凡，品德几圣者也。著有成书，阐明造化之体用、人物之知能，以作行道者践趋之程式。如密迩索德、勒瓦一合、额史尔等经，既行于天方，又传之中国，凡吾教学人皆知诵习之矣。"这无疑是对该著述内容与所述"皆知诵习"之"经"的大致关系的介绍。同年，梁潘赏的序说："真一化一大世界，天地也；化一小世界，人也。刘子合大小世界而一焉，性理图说也。则观刘子之书，又可以知刘子矣。"

1866 年（同治五年），乔松年为之撰序称："刘子天方性理一书，言心性无异于儒家，言四元及天有九重，合于欧罗巴之法。盖精研于程朱之理，又纬以泰西之学，遂能成一家之言，为天方教中巨作。"[①]

有的序文肯定《天方性理》所述性理与儒家学理相表里如康熙四十七年（戊子，1708 年）徐元正认为"是书之作也，虽以阐发天方，实以光大吾儒"；康熙四十九年（庚寅，1710 年），为《天方性理》注释的黑鸣凤所撰序说："刘子阐发性理，本乎实有，归于一真。条分缕析，足信足征。予忘固陋，妄附蠡测。赘

①　刘智：《天方性理》袁汝琦"序"、梁潘赏"序"、乔松年"序"。

诸篇末，并拟注释本经大义。就正有道同志，寿梓非敢自炫。"大致在刘智逝世前后，即康熙五十一年（壬辰，1712 年），丁灝为之撰说："此书以阐天地民物而大易在其中，觉阴阳动静……内外精粗盈虚消长等等不齐之数，层累而上复递降而下，为天道，为人道。天一大天，人一小天。其分也，不得不分，其合也，不得不合。原其始而返其终，总此一真之自为往复、自为结撰而已。"王泽弘则认为刘智"世其家学，各遵其所闻，各行其所知，皆能与吾儒相为发明，相为补救"①。

从上引多人序言，均对《天方性理》有所肯定、赞誉。刘智在"自序"中介绍所著《天方性理》的基本内容后，明确提出，该著乃"于数大部经中，择其理同义合者，纂为一书，即汉译性理本经也"②。

值得提出的是，在每卷各节之后，均有黑鸣凤以"清源黑氏曰"的形式为之做浅俗、简明扼要的简介，并有《性理本经注释》问世。

其次，《天方性理》卷首"本经五章"基本内容。

刘智在《天方性理》"自序"中关于"卷首本经"（即卷首"本经五章"），有如下表述："首言大世界理象显著之序，以及天地人物各具之功能与其变化生生之故"，这在"图传五卷"中，相当于第一卷和第二卷的行文内容；"次言小世界身性显著之序，以及身心性命所藏之用与其圣凡善恶之由"，这相当于它的第三卷和第四卷的行文内容；"末章（即第五章——引者注）总合大小世界分合之妙理，浑化之精义，而归竟于一真。其文约，其旨该。天方性理之奥蕴，亦见端于此矣"③，这相当于它的第五卷的行文内容。

刘智主要依据"六大部经"（即《勒瓦一合》《密尔索德》

---

①　刘智：《天方性理》徐元正"序"、丁灝"序"、王泽弘"序"。

②　刘智：《天方性理》"天方性理自序"，第26页。

③　刘智：《天方性理》"天方性理自序"，第26页。

《额史尔》《默瓦吉福》《默格索德》《额合克目克瓦乞卜》)① 编成（"纂译"）《天方性理》。在"本经五章"行文中，分别注明所引"六大部经"的各经名称。其中，他引用《勒瓦一合》(《昭微经》) 11 段"经文"、《密迩索德》（即该书所说的《道行推原经》②) 28 段"经文"、《额史尔》(《费隐经》③) 15 段"经文"、《默瓦吉福》(《格致全经》) 9 段"经文"、《默格索德》(《研真经》④) 14 段"经文"、《额合克目克瓦乞卜》(《天经情性》) 2 段"经文"。这些"经文"经过刘智的梳理、加工、扩展、编纂而成卷首的"本经五章"行文。

　　《天方性理》五卷内容，不过是在"本经五章"行文的基础上，按章再予以阐释、扩展而成各卷内容。刘智在"自序"中提出，读者可能难以理解其书文的"奥蕴"，遂据行文含义在"本经五章"后，还附图 10 幅，这一图文并茂的著述，为的是"因经立图以著经之理，因图立说以传图之义"，使读者"观图以会意，观文以释经"⑤，可谓用心良苦。

　　鉴于本部分主旨并非探究《天方性理》行文及其内容，而是探析马复初为其第五卷所做的注释，因此，笔者着重于简介"本经五章"的基本内容，忽略其附图的含义。

　　就《天方性理》的主旨思想而言，它要表述的有这样几层含义：其一，宇宙万有包含一切精神性实体和物质性实体，它乃伊斯兰教信奉的真主造化（"真一"显化）的产物；其二，作为时空的语词先天（理世、上界、妙世）、后天（象世、下界、色世）乃性理

---

　　① 据刘智所说："本经集诸经而成一经也。其文见六大部经中。"见《天方性理》"例言"。

　　② 亦称《归真要道》，有伍遵契的汉译本。

　　③ 亦称《昭元秘诀》，有破衲痴的汉译本。

　　④ 有破衲录（卷一卷二）、哈呈凤（卷三卷四）的汉译本。

　　⑤ 刘智：《天方性理》"天方性理自序"，第 26 页。

（精神性实体）和宇宙万有中的物质性实体（即天地万物）之
"根"①，这一"根"的最终的、真正的本原，则是"真一"，亦即
伊斯兰教信奉的真主；其三，"真一"显化（真主造化）的天地
万物，包含大世界（天地万物）和小世界（活跃于天地万物中的
人）；其四，活跃于后天的人，因先天所受光照的不同，而于尘世
有着不同的等第，人需要通过一系列的精神功修，方能完满地返
回源出的"真一"，以复归真主；其五，人应完满地返归所源出的
"真一"。"本经五章"各章分别表述这一主旨思想。

"本经五章"第一章"总述大世界造化流行之次第"②。以最
初无称而实有的真体，以其体之用使真理流行，从而化知能、分
性智，理备而元气（此元气乃先天之末，后天之根）现。元气妙
化，分阴阳。阳舒阴敛，变火水；水火相搏，气土生；气火外发
为天，土水内积为地（火水气土称为"四元"——"四行"）；由
此生矿物、植物和动物（称为三子）。大化循环，尽终返始。理象
全，造化成。这一切显化皆为的是人。

"本经五章"第二章"分述天地人物各具之功能"③。理具知，
象显能。先天万有之理乃后天万有之象的摹本；由理而有性、有
命、有形（即理—性—命—形），从而万物生，妙用显，人有知能，
物具功用。基于理同气异，人按其知能，而有不同的等第、品性及
其作为，物则按其功用，而有不同的物性及其作用；天体以阿而实④

---

① 这里说的"根"，亦即伊斯兰教信奉的真主，只是在《天方性理》中，并不
直接称为真主，而以学理性的语词"真一"为称谓。这与王岱舆《清真大学》的用语
相同。

② 刘智：《天方性理》卷首，"本经"，第1页。

③ 刘智：《天方性理》卷首，"本经"，第2页。

④ 阿而实为阿拉伯文'arsh的译音，其意为"宝座"。《古兰经》有"八个天神，
担负你的主的宝座"（69：17），"他曾在六日内创造了天地，然后升上宝座，处理万
事"（10：3）。该词亦称"天使界"，亦有最高天体之义。

"代行化育"，库而西①掌握天地万物的一切变化（"错合变化"）。

"本经五章"第三章"总述小世界身性显著之由"②。由人所体现的小世界，经过胚胎发育，其身心脉定，四肢五官全，脏腑生，灵活现，从而筋骨坚定，而有长性、活性、气性、觉性、本性、德性，谓返本。

"本经五章"第四章"分述小世界身心性命所藏之用"③。心性会合，是谓全德昭著。心含七德：顺、信、惠、明、笃、发、真；先天降，后天升，来复于心。人在先天，获真光的不同等第的光照，在后天显现为圣贤智愚的区分。人为升、复，唯有法圣，修身以礼，明心以道，才能尽性复命。

"本经五章"第五章"总述大小两世界分合之妙义与天人浑化之极致"④。应严格区分作为语词概念的"真一""数一""体一"，此三者为一，称为"三一"，"三一"非三，一而三义，或称体—用—为。一乃数之体，数乃体之用，用则有其为；由体起用，是名"数一"，返用归体，是名"体一"。从造化而言，"真一"起化，"数一"成化，"体一"化化。宇宙万有皆为本然，化则基于本然，本然着于名相，名相附于意识；意识皆朽。万物朽其相，而其理不朽。

可以认为，《天方性理》卷首"本经五章"涵盖该书行文的梗概，似可视为其后五卷内容的导言，有利于读者在阅读该书行文之前，对性理的一般含义有个概略、基本的认识。

再次，《天方性理》卷一至卷四正文内容概要。

---

① 库而西为阿拉伯文 kursiyy 的译音，其意为"脚凳"。在阿齐兹·本·穆罕默德（'Aziz b. Muhammad? —1239 或 1269 年）的宇宙起源论中，作为物质世界，指处于"第一原则"下的与安拉"宝座"一起构成的最高天体；其下有其他的天体。在《天方性理》中，阿而实和库而西均有先天的精神性和后天的物质性的特性。

② 刘智：《天方性理》卷首，"本经"，第3页。

③ 刘智：《天方性理》卷首，"本经"，第4页。

④ 刘智：《天方性理》卷首，"本经"，第5页。

《天方性理》正文共五卷，每卷行文之前，均有目录和概言。每卷分别有 12 节行文及其附图。共有正文 60 节；其中第二、三、五卷附图均为 12 幅，第一卷附图为 12 页/16 幅①，第四卷附图为 12 页/21 幅，其附图共为 60 页/21 幅②。其附图有图说，其后则为该卷的"概言"，以便于读者了解该卷行文的内容及其奥义。

根据刘智所述，卷一的中心内容，在于表述"一真"（或"真一"）主宰大世界于先天后天（即理世象世、上界下界、妙世色世）的显现变化。

该卷各节有其"图说"，即有图有文表述该节行文内容。其目录为：最初无称、真体无着、大用浑然、体用始分、真理流行、性理始分、气著理隐、阴阳始分、四象始形、天地定位、万物始生、大成全品。从目录中似可了解该卷所述内容：其一，作为真体的"真一"，在显化之前无称无着；其二，其显化的时空可以分为先天、后天；其三，先天以理的形式，"真一"显化其体—用，其用则显现为性理的分化；其四，后天的显化表现为气著而理隐；其五，其气分阴阳、现四象（即四行）；其六，作为大世界的天地万物（其中包含作为万物之灵的人）产生，"真一"显化进程遂成。

卷二的中心内容，在于补充表述"真一"显化万有的理象未尽之意，提出"象即理"，由象而得以知其理，即万有源自"真一"之显化。该卷同样有其与"图传"并列的目录：先天性品、性品知能、后天形器、形器功用、理象相属、九天远近、九天转、四行正位、四时往复、七洲分地、四际分空、一贯洋溢。从目录中似可了解该卷所述内容：其一，"真一"显化的万有，在先天均有各具其知能的性品；其二，后天的万有亦各具其功用的形器；

---

① 附图为 16 幅，其中 10 幅分别列入 10 页，2 页分别列入 3 幅。16 幅共占 12 页。

② 附图为 21 幅。其中 8 幅分别列入 8 页；4 幅列入 1 页；另 9 幅分别列入 3 页，每页 3 幅。

其三，理象相应，先天性品之理决定后天形器之用，即由体—用而有其为，体—用—为；其四，九天远近及其运旋影响其下万有的情景；其五，分别表述四行、四时、七洲、四际的情景，以为万物及其人类活跃提供应有的时空环境和给养。

卷三的中心内容，在于表述小世界显现于有形无形之中，小世界之形、理有别于大世界之形、理。所谓有形显著，指的是人的五官、躯体及其外形、功能；所谓无形显著，指的是内在于人的精神、思想、智慧等得以认识万有的生生变化；它以此表述人乃万物之灵的缘由。该卷的"图传"伴之以其目录为：人生元始、胚胎初化、四液分著、表里分形、内外体窍、灵活显用，坚定显著、发育显著、知觉显著、气性显著、本性显著、继性显著。从目录中似可了解该卷所述内容：其一，人的躯体于母体中的孕育过程①；其二，人离母体后的发展进程；其三，人的不同品性的显现，即体—用—为的功能的显现；其四，人的后天品性取决于先天品性的等第。

卷四的中心内容，在于补充信众于后天的等第及其精神功修的道路、程式及其应予关注之点。② 人于先天所受光照层次的不同，决定后天的人的品性等第，由于该书所言重点在于，人于后天如何处理日常生活、宗教信仰、精神功修等一系列问题，因此该卷更多的是关注心性功修问题，从而"图传"及其所列的目录为：心性会合、心品藏德、升降来复、人极大全、本然流行、圣功实践、圣贤智愚、障碍层次、疑信累德、顺逆分支、修进功程、全体归真。从目录中似可了解该卷所述内容如下：其一，人心与先天所获品性结合，心的七德得以显现；其二，心性结合，体现为以人极肉身所完成的"真一"的升降来复；其三，天地万物皆

---

① 母体胚胎发育，陆续有身躯、五官以及五脏（心、肝、脾、肺、肾）六腑（胃、胆、三焦、大肠、小肠、膀胱）的发展，直至胎儿降生。

② 刘智：《天方性理》卷四首页"概言"。

为"真一"本然的流行和显著，视角不同则对本然的理解、观感皆异；其四，本然流行，人的身、心、性状况；其五，人有圣贤智愚、顺逆之分，其信仰、其践行也就有别；其六，对那些从事精神功修者而言，应如何实现复命归真。

最后，《天方性理》卷五"概言"。

《天方性理》卷五"概言"说：

> 第五卷总大小世界未尽详之义而补说之。义倍精奥，不越一真。补说之中，寓扫抹之意。补之者，美之也。扫之者，补之也。补之愈精，扫之愈尽。扫之愈疾，补之愈神。理在若有若无之境，文在可解不可解之间。阅者量其力，尽其心，可解者以解解之，不可解者，以不解解之。则善解是书者也，可解者以非所解解之，不可解者，以无所不解解之，则不惟书不可解，阅书者亦不可解矣。（卷五"概言"）

刘智所述，实际上是对《天方性理》前四卷有关大小世界显化内容的补充、概括和总结。

马复初针对刘智关于如何解读"概言"的含义，在《性理卷五注释》中巳（己——引者注）如是说：

> 窃思此卷发明之义，本圣人亲见确知，著为经文而深信其必有者。后学览此，勿以巳（己——引者注）之小慧私智，妄测精深，指为荒谈虚论。予有何知识，敢操解券，而所以必为注释者，诚有经之可凭耳。夫圣人著经，无一字无来历，恐一言伪而千言皆属虚饰也。予取圣经以释图说，字句无润色可观；义理却精微可证。虽非解人可索，当不至如介廉先生（刘智——引者注）所言，可解者以非所解解之，不可解者，以无所不解解之。阅者先揣摹夫原本，后归证于是书，

其斯为善解者钦。(自序)

由于该卷内容乃补充大小世界未尽详之义，正如上引马复初"自序"所述："天方之书最难解者，莫如性理。而性理之尤难解者，莫如第五卷补说大小两世未尽之义，盖其义倍精奥，非浅学人所能知。"[1] 显然，马复初认为，他的注释有其依据，亦即他所说的，"予取圣经以释图说，字句无润色可观，义理却精微可证"。意思是说，他对卷五各节行文的注释，完全能够反映《天方性理》的精深奥义。

刘智关于卷五"图传"各节的释文，乃马复初分别注释该卷的根据。下文将以"图传"所列12节目录（即真一三品、数一三品、体一三品、三一通义、自然生化、名相相依、万物全美、小中见大、大中见小、一息终古、终古一息、真一还真）的行文内容，按节分别探析马复初对《天方性理》卷五12节的注释。

第二节　真

刘智在"天方性理自序"中，说："末章总合大小世界分合之妙理，浑化之精义，而归竟于一真。"[2] 在上述的引文中，刘智所说的"一真"，其真正含义是说唯一、独一之"真"。他所说"一真"的真正目的在于说"真"乃独一之真，而"一"在这里不过起着定语的作用；该"真"亦即"真一"的不同表述形式。

从中国传统哲学的体—用关系来说，"真"有其体—用，其体即"真一"，"真一"亦即"真"之体的表现形式。其实，在王岱舆、刘智那里，他们根据中国传统哲学的体—用关系，在表述伊斯兰教关于真主的造化思想时，以"真一"的显化形式予以表述

---

[1]　马复初:《性理第五卷注译》"自序"。见《清真大典》第十七册，第126页。

[2]　刘智:《天方性理》"天方性理自序"，第26页。

而又有所发展，即它以体—用—为的形式予以表述。① 或者说，它
关于"真"的显化，而有体—用—为三品的形式，即以"真
一"—"数一"—"体一"的形式表现出来。

这一显化在刘智的卷五中，则以三节行文（即"真一三品"
"数一三品""体一三品"）分别表述其内容。

马复初实际上是根据王岱舆、刘智之说，接受"真"有体—
用—为三品，即"真一""数一""体一"；同样的，他也接受刘
智卷五所说的"真一""数一""体一"分别有其三品。笔者将根
据刘智所述，探析马复初对上述三节行文的相关注释。

首先，关于"真一三品"。

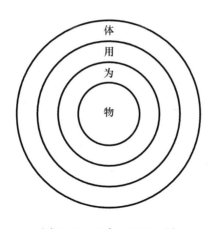

图4—1 "真一三品"图

"真一三品"为《天方性理》卷五的第一节内容。它附有
"真一三品图"。在所列圆圈的图示中，由外而内分别有语词体、
用、为、物。这里说的体、用、为，其图示的主旨思想在于说明
经过此三品的演变，最终达到"物"，即有形世界的显现。

刘智关于"真一"有如下表述。他说："冥冥不可得而见之

---

① 金宜久：《中国伊斯兰先贤·马注思想研究》，社会科学文献出版社2016年版，
第171页。

中，有真一焉。万有之主宰也。"① 所谓"冥"，似可认为指的是
那种幽深、昏暗、高远的境界。他接着关于"真一"的本性说：
"真一之一，独之义也。谓其独一无偶也，其尊独一无偶，其大独
一无偶，其真独一无偶。"② 这是说，在"冥冥"之中的"真一"，
乃"万有之主宰"，他在尊、大、真等方面，均"独一无偶"，因
此，他"不可得而见"。刘智大致应用 400 字的行文，表述"真
一"的内涵及其作为。

马复初根据刘智关于"真一"的表述，分别从如下几个方面
进行注释。

其一，真一乃万有之主宰。

马复初首先根据刘智关于"真一"之说，肯定"真一"为万
有之主宰的论断。他说：

> 冥冥者，冥中之冥。而冥之至焉者也。盖冥之至，则为
> 忆虑揣想，不可得也。曰万有之主宰，乃主持造化者也。
> （"真一三品"）

这里，马复初的注释有两层含义。第一层含义是说，从信众
的视角考虑，由于"真一"乃"独一无偶"的"冥之至焉者"，
处于纯粹、超然、幽深之境，即便是那些最为虔诚的信众，从
"忆虑揣想"的任何一个视角，"真一"都"不可得"，即无法感
觉、认识、企及"真一"。第二层含义是说，从宇宙万有的现实存
在考虑，这一无法感觉、认识、企及的"真一"，却是"万有的
主宰"，"主持"宇宙万有的"造化者"；换句话说，这一"主持
造化"者，亦即伊斯兰教信奉的造物主。

其二，"真一"含有"体"—"用"—"为"三品。

---

① 刘智：《天方性理》（卷五）"真一"，第 3 页。
② 刘智：《天方性理》（卷五）"数一"，第 6 页。

刘智关于"万有之主宰"乃"主持造化者"说:"其寂然无着者,谓之曰体;其觉照无遗者,谓之曰用;其分数不爽者,谓之曰为。故称三品焉。用起于体,为起于用,是为由内而达外之叙。为不离用,用不离体,是为异名而同实之精。后此万有不齐之物,皆此异名而同实者之所显著也。"① 刘智肯定"真一"具有体—用—为三品,与王岱舆在《清真大学》中的表述一样,在某种程度上,多少远离了纯粹信仰的窠臼,也就对人们从哲理的高度理解"真一"有所裨益。

马复初在确认"真一"具有"体""用""为"三品乃"异名而同实之精"的同时,对其三品"之精"做了如下注释。他说:

> 既云造化,则必有为,有为则必有用,有用则必有体。故有三品之称焉。曰:寂然无着者,谓之体。乃用未动、为未显之先,其体寂深,隐然难测。无着者,不以用名,亦不以为称。要皆一体独立,此真一之本也。迨至由体而之用,用动而知万有之理,是为觉照无遗也。由用而之为,为显而发万有之象,是为分数不爽也。而三品之称以此。("真一三品")

马复初的这段注释,大致有这样几层含义:

第一,"真一"的造化必定有其"为",即其作为,其作为必定基于其"用",即其功用,其功用必定根源其"体",即其实体(这一实体,可以说,即精神性实体)。这是说,三品之称的含义,指的是"真一"的"体""用""为"三者,此即"真一"的实体、功用、作为"三品"的称谓。

---

① 刘智:《天方性理》(卷五)"真一",第3页。

第二，这里说的其体"寂然"时，指体"用未动、为未显"的状态，体未动、未显亦即"其体寂深，隐然难测"；而当体处于"无着"的状态，其功用、作为均未曾发挥作用，也就没有"用"或"为"的称谓。此即马复初注释所说的，"真一"本身仍处于"寂然无着"（"一体独立"）的状态，此乃"真一"的"本"色；换句话说，此即"真一"显化前的真正面目。

第三，作为万有的造化者，"真一"为实现造化大小世界的万有，必然会有所作为、有所活动。这就是"由体而之用"。这时，其体之用的作为、活动，虽未完全显现，但其作为"用"的功能已内在、潜在于"体"之中；当"体"由隐而显、由静而动。这时，亦即有所行为了。这就是注释所说的，"用"已"知万有之理"。所谓"知万有之理"，即"真一"之"体"已经执掌造化万有的一切想象、造化的对象、造化的程式、造化的步骤，如此等等的精神性的"理"。此"理"乃"万有之理"，即大小世界的"理"，都已毫无遗漏地为"用"所执掌。由于"体"之"用"执掌造化的"万有之理"，也就为其后"用"实现由静而动的"为"而"觉照无遗"；所谓"为"的"觉照无遗"，是说"真一"之"体"造化万有的一切蓝图、模式，将由"用"之"为"予以现实化，只是在这一时刻，一切尚在"体"之内而未显化。

第四，由于"真一"造化万有的行为，不可能停留在"用"而不发挥其作用，这就是注释所说的造化必"由用而至为"。此"为"已含有"万有之象"，这时，"为"则"显而发万有之象"。所谓"显而发"，指的是"为"显现其作为并产生其活动；其作为、其活动，就是"真一"继由隐而显、由静而动后，由内而外、由一而多地显现，亦即"万有之象"产生进程的显现。所谓"万有之象"，指的是大小世界的一切形体。这正是"为"按照"用"所"觉照无遗"的"真一"之"体"造化万有的一切蓝图、模式，予以类别不差地实现其造化作为、活动，即"分数不爽"地实现万有的造化。

这是说，"真一"所造化的宇宙万有，既有精神性实体"之理"，又有物质性实体"之象"。"真一"造化万有的行为，正是其三品（体—用—为）作为的显现。也就是刘智所说的三品乃"异名而同实之精，后此万有不齐之物，皆此异名而同实者之所显著也"。

其三，关于"真一之本境"与"显著之境"的关系。

刘智关于"真一之本境"与"显著之境"，做如是说："真一之中无去来也，无迷悟也，无动静也，无起灭也……无往非体，而真一未尝有体；无往非用，而真一未尝有用；无往非为，而真一未尝有为，是则真一之本境也。未尝有体，而无往非真一之体；未尝有用，而无往非真一之用；未尝有为，而无往非真一之为。是则真一之显著也。显著之境，亦非本境之所实有者也。"[①]

马复初对刘智上述之说，做了如下注释。他说：

> 有三品，不可称真一，无三品，不能有世界。是以不得不论分著之境焉。所谓无往非体，而真一未尝有体；无往非用，而真一未尝有用；无往非为，而真一未尝有为。譬如灵性与身，身有形色者也，而性未尝有形色；性虽无形色，而全体皆显性之形色也。全体虽非灵性，而灵性实为全体所显之由。（"真一三品"）

这里，马复初以灵性与躯体的关系为例，说明"真一"与"真一"造化之世界之间的关系。意思是说，作为精神性的灵性，没有任何形色，而作为物质性的世界则有形色。灵性虽无形色，而世界所显"皆显性之形色"；或者说，世界"虽非灵性"，而灵

---

① 刘智：《天方性理》（卷五）"真一"，第3页。

性实际上是世界得以显现"之由",即世界得以显现的原因。

　　这是说,刘智所说的"真一之本境",乃"真一"仍处于隐的境界。这时,"真一"自我没有任何的动静,即"真一"的"体""用""为"均未显现。这不是说,"真一"无"体"、无"用"、无"为";而是说,一切精神性实体和物质性实体,皆内在、潜在于"真一"之中,皆有待于"真一"的显化。至于其"显著之境",不过是"真一之本境"已有所显现后的情景("显著之境");或者说,即"真一"的显现,已由隐而显、由静而动,进而由内而外、由一而多,此即刘智所说的万有的"显著之境"。马复初的譬喻,极其简略而又形象地比附了两种不同境界的关系。

　　其四,所谓"隐而名真,显而名物"。

　　刘智肯定宇宙万有皆为"真一"的"所显著者",他接着说:"圣人曰:隐而名真,显而名物。盖谓无物之非真也。"① 这是说,"真一"具有隐、显的特性。"真一"之"体"处于隐的境界时,其"体""用"并未显现,故而并不存在由其"为"而显化的宇宙万有,故"隐而名真";"真一"之"体""用""为"一旦显现,其"真一"之显化活动随之发生,从而宇宙万有得以产生、形成,故"显而名物"。由此,也就是"圣人"所说的,"盖谓无物之非真也"。这是说,凡是"真一"的显化物,没有不真的。

　　马复初认可刘智引证"圣人"之说,并未予以更多的注释,只是说:

　　　　所谓隐者为真,显者为物是也。("真一三品")

　　马复初继这句注释之后,照录了刘智所说的:"显之而为有形

────────────

　　① 刘智:《天方性理》(卷五)"真一",第4页。

之物，则有形之物即真也。显之而为无形之物，则无形之物即真也。显之而为流行之光阴，则光阴即真也。显之而为一定之处所，则处所即真也。无所非显即无所非真。此真一之所以为真一也。"① 他的注释仅仅在4个"即真也"之后，注释了4个"即真之所显也"。②

其次，关于"数一三品"。

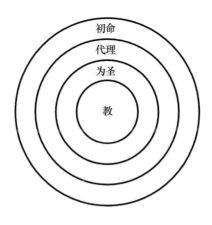

图4—2　"数一三品"图

"数一三品"为《天方性理》卷五的第二节内容。它附有"数一三品图"。该图在所列圆圈的图示中，由外而内其语词分别为初命、代理、为圣、教。这里说的初命、代理、为圣三品，其图示的主旨思想在于说明经过此三品的显化，最后达到"教"，即达到有形世界"为圣"者创立的伊斯兰教。

刘智关于"数一"有如下表述。他说："数一之一，数之所自始也。万理之数，自此一起。万物之数，自此一推。"③ 刘智的这段话，有这样几层含义。第一，这里说的"数"，指的不仅仅是

① 刘智：《天方性理》（卷五）"真一"，第4页。
② 马复初：《性理卷五注释》，第2页。
③ 刘智：《天方性理》（卷五）"数一"，第6页。

数量、数字，更为重要的是指万有的发展变化皆由此"数"而起；第二，所谓"数一之一"，说的是"数一"所含有的一，乃万有数字的始端，一切皆由此一开始（"数之所自始也"），或者说，万有的生生变化乃以一为始端；第三，他所说的"万理"（即万有之理），指的是一切精神性实体，其数起自于一而有其理（实际上，应包含寓于精神性实体中的"理"）；第四，他所说的"万物"，指的是一切物质性实体之数亦起自于一而有其理（实际上，同样应包含寓于物质性实体中的"理"）。

刘智接着对"万理之数""万物之数"之所以有"其有"，同时对"数一"与"真一"相比较说："其有也，起于真一一念之动而显焉者也。其与真对，则真一为真，数一为幻；其与尊对，则真一为主，数一为仆；其与大对，则真一为海，数一为沤。同以一称，而其不同，盖若此，夫比而较之，数一固不敢妄拟于真一。"[1] 这是说，一切精神性实体和物质性实体的产生，皆赖于"真一一念之动"，"数一"的显现，基于"真一"的"一念之动"；这一动，万有才得以由此而有其生生变化。就"数一"而言，它在真、尊、大等方面，均无法与"真一"相提并论，"数一"难以与"真一"的真、主、海相比拟。因为其间的关系，乃真一幻、主一仆、海一沤的关系，即"数一"仅仅处于幻、仆、沤的地位。

马复初关于刘智"数一"的表述，除了对"数一"之所以显现注释说"曰：其显也，起于真一一念之动"[2] 外，对刘智的其他表述未做注释。

就马复初对"数一三品"的注释而言，大致分为如下几个方面。

其一，所谓"真一"的"一念"。

---

① 刘智：《天方性理》（卷五）"数一"，第6页。
② 马复初：《性理卷五注释》，第2页。

上引刘智关于"万理之数"和"万物之数"之所以"有"，"起于真一一念之动而显焉者也"。根据伊斯兰教关于性理问题的学理性主张，一般认为宇宙万有的产生、形成，均源自真主造化宇宙万有的意愿。此造化意愿亦即刘智所说的"一念之动"（即由静而动）。

马复初对刘智所说"真一"的"一念"注释说：

> 一念者，欲以本然所含自然之妙而发现之。是即所谓大命也。乃众妙之门，万理之根也。（"数一三品"）

马复初这段注释有这样几层含义。第一，所谓"一念之动"，即"本然"自我的精神性活动；就是说："它指的是真主自我固有的、使事物得以为该事物，及其存在、发展、变化、消亡之所以然的根本原因。"[1] 简言之，"本然"即真主自我的意愿。第二，所谓"自然之妙"指的是宇宙万有生生变化的一切奥秘，均内在于"本然"之中。第三，所谓"大命"，亦即真主造化过程中最初显现的"本然"，此"本然"冠以"大命"之名。王岱舆《清真大学》则称"大命"为"首命"，它与"数一"的其他16个称谓并列，[2] 反映"数一"在不同场合下所能起到的不同作用。

根据以上对"本然""自然之妙"和"大命"的分别述说，可以了解马复初所述这段话的整个含义是："真一"一旦有了显化的意愿，内在于"真一"自我的精神性实体的宇宙万有随之发生由内而显、由静而动的演变，亦即宇宙万有内含的"自然之妙"得以显现。这一由潜在而变为现实的变化（即由内在于"真一"的"一念"，因其"一念"而得以由内而外的显现），则为"大命"之所为。这一"大命"，亦即"数一"。

---

[1]　引自金宜久《中国伊斯兰先贤·马注思想研究》，第159页。

[2]　王岱舆：《正教真诠·清真大学·希真正答》，第235页。

这是说，"数一"的显现，亦即"真一"的"一念之动"所使然的。宇宙万有的一切精神性实体（万有之理），之所以由纯一而变为杂多（由一而多），完全是基于"真一"的显化意愿显现，宇宙万有才得以从精神性实体演变为物质性实体（即由万有之理演变为万有之形），其动因源自"真一"的"一念之动"。或者说，"真一"在具有其显化宇宙万有的意愿之前，宇宙万有之理均在"真一"自我的思想之中；当"真一"显化宇宙万有的意愿变为显化行为后，最初显现的是"数一"，万有之理这时内在于"数一"之中；随之，万有之理按"数一"的安排而陆续显现为万有之形。

这里说的"本然"中所包含的"自然之妙"，亦即本然所包含的理世（先天）的精神性实体；这一精神性实体则是象世（后天）的物质性实体的蓝图或摹本；这里说的蓝图或摹本，即象世（后天）的物质性实体之原。宇宙万有的产生、形成，"即所谓大命"的作为；"大命"亦即"真一"的"一念之动"而衍化的动因的显现；象世（后天）的一切化生之物，都不过是依据其蓝图或摹本，而得以分别形成为物质性实体。所以说它是"众妙之门，万理之根"。

其二，"数一"含理世象世。

刘智肯定"数一"在"真一"显化过程中的重要作用。他说："若自数一之本量言之，理世象世皆自此数一而分派以出。即真一之从理世而之于象世，亦须从此出而乃得任意以为显著也。"[1] 由此可以看出，"数一"在"真一"的整个造化意愿中的关键性作用在于，从"数一"自身之所以被显化而出来考察，"数一"的重要作用在于理世象世皆由"数一"分派而出；从"真一"的造化意愿考察，"真一"需要"数一"使得"真一"

---

[1]　刘智：《天方性理》（卷五）"数一"，第6页。

自我的作为，即造化行为"乃得任意以为显著"。就是说，没有"数一"，"真一"的造化意愿也就无从谈起。实际上是说，"数一"在"真一"的整个显化活动中，起到了代理的作用。

马复初对此极其形象地做了注释。他说：

> 譬夫日照明镜，镜得日光，而反照于幽室。所谓真一之于理世，而之于象世，须从此而出。盖非镜而日光不能反照。（"数一三品"）

马复初对刘智这段话注释的含义十分明确。这是说，"真一"显化理世，进而显化象世，需要经由"数一"而使"真一"自我的造化意愿得以变为现实。否则的话，理世象世的一切显化也就无从谈起。

其三，"数一"有三品。

刘智的"数一三品"，分别指的是初命、代理、为圣。他关于"数一"这三品的含义说："初命者，真一之首显而为命之最初者也。代理者，自有此初命而真一化育之事，皆其所代为发挥者也。为圣亦代理之意也。色身住世，以人治人，而代真一以广宣其至道也"，他接着说："此三品非数一之自为主持而有是三品也。自真一一念之动，显有此数一，而数一遂因此一念之动而动之。动乎其不得不动也。"[1]

马复初对刘智的上述思想，做了如下注释。他说：

> 原其始终本末，有三品焉。曰初命、曰代理、曰为圣。是亦三而一者也……初命如日照之光，由外而来也。代理如镜内之日，积中不变也。为圣如反照之光，由内而出也。若

---

[1]　刘智：《天方性理》（卷五）"数一"，第6页。

无其镜，必无其光。是以为圣出于代理，代理出于初命。则三品之有，亦有乎其不得不有也。（"数一三品"）

这里，马复初以日、镜、光三者譬喻"数一三品"（初命、代理、为圣）之间的关系。这一注释，比之刘智本人的表述，更为生动、形象，也更容易为读者所理解。

当然，刘智在《天方性理》卷五"数一三品"中所表述的思想，并不限于马复初所注释者，只是马复初对刘智所说的"数一"没有予以更多的发挥。例如，刘智关于"数一"以"色身住世，以人治人，而代真一以广宣其至道也"之说，关于"代理之动也"、关于"为圣之动也"、关于"数一即真一之所妙也"等的表述，[①] 马复初均未予以注释，笔者在此不宜赘言。

再次，关于"体一三品"。

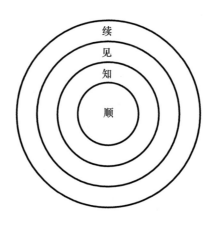

图4—3 "体一三品"图

"体一三品"为《天方性理》卷五的第三节。它附有"体一三品图"。该图在所列圆圈的图示中，由外而内其语词分别为续、见、知、顺。这里说的续、见、知三品，其图示的主旨思想在于

---

① 刘智：《天方性理》（卷五）"数一"，第7页。

说明经此三品的发展，最终达到"顺"，亦即信众通过对伊斯兰教的顺服，达到"与主合一"的目的。

刘智的"体一三品"说人身之"体"有三，即身体、心体、性体。他以此三体分别体认"真一"，从而有其不同的情景。就是说，以身体"体夫真一者，其功在于遵循"，以心体"体夫真一者，其功在于解悟"，以性体"体夫真一者，其功在于无间"[1]。由于体认有身体、心体、性体的差异，从而其结果也就有所不同："遵循者知其所当然，而不能知其所以然"，只能"知其名"而不能"知其实"；"解悟者见其所以然，而不能得其所以然"，只能"见其分"而不能"见其合"；"无间者本其所以然，而浑乎其所以然，至矣"[2]。刘智对以上表述概括为："此三品者，古今修真者之总义也。"[3] 如果联系到王岱舆关于精神功修及其体认的主张，可以看出，他与刘智的上述说法有所不同。[4]

王岱舆《清真大学》关于"体一三品"有"知认""见认""续认"的说法，即"知认之谓明彻，见认之谓亲切，续认之谓契合是也"[5]。王岱舆的这一"体一三品"，显然是说其体认乃由外而内的进程。

由于马复初以《天方性理》卷五为注释底本，在表述形式上也就没有以王岱舆的上述说法为准。刘智的"图传"（续、见、知）是由内而外的体认进程，恰恰与王岱舆表述的"知认、见认、续认"的顺序相反。

就注释而言，马复初根据刘智关于"此三品者"的情景，从精神功修的视角，有如下的注释。他说：

---

[1] 刘智：《天方性理》（卷五）"体一"，第9页。

[2] 刘智：《天方性理》（卷五）"体一"，第9页。

[3] 刘智：《天方性理》（卷五）"体一"，第9页。

[4] 关于体认问题，王岱舆同刘智的说法之所以有所差异，细究起来，似可认为他们依据的是不同的苏非著作，从而有此不同的表述。

[5] 王岱舆：《正教真诠·清真大学·希真正答》，第238页。

体者，应而合之之谓也。初以身体为礼乘，进以心体为道乘，尽以性体为真乘。（"体一三品"）

这里说的"体"，亦即力求通过身体、心体、性体对"真一"的体认，这在精神功修的"三乘"（礼乘、道乘、真乘）进程中，分别以"初""进""尽"而由浅入深，最终达到"体夫真一"的完满进程。在精神功修者看来，这是他们的功修所祈求的。

刘智以"体夫真一"之三体——身体、心体、性体体认"真一"，是精神功修所祈求的进程。至于功修者能否真正完满实现其体认，刘智把这一践行分为两种情况。即有的功修者一人循此可以达到此三品的次第，有的功修者则为三人分别体认此三品，其体认也就有深浅的情景。

马复初对刘智其后行文的注释，可以大致概括为如下两个方面。

其一，所谓"以性体一"。

刘智关于"以性体一"做如是说："三品之中，体之于知者浅，体之于见者深，体之于性者，其深更几于不可测也。虽然，以性体一者，仍是以有我者体之也。以有我体之，则我犹有往来。有往来，则其迹尚存。"[1]

刘智所说的"迹"，指的是功修者修炼到真乘"无间"阶段时，功修者虽祈求达到"无我""与主合一"的境界，只是由于这时的功修者仍有那种祈求的意愿，也就是刘智所说的仍有其"迹"；此"迹"，即祈求合一的意愿。

马复初对刘智所说的"以有我体之，则我犹有往来。有往来，则其迹尚存"[2] 这段话的注释极其简略。他说：

---

① 刘智：《天方性理》卷五"体一"，第9页。
② 刘智：《天方性理》卷五"体一"，第9页。

夫以性体一，是以有我者体之也。有我则不可以言性体
矣。而无我亦不可以言性体。盖有我者，有巳（己，下
同——引者注）也。巳（己）胜则退，巳（己）败则进。所
谓有往来也。（"体一三品"）

在马复初看来，"体夫真一"，如果以"有我"或"无我"体
认真一，都不能说是"性体"，即以"性"体认真一。"有我"则
有个人的私心杂念、欲望，这一"欲望"或"私心杂念"，也就
是"其迹尚存"还"有己"；"有己"则难以真正以性体"浑"
于"无间"。

其二，关于"一之体我"与"化"。

刘智关于功修者的修炼进程达到"无我""与主合一"的境
界时，也就是他所说的"化"的境界。这时，不再是功修者自我
的体认，而成为合一之体的体认。在他看来，"一体乎我，则无往
来矣。然一体乎我，而我知其为一之体乎我也，则其迹未化也。
不知则其迹泯（同'泯'——引者注）矣。然我不知其一之体
我，而不能必其一之不自知也。一知则犹之乎其有知也，未化也。
我不知其有一之体我，而一亦不知其有我之可体也，化矣"①。

马复初对刘智关于"一之体我"而"有往来"之说，予以如
下注释。他说：

一体乎我，则无胜败进退之端也。若我知其一之体我，
则其迹未化。即我不知其一之体我，而亦不能必其一之不知，
亦未化必也。至一亦不知其有我之可体，则化矣。乃一不以
我为我也。是我知其无我矣。非果无我也，必待乎一不以我
为我，则化之至焉者也。（"体一三品"）

---

① 刘智：《天方性理》（卷五）"体一"，第9页。

马复初就"一之体我"分几层含义做出说明：其一，这里说的"一"，指的是"与主合一"的境界，即"无我"境界时的功修者（或体认者）；其二，如果体认者知道"一之体我"，则体认者这时仍有所思虑的痕迹，不能说已经达到"化"的程度，也就未化；其三，如果体认者自身不知道"一之体我"，但他又不能确定（即"必"）其"一之不知"，因为不能确定（"必"）其"一"究竟知道还是不知道，同样不能说已经达到"化"的程度；其四，唯有达到"一亦不知其有我之可体"的时候，才是达到"化"的程度。

他接着说，当"一不以我为我"时，亦即功修者认识到这时已达到"无我"的境界；只是这时并非从肉体上来说果真"无我"，而是心理上、精神上说的"无我"。这时，可以说是"与主合一"之"一不以我为我"，功修到这一程度，亦即"化之至焉者也"。

第三节　三一通义

"三一通义"为《天方性理》卷五的第四节。在"三一通义图"所列圆圈的图示中，由外而内其语词分别为"真一""数一""体一"、"世界"。这里说的"真一""数一""体一"三品的显化，其图示的主旨思想在于表明"三一显化"的目的，为的是表明"三一"各具的三品显现于所显化的有形世界之中。

所谓"三一"，无疑指的是由"真"所衍化的"真一""数一""体一"三者。① 在马复初那里，"真"或是"真一"不过是真主的哲理的或学理性的替代词。在表述真主造化宇宙万有的过程中，由"真"而衍化出"真一""数一""体一"，这是王岱

---

① 这里，"真"所衍化的"真一""数一""体一"三者中，"真一"不过是以"真"之体的形式显现，而"数一""体一"则分别为"真"之用、"真"之为的显现。

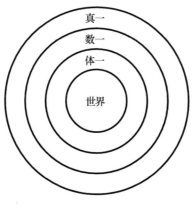

图4—4 "三一通义"图

奥、马注、刘智等人表述其思想的共同模式。当"真"以"真一"替代时，则"真一"乃"真"的自我之"体"的显现，以与分别作为"用""为"的"数一""体一"相对应。

马复初对刘智关于"三一通义"的注释，大致可以概述如下。

首先，如何理解刘智所说的"通"。

刘智所说的"通"，指的是："通者三而一之之谓也。此通于彼曰通。然必有彼而后乃可以通之也。彼通于此曰通。然必有此而后彼乃可以通之也。若使但有一也，不过一焉而已矣。则将以何者通之。惟一而三也，乃有可得而通之也。"[①] 按照刘智的说法，所谓"通"，指的是此通于彼，或彼通于此，即为"通"。或者说，语词"通"需要它得以通的对象，也可以说，它不是一个固定不变的点，而是指一个相应的过程，在此过程中，所述对象得以由此及彼，或由彼及此。

马复初对"通"的注释做如是说：

通者彼此相应之谓也。真一与何而相通，但一而三论，乃可得而曰通。（"三一通义"）

---

① 刘智：《天方性理》（卷五）"三一"，第12页。

这里，马复初所说的，"真一与何而相通，但一而三论"，这里的"一"，指的是"真"；这里的"三"指的是由"真"显化的"真一""数一""体一"三者，简称为"三一"。或者说，"三一"，亦即"一而三、三而一"的简称。就"真"所衍化的"真一""数一""体一"三者而言，这三者即是"真"所"通"的对象，即"真一""数一""体一"三者都能通于"真"，或"真"都能通于"真一""数一""体一"；亦即一而三、三而一，是谓之"通"，也就是上述的"通者三而一之之谓也"，"以何者通之，惟一而三也"。这是说，为了从义理上说明"真一""数一""体一"三者的内在关系，必须借助语词"通"使之连贯起来。否则的话，"真一""数一""体一"三者处于割裂的境界下，无从显化，无从由理而象、由精神变物质，也无从使得由人所体现的"体一"体认"真一"，并由此而复归"真一"。

其次，如何理解刘智所说的真幻、隐显。

刘智说："真一者，真而真也。数一者，真而幻也。体一者，幻而真也。真而幻，则真通于幻。幻而真，则幻通于真。幻者，真之显也。以幻有之真，而通于本有之真，则真通于真矣。"[1] 刘智进而以"光阴"有白昼黑夜为喻，表明两者相比照而为人们所认识。同样的，关于真通于幻、幻通于真；或者说，真幻、幻真相通，其用意在于表明真幻、隐显不过是"真一之自为隐显也"[2]。

马复初关于刘智所述注释说：

夫真一体静而用动。静则隐，动则显。隐者谓之真，显者谓之幻。则真通于幻也。而其实乃体与用相通，所以体用浑然，名曰真一；由体起用，名曰数一；返用归体，名曰体

---

[1]　刘智：《天方性理》（卷五）"三一"，第12页。
[2]　刘智：《天方性理》（卷五）"三一"，第12页。

一。三一非三，一而三义。所谓三乎其不得不三者，此也。
（"三一通义"）

马复初像王岱舆、刘智一样，应用中国传统关于体—用关系的主张说明"真一"的特性。只是他在具体表述方面，也像王岱舆、刘智一样在体—用之外，扩展为体—用—为以表述其思想。①

他对"真一"的这段注释，有这样几层含义。第一，"真一"之体本质上具有隐、静以显、动的特征，"静则隐，动则显"；第二，"真一"处于隐的状态"谓之真"，处于显的状态则"谓之幻"；第三，"真一"之所以会发生由隐而显的变化，其导因则在于"真一"自我的动静变化，即"真一"发生由静而动的显化，源自"真一"自我的"一念之动"；第四，由于出现了幻，也就使得"真一"之"真"得以与幻相通，幻又成为"真"与之相通的对象，即由"真"而得以通于幻，这为其后由幻再反过来通于"真"奠定了基础；第五，这里说的"真"幻相通，其实，亦即"真一"自我内在的体—用相通、"体用浑然"的状态，故"名曰真一"；第六，当"真一"之"体"由静而动，亦即由"体"到"用"的过程，"名曰数一"；第七，"真一"之"体"的"用"的作为、功用的发挥以认识"真一"，亦即表现为"返用归体，名曰体一"；第八，"真一"之"体"的动、显，即其"用"的发挥，及其对"真一"回归的作为，这一切均为"真一"自我内在的显化，它表现为三，其实仍然为一，按照刘智所引《昭微经》的说法，则"三一非三，一而三义"②。此即马复初对刘智所述注释的大致含义。

再次，如何理解刘智所说的世界乃三一之所寓。

①　可参见金宜久《王岱舆思想研究》，第173—174页。另见金宜久《中国伊斯兰先贤——马注思想研究》，第171—176页。
②　刘智：《天方性理》卷首"本经"第五章，第5页。

　　刘智说："世界者，三一之所总寓。而得以显其通焉者也。"①
刘智所述世界乃"三一之所总寓"，故而"其不得不有也"。这一
切无外乎表述的是，"真一之自为隐显也"。

　　马复初的相关注释，虽极其简略，但它却以譬喻的形式更为
强调"三一"相通之义。他说：

　　　　今夫世界者，乃三一之总寓。所积而流焉者也。三一既
　　会于世界，则世界正以显三一，相通之义也。三一譬如灯，
　　与灯光，与灯光之明亮。真一者，灯也；数一者，灯之光也；
　　体一者，灯光之亮也。灯通于光，而光通于亮②，亦三而一者
　　也。（"三一通义"）

　　马复初在这段注释中，以灯、灯光、灯光之明亮三者，极其
形象地譬喻"真一""数一""体一"，"三一既会于世界，则世界
正以显三一相通之义也"③。

　　复次，如何理解刘智关于真理、天地、人极世界三者的关系。

　　刘智说："世界之外有世界焉，真理之世界也。世界之内有世
界焉，人极之世界也。无天地之世界，则人极之世界为资。无人
极之世界，则真理之世界为位。无真理之世界，则人极之世界与
天地之世界，又无从得而自显。则世界之有也，亦有乎其不得不
有也。有乎其不得不有者，亦真一之自为隐显也。"④

　　所谓"人极世界"，按照刘智的说法，它不过是以至圣为代表
的人类所处的物质世界。其实，王岱舆《清真大学》在表述"数

---

　　① 刘智:《天方性理》（卷五）"三一"，第 12 页。
　　② 这里说的"灯通于光，而光通于亮"，意思是说光之亮又照明于灯，故"亦三
而一者也"。
　　③ 马复初:《性理卷五注释》"三一通义"，第 4 页。
　　④ 刘智:《天方性理》（卷五）"三一"，第 12 页。

一"时，在 16 个不同语词的称谓中，就有语词"人极"。①"真理世界"指的是精神世界；"天地世界"即人们生活其中的现实世界。

刘智关于世界包含真理、天地、人极三者，以及其间关系的论述，无疑在于表明，物质性的宇宙万有（天地世界和人极世界）乃真理世界的产物；或者说，物质世界乃精神世界的产物。而这一切无外乎是，"真一之自为隐显也"。

马复初对这段话的注释说：

> 世界之外，有真理之世界，有真性之世界。亦三而一者也。譬之于人，外有天定之命，内有真心之性。无身体则真性无资，无真性则身体无位。无天定之命，则身体亦无从而有，以是而知身体者，乃天命真性之总会也。（"三一通义"）

这是说，"真一""数一""体一"三者，均内在于世界之中。"真一"显现为真理世界，"真一"通过"数一"体现为天地世界和人极世界，而"体一"体现为人极世界回归于真理世界。马复初所说的真性世界，亦即刘智的人极世界。表面上，刘智、马复初均强调世界乃"三一之所总寓"；实际上，马复初更为明确地突出人的躯体"乃天命真性之总会也"。

最后，如何理解刘智之"惑"。

尽管刘智提出"一而三也，三乎其不得不三也"，"世界之有也，有乎其不得不有也"，"三者之通而有世界，因世界而乃得以显三者之通"等不同侧面，强调这一切皆为"真一之自为隐显"，但他在明确提出"真一一念之动"而有"数一""体一"后，又说："吾不知去此一念之动，仍复有三一之可通焉否也。"②

---

① 王岱舆：《清真大学》"数一"。
② 刘智：《天方性理》（卷五）"三一"，第 12、13 页。

马复初在"三一通义"最后，对刘智的上述疑问，做了答复。他说：

> 曰：吾不知去此一念之动，仍复有三一之可通焉否。盖数一、体一，起于一念之动，去此一念，则无三一之可分，又焉有三一之可通乎。既有显然之三一者，则必有隐然之三一也。此一斋（刘智之号——引者注）先生之所由惑也。（"三一通义"）

马复初对刘智在"三一通义"中所表述思想所做的注释，有助于人们理解刘智的思想。至于马复初的注释，在表述和理解"三一"思想方面，是否比之刘智有所发展，是否更为深化一些，是一个值得探讨的问题。

就"三一"而言，它所显现的体—用—为关系，尤其是作为"为"的"体一"所体现的人对万有、对至圣（"数一"），以至于对"真一"（即"真"）的认识和复归，本质上，构建了本体论—宇宙起源论（万有演化论）—认识论的庞大思想体系。[1]

第四节　自然

刘智《天方性理》卷五的第五、六、七节，分别讨论"自然生化""名相相依""万物全美"。可以认为，这三节的内容涉及的是物质世界的万千变化。笔者拟分别探析马复初根据上述三节行文所做的注释。

首先，关于"自然生化"。

在刘智的"自然生化"图所列圆圈的图示中，所列语词右为

---

① 参见金宜久《王岱舆思想研究》，第358—367页。

图 4—5　"自然生化"图

本然、左为理象，本然与理象两者并列。其图示的主旨思想在于说明，本然与理象的存在并非先后的关系。其表述之所以有先后，纯粹是逻辑上的。

马复初对该节行文内容的注释，大致可归纳如下。

其一，关于生化。

刘智说："造物之生化，不越两端。不可得而见者，理也；可得而见者，象也。此二者，无所生而生，无所化而化。皆本于自然而然者也。"① 这里说的"造物之生化"，是指真主的造化（或"真一"的显化）。这一造化（显化）而出的宇宙万有分为两类：一类为精神性实体，即无形的性理；一类为物质性实体，即有形的天地万物，以及寓于天地万物中的性理，尤以人为代表并体现于人的思想中的性理。前者是精神性实体，其显化发生在不可视见的先天；后者是物质性实体，其化生发生在后天，所以它可见，只是内在于天地万物中的性理（即精神、观念、思想、语词等仍不可见）。由于它们均为真主的造化，即造物主造化的对象，与后天人世间的制作、生产活动不同，因而它们乃"无所生而生，无所化而化"，是"本于自然而然者也"，也是人们无法得以视见的。

① 刘智：《天方性理》（卷五）"自然"，第 15 页。

马复初对刘智的这段话的注释说:

> 自然者,不得不然之谓也。观人与物,皆出于造化。而人又能于化物。但造物之生化出乎自然。人之化物,乃以物制物,而出乎布置安排,皆非自然也。夫自然而然者,如光照物而生影,水照人而有形,而其间无毫厘之造作,是不生而有,不作而成。所谓生焉而无所生,化焉而无所化者此也。夫人之造物,不免有意虑量度,而布置安排者。既出于布置安排,则虽至明至巧之人,难免过与不及之差,而造物无是。("自然生化")

马复初在这段注释中,对刘智所述真主之造化(造化物)有理有象的表述,没有给予更多的解释(其注释在下)。他对造化过程中的所谓"自然而然者"及其相关问题的注释,大致有如下几层含义。第一,所谓"自然",指的是"不得不然之谓也",这是说,它并非真主的造化,而"自然而然者"皆非造化的产物;第二,他强调人和物皆为真主造化的产物;第三,人能制作(即"以物制物")产品,也就不是刘智所说的"自然而然者",在他看来,凡是人制作的产品,也就"不免有意虑量度",有"难免过与不及之差"[1]的痕迹,"皆非自然也";第四,"光照物而生影,水照人而有形",即他对所谓"自然而然者"的形象注释;第五,所谓"而造物无是",说的是真主在造化过程中,并没有人造物时的"意虑量度""布置安排""过与不及之差"的现象;第六,马复初的上述注释,无外乎是说,真主之造化与人们制作产品有着本质区别,它乃"不生而有,不作而成",也就是刘智所说的"无所生而生,无所化而化"。

---

① 刘智:《天方性理》(卷五)"自然",第15页。

其二，关于理象。

刘智说："惟其自然而然，夫是以于自然之中，而有是理也；于自然之中，而有是象也；于自然之中，而理与象相入也。理不期与象配，而自有相配之机；象不期与理合，而自有相合之妙。"① 理象相配、相合，都不过是事物发展的自然现象。

马复初对刘智的这段行文，所做的注释为：

盖理与象乃本然所自有也。今日之显，即当日之隐也。无增无减，非虚其理非虚非实其形非实。所谓生焉而无所生，化焉而无所化者，此也。（"自然生化"）

马复初的注释有这样几层含义：第一，他对刘智关于"造物之生化，不越两端"即理和象的问题的回答是，"盖理与象乃本然所自有也"。所谓"自有"，指的是理象的相配、相合，都是本然之作为。第二，关于"造物之生化"不过是个由隐而显的变化，也就是"今日之显，即当日之隐"。第三，所谓理象的"无增无减"，说的是基于造化的这一精神性的隐显变化，即由隐而显、由潜在而现实的变化，其变化亦即动静变化，或者说，即由静而动的变化，因而它"无增无减"。第四，所谓理象的"非虚非实"，他的解释是"其理非虚"，就是说，本然之理并非虚无，而为实有；而对"非实"所做的解释是"其形非实"，就本然于先天之象而言，则其所谓的形象并非类似后天的实体而有其形象；意思是说，它有其"形"，但其"形"尚未显现于实体之中。理象两者乃本然所固有的，它们无所增减，只不过是隐显、动静及其虚实变化而已。第五，"无增无减，非虚非实"无非是说"造物之生化"，既无所生亦无所化，也就无所谓增减、无所

① 马复初：《性理第五卷注释》"自然生化"，第 15 页。

谓虚实。第六，作为本然固有的特性，无外乎是在理、象两者中的反映。显然，马复初对理象的理解和注释，是对刘智思想的扩展。

其三，关于理世象世。

所谓"自然而然者"，刘智说："理世之理，象世之象，生焉而有者也，而实非有所生也；化焉而有者也，而实非有所化也。本然所自有，当日隐，今日显矣。未显之先，不增不减；既显之后，非虚非实。理世等等不一之理，象世等等不一之象，本如此也，将来永如此也。本如此，是以无所生而生，无所化而化；永如此，所以生焉而无所生，化焉而无所化。"① 他再次强调理象并非生化的产物，而是"真一"显化"自然"而有的。至于理象之所以如此，这完全是因为它们乃"本然所自有，当日隐，今日显矣。未显之先，不增不减；既显之后，非虚非实"。

刘智认为理世、象世的存在不分先后。他说："理世之所有，非有于象世之先。象世之所有，非有于理世之后。理与象有之于本有也，无分先后者也。有先后则是犹有生化之迹，不可以为自然也。但其显有先后耳。"②

马复初的注释说：

> 理世非有于象世之先，象世非有于理世之后。理与象乃有之于本有也。夫万理出于大命，万象出于元气。当万理未分之先，莫不浑然而在大命之内。万象未显之际，莫不隐然而在元气之中。但显之而有次第焉。有次第，则有先后也。（"自然生化"）

其实，马复初在这里是说，它们在被造化出之前，也就无所

---

① 刘智：《天方性理》（卷五）"自然"，第15页。
② 刘智：《天方性理》（卷五）"自然"，第15页。

谓何者在先、何者在后的问题。所以他对刘智这段话的注释，有
这样几层含义：第一，在理世、象世未被造化之前，理世并非存
在于象世之先，象世亦非存在于理世之后；第二，所谓"理与象
乃有之于本有"，是说作为潜在、内在于真主思想中的宇宙万有也
好，理、象及其理世、象世也好，都是非造化物，都是先天"本
有"的；第三，应该分清"万理"与"万象"所由从出的差异，
及其"未分"与"未显"前后的不同；第四，"万理"包含宇宙
万有之"理"，它出于"大命"，在它"未分"之前，皆"浑然"
内在于"大命"之中；与之相应的是，"万象"包含宇宙万有之
"象"，它出于"元气"，在它"未显"之前，皆"隐然"于"元
气"之中；第五，"万理"之分、"万象"之显，均有其次第，其
显现有次第、先后之分，这一区别乃由先天"生化"决定，这是
说，其显现无先后，只是在逻辑表述上有先后而已。

　　这里，马复初可能借助刘智《天方性理》的"元气"之说，
认为宇宙万有之"万象"之形象，在尚未显现时，不过是个精神
性实体，但它已内在于元气之中，而后宇宙万有中的物质性实体
才由元气中陆续化生而出，得以为天地万物；进一步说，元气之
所以包含宇宙万有，这完全是由"真一"而"数一"的一系列显
化（即由无极而太极，由太极而两仪……）的结果。

　　这可能是马复初不同于王岱舆的。王岱舆在《正教真诠》
"元始"篇中，没有提及元气。马复初在《真诠要录》"元始章"
中，以元气替代"太极"，这里反映了刘智和马复初的思想；在表
述方面，也是马复初不同于王岱舆之处。

　　其四，本然自为真幻。

　　刘智关于本然之隐显思想，还有值得注意之处，即他认为隐
显乃其"自为真幻"。他说："自然而隐，则其隐也，不远于显。
自然而显，则其显也，不离于隐。隐而显，显而隐，皆本然之自
为真幻也。非生化也。本然不属于生化，而谓理与象皆因生化而

有也，将谓理象与本然为二焉者乎，斯亦不自然之甚矣。"①

刘智在这里极其明确地表述了本然之隐显，乃本然自我的作为、转化，并非生化的结果。他提出，如果认为理象皆为"生化而有"，这无疑是将理象与本然割裂开来，从而视理象为非"自然而然者"，也就"不自然之甚矣"。应该说，刘智在这里要表述的是，作为"真一"的本然，不是生化的对象，一切生化皆由其代理予以实施，从而理、象（包括理世、象世）亦非生化的产物。之所以有刘智所说的生化，完全是"真一"自我内在的隐显、真幻显化；这是从逻辑上考虑其先后变化的表述，而非"真一"本然在发生变化。

不知什么原因，马复初对刘智的这一思想，没有予以注释，也许他认为前面已经有所涉及，这里可以省略不提。

其次，关于"名相相依"。

图4—6　"名相相依"图

"名相相依"为《天方性理》卷五的第六节。刘智的"名相相依"图，在所列圆圈的图示中的语词右为本然，左为名相，本然与名相两者并列。其图示的主旨思想在于说明，本然与名相的存在并非先后的关系。其后的表述之所以有先后，纯粹是逻辑上

---

① 刘智：《天方性理》（卷五）"自然"，第16页。

的。该节行文讨论"真一"的名相以及名相之间的关系问题。

马复初对该节的注释也是围绕刘智所述问题展开的。他的注释大致如下。

其一，关于相依。

刘智认为："两物相附曰依，未见一物焉而自相为依者。若一物则只可谓之独立，不可谓之相依。"就该节所述名相而言，他接着说："此之所谓依者，非一物与一物相依之谓也"，而是指"自之名与自之相相依，自之相与自之体相依，自之体与自之名相相依"①。刘智说得十分清楚，他的意思是任何一物（即体）皆有其外在形象（即相），同样该物必有与其形象相符、相应的称谓（即名、名称）。就物而言，体、相、名三者是一个统一体，其体与名、相并非毫不相干的、各自分离的语词，而是统一于该物而互为依存的实体。

马复初对刘智之说注释说：

依者，两相符合之谓也。斯之所谓依者，非两物相符也。乃一物名相符体之依也。（"名相相依"）

马复初对刘智上引"两物相附曰依……一物则只可谓之独立，不可谓之相依"这段话，极其简单地注释说："依者，两相符合之谓……"他所说的"依"，不是指"两物相符"，而是名与其相、相与其体相符合，才是刘智所说的"依"。

其二，关于名相。

刘智就名相的含义，分别表述如下。他说："相者，体之显也。因其体为何如之体，而其相斯为何如之相。相与体依，而相与体，非二物也。名者，相之称也。因其相为何如之相，而其名

① 刘智：《天方性理》（卷五）"名相"，第18页。

斯为何如之名。名与相依，而名与相，非二物也。名不二于相，相不二于体，一焉而已矣。"[1] 这是说，相乃事物之形象（或相貌），它赖其体的显现，随之其形象得以显现。其体是什么样的体，其形象也就是什么样的形象。因为事物的形象赖于事物之体的存在而得以显现。名乃事物形象的称谓（或名称、概念），该事物之相是什么样的形象，其名也就有什么样的称谓；因为事物之形象自身无法表示其所含有之义，其形象只有赖以称谓才得以反映出它的含义及其相应的作用。这就尽含于其名之中。

马复初赞同刘智之说。他的注释极其简略。他说：

> 盖一物必有一物之体，有一体必有一体之相，有一相必有一相之名。（"名相相依"）

如上述，马复初赞同刘智关于"依"不是指"两物相符"之说后，他认为，某物的称谓（即名）和形象（即相）与该物（即体）相符合，即为所说的"依"。因为任何物皆有该物之体（即体）；有其体，必有其形象、色彩（即相）；有形象、色彩，必有其称谓（即名）。这是说，任何一物的体、相、名三者，必定是个统一体。否则的话，也就无所谓"相依"了。

值得提出的是，马复初在注释中，又分别对语词体、相、名予以注释，即"体"注释为"本质是也"，"相"注释为"形色是也"，"名"注释为"方圆是也"。这里之所以对"名"注释为"方圆是也"，完全是从形容的角度说的，并非"名"即名称、称谓，无法以其他语词表述，为的是使读者可以更清晰地理解名与相与其体的相互关系。

其三，关于名虚相幻。

---

[1]　刘智：《天方性理》（卷五）"名相"，第18页。

就名、相、体三者的关系而言，刘智认为："名之为物也虚，相之为物也幻。虚与幻似乎不近于真也。然非名则相无称，非相则真不显。虚与幻，实真一之所以自为变化而自为称名也。"①

马复初关于刘智名虚相幻之说，注释道：

> 名与相，相与体，非二也。名相不自立。必赖体而存。所谓名虚而相幻者，此也。是书发明真一之体用，虚与幻，似乎不近于真矣。但执一物于此，非名，则相无称；非相，则体不显。（"名相相依"）

这是说，名、相、体显现为三，实则为一。因为名乃事物之名，相乃事物之相，名、相两者必须依附于事物之体而得以存在，离开事物的体，也就不存在事物的名、相；换句话说，名、相二者不能单独存在，必须依附于体而存在。

马复初所说的名虚相幻，为的是说明名相"必赖体而存"。这里他强调的是，《天方性理》表示"真一"的体用，而非一般事物的虚幻问题。因为讲虚幻，似乎是说"真一"体用的虚幻，其实不然。因为就任何一个事物而言，如果无"名"，则其相就无所称谓；如果无"相"（即其色彩、形象等），则事物之体也就无法显现。所以说，所谓名虚相幻，是对两者必须赖于其体的存在才能起着其名、其相作用的事物而言的。可是，就"真一"而言，即非如此。

其四，关于相的隐现。

这里说的隐现，亦即隐显。刘智说："相者，现也。现者隐而显也，相即真也。相依于体者，于无所依之中，而强名之曰依也。名者，所以道其相之实也。盖每一相必有一相之义，必有一相相

---

① 刘智：《天方性理》（卷五）"名相"，第18页。

宜之用。相显则全体现，而此一相所当然之义，与其所相宜之用，相固未能自道其详也。名起则其所当然之义，与其所相宜之用，俱于其名焉尽之。不知其相之义与其用者，详其名，可以得其义，知其用矣。是故此一相之名，即此相之谱也。彼一相之名即彼一相之谱也。谱者，所以道其本相之实也。是故名也者，相之相也。名立而相彰。相彰，则真一之全体显而愈显矣。"① 刘智从"真一"的显化出发，关于名、相的关系，认为事物之相的"谱"，亦即该类事物之相的称谓，识其名（称谓）亦即知其相。知道事物之名后，就能知道其相的含义及其功用。在他看来，名称既立，形象已显，则"真一"所显化之多也就更加显著。

马复初关于"真一"的名、相关系，做了如下注释。他说：

> 所可异者，体一而相多也。更可异者，每一相中，皆真一全体之所显也。且夫相有起灭，岂真一亦有起灭哉。究其实，名相多而真体一。名相变而真体恒也。（"名相相依"）

在马复初看来，"真一"之本体为一，而其显化之物为多。这就很容易误认为"真一"为一：显化为多（显化出不同的相，而其相又是诸多的），"真一"有会否增减的问题；尤其是有形象之事物有生有灭，也就很容易误认为"真一"是否亦会有生有灭。马复初的注释是说，"真一"所显化的实体众多，但其称谓、形象可能亦多；其称谓（名）、形象（相）虽多，但"真一"之实体仍为独一，称谓、形象发生变化，而"真一"之实体则永恒不变。

其五，关于名相二而一。

刘智说："名无相，则名为何名。相无名，则相为何相。名与相二而一者也。非依也，名依于相者，亦于无所依之中，而强名

---

① 刘智：《天方性理》（卷五）"名相"，第18页。

之曰依也。于相见真之全体，于名见相之分数；全体与分数，非二也。真一之外无一物也。"①

马复初以水和光、灯和灯罩的关系为例，为"真一"显化而出的名相、全体与部分的关系做注释。他说：

> 譬如水住各色各形之器，据人观之，水随器之形色而变其相。其实未尝变也。又如灯外有罩，罩有许多孔隙。各隙相异。方圆曲直，则光随隙影而照于外，显为不同之形。然则外光虽多，而灯为一。形虽不同，而光无异。所谓二而一者也。（"名相相依"）

马复初极其形象地以水"住"表明水于容器中的状态，借以说明名相、"全体与分数"的关系，但他没有就刘智的名相、"全体与分数"的关系究竟为何，做一明确的注释。应该说，刘智所说的名相、"全体与分数"无外乎是指"真一"自我显化而出的宇宙万有；或者说，即"一与多"。因为在"真一"那里，"非二也"，"真一之外无一物也"。

至于"真一"显化后的宇宙万有究竟如何，非刘智在此讨论的问题，故马复初没有再予以发挥。

再次，关于万物全美。

"万物全美"为《天方性理》卷五第七节内容。刘智在"万物全美"图所列圆圈的图示中，以语词"物物全体"为内容。该节行文内容和马复初的相关注释，可大致概述如下。

其一，万物皆全美。

刘智主张："盈天地间皆物也。即天地亦物也。物皆真一之所化，固无一物之不全美也。自其内体观之，莫不有先天之理。自

---

① 刘智：《天方性理》（卷五）"名相"，第 19 页。

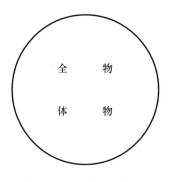

图4—7 "万物全美"图

其外体观之，莫不有后天之气。自其内外相合之体观之，莫不有
当然之用。理无不全之理，气无不全之气，则其用自无不全之
用。"① 这是说，由"真一"显化的任一事物，其内体、外体以及
其体之用，均为全美。因为万物之内有"真一"于先天显化之理，
其外有后天化生之气。基于理、气（或精神与物质）由"真一"
所显化，其理、气合一（结合）的事物，也就有其作用或功能，
这一内外相合，乃其全美的显现。

马复初在"万物全美"一节的开头，就明确提出人有善恶、
物有良莠之别，从而对事物的理解、认识也就有所差异，难以有
共同看法。他说：

> 人有善恶之异，物有良莠之殊。岂可谓万物全美乎？且
> 众人所见不一，有以此为全美者，有以彼为全美者。况物犹
> 有比上不足，比下有余者乎？即如一物，此以为可爱，彼以
> 为可恶。更有损之而成益，益之而成损者。则何以谓之物物
> 纯全乎？（"万物全美"）

随之，他在注释中认为物皆全美，并以"全美"乃"真一独

---

① 刘智：《天方性理》（卷五）"全美"，第22页。

有之能"注释刘智之说。他说：

> 夫纯全本真一独有之能。而此之所谓全美者，非依人所
> 见而为全美也。全美者，乃出于自然，而不得不然者也。自
> 然与不得不然，真一之事耳。然则出乎真一之显化者，无一
> 物不在其宜然，无一事不出乎当然。是以无不全美者，此也。
> （"万物全美"）

这是说，"真一"显化之物，是否全美，并非由"人之所见"
予以评判。只要是"真一"显化之物，均"在其宜然"，"不出乎
当然"，所以说，即便是人视为"不全美者"，它仍为全美，应持
如是观。

其二，全美无大小、精粗之别。

既然万物皆为"真一"所显化，其全美也就无所差异。刘智
对此明确地说："物有大小，而其全美处无大小。物有精粗，而其
全美处无精粗。天地，物之至大而至精者也。任取其中一至小、
至粗之物，与天地较全美，其全美无彼此之分。盖天地此理，微
尘之物亦此理。天地此气，微尘之物亦此气。天地有天地当然之
用，微尘之物，亦有微尘当然之用……论全美，则天地此全美，
万物亦此全美也。"[1]

马复初就此进一步做出注释说：

> 且夫万物为真一体用所显之象。而体用有不全美者乎？
> 据人观之，而以为不全美者，正所以成其全美也。……在万
> 物勿论大小精粗，莫不各具先天之理，后天之气，亦莫不各
> 有当然之用。且不惟理、气与用也，即每一物中，皆包含真

---

[1] 刘智：《天方性理》（卷五）"全美"，第22页。

一全体之用，皆真一所显之镜也。（"万物全美"）

这里，马复初认为先天之理和后天之气结合后，不仅具有其"当然之用"，而且结合后的任一事物中，都不过是"真一"显化之用的显现，都是"真一"显化之镜的反映。镜内所显现之用，与"真一"自我（即其本然）之奥妙是"相通而无间"的。

其三，关于物"不能全美"。

有人认为"天地间之物，无有一全美者"，刘智以中国传统主张的纯阳中伏一阴、纯阴中伏一阳的观点，认为"不全正所以成其全也。凡物过于全美，便非全美"。他还认为："圣人全体无极清之至也……是清之不全，正所以成其全也。阴阳之理如此，圣人之理如此，而又何疑于天地万物乎？"①

马复初认为全美与否，完全是从不同的视角观察全与不全的问题。他说：

镜内所显，与本然所含自然之妙，相通而无间焉。所以镜明则显之全，镜昏则显之亏。全者谓之贤，亏者谓之愚，而其实贤者不得不贤，愚者不得不愚，所谓有乎其不得不有也。（"万物全美"）

这是说，一方面，从人的视角看认为是不全美的，因为人并不了解"真一"造化之物的全美；另一方面，还由于各人"所见不一"，就会出现刘智所列举的上述看法。其实，这类人并不了解刘智所说的，"不全正所以成其全也"。

马复初在这段注释之后，紧接着以显现譬喻说明其全美的观点。他说：

① 刘智：《天方性理》（卷五）"全美"，第22页。

譬如箭之正也，以其直。弓之正也，以其曲。真经云物，物皆顺也。无一物不美。则直为正，而曲亦为正。善为端，而恶亦为端。顺为顺，而逆者亦为顺矣。但逆者逆乎礼也，非逆理也。顺与逆亦有乎其不得不有也。（"万物全美"）

马复初说"非逆理也"，完全是由于"理由前定，礼乃天命"。这无外乎是说，之所以出现"逆"的现象，是由违背天命决定的。可见，马复初关于全美的注释，表明了他对"真一"显化宇宙万有的基本看法，与刘智是相符的。

关于是否全美的问题，刘智在本节最后说："在造化中有时与际之妙耳。当其时宜，在其分际，则何不全之有。非其时宜，易其分际，则以全者用于不全之地矣。此用万物者之过也，非万物之用之过也。"① 刘智还以地域、季节、气候为例说明其思想，他的这一表述，马复初没有给予注释，有些可惜。

第五节 时空

刘智《天方性理》卷五第八、九、十、十一四节，分别讨论与宇宙万有相关的时空问题，即见大、见小、一息、终古问题。本节拟先探析马复初是如何注释刘智的"小中见大""大中见小"，即空间问题的，随后，再探析他是如何注释"一息终古""终古一息"，即时间问题的。

首先，关于空间问题。

"小中见大""大中见小"分别为《天方性理》卷五第八节和第九节的内容。刘智的"小中见大图"，在所列圆圈的图示中，以尘芥在外、本然在内，尘芥包含本然；其图示的含义是尘芥虽然

---

① 刘智：《天方性理》（卷五）"全美"，第22页。

极其微小，但它却包含显化宇宙万有的本然。与之相反，"大中见小图"则以本然在外，天地在内，本然包含天地；其图示的含义是，天地虽然可以视为无穷无尽的大，但它仍在本然之内。这两个图示所要表述的主旨思想是，本然的大小，既可与尘芥相比，又可与天地相比。表面上，本然可以无限大，也可以无限小，其实，在刘智的思想中，无限大和无限小，均包含在"真一"本然之中。

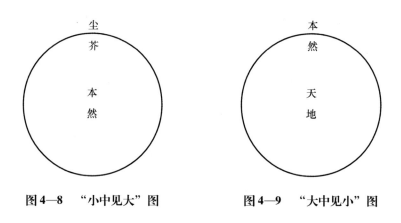

图4—8　"小中见大"图　　　图4—9　"大中见小"图

　　这是说，"小中见大""大中见小"，完全是从时空观念，特别是从空间观念的视角，讨论"真一"的显化问题。

　　刘智的上述两节行文内容和马复初的相关注释，大致如下。

　　就"小中见大"而言，刘智首先以小者没有比尘芥"极乎其小之至"开头。以真一的"一念之动"，"而有首显之大命"，随之则有"无穷性理之次第"的显现，由性理之所余，而有元气、两仪、四象以至于天地万物，"复于天地万物中而自显其真一之全体焉"，这一切"皆自微尘一念之动而有。然则小非小也，小之中有至大而无以复加者在也"①。这是说，在"小亦无有小于"微尘

_____

① 刘智：《天方性理》（卷五）"见大"，第26页。

一念的"微芥中所藏真一之全体"①，亦即小中见大。刘智所言，无疑是指精神派生物质，由精神性的"一念"而显现为包括无边无际天体的宇宙万有，此即刘智所说的"小中见大"。

马复初对刘智所说的"小中见大"，注释如下。他说：

> 小中见大，乃于至小之物中，见有至大者显也。盖万物皆显真一之镜……是不惟见真一，且将见其全体大用之发挥。亦如前此一念之动，而有无穷之理气象数也。（"小中见大"）

> 故人于三寸镜内，而见万里之天。其天未尝收之小，而镜未尝放之大。是为象中见象也。若能明其心尽其性，而于理中观理，则万物亦随之而各显其全也。所谓于每一物中，见真一之全体者，此也。（"小中见大"）

马复初同样把天地万物视为"真一"的显化物。人们可以任一物为镜子，从中（通过镜子）感悟到"真一"的显化、"真一"显化的宇宙万有的"理气象数"无穷无尽的千变万化。表面上是人从镜中观物（看宇宙万有），其实，在人"明心尽性"后，不仅是从物中见物，而且能从一物之理中，感悟"真一"显化宇宙万有之理。这是说，人的精神能从个别中感悟到一般。

就"大中见小"而言，刘智则以天地为喻，认为大者没有比天地更大的物，说明"有形之天地，无形之天地之所生也。立于无形天地中观有形之天地，不啻天地中一尘也"，"天地万物无一定之大小，盖因真一无一定之大小也。非真一有大小也。语大则真一为不可思议之大，语小则真一为不可思议之小"②。这无疑是说，精神派生物质，从精神的视角看物质，则物质不过是"一尘

---

① 刘智：《天方性理》（卷五）"见大"，第 26 页。
② 刘智：《天方性理》（卷五）"见小"，第 29 页。

也"。

就物而言，物之大小完全是从比较中来认定的。也就是说，一切事物的大小，皆为相对的，看与什么相比，以什么为坐标来确认其大小。所谓"大中见小"，就是这个意思。可是，就精神而言，"真一"则可大可小，完全可以根据主观需要而决定其大小。

马复初关于"大中见小"的注释，同样确认事物的大小、人的尊卑，完全是相对的，也就是从物的大小或人的地位尊卑予以确认。他说：

> 物分大小，人分尊卑。但或大或小，非有一定之数也。乃两物相比而成也。
>
> 夫真一本无一定之大小。乃真一不可以大小称。因真一无形而无比也。（"大中见小"）

可以认为，刘智所说的"小中见大"和"大中见小"，也可以说是从个别中了解、认识一般，并从一般中了解、认识个别；或者说，从有限中寻求对无限的认识，或是从无限中寻求对有限的认识。这不仅是有关认识的方法论问题，而且更应注意的是，他是从时空观念上讨论了"真一"的显化问题。

马复初认为，"真一微妙至极"无法述及其大小，因为"真一"无所谓大小，可以根据表述的需要，可大可小。

其次，关于时间问题。

"一息终古""终古一息"分别为《天方性理》卷五的第十节和第十一节的内容。刘智的"一息终古图"，在所列圆圈的图示语词中上为"一"、下为"息"、右为"终"、左为"古"；"终古一息图"则相反，上为"终"、下为"古"、右为"一"、左为"息"。这两个图示所要表述的主旨思想是，就时间而言，一息极其短暂，可以无限短；终古极其长远，可以无限长。而在刘智的思想中，一息终古，或是终古一息，无论其无限短或是无限长，均包含在"真一"本然之中，均为"真一"本然的显现。

刘智的上述两节行文内容和马复初的相关注释，可大致概述如下。

其一，关于"一息终古""终古一息"。

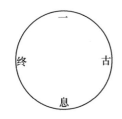

图4—10 "一息终古"图　　　　图4—11 "终古一息"

这里说的"一息终古"和"终古一息"，完全是从时空观念，特别是从时间观念上讨论"真一"的显化问题。实际上，"一息终古"和"终古一息"，分别表述的是与"光阴"（即时间）相关的思想。

马复初对刘智所述内容注释说：

> 呼吸之谓息。至人一息之短，能全乎终古之事。其理出乎意外，而人所难知也。曰：天地从此人而卷起者，如梦境然。浑然而入妙世之中。视听言动，皆非本身事也。所见者，无形之天地也。且云一息之中，见已往、见现在、见将来，且见无已往，而并自以其见化入于无已往。无现在、无将来之中，其理难明，非解识不知，无譬喻难晓。（"一息终古"）

这里说的"至人"，无疑并非凡人（即非常人）。他的短短的"一息"，能穷尽无限的事，甚至"天地从此人而卷起者"，他之所见显然是精神功修过程中之所见，而非常人之所见。马复初以一息之短而能够见如此繁杂的理世、象世以及过去、现在、将来的一切现象，真正是"神化莫测"之事。实际上，马复初指的是关系到一定程度时的"心灵之眼"之所见。所以他接着说：

> 皆言其复命归真之神化莫测也，是以起始归复，所有理象事物，无不备见于一息。（"一息终古"）

马复初在这里无外乎是指"梦境"，而不是在尘世发生的事。可以认为，是指"至人"在妙世中的事，因而"其理难明，非解识不知，无譬喻难晓"。显然，此"一息"非尘世中人的"一息"，更不必说终古之事了。

其二，从不同视角考察"一息终古""终古一息"。

刘智说："一息终古者，专自人之德量而言之也，人之所能为也。终古一息者，专自主宰之本量而言之也，非人之所能为也。主宰之本量，原无终古，原无一息。"① 他还说："真一本量之中，原无所谓终古也，而又何有一息哉。"②

马复初的注释说：

> 一息终古，专言人之德量。是借终古无量之长，而明至人之奇妙也。终古一息者，专言真一之本量。是之真一无限之大，而见终古之小也。夫终古虽长，在真一本量中，一息而已。（"终古一息"）

这是说，从"真一"的视角探讨"一息终古"和"终古一息"，则既无"一息"，亦无"终古"；可是，从人的视角来考量

---

① 刘智：《天方性理》（卷五）"终古"，第33页。
② 刘智：《天方性理》（卷五）"终古"，第33页。

这一问题，则有"一息"和"终古"，"一息"为正常的呼吸（时间）、活动（空间）问题，"终古"为人想象中的无穷无尽的时空问题。可是，就"真一"而言，"一息"亦即"终古"；反之，"终古"亦即"一息"，既无所谓"一息"，也无所谓"终古"。

其三，关于功修进程。

关于精神功修问题，刘智说："我与主共焉者也。我与主共，而有时一息之中，只见有我，不见有主。主与我共，而有时一息之中，只见有主，不见有我。又有时一息之中，并不见主，并不见我。终古之妙，尽收纳于一息之中。"①

马复初对"一息终古"和"终古一息"的注释，完全是从"至人"或是功修者的精神修炼的视角，表述刘智的"至此一息者，天地从此人而卷起者也，一息之中，见已往、见现在、见将来。一息之中，见已往理世所见之理，见现在象世所有之象，见将来两世所有之理象……"②。

至于刘智所说的"终古一息"，马复初仅就真主而言注释说：

> 终古一息者，专言真一之本量，是以真一无限之大，而见终古之小也。夫终古虽长，在真一本量中，一息而已。盖真一之本量，并无晨夕，而何有终古，又何有一息者。（"终古一息"）

刘智所说的"一息""终古"，是以时空观念为据，表述其有限无限、有穷无穷、短暂永恒的思想。从人的视角考察天地万物的形成则有个过程，所显化的宇宙万有，需要时空安置、承载其存在。这是不言而喻的。刘智的表述和马复初的注释，完全是从真主造化宇宙万有出发的。

---

①　刘智：《天方性理》（卷五）"终古"，第 33 页。
②　刘智：《天方性理》（卷五）"一息"，第 32 页。

可是，从真主的视角来看这一造化，并无任何实际的过程，既无"一息终古"，亦无"终古一息"，它说有就有、说无就无，无须时间、无须过程。

第六节　真一还真

"真一还真"为《天方性理》卷五的第十二节内容。刘智的"真一还真图"，在所列圆圈的图示中只有"真"而无其他语词。

刘智在该节行文中，大致表述了如下几方面的内容：解说"真一还真"中语词"还"的含义；以"一念之发"而有"妄之所起"，"真一"显化的宇宙万有皆为其"妄"；何谓"幻化"，是说"起则成幻，化已成真"；"幻化"仅对"修真者"而言，并非言及"真一"；所谓"理气象数"及其尽返于真。[①]

马复初并未严格按照刘智所述内容予以注释。其注释大致包含如下几个方面。

首先，何谓"还"？

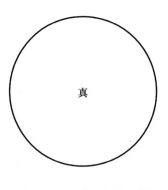

真

图4—12　"真一还真"图

---

①　刘智：《天方性理》（卷五）"还真"，第40、41页。

刘智关于"真一还真"之说，首先解释"还"之含义。他说："真一一念未动之先，寂然无称，并真一之名，亦无自而立。而何有真之可还。还者，返乎其初之谓也。"①

马复初根据刘智的思想，"真一"的"一念之动"为基点，注释说：

> 万有出于造化，而造化起于本然一念之动。纯真之中，起此一念，则越乎本然自来之境焉。（"真一还真"）

这里，刘智所说"何有真之可还。还者，返乎其初之谓也"，马复初从"万有出于造化""造化起于本然一念之动"出发，认为"纯真之中，起此一念"，此"一念之动"，即已"越乎本然自来之境"。"真一"显化的整个过程，也就是刘智的"还者，返乎其初之谓"。马复初的意思是说，"真一"源自"真"，就应"还之于真"，或者说，还归于"其初"之"纯真"。

其次，何谓"妄"？

刘智有"真一自有一念之动，而其无所不有者，皆因此一念而有也。一念者，真之所发，妄之所起"②之说，对此，马复初注释说：

> 所谓妄也，越乎自然，则必不能常然，是以必反而归夫纯然……而一念之动，又岂足为纯真之碍乎。况本然中，并无一念之有也……所以真一还真者，惟在去此一念而已。而其实以无所去为去者，即以无所还为还而已。（"真一还真"）

这里，马复初所谓的"妄"，指其违背自然，正如"一念"

---

① 刘智：《天方性理》（卷五）"还真"，第40、41页。
② 刘智：《天方性理》（卷五）"还真"，第40、41页。

并非本然所固有。故"去此一念"，亦即"真一"自我（即其本然）原本"并无一念之有"，它不过是从人的立场来看有"真一"的显化，这一显化尽管是由"真一所发"，而且也"甚微"，但其显化的结果，却引发"妄之所起"，从而有人们所闻所见的宇宙万有。可是，从"真一"的立场来看，这一"一念"的显化，本就无所谓有此"一念"、有此"一念之动"的问题。所以说，所谓"妄"，不过是从人的立场、视角来观察、解释"真一"的"一念之动"。

马复初甚至以平静的大海中"陡起一沤"的形象譬喻为例，说明它瞬息消失，不足为全海之累。以此表明由"一念"而缘起的"妄"，不足以"为纯真之碍"。就是说，人们想象中的"妄"，并不影响"真一"之真。既然一切皆幻，所以说，所谓"真一还真"者，不过是马复初所说的"以无所还为还而已"。

再次，何谓"起则成幻，化已成真"？

刘智说："且一念甚微，起则成幻，化已成真。而又安得有真之可还。"[1]

马复初对刘智这段话注释说：

> 且未有理气之先，一寂然无着之真体，自一念之动，则用起于体，而幻出于真焉。夫真体譬一浑然之光阴，前无始，后无终。欲以次第而分之者，本无所始也。必指一微以为始所，则积微成秒，积秒成分，以至于成时、成日、成月、成年，而分为巳（已——引者注）往、将来、现时所有之分。皆基于初定之一微焉。任其所分之次第，与光阴之浑然无干。亦犹所有之幻有，无碍于真一之真，并无滞于真一之一。况光阴又何有一定之始所，任其分纤分秒，而光阴

---

[1]　刘智：《天方性理》（卷五）"还真"，第40、41页。

仍在浑然之中，仍在浑然无始无终之本境而巳（已）矣。（"真一还真"）

这是说，从人的立场所设想的宇宙万有、时空、发展、变化等，此"化已成真"，是真实的存在，可是，在"真一"那里，都不过是幻有而非实有。

最后，何谓"理气象数"尽返之真？

刘智关于"真一还真"的表述，不仅言及上述的"妄"和"起则成幻，化已成真"，还涉及"理气象数"返真。[1]

马复初对刘智的"理气象数"返真的注释，是在"金石互击，灿然而起星火"[2] 的譬喻之后，紧接着说：

> 所谓动焉，而现之于理者，听其极焉而巳（已——引者注）矣。夫理气象数，非即真一而又为真一以之而显焉者。则四者亦不外乎真一之真也。（"真一还真"）

这里说的"动"，无外乎是指"真一"的"一念之动"；"四者"，指的是"理气象数"。这是说，"真一"显化的"理气象数"，从人的视角来看，它们皆源自"真一"，因而可以说"不外乎真一之真也"。可是，从"真一"显化的视角来看，这"四者"将与宇宙万有一样，同样处于"还真"的境地。这就是刘智所说的"理气象数者，而尽返之于真也"。

第七节　性命来复

刘智《天方性理》卷五，并没有"性理第五卷注释图说"

---

① 刘智：《天方性理》（卷五）"还真"，第40、41页。
② 马复初：《性理五卷注释》"真一还真"，第14页。

（下简称"注释图说"）。马复初在注释卷五的十二节内容后，设计了"性命来复图"。为配合其图示还以相关行文（即"图说"）表述"性命来复"。可以认为，该"注释图说"完全是马复初在注释卷五内容后，对它的整体思想的理解，而后以"注释图说"的图示形式予以概括、表述。为了让读者理解其图示，马复初还做了图示注释。

根据"注释图说"，它的基本内容似可概括为如下几点。

首先，关于"性命来复图"。

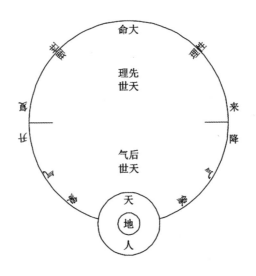

图4—13　"性命来复"图

马复初的"性命来复图"，似可视为他对《天方性理》卷五内容的整体理解。在他的行文中，以"性命"替代"性理"。可能在马复初看来，性理较之性命所言及的范围要更为宽泛一些。把卷五相关的图示集中表述性命，而不是性理，可以相应地省却一些行文。因此，他以"性命来复"表述"真一"的整个显化活动。

根据"性命来复图"的语词，它在图示圆圈的上方书以大命，下方为天、地、人；右为来□①，左为升□；在上方的左右均为性、理，下方的左右为气、□；在图的中央，上面安置（先天）理世，下面安置（后天）气世。可以认为，这一图示反映了马复初对卷五内容的形象性理解，并以语词的形式，在图示中概略地表述其相关的思想。

配合这一"性命来复图"，马复初还有行文对该图示做出说明。至于与图示相配合的行文，则并非对卷五内容的注释，而是对他所增添的"注释图说"的文字解释。

其次，关于理世、气世。

根据马复初的思想，理世、气世，相当于王岱舆、马注等人所说的理世、象世。他所说的气世，与后者的先天后天（妙世色世、上界下界等）无所区别。马复初在上述"自然生化"一节中，以语词理世、气世做注释，而不用象世而以气世表述其思想，可能与他在"终古一息"和"真一还真"中以"理气象数"表述其思想有关。他认为：

> 且所谓理世、气世者，固浑沦一原，而无所区别于其间也。（"性命来复图"）

就他所列的图示中，理世、气世分别置于上下。在他看来：

> 是何有上下之分乎？然理世、气世，虽无上下之分，而实有表里之别。理世为里，气世其表。以上下为式者，不过借以定表里之位也。（"性命来复图"）

---

① 鉴于所应用的底本，该字极其模糊，只能以□替之。从所述思想及其字体的形象来看，其先后似应为"降""复""象"。

所谓"无上下之分","有里表之别",这无外乎是表示在上者为里、在下者为表的位置而已。从图示本身来看，理世在上，气世在下。为了表明他的图示的真实主张，他说：

> 盖理世之上，非上也，乃理世之里也。气世之下，非下也，乃气世之表也。其晰然而有所分者，皆浑然而无所别也。（"性命来复图"）

这是说，理世为里，气世为表。在马复初的思想中，尽管从图示上来看，有上、下，其实理世、气世皆浑然一体，既无所分，亦无所别，他提出，切"勿泥图以观"①。如果说有什么区别的话，理气之别仅在于内外、里表，即一切精神性的理，均寓于事物的内里，而作为物质性的气（也就是王岱舆、马注等人所说的象）则为事物的外表。对此，他做出说明：

> 则谓理世之里，即藏于气世之表也；可谓气世之表，即显于理世之里也，亦可。人其勿泥图以观，而以在上者为理世，在下者为气世，致使理与气分为两橛也。则善观斯图者矣。（"性命来复图"）

马复初以行文对图示做出说明，对理解他以图示注释卷五内容是有所帮助的。

再次，关于来复升降。

"来复升降"（或者说，来、降，复、升）是王岱舆、马注、刘智的著述中都涉及的问题。在伊斯兰教信仰中，它的一个中心思想是说，人来自真主的造化，必将复归真主以接受后世预定的

---

① 马复初：《性理第五卷注释》"性理第五卷注释图说"，第17页。

末日审判。这一思想简单的表述形式，就是由理世的先天来、降于后天的尘世，而后由气世的后天复、升于先天的乐园。

马复初虽然提出"勿泥图以观"理世、气世，可是，由于他以图示极其概略地表述他的思想，因此，在他解释图示的行文中，他又提出：

> 而以在上者为理世，在下者为气世，致使理与气分为两概也。则善观斯图者矣，而所以不得不分为上下者，由理世而之气世，无殊乎位置之上；由气世而返理世，无异乎位置之下。此上下可借观，而其实表里所由定焉。自表里既定，则来复升降之事起矣。（"性命来复图"）

尽管马复初是以图示表述他的理世、气世思想，但他的真正意图在于表述"真一"显化宇宙万有的过程，无外乎是由理世而"降"之于气世，亦即气世"来"自理世；按照马复初的思想，以人的性命为代表的受造物，必定返归"真一"，这是由气世"升"之于理世，亦即由气世"复"归于理世的过程。

马复初强调来复升降，是与精神功修分不开的，也可以说是人来自于主，必定复归于主的伊斯兰思想的学理化的体现。

复次，关于大命。

马复初关于大命之说，虽然可以认为它源自王岱舆、马注等人的思想，但是就他个人的著述来看，他在《大化总归》中已经提出，"命也者，受主所令之物，而赋予己者也"，"命不居乎身之内，亦不在乎身之外"。[①] 在他看来，命乃"受主所令"而存在、并活动的。人人皆有其命；命既在人身之内，又在人身之外。因为人之命源自大命，亦即"真一"显化而出的"数一"的又一

───────────────

① 马复初：《大化总归》上卷，第6页。

相关称谓。大命与"数一"则"名异实同"。关于大命，马复初说：

> 先天之化，起于无形。无形之始，由大命而来于性理，由性理而降于气。更由气而降于象止焉。此即理世来降之说，而先天之事备矣。（"性命来复图"）

这是说，"真一"于先天的显化，均以性理的形式显现，或者说，一切显化均源自无形的性理；这一无形的精神性实体的显现，亦即以"大命"的形式存在，"由大命"而有其后的一切性理的显现。一切事物及其形象（象）皆来自由太极而两仪所衍化之气，即象来自于气；气则来自精神性的性理。大命本身虽然也是精神性的实体，但在宇宙万有的衍化过程中，由于地位不同，它则成为其后一切衍化的本原。一切性理则由大命而出。

马注在这方面有着更为明确的表述。他认为，由"真一"显化而显现的"至圣之灵光"是具有体、用、为三品的"三一体"。它的体、用、为分别由"至圣之无极""至圣之大命""至圣之仙笔"显现。马注说的"至圣之大命"亦即马复初的"大命"。两者的含义并无区别。①

最后，关于修身践形。

前述的"大命"，在王岱舆、马注、刘智等人的著述中，又有至圣、代理、无极、大父等不同的称谓，只是根据所述内容的需要，而应用其中不同的语词表述。马复初有着类似的主张。

这是说，根据伊斯兰教的性理学说，"大命"既是"真一"显化宇宙万有最初的精神性实体、精神性产品（即在整个显化过程中，至圣以肉身的形式创立伊斯兰教），又是以人为代表的天地

---

① 参见金宜久《中国伊斯兰先贤·马注思想研究》相关论题（社会科学文献出版社 2016 年版）。

万物，"大命"（或者说，这时则以至圣的名义，信众在伊斯兰教的引领下）复归"真一"的必经之路。马复初说：

> 大世界之所以由无形而有形也，夫天地人皆象之所著也。人至于此，必克尽乎修身践形之功，乃能原始返终焉。所以先天来降自此终。后天升复自此始。（"性命来复图"）

修身践形，无疑是精神功修者力求与主合一的至高目的。如何实现这一目的，马复初在这里没有泛泛地说教，而是直接从理论上就修身践形做出说明。他说：

> 后天之化，起于有形。有形之始，由天地人之象而复于气，由气而升于性、理，更由性、理而升于大命止焉。此即气世升复之说。而后天之事全矣。（"性命来复图"）

总之，该图示的主旨思想在于说明，作为小世界，人由有形而通过个人的"修身践形"至于无形。这就是马复初以"性理第五卷注释图说"来复降升、理世气世乃为"浑沦一原"的原因所在；也是以此设计其"性命来复图"并"性理第五卷注释图说"，期望人们看到其图、其说后，相信理世、气世"浑沦一原"之说为伊斯兰教的真正学理。

第八节　万化归一

刘智《天方性理》卷五同样没有"万化归一图"及其相关的内容。可以认为，这也是马复初在注释卷五的内容之后，根据他对《天方性理》卷五的理解而设计的图示。它所表述的内容，完全是马复初以其"万化归一"的思想，概括、延续刘智的性理学说。

根据其图示和图说，他的"万化归一"可以大致分述如下。

首先，关于"万化归一"图。

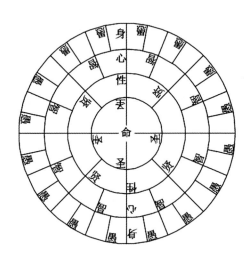

图4—14　"万化归一"图

根据该图图示的行文，它以命为中心，辅以大小四个中心圆，并有纵横线与之相切。纵线、横线以命为中点，分别由中心向上下、左右延伸，与四个中心圆分别相接而将四个中心圆由内向外分为上左、上右、下左、下右四个相等的区域。在图示中，由于纵线横线分别与四个中心圆相接，所形成的上左、上右、下左、下右四个区域内，在每个区域又由内向外延伸而分别形成一、二、四、八共十五个区域。就整个图示而言，则共有六十个区域。

由于该图示呈放射形，以命为中心的内圆与上下、左右两条线正好相接。在以命为中心上下为纵线的边上，在上部由外圆向内圆延伸，分别标以身、心、性，而向下部延伸，则标以性、心、身。或者说，除了命居于内圆的圆心外，其外分别为性、心、身，从它的纵线自上而下分别为身—心—性—命—性—心—身。

另有横线与四个圆圈相连，内圆所列为圣，内圆之外的第二层圆圈所列为贤，再外的第三层圆圈所列的是智，最外层圆圈则为愚。这是马复初展开他的思想的基本架构。

其次，关于圣贤智愚。

从马复初所设计的图示来看，他的圣、贤、智、愚四类人，圣居少数，稍多的是贤；再多的是智；而最多的是愚。

根据他的"万化归一图"，他对图示的行文说：

> 天下古今，人有万类。约而言之，只分四等。圣贤智愚是也。圣之所造者上也，贤之所造者次也，智之所造者又其次也，愚之所造者，则次中之下矣。然无一不以中极为向也。（"万化归一图"）

这是说，人分为圣、贤、智、愚四等，均应以中极为准绳。就是说，无论圣贤，还是智愚，均应以"中极"为归向。他在注释中提出，不应视己为正、视人为偏。如果这样看人看己，那就是真正的愚。在他看来，至于那些"外乎道而不向中极者，勿论巳（已——引者注）"[1]，就不必论及了。

再次，关于中极。

何谓"中极"，马复初在注释中提出，作为圣贤智愚的归向，无不"至于中极"。他说：

> 且夫中极者，固主宰夫全图不偏不倚者也。吾教之所称真宰者，在此。凡全图之一动一静，无不以此为掌握。而所谓来复升降者，于此起即于此归……是诚万途中所会归之一

---

[1] 马复初：《性理第五卷注释》"性理第五卷注释图说"，第 18 页。

总极也……若心不在于是，则反乎中极而为道外之人也。（"万化归一图"）

显然，所谓中极，完全是对信众所说的身心功修的目标，否则的话，就是他所说的"道外之人"。

复次，关于中极情状。

信众归向的中极，究竟是什么情状呢？马复初这样描述说：

其极之中，几则微之又微，象则隐之又隐，念则寂之又寂。若无形，若有形，又若有形而无形。摹之而难为形容也，拟焉而不尽想象也，手不可得而指也，口不可得而传也。惟竭尽此一心之力而深会焉。乃知中极内确有此毫厘，而立千古天人合一之原。实见中极内必有此几希而示万化圣凡同修之妙……而此中有隐隐不动者，主宰乎枢纽之间，以为之极，而坐镇乎全体。苟无此一点之不动，居中极而镇之，则流行者无主，必泛而无归矣。（"万化归一图"）

这是说，马复初心目中的中极，指的是"主宰乎枢纽之间，以为之极，而坐镇乎全体"，其极点似在此。换句话说，中极实际上指的是精神功修的终极归宿，亦即"万途中所会归之一总极也"[1]。

最后，关于功修进程。

马复初关于精神功修的进程的表述中，说到圣、贤、智、愚四等人中，愚多智少，而贤尤少，圣则"几几乎仅矣"[2]，意思是更为稀少。他认为每一等人，应以中极为前进的目标；即便是贤者，若放弃这一目标，亦等同于愚人，而无法达到中极之极点。

---

① 马复初：《性理第五卷注释》"性理第五卷注释图说"，第19页。
② 马复初：《性理第五卷注释》"性理第五卷注释图说"，第20页。

他还认为，由于各人所处位置不同，若视己为正、他人为偏；变换位置来看，则他人为正、自身为偏，故应以中极为圭臬，不得自断正偏。

关于精神功修与中极的关系，在他看来，"中极"乃信众来复升降的确始之处。他说：

> 吾教之所称真宰者，在此。凡全图之一动一静，无不以此为掌握。而所谓来复升降者于此起，即于此归。所谓身心性命者，于此修，即于此成。放则弥六合，卷则藏于密。是诚万途中所会归之一总极也。（"万化归一图"）

所谓"六合"，指的是"天地四方"，或者说上下与东西南北四方。"中极"在信众心目中是真宰之所在。圣、贤、智、愚的任何动静，均由此掌控。功修者身心性命的修炼，以其为目标而得以修成正果。这是说，尽管功修者所在之处所，无论是在何处而有所不同，但其向往之处则同一。因为它是"万途中所会归之一总极"。一切功修者应以主宰的极点为功修进程的目的地。

为达此极点，并非一蹴而就，它有个渐进的过程。即便是愚者有其"修身之功"、智者有其"明心之功"、贤者有其"尽性之功"，而真正能进于圣的地步，"其至于中极也，果几人哉"，他接着说："人其勿以万化视万化，而以归一视万化焉。而其化乃胥天下古今而无不中也。"①

可见，马复初的万化归一之说，完全是以精神功修为转移的。作为刘智《天方性理》卷五的注释、补充或增添，马复初注释的真正含义在于，不仅从性理上说，它强调大小世界源自"真一"，至此则"真一还真"；而且从学理上说，它"取圣经以释图说，

---

① 马复初：《性理第五卷注释》"性理第五卷注释图说"，第20页。

字句无润色可观，义理却精微可证。虽非解人可索，当不至如介廉先生所言，可解者，以非所解解之，不可解者，以无所不解解之"，他主张读者"先揣摹夫原本后，归证于是书其斯为善解者欤"①。

尽管笔者概略地探析了马复初的《性理第五卷注释》，但从该注释的总体思想而言，探析是极其初步的，仍有深究的余地和必要。

---

① 马复初:《性理第五卷注释》"自序"。

第 五 章

马复初的《四典要会》

　　《四典要会》是一部内容极其丰富的宗教性著述。它分为"信源六箴""礼功精义""幽明释义""正异考述"四卷。马复初在以伊斯兰正统思想表述《四典要会》各卷思想的同时，又在不同程度上显现出所受苏非主义影响的痕迹。就中国伊斯兰教的整体状况而言，《四典要会》于 19 世纪中叶问世，符合伊斯兰教汉文著述不断发展的趋势。可以认为，《四典要会》是以编译的形式呈现在人们面前的；在不同卷次中，马复初还借鉴并援引刘智《天方性理》的相关内容，表述其思想。这是不同于一般所说的译著作品的。笔者依据《四典要会》（青海人民出版社 1988 年版）为底本，除对该书内容做一简介外，拟据各卷所述行文，分别探析其相关思想。

第一节　《四典要会》简介

　　马复初《四典要会》的写作始于 1858 年前后，由"信源六箴""礼功精义""幽明释义""正异考述"四卷组成。每卷文稿完成后，均有"自序"（或"自叙"）。从这四篇序言的内容来看，马复初大致在完成每卷内容的写作后，会以序言的形式概述该卷要旨。

　　第一卷"信源六箴"分为六节，分别阐述伊斯兰教的"六信"。马复初极其重视该卷。以"六箴，乃圣人授于修道者之心法"开头的第一篇"自序"①，是马复初为第一卷"信源六箴"所撰之序。它认为，认识并能理解"信源"，即理解信仰并相应地践行其礼仪的根源，"乃正学之本"。"夫此六箴，道之命脉，一夫有失，道根乃绝"，故提出对此六箴应"谨之慎之"。② 根据马复初所述，《四典要会》乃依据相关经籍，"以汉文译之"③，只是马复初没有提供所依据的是阿拉伯文还是波斯文经籍的原名。就信与顺的关系，他做如下表述：

> 六箴，乃圣人授于修道者之心法……其义乃顺教者所当信之理也……其所关之源，信与顺而已。信为顺之体，顺为信之用。信而不顺，其所信不笃；顺而不信，其所顺不诚。且信如乎性而藏于衷，顺如其身而见于外。木生而芯自发，信诚而顺自生。身不修由心不正，顺不笃由信不真。……是以一切善功，信为其根，而当信之源，六箴为要。（"自序"）

这里，马复初借助中国传统哲学的体—用范畴，表述其信顺关系，即信仰为体，顺从为用。这是说，信仰是根本的、内在的，而顺从、顺服则是其信仰的外在表现。在他看来，信顺应是统一的；有什么样的信仰，就应有什么样的顺从、顺服；有信仰就应有自觉的顺从、顺服的行为表现，为所信奉的条款而根据教法履行其信仰的礼仪、禁戒和法规。为真正做到信顺，就应修身以养性，否则的话，就成为他所说的"身不修由心不正，顺不笃由信不真"。至于就"六箴"而言，马复初将其提到"授于修道者之心法""一切善功，信为其根"的高度，可见信顺在马复初心目

---

① 马复初：《四典要会》"自序"，第16页。
② 马复初：《四典要会》"前定第六箴"，第32页。
③ 马复初：《四典要会》"自序"，第16页。

中的重要地位。

第二卷"礼功精义"分为 8 节，附有"格言十一则"；该卷分别阐述伊斯兰教的"五项基本功课"（"五功"）。根据该书编排，他的第四篇序言，是为第二卷"礼功精义"所写的"自叙"①。该序以"此篇乃分析所含之义理"开头，表述其关于礼拜的"义理"。它说：

> 夫礼者，圣人传授众人，身体力行之法，乃离诸情欲，绝诸牵碍，而以立、躬、叩、跪等仪，求其身体归真之道也。
>
> 清真所尊奉者，造化天地、养育万物、纲维理数、掌握人神之真宰也。
>
> 且吾人持守真功，乃尊真主之明命，体至圣之遵行，而各尽其为仆之礼，非以之求世福，或妄冀成仙作佛，并不因希赏而为善，畏罚而止恶，但为善有赏，作恶有罚，一定之理也。盖赏罚随乎善恶，如影随形，分之不能也，夫拜之为功大矣哉！（"自叙"）

马复初在这篇序言中，强调"拜功"的义理，以与儒释道相区别。尤以强调"拜功"乃"学莫贵于认主，功莫贵于事主，礼莫贵于敬主"②。认主、事主、敬主乃"礼功"义理的根本。应该说，伊斯兰教的礼仪，不限于"拜功"。可是马复初在"礼功精义"中，并没有全面论及表述"五功"，仅以礼拜贯穿于其他功课的践行中，着重表述"拜功"的含义，"分析所含之义理"，可见他对"拜功"的重视程度非同一般。

第三卷"幽明释义"分为 17 节，其基本内容取自马复初从西域携归的《归真秘言》。可以认为，作为编译成果，该卷强调

---

① 马复初：《四典要会》"自叙"，第 19 页。

② 马复初：《四典要会》"礼功精义"，第 34 页。

"夫清真之经，节目虽繁，约其大旨，则认主宰、认本身、认今世、认复生之四本焉"①。

该卷以"人有生死，物有起灭"开头的"自序"，是他的第三卷"幽明释义"的序言。② 它说：

> 人有生死，物有起灭，来有所始，去有所归……浮生若梦，故称幽，后世真常，故称明，其义乃圣人创之于先，非尘世所晓也。（"自序"）

马复初这篇序言的主旨在于让信众了解"幽明"的含义。应该说，所谓"幽"，指的是阴间，而"明"则为人们生活其间的现实世界，即与阴间相对的阳间。可是，该序所言，无非是让信众了解阴阳间情景之可信。至于其序言所述"非尘世所晓"，意思是说，只有读了该卷内容后，才得以真正了解"幽明"。

第四卷"正异考述"系马复初根据多本阿拉伯文和波斯文经籍③，通过其间的比照完成了该卷内容。该卷分为 12 节。其基本内容在于揭示"真伪两列，邪正并行，自古有之，但入于邪而误认为正者多，知其伪而冒名为真者更多"④。

马复初以"言而不以私者为正"⑤ 开头的"自叙"，是第四卷"正异考述"的序言。它说：

> 言而不以私者为正，行而不以欲者为公。不当言而言者

---

① 马复初：《四典要会》"幽明释义"，第 52 页。
② 马复初：《四典要会》"自序"，第 17 页。
③ 他借鉴了《昭微经》《费隐经》《费隐经解》《格随德集注》《闻令呼殆经》《研真经》《道行推原经》《史法以经》的相关内容，写作了"正异考述"。此外，他还借鉴了刘智《天方性理》的相关内容，表述其思想。
④ 马复初：《四典要会》"正异考述"，第 75 页。
⑤ 马复初：《四典要会》"自叙"，第 18 页。

为妄，当言而不言为奸。古言好辩者不善，但不可为己辩，安得不为理辩。理不辩不明，道不言不著。为己不言则可，为公不言则不可……夫兴正必先除邪，安良必须除暴。邪言忘语，来于耳者久矣……予不得已而言之。（"自叙"）

这篇序言强调"理不辩不明，道不言不著"，意思是说，应"为公""为理辩"而言。从上述所引各卷序言中，可以清晰地了解到马复初在各卷中大致表述的基本内容及其相关思想。

如前述，《四典要会》四卷内容分别为"信源六箴""礼功精义""幽明释义""正异考述"。可是，它的序言顺序的排列，却为"信源六箴""幽明释义""正异考述""礼功精义"。从马复初的序言安排来看，他在写作过程中，显然是从信仰出发，先谈第一卷"信源六箴"问题，随之，由其第六箴"信复生"，言及有关来世"复生"问题；接着很自然地表述第三卷"幽明释义"的含义，以表明其对来世的理解；而后就教内存在的相关问题，予以"正异考述"，编排为该书的第四卷；最后，才就礼仪中的"拜功"做一说明，从而有第二卷"礼功精义"的行文及其序言。从马复初的这一安排，可以看出，他完全是从书写内容的逻辑上考虑的。可是，从刊刻有关信仰礼仪的宗教著述考虑，《四典要会》在编排其内容时，很自然地会将第二卷的内容安排在第三卷和第四卷之前。据《四典要会》"标注本序"，该刊本是"以咸丰六年己未木刻本为底本，参照'民国十二年清真书报社铅印本'，对全书进行了复校、审定"[1]的版本。不知序言与正文顺序的安排是咸丰本还是民国本所为；抑或是民国本仍照咸丰本编排。

从《四典要会》撰序者的序言来看，该书大致是在1858年到1859年完成的文稿。其中，第三卷"幽明释义"有多人为之撰

---

[1]　孙滔："标注本序"，《四典要会》，青海人民出版社1988年版，第4页。

序，这是不同于其他三卷（"信源六篇""礼功精义""正异考述"）的。

为《四典要会》撰写序言者，分别有张石卿、吴存义、汪复一、赵晖、马兆龙、马安礼等人。从所撰序言的内容来看，马兆龙、马安礼从《四典要会》总体的视角写序；而张石卿、吴存义、汪复一、赵晖仅为第三卷"幽明释义"写序。

马兆龙对《四典要会》有甚高评价。他认为，马复初"数十年中，习学渊源，遵中国之理，引孔孟之章，译出天道人道之至理，指破生来死去之关头，其功可谓大矣。不但使吾教人容易知晓，即儒诸君子咸知吾教非杨墨之道也"①。他进而提出，那些"虽未习经之人，开卷无不了然"，"吾人不读书，不习经，焉明天道人道之旨，慎勿久持愚昧，有负化导之心。既明经书，亦不可空谈仁义，宜早动循天理，修身检心……"②。

作为马复初的门人弟子，马安礼在序言中，首先提出"天地之有主宰""衣食之有本原"，认为"儒者之言约而浑，道释之言阔而疏，杂家诸子，各是其说，不入于太过，必流于不及，是以认主独一之学，终不明于天下"③。他进而提出，刘智虽"著书数百卷，发明天人合一之理"，只是"传于世"的并不多。与之不同的是，马复初游学天方"八年有余，性命之学，知之深矣！"就其译著缘由，做如是说："归而闭户考订，以其所得于天方者，与东土所存之典故，合而参之，揭精拔萃，约为典章，以惠我同志，而又恐吾教之业儒者，拘于言语文字之殊，终不得见天方性理之学，乃复提要钩元"，遂译"信源六篇"，"虽然知有余而行不足，则信亦不真，故专言礼功以立修道之本"，复因"重幻境而忘真世，则行亦不笃，故悉言幽明，以见万有之归。至于郑声乱

① 马复初：《四典要会》马兆龙"序"，第 13 页。
② 马复初：《四典要会》马兆龙"序"，第 13 页。
③ 马复初：《四典要会》马兆龙"序"，第 14 页。

雅，乡愿贼德，则又不得不详说而明辨之，以为道卫者也。故考其正异，明其是非，以正天下响（通'向'——引者注）往之路"，"书既成，编为一帙，题曰：《四典要会》"。①

马安礼对《四典要会》做了高度概括。他说："是书所言，皆幽深玄远之理，毋乃遗切近而骛荒渺乎……是书所言大用浑然，则犹然上天之载，无声无臭也。所言天仙代理，则犹然鬼神为德，体物无遗也。所言敬畏真宰，则犹然昭事上帝，顾諟明命也。所言归真复命，则犹然尽性贱形，达天致命也。精理微言，实与古圣贤之旨相发明，特儒者言之浑，而此书言之详耳。大本既立，则事亲事君之道，又可由是而推矣！"②

咸丰八年（1858年），张石卿③"奉命抚滇"。马复初遂将所著"幽明释义"呈上。张对该卷行文，"再三披览，觉其见理独真，元妙之中处处有实用，且与古来圣经贤传有相互发明之处"，认为"马复初亲到天方等国，见彼教真经典，所以与世传回教之粗迹，迥不相同，及复初来谒，骨格清奇，性情恬淡，且深明大义，能约束回教，以正保汉即以保回"④。张的序言既肯定了马复初的著述"与世传回教之粗迹，迥不相同"，又认为他"深明大义"，"总掌其教"，有利于维护云南的稳定。

吴存义⑤所撰序言称："易曰：知幽明之故，原始要终，故知生死之说，精气为物，游魂为变。是故，知鬼神之情状，与天地相似，故不违。知周乎万物而道济天下，故不过……幽明之义，难以一端尽，一言竟也。"⑥ 这是说，吴存义认为"幽明释义"，

---

① 马复初：《四典要会》马安礼"序"，第14页。
② 马复初：《四典要会》马安礼"序"，第15页。
③ 张石卿（亮基，1807—1871年），江苏铜山（今徐州）人。曾任内阁中书、侍读。1858年任云南巡抚，后升任云贵总督。
④ 马复初：《四典要会》张石卿"序"，第5页。
⑤ 吴存义钦命提督，云南学政、翰林院侍讲，南书房行走，乙卯科云南乡试正考官。
⑥ 马复初：《四典要会》吴存义"序"，第7页。

"皆言明心见性、存养省察之功，以求尽人合天，尽幽明之理"，他以儒家视角撰序，肯定"幽明释义"对穆斯林中的那些习儒者的作用，"读《性理》、《典礼》之书，详《幽明释义》之旨，则不悖于西方圣人之教，即并不悖于中国圣人之教"①。

此外，灵谷山人汪复一②为"幽明释义"写有"五古十八韵题"，肯定该卷的主旨在于"慧灯引迷途"③。

另有"奉檄招抚"（未具名）所写"幽明释义后序"（该后序的写作者，可能与"五古十八韵题"为同一作者，即汪复一）认为，马复初于中年赴西域天方访道，"得览《归真秘言》、《妙喻经》、《指南》、《真诠》诸书，著为《幽明释义》一卷。其所云清真之经，大旨有四，认主宰、认本身、认今生、认复生，及天堂、地狱、因果，俱自有见解"，"其以婆心药言，普化大众，散欝和衷，归根复命，以共迓天庥"④，其说，似有同迎真宰保佑之义。

作为清朝官吏，张石卿等人在云南回民起义过程中，为马复初的"幽明释义"撰序，无疑是从政治视角肯定他的著述有其实用价值。

赵晖的序言说："自古幽明之说，各家聚讼。释道轮回因果之说，遍于天下，而实不知生于何时，死于何终。孔子不语神，罕言命，又言'未知生，焉知死'。而亦不言来生去死之所以然。是释道两家言之而不知，儒家知之而不言，幽冥之义，所以不终明于天下。"他又说："其言认主宰者，以本身之从来求之；其言认本身者，以主宰之造化悟之；其言今世者，以复生之境对待之；其言复生者，以今世之境反求之，始终来复，精粗表里，一以贯之。"⑤ 作为"后学"，赵晖将该卷内容分别与儒释道的思想做一

---

① 马复初：《四典要会》吴存义"序"，第7页。
② 汪复一钦命云南分巡，迤东兵备，兼管水利驿传道。
③ 马复初：《四典要会》"五古十八韵题"，第8页。
④ 马复初：《四典要会》"幽明释义后序"，第9页。
⑤ 马复初：《四典要会》赵晖"序"，第11页。

比较，认为该书"指迷津而登道岸，其有功于天下岂浅鲜哉!"。其序言对"幽明释义"的肯定颇有特色。

撰序者除有序文外，还有眉批50处。鉴于眉批皆为对原文所述语词的阐释或发挥，反映了撰序者的看法。①　笔者在此不予重述。

在"正异考述"12节的相关内容后，有一段类似跋或后记之类的署名"芙蓉梓人　吴治经"的短文。它说的是："夫著书之意，为明理以释其疑，而正其知见。非助人起争，为仇结怨也。无狂言妄语者，吾何敢妄言其非乎? 不过明其邪正，不受蛊惑而已。他人所行，有异乎我者，各事其事，我正而旁人之邪无害于我。无斋拜者，不知自愧，且议论持守斋拜者，大非理也。"②

该段行文的意思是说，著书的目的在于释疑，并非引争结怨，它主张求同存异，各行其是。这种息事宁人的看法，在当年云南地区似乎有其特殊的意义。

第二节　信源六箴

所谓"信源六箴"，在上引马复初"自序"中有述：

> 其所关之源，信与顺而已……是以一切善功，信为其根，而当信之源，六箴为要。信真主、信天神、信真经、信圣人、信前定、信复生。一信惑则千善皆乱，一信邪则百行皆偏。所以，明此六箴，乃正学之本也。(《四典要会》"自序")

就是说，"信源六箴"讲的是伊斯兰信仰的基本学理。这一学

---

① 笔者在此拟不讨论眉批的具体含义。有关眉批内容可详见马复初《四典要会》(卷三)"幽明释义"的相关注释，第72—76页。

② 见马复初《四典要会》(卷四)"正异考述"，第92页。

理指的是信众在从事精神功修的进程中，应认识伊斯兰信仰之源，它的根本就是"信真主、信天神、信真经、信圣人、信前定、信复生"。他说：

> 六箴，乃圣人授于修道者之心法，而朝夕诵赞之词，名曰《谛言》，共分五章，六箴为第四章。其义乃顺教者所当信之理也。词简而义赅，诵之者当知其义。诵词而不知义，如有身而无性，其有若无。（《四典要会》"自序"）

这里说的"《谛言》，共分五章，六箴为第四章"①，源自刘智的《天方典礼择要解》。根据该书"谛言篇"，"谛言凡五章"。其五章分别为：我证、清真、总信、分信、大赞。其中，"分信"为第四章，亦即马复初所指的"六箴"，或者说"六信"，只是马复初表述为信真主、信天神、信真经、信圣人、信前定、信复生的"六箴"，与刘智所述有所不同。据刘智所述，他指的是"信真主，信一切天神，信一切经书，信一切圣人，信后世，信善恶有定自主，信死后复生"②。

至于他在上引"自序"中所说的"诵之者当知其义"，"其义"指的是什么？就"六箴"的含义而言，它在提出人们熟悉的"六信"的同时，分别表述"六箴"的含义。

鉴于该卷所述有关"六箴"一般知识性的表述，笔者拟从略而不予讨论。③ 这里拟就"六箴"含义中值得重视的有关学理性

---

① 它指的是刘智《天方典礼择要解》（卷之四）"谛言篇"的"分信第四章"。

② 刘智：《天方典礼择要解》（卷之四）"谛言篇"的"分信第四章"。

③ 就"六信"中的信天仙而言，"信源六箴"（天仙第二箴）提及妙世中有天仙、神、鬼和灵魂四类。灵魂则是"人的真性"。它认为，人有九品，这可能是对刘智《天方性理》中所述九品的认同；天仙也有九品。只是没有具体说明天仙的九品究竟为何。关于信真经（真经第三箴），它以降示穆罕默德的《古兰经》，称为《甫尔歌拟》，这与马注《清真指南》卷之二"体认"所述相同。关于信圣人（信圣第四箴），它将圣人分为四类，即列圣、钦圣、大圣和至圣。

的表述，即马复初所说的"信源"（或信仰之根），大致概述
如下。

首先，认为真主独一、实有。

马复初像他的先辈学者一样，以哲理性的语词"真"或"真
一"，替代一般信众熟悉并信仰的真主，[①] 为的是强调确实无妄为
真，单另独一为一，真主乃独一无偶的实有，即"真"乃"真有"。

> 凡所有者，不越乎两端：真有、幻有。真有者，自然之
> 有也，是谓原来有而不得不有也。幻有者，化生之有也，乃
> 先无而后有，是谓可无而可有。惟真一，乃为自然之有，真
> 一之外，一切有形无形者，皆为幻有。（"真一第一箴"）

马复初在这里首先将语词"有"分为两类：真有，幻有。他
主张真有乃"自然之有"，幻有则是"化生之有"。所谓"自然之
有"的"真有"，实际上是从本体论的视角表述"有"这一语词
的；而所谓"化生之有"的"幻有"，则是从宇宙起源论的视角
表述"有"这一语词的。

将"有"分为真有、幻有的做法，可从刘智所译加米
（1414—1492 年）的《真境昭微》[②] 中读到这一表述形式。

加米说："有，有二义。曰：幻有，曰，真有。幻有为变通之
有，有其名，无其实。不过就人之知解而论其显象（像——引者
注）也。真有，乃至实之有，自为本体，而实为诸有所依赖也。
除此有，则无有也。万有赖之而生，依之而立，若以有字而名主，
以止一义，不以第一义。"[③] 加米对"真有"还有如下的断言。他

---

① 关于"真"与"真一"的关系问题，可见本书第四章马复初的《性理卷五注
释》之二"真"的相关行文。

② 刘智所译《真境昭微》可能是《勒瓦一合》（刘智在《天方性理》之中译称为
《昭微经》）的简译本。

③ 加米：《真境昭微》（刘智译），"有十四章"。

说：“真有惟一，无所次第，无染更变之名，不干多数之谓。主万化而本不化，妙万迹而本无迹。学莫能载，目莫能视，显诸色相，自无色相。觉彼万物，自超万物。欲睹其丰，目光先眩，欲泄其妙，喉舌先哑，欲思其微，心智先惑。”① 从加米所述，可以认为，他所说的“真有”指的是“至实之有，自为本体”的、“止一”的真主。马复初关于“有”的分类之说，无疑源自加米《勒瓦一合》（《昭微经》）的这一主张。

上述引文中所说的“真有”，一般地说，可以认为亦即“真”或“真一”的不同表述形式。也就是马复初所说的：

> 所谓单另之一，超天地万物而独一也。
> 吾人所定认为真主者，乃单另独一之真一也。（“真一第一箴”）

换句话说，在他看来，“真有”即绝对存在的“真一”；而“真一”就是真主的学理性替代词。或者说，真主亦即“真一”，语词不同，实乃同一。为了表述“真有”即“真一”，他对“真一”的品性概括如下：

其一，“真一”显化万有。

就“真一”而言，其真、其尊、其大、其体、其用等不同方面，均为独一无偶。马复初关于“真一”为“真有”“自然之有”“原来有而不得不有”，也就是王岱舆所说的“原有”，他所说的“幻有”乃“化生之有”，也就是王岱舆所说的“能有”。② 应该说，马复初所说的“幻有”，并非人们通常意义上所理解的虚无或无，他是从宇宙起源论的视角出发，认为“幻有”无非是一个由“无”到“有”的化生过程。这就是他说的：

---

① 加米：《真境昭微》（刘智译），“真有十三章”。
② 王岱舆：《正教真诠》“真一”“元始”。

　　幻有者，化生之有也，乃先无而后有，是谓可无而可有……真一之外，一切有形无形者，皆为幻有。理世所有之理，象世所有之象，一皆出于真一之化生。（"真一第一箴"）

　　这是说，一切皆为化生之有的"幻有"。根据马复初的思想，所谓"化生"，不过是一个"先无而后有"的过程，也就是宇宙万有缘起于"真一"的显化过程。换句话说，"真一"显化而有有形之象、无形之理，以及寓于象中之理，这一切都是"真一"化生的产物。这里说的宇宙万有，根据他的思想，也无外乎是无形的精神性实体和有形的物质性实体，这些实体乃化生之物；联系到马复初在其他著述中所表述的思想，可以认为，这一化生的过程，乃后天之事。如果联系到"真一"于先天的作为，则是个先后的过程。这一显化过程中，最初显化而出的则是"真一"自我的、造化宇宙万有的代理，或者说，亦即"真一"自我显化为非我；非我乃"真一"的显化物。马复初像王岱舆、马注、刘智一样，称这一显化的非我为"数一"。

　　由"真一"所显化的"数一"，马复初有如下表述。他说：

　　一皆出于真一之化生。即万理之原（所谓无极是也），万象之宗（所谓太极是也），亦莫不须其造化而有也……诸家所谓无极而太极，乃数一也……数一乃天地万物之种，真一乃天地万物之主也。（"真一第一箴"）

　　这是说，"数一"是作为"天地万物之种"而在马复初的表述中得以显现的。"真一"其后的一切显化，皆由"数一"代理并予以实施。这是马复初对"真一"显化从学理上做出的表述。王岱舆《清真大学》中有关于"数一"的代理作用。它就"数一"说："其称亦不同，曰首仆、曰元勋、曰钦差、曰代理、曰大笔、曰太始、曰首命、曰大智、曰性海、曰人极、曰大父、曰道源、曰大本、曰光明、曰灵根、曰至圣，名虽各异，其理本一。"① 王岱舆所述，所谓"名虽各异，其理本一"，意思是说，这些语词不同，而其身份、地位及其在"数一"代理"真一"显化宇宙万有的过程中，所起的作用则完全相同。马复初虽然没有为"数一"另起名目，但他肯定"数一乃天地万物之种"的说法，与王岱舆是没有多少差异的。

应该指出的是，为了阐释马复初著述的统一，在语词概念方面，笔者以"显化"或"造化"表述行文时，以"显化"表示"真一"的相关作为，以"造化"表示真主的作为，这些作为均为其先天的显现活动，不予以混为一谈；至于谈到后天的活动时，更多地则以"化生"予以表示，而不使用语词"创造""造化""显化"。

其二，"真一"与"道"。

马复初关于"真一"为单另独一的表述中，引用老子《道德经》中所说的"道"，借以说明"似乎吾人所言之真一"。他说：

> 老子曰："寂兮寥兮，生天、生地、生人、生物，予不得其名，字之以道。"又曰："道不可言，言者不知，知者不言。"又曰："大道无名，大象无形。"亦似乎吾人所言之真一也。但彼所谓"道不可言"，乃道之所以然，人所不能言，而道之当然可言。（"真一第一箴"）

上引马复初所述，有三个"曰"，其后有引文。经查，《道德经》不同版本的引文，其说有所差异。

---

① 王岱舆：《清真大学》"数一"。

马复初的第一个"曰"后的行文，据朱谦之《老子校释》（下称"校释"），与之相应的行文为："有物混成，先天地生。寂漠！独立不改，周行不殆。可以为天下母。吾不知其名，字之曰道；吾强为之名曰□"①（关于"寂漠"，见朱本注释；关于"□"，朱据刘师培曰："大"）；任继愈《老子绎读》（下称"绎读"）的行文为："有物混成，先天地生。寂兮寥兮，独立不改，周行而不殆。可以为天下母。吾不知其名，字之曰道，强为之名曰大"②；道布《〈老子〉直解》（下称"直解"）的行文为："有物混成，先天地生。寂兮寥兮，独立而不改，周行而不殆。可以为天下母。吾不知其名，字之曰'道'，强为之名，曰'大'"③。上引朱谦之、任继愈、道布的引文之间，存在着些微差别。同样的，他们的引文与马复初所述也有所不同。这不仅在文字上，而且在含义上也有所不同。这可能是马复初所据版本有所不同。

就马复初所拟表述的思想而言，仍可认为，他借助老子之"道"说事，为的是表述老子之说完全符合他关于"真一"的独一性的表述。根据马复初之说，"道"在本性上纯粹是寂静、空虚的（即寂兮寥兮），可是这个"道"却能够"生天、生地、生人、生物"，就是说，"道"能派生出宇宙万有的一切精神性实体和物质性实体；这是朱谦之、任继愈、道布所应用的版本没有提及的。对于这样能够派生出一切万有的实体，却"不得其名"、无法予以称谓，只能"字之以道"，即以"道"予以表示。

就马复初的第二个"曰"后的表述，"校释"与之相应的行

① 朱谦之：《老子校释》，中华书局1963年版，第二十五章，第64、65页。
② 任继愈：《老子绎读》，国家图书馆出版社2015年版，第二十五章，第54、55页。
③ 道布：《〈老子〉直解》，中国社会科学出版社2015年版，第二十五章，第80、81页。

文为"知者不言，言者不知"①；"绎读"的行文亦为"知者不言，言者不知"②；"直解"的行文同样为"知者不言，言者不知"③。这与马复初所述"道不可言，言者不知，知者不言"，其间有着相当的差异。

关于"道不可言"问题，马复初极其重视"道不可言，言者不知，知者不言"这段行文。他所强调的是，"所谓'道不可言'，乃道之所以然，人所不能言，而道之当然可言"，这是说，在马复初看来，"道不可言"指的是"道之所以然"不可言，而由"道"派生、造化而出的宇宙万有及其派生、造化的过程，却是可以说的。马复初所说的这个"道"，显然不是一般的道，而是"大道"，是"真一"；该"大道"完全"不可言"，无法以语词形容、表述。那些能够以语词言及"道"的人，实际上并不认识、知晓什么是"道"；而能够真正认识、知晓什么是"道"的人，也不会轻易地说到"道"。这与笔者上引朱谦之、任继愈、道布的"知者不言，言者不知"，所述不同。

就马复初的第三个"曰"后的表述，"校释""绎读"和"直解"与之相应的行文，均为"大方无隅，大器晚成，大音希声，大象无形。道隐无名"④。马复初只说："大道无名，大象无形。"其差异也更大。

至于说到"大道无名，大象无形"，这完全是因为这里所说的"道"，既没有人们可以接受的称谓，又无任何的形象可以表述。因此，马复初得出"亦似乎吾人所言之真一"的结论。他把老子所说的"道"与"真一"以"亦似乎吾人所言"表述，使人有大致相同的感觉，但其实不然。如果深究马复初所述，"道"与

①　朱谦之：《老子校释》，第五十六章，第 146 页。

②　任继愈：《老子绎读》，第五十六章，第 122 页。

③　道布：《〈老子〉直解》，第五十六章，第 177 页。

④　分别见朱谦之《老子校释》，第四十一章，第 110 页；任继愈《老子绎读》，第四十一章，第 92、93 页；道布《〈老子〉直解》，第四十一章，第 135 页。

"真一"并不等同。

其三，"真一"有体—用—为。

体—用—为是王岱舆在《清真大学》中讨论的问题。刘智的《天方性理》涉及这一问题。马注在《清真指南》中，着重讨论体—用含义的同时，又对用—有—为，即用有其作为而展开讨论为的含义。在《四典要会》中，马复初同样涉及这一问题。

根据马复初上述关于"道"与"真一"的关系时，认为它"亦似乎吾人所言之真一"，从而认定"道"亦有其体—用—为。他说：

> 盖道有体必有用，有本必有末……夫天地万物，皆自无而有，然必不能自有，则必有生之者，不能自主，则必有主之者，不能自成，则必有成之者，以是而知其有造化焉。有造化必有作为，有为必有用，有用必有体。（"真一第一箴"）

他以天地万物从无到有表述他的思想，即认为天地万物不能"自有""自主""自成"，由此"而知其有造化"，进而推及"有造化必有作为，有为必有用，有用必有体"，其造化行为，即为"真一"的体—用及其作为，或者说，即其体—用—为。

就王岱舆而言，他是从本然（体）—本分（用）—本为（为）的视角，表述"真一"的体—用—为的；刘智是从寂然无着（体）—觉照无遗（用）—分数不爽（为）的视角，表述"真一"的体—用—为的；马注在表述"真一"的体—用—为时，与王岱舆、刘智多少有所不同，他实际上是把体—用—为分为两部分予以表述，即从原有（本然，即体）到能有（保养，即用）是"真一"显化的第一部分，而后能有（保养，即用）又有所显化，即分为与之相当的本分（用）和作为（为），或者说，即本为（用）与作为（为）。这是"真一"显化的第二部分，或者说，他的"真一"的显化如下：

$$
\text{"真一"}\left\{\begin{array}{l}\text{—原有（本然，即体）}\\[2em]\text{—能有（保养，即用）}\end{array}\right.\left\{\begin{array}{l}\text{—本分（或本为、用）}\\[2em]\text{—本为（或作为，为）}\end{array}\right.
$$

马复初在《四典要会》中关于"真一"之体—用—为的表述，没有像王岱舆、刘智、马注那样，给予体—用—为以具体所指，只是做出相关的说明。他说：

> 其体乃无形之本然，而不可比似众有之体。无形色、无方所、无遐迩、无对待、无始终、无内外、无伴侣、无比肩，妙若义理，玄若空虚，而究非义理空虚也。乃隐然无象，不可以形色求。确然实有，不可以虚无论。真宰之用，乃本然中所含自然之妙，是为不用之用，而不可比似众之有用，且其用纯一无分，非若人物之用，各有所专，思出于心，听出于耳，观出于目，言出于口，举动出于手足，彼此不能相代也。真宰之用，自然而然，与本然浑然为一，而其所分者，乃分乎其所达之不同也。达于义理曰知，达于造化曰能，达于形色曰观，达于声音曰听。如镜照各物，后显其形，所照者异，而镜之明一也。用出自然，则所用无不当，所行无不全，中其时而适其宜，至美、至善、至极而无加焉。（"真一第一箴"）

这是说，"真一"之体，乃无形之本然，"不可比似众有之体"；其用为"不用之用"，"不可比似众之有用"；由于其用乃自然而然之用，因此它依据所拟显现的结果而有所不同，"达于义理曰知，达于造化曰能，达于形色曰观，达于声音曰听"，此即其作为；这一作为则"所用无不当，所行无不全"，由于其作为极其适宜，也就能"至美、至善、至极而无加"。

如果联系到他的《道行究竟》所述"真一之理"涉及的体—用问题，他的《大化总归》所述真宰的"全体大用"问题，我们可以知道，在中国伊斯兰教的经师、阿訇和学者中，只要讨论关于"真一"显化问题，就会从体—用—为的视角表述他们的思想。

其四，"真一"之"为"显现为知能。

马复初在表述"真一"的体用后，已涉及其知能的含义，就是说，"达于义理曰知，达于造化曰能"。至于什么是他所说的知能，从他对其"用"之"为"做了更具体的阐释，可以了解他对知能义理的认识。他说：

> 夫大用总不外乎知能。知为能之里，而寓先天无形之理。能为知之表，而显后天有形之象。其知无所不知，知已往所有之理，知现在所有之象，知将来所有之理象……其能无所不能，无阻碍、无难易、无缓速，令有即有，所为不以协辅，行止不以逼迫，纲维理数，掌握天人，无不听其操纵，无物出其范围，所为尽美尽善。（"真一第一箴"）

值得提出的是，马复初不是一般性地表述其思想，而是从更为宽泛和精深的层次上，深究"真一"作为的义理，是应予重视的。

上引的这段话，关于"真一"在显化其体—用的过程，有这样几层关系。第一，就知能的关系而言，知能是表里关系。即知为里，能为表。"知为能之里"，而"能为知之表"。第二，就知能所处的环境而言，知活跃于先天，能则活跃于后天。第三，就知能的活动范围而言，知寓于无形之理之中，它在无形之理中显现其所知；而能则在有形的天地万物之中显现其所能。第四，就知能的权限而言，由于其知乃"真一"之知，故能"知已往所有之理，知现在所有之象，知将来所有之理象"，做到"无所不知"；由于其能为"真一"之用的作为，故其能"无阻碍、无难易、无缓速"，能"令有即有"，从而掌控一切，"无所不能"。第五，就知能的最终作用而言，其"所为不以协辅，行止不以逼迫"，宇宙万有的一切精神性的思想、观念、谋划……一切物质性的事物、活动、命数……均受其操纵、掌控，也就是他所说的"掌握天人"，能达到尽善尽美的地步。这是说，这一切皆为"真一"之用的显化、作为。

实际上，马复初拟表述的思想是，先天后天的一切显化，一切精神性实体和物质性实体的显现皆应归因于"真一"，此乃信众的真正"信源"（或信仰之根）。

其次，主张"信圣"即为信主。

所谓"信圣"，指的是信众应该信仰"真主所差之圣"①。关于"信圣"，根据马复初的说法，有这样几层含义。

其一，世间需要圣人。

马复初在《四典要会》"信源六箴"中，首先明确提出真主造化宇宙万有，尤其是就所造化的人而言，需要圣人的指引。他说：

> 圣者人之至，真主所特生，而代天宣化，觉世佑民，以阐发众人所未明之理，而建立天下所当行之道者也。指其来路，示以归境，使天下人人皆率循于大中至正而不惑。（"信圣第四箴"）

---

① 马复初：《四典要会》（卷一）"信源六箴"信圣第四箴，第26页。

这是说，真主需要圣人为的是"代天宣化，觉世佑民"，向信众阐发"未明之理"，从而为信众"指其来路"，并为信众"示以归境"；信众遵循圣人之所指，以"循于大中至正而不惑"，才能达到其"归境"。

其二，至圣超越其他圣人品级。

根据伊斯兰教的一般主张，世间共有"十二万四千有零圣人"①。马复初同刘智一样，认为真主向世间派遣的圣人，分为列圣、钦圣、大圣和至圣四个品级。② 在圣人中，有至圣称谓的"惟穆罕默德一人"③。他之所以强调至圣的崇高地位，完全是因为至圣体现了真主的旨意。他说：

> 德无不备，化无不通，超万圣而千古独雄，体真宰而万世独尊，统万教而该备，集万法而观成，卓万道而中正，与日月同光，与天地同久。（"信圣第四箴"）

在马复初看来，既然至圣的品级高于其他圣人，真主把世间的一切都托付给他也就是自然而然的事了。

可是，马复初又引证经文说：

> 经曰："圣人如真主大化之笔，字虽出于笔，而笔不能自动，乃动乎其书者之动，以是知道虽出于圣人，其实乃真主以圣人而指示之。"经曰："圣人无自用，而代真主之用，无私言，而代真主之言。"（"信圣第四箴"）

根据马复初上引"经曰"所说，是泛指一般的圣人而非专指

---

① 马注：《清真指南》（卷之二）"客问"，第35页。
② 刘智亦持此主张，见刘智《天方性理》（卷二）"知能"，第6页。
③ 马复初：《四典要会》（卷一）"信源六箴"，第26页。

至圣。按照刘智之说，至圣在圣人的四个品级中，显得更为突出一些。可能马复初受所引经文的限制，难以做出更改和发挥，而以泛称的"圣人"指称"至圣"。

应该指出，马复初所述，无外乎是说"真主之道"，由穆罕默德阐化为信众信奉的"至圣之教"，以其教指引信众信奉"真主之道"。

其三，至圣担负神圣作用。

根据马复初的说法，至圣的神圣作用，不仅仅在于至圣个人的作为，更为根本的原因在于，他是真主在世间的代理，为的是"代天宣化，觉世佑民"。就是说，圣人在真主与世间的信众之间，起着不可或缺的中介作用。他说：

> 盖真宰为真，世界为幻，二者不能相接，亦犹灵性为妙，身体为浊，二者不能相通。是以真主集通体之粹，而造形心，以为其间相接之由，则身以心而得其性之灵觉，以此足见真主、世界之间，不可以无圣人，而为真幻相接之道，则世界以圣人而得真主，大道之通，是以圣人亦犹世界之心也。（"信圣第四箴"）

在他看来，真主为真，世界为幻，真幻不能相接。灵性为妙，躯体为浊，妙浊不能相通。为使真幻、妙浊之间发生一定关系，真主遂"集通体之粹"，造化有形之心，以其沟通灵性与躯体，成为"真幻相接之道"。

至圣之所以具有高于其他圣人（列圣、钦圣、大圣）的品级、担负其他圣人所无法胜任的神圣作用，完全是与至圣在降生人世前，先天就已具有其至圣性及其知能有关。据刘智《天方性理》的说法，"至圣之性，即真宰之自为首显者也。其名虽曰至圣之性，而其实即真宰之知能德性也"，至于其知能，则"至圣为浑同知能。浑同者，谓其知能与真宰知能，浑同一体，无欠无余也"①。

马复初所表述的至圣的神圣作用，就在于真主派遣至圣，正是使之起到沟通真主与世界的关系，为的是表明至圣的一切作为，均为真主使之以为。

其四，"信圣"应付诸践行。

在马复初看来，"信圣"虽然是极其重要的一个信条，但这并非要把圣人的一切都等同于真主。如果称谓包括至圣在内的圣人为"主宰"，或者说，仅仅称谓至圣为"主宰"，或者说，像天主教那样"称耶稣为主宰"，均为"谬矣"②。他指出，圣人并非主宰的原因在于：

> 夫圣人心对真主为代理，而领明命，身对天下为圣，而传明命，彰明大道，贯彻天人，其事之大，难以表彰。（"信圣第四箴"）
>
> 既信圣人为真主所差，而代主阐化者，则知其所言为天下式，所行为天下法。（"信圣第四箴"）

这是说，圣人仅仅是"领明命""传明命"，为"代主阐化者"，"其所言为天下式，所行为天下法"，这就决定了信主就应信圣，信圣即为信主；这里说的"信圣即为信主"，指的是信仰真主的"代主阐化者"，而不应把圣人等同于真主。因此，"信圣"就应有所表现。

> 从其指示，遵其命禁……体圣人之言行，而循规蹈矩，守圣人之典则，而成己成物，斯为笃信圣人者也。（"信圣第四箴"）

---

① 刘智：《天方性理》（卷二）"性品"，第3页；"知能"，第6页。
② 马复初：《四典要会》（卷一）"信源六箴"，第27页。

在马复初看来，作为箴言，或者说，作为一个信条，在伊斯兰信仰中，"信圣"是不可或缺的；其实，深究起来，根据《古兰经》所述，信众不仅应予信奉伊斯兰教所认定的圣人，而且还应信奉其他宗教所信仰的圣人（如亚伯拉罕、摩西、耶稣等）。[①]

再次，人于来世将会"复生"。

伊斯兰教关于死后复活、末日审判的信条，在马复初的表述中，更为强调的是人死后可以复活、再生。也就是他所说的：

> 复合又再生，是所谓复生。（"复生第五箴"）

他对来世或先天有关末日审判问题并没有给予更多的形象性表述，而是从"复生"有关的箴言出发，做出学理性的阐释。有关"复生"问题，他的表述大致包含如下的几层含义。

其一，所谓"复生"。

在伊斯兰信仰中，它的基本信条之一，即包含人死后的复活、历经末日审判、善者受赏升天堂、恶者受罚下地狱等内容。就一般信众而言，只要今生今世行善避恶，信仰死后可以复活即行了，无须再考虑人为何会复活、如何复活的问题。

作为阿訇、经师，对马复初来说，他认为有必要对人死后之所以能够复活、如何复活，也就是人为何复生、如何复生的问题，做出理论说明。

什么是马复初所说的"复生"？"复生"即他在《四典要会》箴言中所说的内容之一。他说：

> 复生者，再生也。乃既朽之体，真主使其归复原形，而

---

① 见《古兰经》（3：84）。

合配原灵，长生不死也。

复合又再生，是所谓复生。（"复生第五箴"）

这是说，"复生"指的是人死后，经过若干年（有的长，有的短）后，"既朽之体"又"归复原形"，而后"合配原灵"，简言之，朽体与其灵性结合，亦即为复生。所谓"复合"，也就是朽体与其灵性结合。

其二，复生乃天事。

"复生"发生在人命终之后的事，这又涉及人在尘世生活中的善恶行为问题。他说：

> 夫朽体回生，据众人所见，似乎难信，但人见以常，常乃人情也，复生乃天事也……夫浮生乃人情之世界，而为其表，复生乃天理之世界，而为其里。由里而达表，由表而还里，循环之道也。盖真一有体用，造化分理气，气复判阴阳，则世界亦分为表里焉，尘世为表，而为身形之境，天国为里，而为灵性之境，来于表，则身生而性藏，复于里，则身隐而性生。夜尽而昼显，表尽则里明，梦后而复觉，死后而复生。（"复生第五箴"）

显然，马复初的思想极其明确，作为"天事"的复生，常人的思想（人情）是无法理解的。为了说明此点，他区分作为表的"人情之世界"与作为里的"天理之世界"，从表里循环的视角观察，或是从"真一有体用，造化分理气"的角度思考，不仅从现象上表述天地万物生生变化的过程，而且从表里、尘世天国、身形灵性、隐显等不同方面的关系及其相互转化，来表明生死在"真一"那里，完全是无可争议的"天事"。就一般信众而言，只有信仰它，而不得怀疑它，别无选择；可是，他对那些欲了解其详情的信众而言，则应详述使之知晓这一学理。

其三，天理、人情。

为了说明问题，马复初从先天的天理、后天的人情两个不同侧面，论证"复生"乃可信之事。他说：

> 先天有天理，后天有人情。人情未分为天理，天理既判为人情，夫人情之与天理，如影之与形，无人情不显天理，非天理必无人情。但天理出于自然，而万古恒然，人情见于作为，而变迁无常……生为极阳，死为极阴。性出于天而为阳，身成于地而为阴。是以生为性之事，死为生之情。身之有性，如镜中有月，身之离性，如镜之背月，身亡而归地，性往而归天。乃二者各还其原，身归地而得其地之久，性归天而得其天之长。（"复生第五箴"）

何谓"天理"？根据马复初的说法，天理乃先天之理。这是说，在宇宙万有被显化而出之前，万有的一切性理均以蓝图、摹本的形式，存在于"真一"的思想之中。这一先在于蓝图、摹本中的性理，在"真一"显化的过程中，陆续按其蓝图、摹本的形式一一显现为形形色色的天地万物。在显化之前为性理（或者说，即天理）；而在显化之后，则为后天大千世界的事物，其中以躯体形式存在、活跃的人，则有其人情。这就是他所说的"人情未分为天理，天理既判为人情"，人情源自天理。

这里说的生死、阴阳、身性、天阳地阴、性阳身阴，以及镜月的关系问题，都不过是为了表述天理、人情而设定的譬喻。

马复初关于天理、人情相互关系的说明中，强调的是天理决定人情。撇开天理决定人情的因素，可以说，作为有其喜怒哀乐、情欲爱好的人，在尘世生活的人，必定有其人情味，也就有其"变迁无常"的作为，更不必说基于外界环境、经济状况、社会关系等诸种原因，带来的影响及其所产生的后果。这是说，主观上的人情加之客观上的诱因或影响，在他看来，已经决定了人的"复生"问题。

如果再加上天理的因素，以其所在的先天后天，以及身性、生死、阴阳相互转化为前提，无外乎更为清晰地表明一切被造化物，必将"各还其原"。或者说，人乃由先天一系列显化过程而至于后天所化生[①]；人究其实乃源自先天的性理，因此，人在后天既有其躯体身心，又有寓于躯体中的性命。按照马复初的思想，由于人乃被造化的躯体和灵性所构成，就人的性命而言，命以人的生老病死显现其变化，而性则为人由先天获得的理的延续，乃"出于自然""万古恒然"，又是无形的天理的显现。当躯体死亡（寿终正寝）被埋入土后，其性则归于天。

他所说的"复合又再生，是所谓复生"，只有在"末日"时，才有事物的"复生"问题。这时，躯体才与灵魂结合，接受预定的"审判"。具体到其信众，则有所区别。他说：

> 率性者之复生，乃身就性而上升，所谓上天堂也。纵欲者之复生，乃性就身而下降，所谓下地狱也。（"复生第五箴"）

在复生时受何等赏罚，是进天堂或堕地狱，与人在尘世的善恶行为密切相关。因此，这就很自然地过渡到他的"前定第六箴"所说的"夫善恶虽由人之自作，其实不能外乎前定"。

最后，人的尘世行为受前定制约。

前定作为伊斯兰教的基本信条，是信众认可和完全接受的。

---

① 这一过程亦即他所说的"真一"显化为"数一"，而后有其"体一"，在此过程中，经由理气的变化（即无极、太极、两仪、四象）而有后天的万千变化（矿物、植物、动物），以至于人的产生。

马复初对该信条的表述，在学理上仍有其值得重视之处。

他认为，前定乃"当然不易之理，而为万化之所以然者也"①。为什么前定是"之所以然者"，他从讨论前定、人情的两个不同方面指出其缘由。他说：

> 盖前定者天理也。自由者人情也。人情不能越乎天理，自由岂可外乎前定，非前定必无自由，非自由不显前定，亦犹身性之相成也，非性必无身，无身不显性，二者不可相离也。然而前定不碍自由，自由亦不碍前定。（"前定第六箴"）

天理人情问题，在上述的"复生"问题中，已经有所述及。天理乃前定的最终决定者；而就人的自由而言，它同样受到天理的支配、制约。

在马复初看来，决定人具有其自由的，是人情；既然人情受天理支配、制约，而人、人情虽显现其自由，但人情不能越乎天理。这是天理与人情、天理与人的自由的关系，进而涉及前定与自由的关系。

中世纪伊斯兰教史上，已就前定与自由（或自由意志）的关系问题有过数世纪的论辩。这是个极其重要的神学命题。它不仅引发伊斯兰教不同学派的激烈论辩，而且导致伊斯兰教由反对理性到接纳理性的自我完善、自我发展的过程。在这一论辩中，起着关键性作用的人物是艾什尔里（873—935 年），他的学术主张对伊斯兰教学理的发展具有极其重要的意义。

尽管可以说"前定不碍自由，自由亦不碍前定"，可是，在马复初那里，他对前定与自由之间的关系，仍然有这样几层关系的表述。

---

① 马复初：《四典要会》（卷一）"信源六箴"，第 29 页。

其一，自由受前定制约。

人的任何自由（包括人情在内）终究受到天理、前定的制约。他说：

> 火上水下有尽限，善升恶降无止境，先天善恶由天定，后天善恶在人行。天定者，善恶之机寓于性……善恶在人机在天，赏罚在天缘在人。

> 率性者之复生，乃身就性而上升，所谓上天堂也。纵欲者之复生，乃性就身而下降，所谓下地狱也。（"复生第五箴"）

他认为，由于各人在尘世的善恶作为不同，因此，人在复生后的升降也就有天堂、地狱之别。就是说，人在尘世的作为有其自由，尽管可以这样认为，可是人在后天的一切作为，在大的方面仍由先天的前定所左右。由于人有其上述的"变迁无常"的些微自由，这就是人们常说的"咎由自取"，归根结底皆由天定。同样的，天堂、地狱都有不同的层次，究竟各人在天堂或地狱中的哪个层次，仍取决于各人在尘世的作为，仍由前定决定人的最终归宿。这是说，一切在于前定，天理决定一切。

其二，前定、自由为表里关系。

马复初认为，就前定自由而言，人的有些顺应行为，并非由于认识到前定而为之；同样的，人对有些错误行为的斥责，并非由于认识到自由而为之。在他看来，前定与自由为表里关系。

> 自由为表，前定为里。论善恶之表，似乎全然由己，论其里，似乎全然在主，所谓半以天定，半以自由也。（"前定第六箴"）

　　人的善恶行为究竟由何决定？表面上来看，似乎是人的自我作为，从信仰（或就内里）上来看，又似乎全由真主的前定。其实，他认为，这是所谓的"半以天定，半以自由"所使然的。这是说，这里，既有人自身作为的因素，同时又有人于先天就已具有的性理所决定（命定）的因素。至于究竟何者为主要原因，处于主要地位，马复初没有给予明确的答复。

　　其三，正确认识前定、自由关系。

　　马复初认为，在前定、自由关系方面，应有正确认识。如果不能正确认识的话，就会有所误解。他说：

　　　　不知前定、自由分合之妙，不明内外相关而不相碍之理者，不沦于太过，必沦于不及。太过者，惟论前定而不论自由；不及者，惟论自由而不论前定。（"前定第六箴"）

　　在他看来，就人们的认识而言，无论太过或是不及，都是对前定自由关系的误解。一般地说，人有其自由作为，可是，"前定所无者，为之必无成，前定所有者，止之必不能"①。马复初之所以主张人们应正确认识前定、自由关系，其真实意图仍在于，在肯定前定的大前提下，人有其前定下的自由。

　　其四，不可执一而论前定、自由。

　　在前定、自由的关系中，马复初认为，天理决定前定和人情；在前定的前提下，人有其些微自由。因此，在前定、自由的关系中，他主张应全面看待其间的关系，不可偏废。他说：

　　　　专论前定者，知俟命而不知有人为，且将人情之鄙恶，委之与真宰。专论自由者，知人事而不知天道，且将造化之

────────────

　　① 马复初：《四典要会》（卷一）"信源六箴"，第30页。

机权，谬为己能。皆不明乎事理，不在中道也。夫两相成之事理，不可执一而论……（"前定第六箴"）

这是说，在关于前定、自由关系的认识上，"不可执一而论"。就人事问题的方法论而言，马复初的主张是可取的。至于在前定、自由关系的认识上，则应从客观上来探究这一问题，不应受马复初表述所限。

马复初在"信源六箴"的"天仙第二箴"中，提出"妙世"中活跃着"至灵而至善"的天仙（天神），此外，还有神、鬼、灵魂。这四者"皆目不得而见"[1]。该箴中虽对天仙、神、鬼的缘起、等第、情状、表现、作用等均有所述及，但却没有述及与灵魂问题。在"信源六箴"的"真经第三箴"中，提出《古兰经》乃"天降之文"，"其义包括前古亿万之经，详阐幽明化育之理，天道人道，修齐治平之法，煌煌炳炳，具载典章，至矣！尽矣！"[2]"信天仙"和"信真经"两箴，在伊斯兰信仰中，与其他诸箴同等重要。受行文字数所限，本节拟不过多言及其相关内容。

第三节　礼功精义

《四典要会》第二卷"礼功精义"分为"明拜之理""言拜功之大""言其拜之成""明其拜之为至要""言其拜之益""明拜功所指点之义""明其执迷而行怪诞之非""言贤善不自居"八章，另附有"格言十一则"。

该卷并非一般性地介绍伊斯兰教"五功"的基本知识，即"身有礼功、心有念功、性有斋功、命有朝功、财有课功。五功乃

---

① 马复初：《四典要会》（卷一）"信源六箴"，第 23、24 页。

② 马复初：《四典要会》（卷一）"信源六箴"，第 25 页。

五者近主之道，而归主之门也"①。一般地说，礼拜同其他诸功一样，都是天命。但马复初在肯定"五功"必要性的同时，并不是简单地将拜功归纳为一般信众奉行的立、躬、叩、跪等仪则行为，而是更为重视从事礼拜者应该真正明其义理，从而强调"拜功"的重要性。

本部分对那些与礼拜相关的（主制、圣则、法程、典礼等）知识性表述，拟从略讨论。将着重探讨马复初在"礼功精义"中强调"拜功"深奥义理的特点，也是他着重表述的内容。他在"自叙"中这样说：

> 夫礼者，圣人传授众人，身体力行之法，乃离诸情欲，绝诸牵碍，而以立、躬、叩、跪等仪，求其身体归真之道也。其法乃圣人受之于真宰，而众人守之，以求近乎真主……清真所尊奉者，造化天地、养育万物、纲维理数、掌握人神之真宰也。（"自叙"）

鉴于马复初着重表述的是礼拜在"近主之道"和"归主之门"中的重要义理，笔者拟从以下三个方面，分别探析"礼功精义"所述义理的基本思想。

首先，信众应明礼拜之理。

在马复初看来，礼拜是"五功"之一，信众应认真履行这一当然之事的法程，不得任意增减。那么，究竟有多少从事礼拜的信众，真正了解礼拜的含义呢？他没有直接说明，但他在"明拜之理"中，这样说：

> 盖礼拜之义，乃束其身以求其心，而笃意真宰也，心向

---

① 马复初：《四典要会》（卷二）"礼功精义"，第34页。

主而得乎主，如镜之向日而得日，观其镜背日之暗，则知其心背主之迷。（"明拜之理"）

存心养性，心之功也，朝拜奉事，身之则也，身与心各有专任。盖忆虑觉悟，心之能，持行取与，身之事，彼此不能相代也。况拜之为功也动，念之为功也静。乃心秉天之阳主动，身秉地之阴主静。静者使之动，动者使之静，亦犹阴以阳助，阳以阴补，所以身贵乎勤，心贵乎宁，则身以拜功而动，心以念功而静。（"明拜之理"）

马复初认为，礼拜的含义不在于身体立、躬、叩、跪等仪则的法程，而在于信众信仰真主之心究竟是"真顺"，还是"似顺而违"或"真违"，完全取决于真情礼拜还是"虚情"礼拜。其区别在于是"轻私情而重天命"还是"轻天命而重私情"[1]。他认为，那种"似顺而违""真违""虚情"和"轻天命而重私情"者，都不明了拜功之理，从而违背了天命。

他认为，真正算得上有成效的拜功，应"无时不以心至于主，且礼拜乃显其与主对越之式也，我虽不见主，而真主实见我之心也"[2]。抱着这样的敬畏心情礼拜，其成效也就极其显著。他说：

凡因事主而来者，乃离诸禽兽，绝诸俗情，似登天神之境，如跻圣人之班。（"言其拜之成"）

这是说，只有这样，方可视为符合他所认定的礼拜。对此，马复初提出这样做的理由是：

---

① 马复初：《四典要会》（卷二）"礼功精义"，第 36 页。
② 马复初：《四典要会》（卷二）"礼功精义"，第 37 页。

夫事以敬为体，敬以事为用，敬而不事，犹未敬也，事而不敬，犹未事也。礼拜虽以身，而敬畏在乎心。五功不可无诚敬，则五者不能越乎心，无心之事，可以称其美乎！身在拜而心分于外者，面从而心违也。（"言其拜之成"）

这里，马复初把"敬"和"事"提到体—用关系的角度，说明敬事关系，可见他以内心敬畏和身躯事主对"拜功"的理解，非常人所忆及。

其次，"拜"乃五功纲维。

马复初认为，在五功中，以礼拜为名的"拜功"，其重要性居于五功之首。亦即他所说的，

拜功者，五功之纲维也。（"明其拜之为至要"）

且拜功之中，五功皆备，其中赞颂，念也；立躬叩跪，礼也；不食不饮，斋也；见利不取，舍也；面向天房，朝也。不言不笑，不取不与，尽绝尘务，是为超凡脱俗之象，浑然无我之境，是则所谓克去己私，复还天理也。（"明其拜之为至要"）

这里说的"纲维"，它指的不仅仅是一般的"法纪"，或是事物发展的一般性规律，而是指宗教信仰诸多信条中，"拜功"乃"近主之道""归主之门"。它是联系不同信条、功课的最关键的信条、功课。这是马复初在强调"拜功"在五功中特殊的重要地位，与他对"拜功"深含其他诸功的奥义，有着密切的关系。在他看来，信众的礼拜过程，就包含着日常践行的"赞颂""立躬叩跪""不食不饮""见利不取""面向天房"，亦即履行念、礼、斋、课（舍）、朝五功。因此，不可忽略礼拜功课，舍弃它的仪

则、法程。

马复初之所以强调"拜功"乃"五功之纲维"，与他对践行"拜功"在信仰中有其功效是分不开的。他说：

> 拜之益大矣哉！无路而可游，无门而可入者，拜之功也。（"言其拜之益"）

他甚至引用圣人之言说明拜功的功效。他说：

> 圣人云："礼拜乃近主之阶梯，归原之途径，渡患海之舟艇"（患海者，祸患之变如海之莫测也。念主者，主念之，故远者近，危者安）。众所皆知，无阶梯不能登高位，非舟艇岂能渡江海。（"言其拜之益"）

显然，他关于"拜功"的表述，其目的完全在于让信众了解，规范地履行立、躬、叩、跪四仪，完全符合人来自先天而后返归先天的义理。关于仪则的动作：

> 即外象以指点内义，乃明示夫人由先天而来于后天，复由后天而返回后天之理也。（"明拜功所指点之义"）

> ……四仪乃示其人由先天而来于后天，以四行（指火、水、气、土——引者注）为本，今欲复还先天，不免过此四行之象也。又站立乃顶天立地，人之象也。鞠躬，乃鸟兽负天之象也。叩首，草木根地之象也。跪坐，山陵盘踞之象也。周旋升降，阴阳消息，日月运行之象也。此亦示其由人物之理，而来于人物之象，复由其象而还于其理也。（"明拜功所指点之义"）

显然，马复初在这里把履行拜功与人的来复升降联系起来，使之具有人们难以想象的深奥含义。其实，刘智在《五功释义》中，已就礼拜的立、躬、叩、跪四仪有过类似的、形象的譬喻。

再次，"拜功"与"三乘"的关系。

伊斯兰教的五项基本宗教功课，通常称为"五功"。如何理解语词"功"的含义？问题是信众是从哪个视角看待礼拜的宗教仪则。既可以仅从日常五次礼拜、聚礼或会礼考虑，并践行其礼拜，理解"拜功"为宗教功课；也可从修身、修心、修性等方面考虑其礼拜，专注于从事精神功修，而践行其"三乘"（"礼乘""道乘""真乘"）的修炼进程。

在马复初看来：

> 众人知其拜功之当然，而不知拜功之关于身心性命之所以然，是知其拜之象，未知其拜之理也。夫拜之为功，象近而理远，形浅而义深，观之易，为之难，而成之尤难，大人小人同其事，贤者愚者共其行，论其义理，则其中高下之差，倍于天渊矣。（"明拜之理"）

基于一般信众与从事精神功修者的视角，及其对精神功修理解的深度完全不同，从而述及"拜功"也就有所差异。这就是他所说的，只"知其拜之象，未知其拜之理"，则"象近而理远，形浅而义深"，有"倍于天渊"之别的原因所在。

由于马复初认为信众对"拜功"义理的理解和认识有"高下之差，倍于天渊"，完全在于他们是否从事精神功修、是否践行"三乘"道路。由此，他将从事礼拜者的"拜功"者分为三类。他说：

> 总而言之，人有三等，上也、中也、下也，下者为其功

之象，名曰礼乘，中者为其功之理，名曰道乘，上者为其理之礼，名曰真乘。因礼乘而有道乘，因道乘而有真乘。亦犹花叶生于树，而果实生于花。舍礼乘而求道乘、真乘者，如丧其身而养心性，伐其树而求花果，愚迷之甚也。（"明拜之理"）

马复初对参与礼拜者做出具体区分，并认识其含义，却是不同于一般关于礼拜的说辞。他的表述，实际上是让信众真正明了礼拜乃天命、不得违抗的义理。马复初关于苏非"三乘"道路的思想、关于礼拜乃"三乘"道路的基础的思想，可以看出，他所受苏非主义的影响，完全是以遵循礼法为功修的前提和基础的遵法派苏非的主张。肯定"三乘"道路中"礼乘""道乘""真乘"三者间的树、花、果的循序渐进的功修进程的关系；并非舍弃基本礼仪，仅仅为追求内功成效而践行其精神功修的做法，这被视为非遵法派苏非的作为。正如王岱舆所说的，"兹缘吾道之异端，外托正教之名，而内演空玄之理，以讹易正，泾渭不分"，"宁若异端邪说，独言修内而不修外之欺蒙耶"[1]。

最后，斥责种种非伊斯兰的悖理作为。

马复初在表述"五功"中"拜功"的重要义理，以及"拜功"乃"五功"的纲维后，很自然地会斥责当时流行的或是时人言及的种种悖理，及其违背伊斯兰伦理规范的一些作为。

其一，斥责"异端"者。

他指出，对伊斯兰信仰造成危害者，不是什么"真小人"，而所那些"伪君子"，他们会对伊斯兰信仰做出不利作为。所谓"伪君子"，他指的是伊斯兰信众中的"异端"。他说：

---

[1] 王岱舆：《正教真诠》"易真""较量"。

> 异端者，以德乱德，乃以伪而乱真也。珷玞而冒玉，鱼
> 目而混珠，道其所道，非吾所谓道也。德其所德，非吾所谓
> 德也。（"明其执迷而行怪诞之非也"）

他之所以重视并斥责信众中的"异端"，完全在于他们"以德乱德"，进而"以伪乱真"。

其二，斥责"冒名清真"者。

他认为这些冒名清真者，表现在以下几个方面：不以沐浴斋拜为修善之本，只行其"明心尽性之功"；无篇章之学，反视学者为门外人；以体圣为不然，而"以悖理为善功"；忽视外善，强调内功；外恶内善、心正行偏。① 他说：

> 今有似回非回，不儒、不释、不道者，冒名清真而行怪诞。似清而非清，似真而非真，所信无经训，所行非礼法，执诸意见，离经叛道，而别为一端。（"明其执迷而行怪诞之非也"）

鉴于这类被视为冒名清真者的相关问题，将在卷四"正异考释"中对其思想予以讨论，本节从略。

其三，斥责"自称其德迈乎前哲"者。

他指出，那种自居贤善，虚张大名，专门矜己长，谈人短，惑众敛财，网罗成员，甚至妄言其道长，乃真主特生以救世之当世至尊，其皈依者，即能超凡脱俗；其言、行、命、禁，"皆真主之言行"，以"代真主广宣至道者也"。②

其四，斥责"代主显象"者。

在马复初看来，"代主显象"完全有悖于伊斯兰信仰。他甚至

---

① 马复初：《四典要会》（卷二）"礼功精义"，第44页。
② 马复初：《四典要会》（卷二）"礼功精义"，第45页。

斥责那种宣称当世至尊乃"代主显象"者。他说：

> 更有狂悖而甚于此者，曰：此世尊，乃代主显象者也。真主无象，世尊即其象，真主无体，世尊即其体，万事统归于世尊……天下皆顺其令焉。（"明其执迷而行怪诞之非与"）

这里说的"世尊"，马复初指的可能是非遵法派的苏非长老，亦即他所说的晒以核（或"筛海"、谢赫、道长、老人家等）。那种以其道长为"至尊"的狂言，无疑是把"主"人格化的做法，有着偶像崇拜的味道，是伊斯兰教所不取的。

其五，斥责言行"狂悖荒唐"者。

言行"狂悖荒唐"者，必定受到斥责。他们主要有如下数类人：他们虽有拜、有斋，但心未拜、性未斋；他们恶杂于善，或善中杂恶，从而沽名为首；它们名虽奉主，实乃奉己；他们的礼拜，无恭无敬，"贱若敝踪"；他们视某节经文可礼拜、某节可作祈祷，从而礼之诵之，认为其福庆胜于百年苦功；他们在人逢灾厄时，虽行善顺命，却遭到祸害，遂言"此真主之不仁"，如此等等，皆应受到斥责。①

第四节　幽明释义

马复初赴麦加朝觐期间，获得《归真秘言》。他将该书携归并编译后，即成"幽明释义"。

所谓"幽明"，正如上述的，"幽"指的是阴间，而"明"则为阳间。实际上，他所说的"幽明"要表述的是今生今世后的来世，即有关人于来世复生（死后复活）问题。马复初在"信源六

---

① 马复初：《四典要会》（卷二）"礼功精义"，第46、47页。

箴"的第六箴中，已经涉及复生问题。这里不过是予以更为系统的表述，以与作为基本信条的"死后复活"有所区别而已。

马复初沿袭前人关于"人祖阿丹（即盘古氏）圣人之古教"之说，认为伊斯兰教所讲解的复生，不同于释道的"冥府轮回之说"①。

> 隋时传于东土，其教正大至中，不偏不倚，无过不及，外则尽人之五伦，是为天理中之人情，内则修已之五功，是为人情中之天理，非若只言修身而废伦理，或虚言伦理而无修身之功者可比。（卷三"幽明释义"）

这里马复初关于伊斯兰教于"隋时传于东土"之说，毫无根据。他把"人祖"阿丹与盘古氏相提并论，也是缺乏史实根据的。可能是与中国古代关于"盘古开天地"的传说有关。至于他对伊斯兰教的性质做出的概括，有其明显的特点。

马复初认为，不同宗教的义理大致相同，无外乎是令人"修善止恶，寡欲清心，复命归根，其言虽同，而其所守者各异"②。他关于伊斯兰教经籍的"大旨，则认主宰、认本身、认今世、认复生之四本焉"，他的这一高度概括，有助于人们理解"幽明释义"的基本内容。

马复初为什么要编译"幽明释义"呢？他说：

> 夫认主认己之学，《性理》、《典礼》等书，载之分明，而认实（识——引者注）复生，惟《指南》、《真诠》二书，言其大概，但未能释诸所疑。予游天方，阅各经史，见《归真秘言》一部，义理精深，而了然于心者，较前远矣！盖清

---

① 马复初：《四典要会》（卷三）"幽明释义"，第52页。

② 马复初：《四典要会》（卷三）"幽明释义"，第52页。

真之言复生，并不类道、释冥府轮回之说，实有合乎原始要终之道，但浅见而溺于见闻者，难免生疑。予不得已，集诸明经，而采其至要者，辑为汉文，以释其疑焉。（"幽明释义"）

这里，马复初就编译"幽明释义"的意思是说，关于认主认己的"大旨"，在刘智的《天方性理》和《天方典礼》中已"载之分明"；关于复生的"大旨"，在马注的《清真指南》和王岱舆的《正教真诠》中，仅"言其大概，但未能释诸所疑"。他认为，尽管道、释有"冥府轮回之说，实有合乎原始要终之道"，只是它"浅见而溺于见闻，难免生疑"，与伊斯兰教所说的复生，也不是一回事。这是马复初之所以要"集诸明经，而采其至要者，辑为汉文，以释其疑"的原因所在。

他在编译过程中，"采其至要者，辑为汉文"，而成"幽明释义"。该卷共分为 17 节。从所述的不同节目内容来看，其主旨在于表明，人弃世后仍会复生。意思是说：

> 既离复合为复生，复者，来之反也，象反于理，而理反于真。理常，则其象因之而常，理真，则其象因之而真，既常而且真，则归后世、万古恒然，而永无变更也。（"幽明释义"）

它的 17 节内容，皆环绕复生分别表述相关问题。或者说，"幽明释义"立论的根据在于复生。为探讨和行文的方便，笔者将其内容，择含义相同者，或舍弃，或合并，概括为如下诸点。

首先，世界分表里、真幻。

马复初所说的"表"，指的是今生；所谓"里"，指的是后世。他所说的"真"是指后世为真，"幻"则指今生今世为幻。

由此，他认定人身亡后还会复活、复生。

在他看来，尘世比之天国，不过是"一戏局而已"①。也就是说尘世为表、为幻，天国为里、为真。他进而认为，尽管人们以俗世眼光来看，"梦境"为幻，"世事"为真，但从天国的眼光看来，则"以天国为真境，以今世为幻世"，他甚至从真主造化的视角来看：

今生后世，一表一里，人当知其所来，尤当知其所归也。（"幽明释义"）

天国虽久，较之真一之真，又为幻矣！盖真一者，真而真也。今世，真而幻也，后世，幻而真也。（"幽明释义"）

他还引用《妙喻经》之说，解释人的来复升降：

《妙喻经》云：其来也，先有天理之定，后有世界之分，是谓由里而达表，从体以著用，一本发万殊，无形之中显有形。则世界之随天理，如迹随印。其复也，乃人情之世界著于先，天理之世界著于后，是谓由表而达里，反用以归体，万殊归一，本有形之中见无形，则天事之随人情，如镜随形。是以今生之人情，必随天理。（"幽明释义"）

这是说，今生后世，有表里、真幻，人的最终归宿，不仅是后世，而且认为后世乃人死后的复生场所。所谓来复升降，实际上是极其概括地表述了真主造人、人返归真主的概略过程。人能否完成这一过程，关键在于人的复生。

———————————

① 马复初：《四典要会》（卷三）"幽明释义"，第59页。

人的来复升降，最终则在于复生，或进天堂或入地狱，目的在于接受真主预定的末日审判以决定人在尘世的善恶赏罚。后世的赏罚，完全取决于人在今生的善恶。

今生后世乃表里、真幻的关系。他说：

> 在今世其性乃赖气血而成，如灯之赖机油而明，机油尽，灯必灭，气血散，性必绝，是以易灭而不能长生……后世之灵性，妙如宝珠，乃自然而明，如恒星长明不败，所以长生无死。（"幽明释义"）

这是说，人有躯体性命。人的今生如同躯体性命，人早晚会死亡，躯体会肢解，性命会终结。可是，后世却不同。人在今生虽死亡，但人的性灵（灵性）却继续存在而不灭。实际上，这是"灵魂不死"的不同说法而已。

其次，理、性、形之间的关系。

马复初从"真一"造化的义理出发，以字和意形象地表述理、性、形之间的关系。他说：

> 夫理本无形，而为物之所以然也，性乃理之象，身为性之谱，理先于性，而性先于形。因理而有性，因性而有身，如意之于字。意先乎字，而为其本，字后乎意，而为其末，故所言在义理，而不在字形……字亡而意在，身散而性存。（"幽明释义"）

> 性，乃赋之于物，而随物流行者也，古人谓之魂魄，又谓之命。传曰：天命之谓性，命犹令也，性即理也。理乃物之所以然也。在物谓之性，在人谓之命，乃有本而自立者也。（"幽明释义"）

他的这一说法，目的在于表明，作为精神性实体的理，乃物质性实体的躯体的本原。他以"字亡而意在，身散而性存"的形象譬喻，仍为说明上述的复生。

他主张，灵魂寓于躯体，体亡而魂存。寓于躯体中的性，则是作为理的象而存在的。由理而有性，有性而有躯体之形。性则在理与形之间；性源自理，而它又决定人的躯体的存在和活动。他说：

> 论性之本来，皆由真性应晰而有，真性如青霄之月，众性如镜内之月，镜在则月在，镜清则月明，镜昏则月暗，镜损则月亡。无出无入，无往无来，不明此理，而曰灵性出于此体，落于此体，愚迷之甚也。（"幽明释义"）

这里说的"镜损则月亡"，无外乎是以镜中之月譬喻人之"性"。于月而言，并不是说镜子坏了，月亮也就陨落了；躯体死了，人的灵性也就随之消失了。而是说，原本可映月的镜子，因损坏而无法再映月；躯体死了，人的灵性依然存在。也就是：

> 性灵之妙，无往无来，身朽则隐，还于真一。（"幽明释义"）

宇宙万有之幻境真境，皆为真宰之造化。他说：

> 夫幻境真境，一皆真宰生化者也，亦真一本有之理所显之象也。（"幽明释义"）

> 象虽朽而理在，形虽散而质存……（"幽明释义"）

作为万有之象，属于幻境之物；幻境指的是尘世的一切。真境指的是后世。物灭、象朽而理则继续存在。

"死而复生，乃化重浊为轻清，化朽体为真身"①，此说要表明的是，人的躯体虽然死亡、朽坏，但寓于躯体中的灵性则不朽不坏；至于该人的灵性在复生后的境遇究竟如何，则以该人在尘世的善恶表现而显现出它的昏明。不可讳言的是，它与后天的赏罚相连。

就性而言，他分为六品（即坚定性、长发性、活性、气性、人性、德性），② 这一说法，与刘智之说大致相同。③ 这表明，他们有着共同的蓝本。

再次，论证"复生"乃为真实。

马复初以不同形式说明复生之事为真、为实。

其一，以真主造人证其实。

人乃真主造化之物。人的复生，是真主造化人的真正目的所在。为的是使人通过今生后世的来复升降，实现真主造人的目的。人从理世，经象世再返回理世，圆满完成这一过程。他说：

> 人也者，得天之粹而成其心，得地之华而成其身，更有真光之映照，则人之理，统括万有之理，人之象，包括万有之象，而为万化中所特生者也。观其外则天包乎人，推其理则人包乎天。（"幽明释义"）

这是说，人乃万物之灵。人生活于世间的重要作用在于，他的"理"可以"统括万有之理"，他的"象"得以"包括万有之象"，尽管人生活于天地之中，可是人的思想却可以包容天地，即

① 马复初：《四典要会》（卷三）"幽明释义"，第63页。
② 马复初：《四典要会》（卷三）"幽明释义"，第57页。
③ 刘智的六品中，并非"德性"，而是"继性"。

"其理则人包乎天"。为什么人能够做到这一点呢？他进一步说：

> 人之心内，有与理世相通之门，人之性分，有与天理相接之路，斯人之真心，乃有与真宰相贯之机。明其心，则慧眼开，遂可见妙世所有之奇。尽其性，则性相通，必能睹天理所藏之奥。正其命，则真心明，其真光照耀，遂与我贯通而无所隔也。（"幽明释义"）

因为真主在造化之际，已将"先天之理世，后天之象世，皆统会于人"①，这是人之外的天地万物难以胜任、无法做到的。只有人才能得以明心、尽心、正命，只有人的真心才能得以启明，与真光照明相映辉。人的归真，亦即在其复生的过程中，才能真正体现真主造人的真正目的。

其二，以认识途径证其实。

马复初认为人可以通过三种途径认识复生。他说：

> 人之所知，得于外而应于心者，其由有三，五官也、智慧也、传说也。盖物有隐显，事有近远，近而显，以五官知……隐者以智慧推而识之，推者，以此而知彼……远者以传闻而知……必待他方之确见者，传说而知之也。（"幽明释义"）

他关于人可以赖于个人的五官、智慧和人们之间的传闻，认识复生，无疑是说，人可以通过直接或间接手段认识复生。可是，认识现实生活中的事物是一回事，而认识人死后在阴间的复生，则是另外一回事。

在他看来，人之所以有此认识手段，得以认识复生，完全是

---

① 马复初：《四典要会》（卷三）"幽明释义"，第64页。

由于人为万物之灵，人的智慧能从已知而推未知。他说：

> 来尽则复，阴尽成阳。来于今世，复于后世。来者为降，复者为升。降者由里而达于表也，所以在今世，藏性与身，而随身转变，如水在藏于瓜果。升者由表而达里也，所以归后世，身又隐于性，而随性流行，如瓜果之性味藏于水。（"幽明释义"）

他以人的复生来说明幽明之事，此说的真正用意在于说明：

> 幽明之理，乃历圣相传，非后人穿凿附会之说。（"幽明释义"）

他认为"幽明之说，灵魂之论"，"非凡人可得而明"，特别强调"幽明之事，本属隐微"，"言微显阐幽，乃圣人之事"[1]。在他看来，信众只有通过"历圣相传"，即圣人所传的经籍之说，才能明了幽明之事。

其三，以五功证其实。

他认为，人的复生与人在世时践行的宗教功课密切相关。在他看来，五功（它包括身有礼功、心有念功、性有斋功、命有朝功、财有课功）乃近主之功、近主之道，亦为归真之道、归真之门。就五功而言，同样分为浅、深、极三层。根据他的说法：

> 五功有表焉，有里焉，有里中之里焉。为之浅者得其浅，为之深者得其深，为之极者得其极。浅者，大用之表也；深者，大用之里也；极者，大用之所以然也。三者即天堂之三

---

① 马复初：《四典要会》（卷三）"幽明释义"，第57、58页。

品也。("幽明释义")

基于上述的表里之说，不管信众的五功处于哪一层次，归真即为复生。

其四，以圣人引导信众证其实。

他认为，世间之所以需要圣人，完全是因为信众中有"下愚"存在。圣人的责任就在于引导信众。他说：

> 下愚者，其身累于尘俗，心滞于嗜欲，事事有障，物物为碍，是以不能自归，而必待真主使之归，以克其所未能自克之己私，而复其未能自复之真性焉。("幽明释义")

这是说，由于下愚不能"自克"己私、"自复"真性，所以需要圣人的指引，使之克己私、复真性。在他看来，这就是圣人存在的价值。因为圣人的指引作用在于：

> 教人朝朝濯磨去垢，刻刻遵循天理，明则可照万有之象，正则可显万象之理……方寸之心，可显万世真理，是为理中观理。相有尽而理无穷也。("幽明释义")

在他看来，"相有尽而理无穷"，引导世人认"万有之象"，识"万有之理"，以使人心彻悟"万世真理"。至于人如何从万有之理中，彻悟万世真理，真正做到"理中观理"，他提出：

> 人为天地所生，而天地又生于人，但天地之生人也，乃生其象，人之生天地也，乃生其理。是以人在天中觉人小而天大，天在人中觉人大而天小，天大以形，人大以理，是以圣人因其人之广大如此，教人修身明性，常以真功持之、养

之、戒之，不容习染污俗。（"幽明释义"）

　　这是说，"天大以形，人大以理"，是人得以"理中观理"的根本原因。深究其中奥秘，完全在于上述的人乃真主的特殊造化物，从而得以如此完满地体现真主造人之秘。为做到这一点，就需要圣人引导信众归真、复生。

　　其五，以儒释道之说为旁证。

　　马复初提出，儒家所言"人到至诚无息，则位天地而育万物"，释家所言"人能弃绝红尘，化俗身以归空极……到此则人是佛身，佛是人形"，道家所言"人至修身了道，脱弃皮囊，现出真身……"[1]，儒释道之说虽有所不同，马复初认为各说与伊斯兰教主张的复生之理大致相仿，故以此旁证复生为实。

　　他认为，中国的尧舜、周公、孔子之所以不言死后复生之事，不是不知，而是不言而已。因为他们是"治今世"的圣人，而天方圣人"职任幽明，是以不得不言"[2]。为宣扬其复生之说，马复初很自然地要驳斥佛教的轮回之说、托生之说。对于信者而言，这是天经地义的事；对于不信者来说，乃无稽之谈。为的是说明"人世因果轮回报应之说皆非"[3]。"幽明释义"不过是就说教之事，予以揭示。

　　最后，马复初以天堂地狱区分复生之境。

　　马复初将天堂定位于上界，不仅肯定天堂的存在，而且认为天堂有三品：

　　　　有有形之天堂，有无形之天堂，有无形色而达乎真一玄机妙用真境之天堂。（"幽明释义"）

---

①　马复初：《四典要会》（卷三）"幽明释义"，第60页。
②　马复初：《四典要会》（卷三）"幽明释义"，第68页。
③　马复初：《四典要会》（卷三）"幽明释义"，第57页。

　　人居于世间，虽然不是天堂，但人在归真复生之后，那些有条件居于天堂的信众，则可能在天堂中生活。在他看来，由于人有身心性三者，有的信众乐衣食，有的乐礼义，有的乐道德，这就决定他们复生时所处的天堂亦分为三品。他认为：

> 仅能修身者为善人，则位列于有形色之天堂，其所享亦形色之天恩也。并能明心者为贤人，则位列无形色之天堂，其所享亦无形色之天恩也，更能于尽性而明其各具之本然者为圣人，则位皆至妙至玄之天堂，其所享乃真一全体大用，无量无数之真恩，人所难名也。（"幽明释义"）

　　与天堂不同，它将地狱定位于下界，下界有时也称尘世。这是说，他既把现世视为地狱，又肯定那些因"悖天理、纵私欲，而任意作恶者久居之幽牢"亦为地狱。[1] 就人而言，他们是居于上界还是下界，他认为：

> 理胜于欲者，位同天仙，而升上界；欲胜于理者，位同禽兽，而居下界。（"幽明释义"）

　　在他看来，并非因信仰不同而有的升天堂、有的下地狱，而是说，这一切皆在于"体行圣德，持守天理而已"[2]。为说明此点，他提出信众是在上界还是下界，完全取决于个人的自我选择。他说：

> 如日光之普照，向之者明，背之者暗，非光之不照也，

---

① 马复初：《四典要会》（卷三）"幽明释义"，第70页。
② 马复初：《四典要会》（卷三）"幽明释义"，第70页。

是暗者之自背也。("幽明释义")

这是说，一切取决于个人在尘世的所作所为。

马复初关于"幽明释义"之说，在很多方面显然与其他学者或著述有所不同。这可能反映出他依据《归真秘言》所译著的内容的差异。

第五节　正异考述

可以认为，马复初根据多本阿拉伯文和波斯文经籍，通过其间的比照，写作了卷四"正异考述"。他借鉴的经籍有：《昭微经》《费隐经》《费隐经解》《格随德集注》《阐令呀殆经》《研真经》《道行推原经》《史法以经》，这些相关经籍，均为"正异考述"的行文所列出。此外，他还借鉴了刘智《天方性理》的相关内容表述其思想。

值得提出的是，马复初明确指出，伊斯兰教有其"经常达变之法"①，这是它处理有关信仰礼仪、日常生活甚至经籍中应予变更的问题的基本原则。这在马注的《清真指南》中有着同样的表述，即"经权所以持世，常则守经，变则行权"②，伊斯兰教正是以此而不断自我调节、自我完善，以适应时代的发展的。

除卷二"礼功精义"驳斥"冒名清真者"，或驳斥苏非派中的非遵法派苏非的种种作为外，马复初在"正异考述"所述12节内容中再次强调十叶派以及苏非主义经籍中的相关论点、论据考释其正异。概括起来，它大致有如下要点。

首先，强调真一超数一、数一超万有。

马复初关于"真一""数一"以及万有等问题的表述，在其

① 马复初：《四典要会》（卷四）"正异考述"，第75页。
② 马注：《清真指南》（卷之四）"因教"，第148页。

他著述中或多或少地均有所涉及。"正异考述"所述宇宙万有皆源自"真一";或者说,有"真一"而有万有,这里仅仅约略地说"一本万殊"。只是万有之与"真一"发生关系,完全是通过"数一"的衍化,万有才得以存在。当万有复归"真一"时,或者说,"万殊一本"所说的万有归真,并非万有等同于"真一"。

他认为,有的经文有这样的说法:"穷至极尽,即是主也","功修既至,穷究既通,理明物化,卷其迹象,忌乎物我之形,去其分别之迹,则我与主共焉者也。"① 他引用这类经文而后斥责说:

> 肤浅之辈,拟其修真者至此,则人即主也,主即人也。呜乎(呼——引者注)!何愚之甚也。("正异考述")

> 所谓穷至极尽,无我而有主也……且无己而归真,非象无也,亦非身朽也,乃忘乎物我也。("正异考述")

上述"穷至极尽,无我而有主也",意思是说,功修到一定程度时,达到无我境界,并非功修者即为主;而是说,这时的功修者达到"忘乎物我"。从"真一"衍化为"数一","数一"衍化为万有的过程而言,并非真主造化的万有即为"真一"、"真一"即为万有,其含义是说,"真一"永远超越"数一","数一"永远超越万有。如果把万有等同于"数一","数一"等同于"真一",则大错特错。在他看来,造物主与造化物有着根本区别。

马复初指出理解真宰独一有"卓然独一"和"浑然独一"的问题,他说:

> 卓然而独一,乃论真宰之当然,浑然而独一,乃论真宰

---

① 马复初:《四典要会》(卷四)"正异考述",第79页。

之所以然。论当然，则真宰之体用，超乎万有之外，不同象世，不类理境，超然而独立。论其所以然，则真宰万化浑然无分，独之外无众也，一之外无万也，主之外无物也，是则所谓万物之有，即真主之有，万有之象，即真主之象也。（"正异考述"）

这里说的"是则所谓万物之有，即真主之有，万有之象，即真主之象也"，无外乎是说"是则所谓万物之有，即真主造化之有，万有之象，即真主造化之象也"。

关于"当然"、体用问题，他进而做了如下的说明：

盖真一有体用，有感寂，而其有又分为真幻。真有为自然之有，幻有为化生之有。自然者，无始无终，化生者，有起有灭，有主仆，曰造化。（"正异考释"）

关于"浑然"、所以然问题，马复初认为，难道浑然、所以然可以"不论等分"吗？他接着如是说：

不论等分，则何论教道，何有天理人情，然则主可以为物，物可以为主，正可以称邪，邪可以称正，真主可为化生而有终始，人物可称原有而无起灭，而盗贼可以称为圣人矣！论浑然者，顾如是不论理乎？（"正异考述"）

这是说，那种"不知乃浑然其（'乃浑然其'似应为'浑然乃其'——引者注）先天，非浑然其后天也。论其所以然，则浑乎无可称，论其当然，则各分等第焉！"同样的，那种"不知主物同然之义，而以为真主散而为万物，万物合而为真主，谬之天壤矣！"① 他进一步以文辞与义理的关系，做了形象的譬喻：

> 岂知文辞未发，而义礼（理——引者注）先具于作者之心，是为文之里也。理与作者浑然为一，及其发，而以声音字迹达之于外者，文之象也。夫世界出于化生，亦犹言辞出于书写，未有世界之象，先有世界之理，而具于造物之觉照，是所谓世界未显即真一，乃世界之象未形，其理不离乎真一也。理与（以——引者注）象显，义以字形。（"正异考述"）

一句话，在马复初看来，应在造物主与造化物之间做出严格区辨，因为两者有着根本区别。

其次，学人不知经义，私智自用。

马复初提出，当时流传的经籍中，很多是"返尔西国"（即法尔西，或波斯，即今伊朗）的著作。马复初认为："苟非实学，难以明之。"② 这是说，如果没有真才实学，就很难理解这些十叶派的经籍。为此，他首先肯定辨识经籍应有其准绳，否则将受其害。他说：

> 明经，乃圣贤所遗之权尺，而准定夫道理之法则者也。（"正异考述"）
> 理学之深微，粗浅者奚得而识也，今之学人知见不足，且好新喜奇而远骛理学，不得其益，反受其害。非经之害人，乃自误而自害也。（"正异考述"）

---

① 马复初：《四典要会》（卷四）"正异考述"，第77页。
② 马复初：《四典要会》（卷四）"正异考述"，第76页。

他主张学人应明了经籍的真实含义。那种根据经籍"拟其真一之本然，散为万象，如制金而成器，毁器而成金"，纯为"悖谬之谈"①。至于如何理解"真一"，"真一"与万有、与表里、与隐显的关系问题，他说：

> 夫世界之象未显，惟理而已，理乃真一本然中所含自然之妙，而为天地人物之所以然，所谓命也。真一既显，即为世界，乃真一自然之妙，由里达表，而现于万象之中，是为当然不易之理也，非真一之本然，散为万有之象，或为万有之性。（"正异考述"）

这是说，对民间流传的经籍，应辨别其正误。正如人照镜子，一人之容照于万镜之中，并非其容的本体分散在万镜之内。就"真一"而言，"真一"显化万有，并非"真一之本然，散为万有之象，或为万有之性"，他强调的是，应真正理解经籍含义，不宜自作聪明、道听途说、随意解释。

马复初重视信众在信仰过程中的知行合一。特别是对那些从事精神功修的学人或信众而言，显得尤为重要。他说：

> 夫道在知而在行，知为行之体，行乃知之用。知而无行徒知，行而无（无知——引者注）成罔行，知之明者行之正，知之晦者行之偏，如南辕而北其辙，罔劳也。（"正异考述"）

马复初以哈乃斐学派的礼法为权衡、绳墨，以判是非、曲直。他以此为基点，强调学人或信众应真知、实行。他认为，为师者无真才实学、喜奇好异、以耳为目易随声附和、乡愿大行，轻信

---

① 马复初：《四典要会》（卷四）"正异考述"，第76页。

妄言而不究其根底所据，都会导致异说邪行。在他看来，在理解经籍的过程中，察"异端"之言而论其非极其重要。学人无真见难明"异端"之行，是"异端"盛行的重要原因。

马复初在强调学人应知经籍含义的同时，斥责他视为"异端"者。他说：

> 夫明经大典，近乎万部，其中并无以圣人为主之象者。此类狂语，乃始于买朱斯（拜火之教也），彼谓太阳即真宰之象也。又有以日月为真宰之二目者，曰："凡有光者，即真主之象也"。所以事火即事主也。其后，天主教称耶苏（耶稣——引者注，下同）为真主所显之象。曰："真主现身说法，以度众生"。所以拜真主宜以耶苏（耶稣）为正向。又曰："真主无体，而以耶苏（耶稣）为体，真主无形，而以耶苏（耶稣）为形"……夫以道长而为真宰之象者，其所见不如买朱斯。（"正异考述"）

其实，马复初所斥为"异端"者，乃异教的信奉者，并非伊斯兰教内的"异端"派别。至于他对十叶派或苏非主义的斥责，属于伊斯兰教内的不同主张，笔者认为从学术研究的视角探析问题，不宜断其是非。

再次，应严格区辨晒以核。

所谓晒以核（"谢赫"），即通常所说的长老、导师、道长、老人家等伊斯兰教的从业人员。

马复初在他的行文中，受苏非主义影响是极其明显的，他对苏非所信奉、崇拜晒以核的意识行为也是有所认识的。就晒以核而言，可以分为两类：其一为苏非派中的遵法派长老；其二为苏非派中的非遵法派长老。应该看到，他并不一味反对晒以核，而是根据有关晒以核的言行、信众对晒以核的态度而予以取舍并决定其褒贬。

由于信众对晒以核的认识不同，从而出现马复初所指出的如下的情况：

其一，视晒以核为主。

马复初抨击那种视晒以核为真主的行为或说法。他说：

> 愚昧不堪之党曰：众人认主，无形无象，无方无位，则落于空无，而类乎道释之语，所以求主者，终无所得，岂知真主以总统大道之晒以核之象，而显于世界，则得晒以核者，即得主也，顺晒以核者，即顺主也，见其面者，即见主也。外乎晒以核而求真主者，终无所得而无所归也。（"正异考述"）

> 有以人为主之象者，有言修道而至其极即是真主者，又有言万有即主之显象者，所见实出乎他教之下……且有言与其求真主，不如求道长……是以不求晒以核而求真主者，舍近而求远也……彼谓求真主不如求晒以核，悖逆之甚矣。（"正异考述"）

> 所谓见晒以核如见真主，而晒以核实为真主之象也……（"正异考述"）

显然，马复初认为"真主以总统大道之晒以核之象，而显于世界"，"求真主，不如求道长"，"见晒以核如见真主"等说法，无疑是将晒以核置于真主的地位，甚至等同于真主，都是不可取的。

其二，晒以核不能等同于圣人。

马复初指出，如果认为圣人或是至圣"无往不通""无所不知"，是不妥的。那种认为晒以核等同圣人，进而主张晒以核超越圣人的观点，也是极其荒谬的。他说：

　　《天方性理》云："浑同知能，是至圣性。"浑同者，谓
其知能与真宰知能，浑同一体，无欠无余也。此言至圣先天
之真性，所承真宰首显大命之全知全能，非后天形体之知能
也。圣人践形而后复其本初，则其真心亦如真性，而承真宰
之全体大用矣！吾闻狂悖之妖孽，妄言今之大晒以核，德如
圣人，且更有言其德大于圣人者……众穆民切不可以至圣与
主同尊，而曰主圣慈悯也。盖慈悯者，真主之事，若并归之
圣人，则真主有比肩矣！（"正异考述"）

　　意思是说，至圣在先天因代理真宰的造化作用，其知能与真
宰"浑同一体，无欠无余"；或者说，"至圣先天之真性，所承真
宰首显大命之全知全能，非后天形体之知能"。当圣人"践形而后
复其本初，则其真心亦如真性，而承真宰之全体大用"。把晒以核
比之圣人、比之至圣，甚至比之真宰，皆为悖逆之举。持有这类
主张，或是相信这类说法的人，无疑被马复初视为蛊惑人心的
"异端"。
　　其三，信妄诞之言而尊晒以核。
　　马复初认为，当今学人中之所以出现"异端"，其根在于不能
辨别经籍真伪。从而妄尊晒以核。他说：

　　今现有传言某晒以核，有如是之神奇，能知已往将来，
拿龙擒虎，驱鬼役神，究之一事不晓，毫无所通，尽为空谈，
以蛊惑愚俗，乃巫觋之类也。更有妄称晒以核，任意所为，
能操祸福之权……又有怪诞而过于此者，曰：人遇急难，哀
祈真主，而主不应，转祈晒以核，即应之而释其难……此类
妄诞之说，乃出于异端教井低革所捏造。（"正异考述"）

　　所谓"井低革"，它是伊斯兰教兴起后，对琐罗亚斯德教

（拜火教、祆教）或摩尼教的泛称；亦可泛指"异教徒"、不信神者、二元论者。

他还进一步指出：

> 井低革捏造数千段圣谕，其意乃言晒以核大于圣人也。盖晒以核所传者，道之里也，圣人所传者，道之表也。是有以晒以核可以阻挠圣人之言，且能阻真主之命令，真主使之死者，晒以核可以使之生。（"正异考述"）

马复初的上述所言，很明显是在谴责非遵法派苏非长老或十叶派的教义主张。鉴于它涉及的是伊斯兰教内部不同的主张，笔者对宗教内部的事务及其相关思想主张拟不予评述。

其四，谨守天命圣道慎求晒以核。

伊斯兰教有三乘之说，在现实生活中，有的信众只行礼乘，有的只行道乘。对这类现象，马复初指出：

> 礼乘为天命，而为千万人之道。道乘为副功，而为一二人之道，不行道乘，惟守礼乘，永保天命，非正道乎？礼法大典，堆山塞海，尽言礼乘，并未闻教人寻求晒以核之语，高中钦点谁不望，但章句之学，而望钦点，亦犹无羽翼者，而望高翔，则小儿亦笑甚愚矣！（"正异考述"）

在马复初看来，真正有德的晒以核，能"传行大道""率众归真"，而"非若今之道长，有名而无实……其实乃王公之服，乞丐之身，圣贤之口，盗贼之心"[1]。无真功而妄求晒以核，有其害。

最后，马复初表述应明邪正而不求奇踪异迹。

---

[1]　马复初：《四典要会》（卷四）"正异考述"，第91页。

马复初引证《格随德集注》说，真正的晒以核，"世间不可无，但一世惟一人而已，乃代圣位而率众归真者也"①。因此，马复初极其强调应严格区辨是非、邪正，而不一味追求奇踪异迹。

在他看来，当今的晒以核，往往徒具虚名，表现为：

> ……有其名，为其实，类皆珷玞冒玉，饰铜为金，而煽惑愚民，且更有妖孽乱世，显诸奇异，众人信为神奇觉照，任其偏邪，而从者不敢以为非，虽离经悖道，而从者以为是。（"正异考述"）

就这类晒以核而言，马复初将其言行概括如下：

> 有废尽五功，而妄言吾所传行者内功，乃明心尽性之功也。斋拜之象，乃庸常之风俗，非心作功夫，不能超凡脱俗。且沐浴言其净也，乃净其心，非净其身也。拜言乎其敬也，乃心敬之，非身事也。斋言乎戒，乃戒诸嗜欲，非戒食色也。朝言乎归，乃万意归主，非归故土也。课言其舍，乃舍己，非舍利也……此类妖孽，以假乱真，似回非回，不儒、不释、不道，乃有形之鬼魔，清真之内贼也，纵有奇踪异迹，何足论哉。（"正异考述"）

显然，马复初在这里有区别地斥责"晒以核"，指出的是"不勤真功而妄求晒以核之害"②。人们对此亦应有所知晓。

马复初强调"有学则明"，明则不受他人蛊惑；"无学"，则"不知考其言之虚实，出于何人，言者以何为据"③，从而认邪说

---

① 马复初：《四典要会》（卷四）"正异考述"，第84页。
② 马复初：《四典要会》（卷四）"正异考述"，第84页。
③ 马复初：《四典要会》（卷四）"正异考述"，第88页。

为圣道，使邪说异行得以流传、盛行。其结果则不利于信仰。

马复初指出，历来伊斯兰教"共冈一理，依经据典"，可是，当今出现"喜新厌故"，"以古道为非，另立新奇"。他以"古教仍依经据典，实为穆罕默德之教……吾等所行，全照经典……则彼之为异端，必无疑矣！"[①] 冀望信众应守正去邪，坚持伊斯兰正统信仰。

马复初轻蔑那些仅有空想、望高人点化而获神通者，认为这类人最易受骗上当。他说：

> 夫愚而不自知其愚，且望超常出众者……不勤五功，而望高人点化，即得神通者，其徒想空望，皆此之类。（"正异考述"）

> 闻蛊惑者言某晒以核，可以点石而成金，数日之功，即能通神，而超常出众，则罄厥所有，拜于门下，惟孔（恐——引者注）其不齿于弟子之列，可鄙可笑。（"正异考述"）

这是说，不践行功修，甚至迷信晒以核"可以点石而成金"，妄图一步登天，不仅一事无成，而且有害无益。

总之，"正异考述"的中心思想在于强调不以沐浴斋拜为修善之本，只行其"明心尽性之功"；无篇章之学，反视学者为门外人；以体圣为不然，而"以悖理为善功"；忽视外善，强调内功；外恶内善、心正行偏，[②] 如此等等。

① 马复初：《四典要会》（卷四）"正异考述"，第89、90页。
② 马复初：《四典要会》（卷二）"礼功精义"，第44页。

第 六 章

马复初的《大化总归》与《会归要语》

　　马复初继《四典要会》后，完成他的重要译作——《大化总归》①。该书是一本涉及末世学的宗教性著述。它的原本为《甫苏思》（《甫苏师》）。《大化总归》的基本思想及其架构是依据《甫苏思》完成的。它的内容除了涉及（或引用）经训外，在表述中还使用《道行经》（可能即《道行推原经》的简称——引者注）、《妙喻经》《补都耳经》《历观经》等经籍的行文。② 该书应视为一本编译性的著述。在《大化总归》成书前，马复初已完成《会归要语》。《会归要语》可能也有它的经籍根据。因为在它的第四章"明生死之由"行文中，同样引用了《道行经》和《矢哈呀以经》；第十章"明地狱"中，引用了《努数斯经》和《府吐哈经》。笔者分别据国家图书馆古籍馆《会归要语》（无刊刻部门和出版年代）和《大化总归·四典要会·醒世箴言合编》（民国十八年马福祥刊本）为底本从事研究。鉴于马复初在不同著述中，对一些问题形象性的、譬喻性的表述有所重复，故在探析《大化总归》和《会归要语》③ 过程中，对这类重

---

　　① 　白寿彝认为它是一本"译著编删"的书，见《回族人物志·近代》（第179页）；马福祥认为它是一本"译述"。

　　② 　分别见《大化总归》（上卷），第10、11页，《大化总归》（下卷），第21、22、24页。

　　③ 　鉴于《大化总归》分为上下卷、未分节目，《会归要语》只有节目，故在其后引文时，《大化总归》只注明上卷或下卷，而《会归要语》的引文则注明节目名称。

复的表述则予以省略。本章除对《大化总归》和《会归要语》做一简介外，拟分别探析两书所述大化、"真主之道"、全体大用、"总归"的含义及其相关内容。①

第一节　《大化总归》《会归要语》简介

《大化总归》是马复初的著述之一。它是以阿拉伯文《甫苏思》为原本编译而成的著述。本节拟从以下方面简介其内容。

首先，翻译《甫苏思》的缘由。

马复初在翻译《甫苏思》之前，《四典要会》的"幽明释义"和"信源六篇"，以及《会归要语》《醒世箴》已经刊刻成集。其中关于后世、复生问题，已有所涉及，"言斯人后世一节，既详且尽矣"②。只是与《甫苏思》相比，仍有所欠缺，马复初就有翻译《甫苏思》的想法。"《甫苏思》一籍，其中言真宰全体大用，以及天地万物光阴之蕴奥，无不头头是道，四通八达，而非浅学人所能解"，由于该书"为友人借去，烽火之中，半多遗忘"，而难以为继。③

《甫苏思》所言"后世者，虽斯人原始要终之道，实真宰之赏罚定于斯，天地之究竟全于斯，万物之归宿毕于斯，光阴之结局著于斯。理至大也，义至精也，其词则非千万言所能阐发也。况我教经籍不下百万册，求其事奇辟而理中正，词精奥而旨深微者，莫如《甫苏思》一籍"，这是说，马复初认为，唯有该书"其事奇辟而理中正，词精奥而旨深微"④。

马复初在朝觐期间，获得该书。归国后，他向门人弟子逐段逐句口译《甫苏思》行文、讲解其含义，由马开科随之录记。他

---

① 相关的研究有马汝云的《马复初的〈大化总归〉》，《中国穆斯林》，1986年第1期；杨桂萍的《马德新的大化思想》《回族研究》2003年第3期。

② 马复初：《大化总归》"自序"，第1页。

③ 马复初：《大化总归》"自序"，第1页。

④ 马复初：《大化总归》"自序"，第1页。

"口讲指划，逐句对勘。命马生代为译出。而词意未尽妥协者，又复几经改换，成为一帖"①，即《大化总归》。

马开科关于翻译该书缘由，有着更为直接的原因。他认为，王岱舆、刘智等人的著述虽丰，只是"所惜者，王刘诸公于后世复生一节，多所阙略。夫子尝抱恨曰，后世者，生死之大关，幽明之至义，原始返终之要道也。造物之全体大用，圣贤之复命归真，庶汇之知能长养，非此概不能显。奈何王刘诸公之不著也，或著之而未刊也"②。

其次，《大化总归》的成书过程。

马开科在《大化总归》"序"中说："科回人也。幼习儒书。于我教中之经籍未之知，我教中之理道未之习……癸亥秋（即同治二年/1863 年——引者注），得从事复初夫子于滇垣。"③

他在学习期间，马复初指导他学《甫苏思》一书。马复初在逐段逐句口译、讲解其行文深旨奥义④的同时，令马开科随之录记，"并嘱科为删定成章……科不过分绪而理，以成此善本焉耳……及夫子命译此经，虽亲口授受，而有碍情理者，科未尝不蓄疑于中。与夫子辩论焉。而商所以去之……每于一章一节，必手执经本，逐句对勘，逐字互校，以求无背谬之义，支离之词。并不敢杜撰一语，有负古圣人立言之本心。可见，读经之难，译经尤不易"⑤。

---

① 马复初：《大化总归》"自序"，第 1 页。
② 马复初：《大化总归》马开科"序"，第 3 页。
③ 马复初：《大化总归》马开科"序"，第 1 页。
④ "……夫子又从而口讲指划之，两年于兹。"见《大化总归》马开科"序"，第 1 页。
⑤ 《大化总归》是马复初继《四典要会》后的又一作品。"因《甫苏师》一经，前为友人借去。其中词意，多所遗忘。今得西上之便，带回此经。于是忘餐废寝，日夜探索。觉微言奥旨，有非前数集所能尽者，因以汉文译之，以续其末。"（见马开科序）该书译毕，分上、下卷，以"天方学人榆城复初氏校订，后学宛温马开科著"的名义刻板问世。从《大化总归》的内容来看，该书并非纯粹的翻译，亦非"不敢杜撰一语"。行文中有译者增添和"即兴发挥"的痕迹。

从正文的编排来看，上卷每章行文后，均有低排一字的"此章言……"。其行文类似对该章内容的概述（或小结）。其中，上卷共有"此章言……"（或"此章借……"）16 段行文；下卷共有"此章言……"（或"此章借……"）12 段行文。另有 4 段行文，其前分别列有小标题（即"天堂""地狱""总论""理欲公私说"），其后同样有"此章言……"，这 4 个小标题似可视为《甫苏思》原著的章目。可能是译者予以保留。似可认为以上 32 段行文为《甫苏思》的正文，至于其后的"此章言……"等行文表述，笔者难以判断是原著对该章的概述，抑或是译者对所译内容的小结。

就所译《大化总归》内容而言，其中有着马复初为完善该译作而增添的行文，并节录马注《清真指南》有关"性命"问答的表述，"以备参考"①，似可视该书并非一本纯粹意义上的译作的根据。

再次，关于《大化总归》的刊本。

据笔者了解，国家图书馆（古籍馆）藏《大化总归》有两个刊本。

其一，同治四年（1865 年）刊本②。

该刊本《大化总归》（分上、下卷），正文首页刊有"榆城复初氏校刊"，"宛温受业马开科著"。

该刊本有多人为之撰序。除以马复初"大化总归序"（3 页）居首页刊刻外，其后有无名氏所撰类似序言的"大化总归"（3 页），再后为马开科的"序"（5 页）和马锐的"复初夫子大化总归叙"（3 页）。这些序文均写作于同治四年。其后为《大化总归》上下卷正文。

---

① 马复初：《大化总归》（上卷），第 18 页。马复初节录行文，见马注《清真指南》（卷之四）"性命"，第 92—100 页。

② 国家图书馆古籍馆藏书编号为 135485。

在下卷后有一类似跋（或后记）的行文。该文作者虽未署名，但其行文开头有"复初师译大化总归一书。何归乎？归乎真也。何真乎？修身、明心、净性以复其本初也"，最后有"科时亲几席，知夫子兢兢于为是书之苦心，用敢再弁数言于书竟，以志企慕之忱焉！"①，似可认为该行文仍由马开科所撰。该刊本虽以"马开科著"的表述形式问世，从该跋所述，仍可认为《大化总归》乃马复初的著述之一；或者说，它是马复初口译、马开科录记的成果，算得上是马复初与马开科合作的作品。

其二，同治十二年癸酉九月（1873年）刊本②。

该刊本《大化总归》为一卷本。它由"锦江沙氏福春"据同治四年刻本重印。所不同的是，它在扉页上刻有"滇南马杏楼甫著"，其首页有未署名的类似序文的"大化总归"（3页）；其后为马开科的"序"（5页）；之后为马复初"大化总归序"（3页）；再后为马锐的"复初夫子大化总归叙"（3页）。其后为《大化总归》正文。正文最后则为上述由马开科所撰未署名的跋文。

《大化总归·四典要会·醒世箴言合编》（民国十八年马福祥刊本）序言，其排列先后分别为马锐、无名氏作者、马开科、马复初的序言，正文最后有马开科的"跋"。

从上述各刊本所刊序言中，为何都刊有无名氏的类似序言的行文而未刊印作者之名？这在一般情况下，是较为少见的现象。从同治十二年《大化总归》（一卷本）扉页刊有"滇南马杏楼甫著"来看，笔者揣测很可能未署名的序言作者，就是扉页所载"滇南马杏楼甫著"。

《清真大典》（周燮藩主编）第十七卷收录了《大化总归》。该书乃民国十二年（1923年）清真书报社重刊本。它以《四典要会大化总归合印》之名问世。其中有马福祥于1922年所撰"合印

① 《大化总归》（下卷）后行文。
② 国家图书馆古籍馆藏书编号为133798。

马复初先生译述大化总归四典要会序"。该刊本与上述刊本同样以马锐的"复初夫子大化总归序"为首,其后为无名氏的"大化总归",再后为马开科的"序"和马复初的"大化总归序"。①

《回族典藏全书》(吴海鹰主编),沿用民国十二年清真书报社《四典要会大化总归合印》重刊本。其中,将《大化总归》编入全书的第三十一册,而将《四典要会》编入全书的第三十二册。它除了保留马福祥所撰"合印马复初先生译述大化总归四典要会序"外,照录马锐的"复初夫子大化总归序"、无名氏的"大化总归"、马开科的"序"和马复初的"大化总归序"。

最后,《大化总归》序言的学理含义。

就各刊本的序言而言,其主旨在于表明该书写作的缘由及其成就。值得提出的是马锐的序言和疑即"滇南马杏楼甫著"的序言。

年已92岁而自称"后学"的马锐②,为《大化总归》撰序时表示读该书后大有收益。他在序言中说,读《大化总归》前,在中年时习"易伏羲卦传先天之数,文王卦传后天之数……而茫然未有得也";读《大化总归》后,"而始知先后天之贯通也,知真一之体用为一也,知真一之天人合一也。真一之理生天生地,生人生物"③。马锐从儒家思想,特别是从宋明理学的视角,就真宰造化、无极太极、二气五行、理道、体用、归根复命等语词,做一比照,认为"先生文章如翻澜,以庄列(似应为壮烈——引者注)纵横之笔写孔孟精深之理。陶诗所谓奇文共欣赏是也"④。

无名氏的序言,则从真宰造化而有先天、中天、后天的来复过程,表述《大化总归》的要旨。他认为,真宰"化育万世,化

---

① 见《清真大典》第 17 卷,第 202 页。
② 据马复初《大化总归》自序称,他"时年七十有二"(同治四年),马锐年长20 岁。
③ 马复初:《大化总归》马锐"复初夫子大化总归叙",第 1 页。
④ 马复初:《大化总归》马锐"复初夫子大化总归叙",第 3 页。

生万物。固造化之至奇，神化之莫测也。当其化出于先天，浑然者，有理而无象；化出于中天，灿然者，即理而显象；化出于后天，厘然者，由象以复理。惟先天浑然，故真一开起化之原；中天灿然，故数一立成化之本；后天厘然，故体一顺化化之机。要其化之尽，终而返始者，皆其化之自然，而归本然也。是以起化之归，归于成化；成化之归，归于化化；化化之归，仍归于元化。无一物在不化者，实无一物之不归。此足征大化之流行，而信归真之非偶"①。这一以先天而中天，显现为由理而造化象的过程；由中天而后天，则显现为由象而返归理的过程。就是说，真主的大化总归以理—象—理的形式完成其表述。显然，这是借助刘智《天方性理》（本经）第五章关于"真一起化，数一成化，体一化化"，"尽终返始，化出自然，终归自然"②的相关内容而予以表述的。其所述序言，较之《大化总归》行文内容有所展开，有其学理性的一面，值得重视。

　　马复初的自序中有："予向有幽明释义、信源六箴、会归要语、醒世箴各集之刻，言斯人后世一节，既详且尽矣。"③可见，在马复初着手翻译《大化总归》之前，《会归要语》已成文。

　　可惜的是，笔者所见《会归要语》的刊本既无序言，亦无出版部门和刊刻年代。仅了解全书共十章。在十章正文前，有一近百字类似前言的表述。其后有"云"，再后则为行文十章。这十章的章目分别是明万化所来之原、明道之本末、明大世界小世界相合之理、明生死之由、明灵性所分之由、明死之义理、明善恶必有赏罚、明死而复生、明天堂、明地狱。从其章目来看，该书内容与《大化总归》有着密切关系。笔者以此为据而将两书内容合并探析。

---

① 马复初：《大化总归》无名氏"大化总归"，第1页。
② 见刘智《天方性理》（本经）第五章，第5页。
③ 马复初：《大化总归》马复初"大化总归序"，第1页。

在十章行文后，有"问答篇"。它涉及有关信仰礼仪以及生活习俗的答问。与《大化总归》和《会归要语》所述内容不一，故略而不述。

第二节　大化

"大化"指的是真宰的造化，即真宰从自我中造化出宇宙万有。宇宙万有含一切精神性实体（性、理、气、象、色、香、味等语词概念）和物质性实体（天地万物、矿物、植物、动物、人等有形物）。像马注的《清真指南》一样，《大化总归》《会归要语》既未沿袭那种说有就有的天地万物"创造"说，亦未完全延续有些苏非学者关于宇宙万有的"显化"说，而是继马注之后采纳"造化"说。① 即其"造化"含有先天的"创造"和"显化"双重含义，以及后天有形体化生的含义，以表明真宰自我乃造化的动因，宇宙万有产生、形成所必需的时间和空间，造化宇宙万有的物质基础及其得以产生、形成的全过程，借此"而显真宰之全体大用也"②。

《大化总归》在造化问题上，除直接应用真主的称谓外，马复初像王岱舆、刘智一样，有时还以学理性的替代词"真一"，有时亦用真宰、主宰表述整个宇宙万有的"大化"和"总归"问题；《会归要语》仅以真宰表述造化问题。

具体说来，《大化总归》和《会归要语》的"大化"有如下含义。

首先，关于真宰造化而有宇宙万有。

马复初在《会归要语》中说：

---

① 马注在《清真指南》中，以其造化说表述宇宙万有的产生、形成。见金宜久《中国伊斯兰先贤·马注思想研究》，第233—241页。

② 马复初：《大化总归》（上卷），第1页。

真宰主持造化，而不囿于所化。有不同于万化。体不同，用不同，而化自不同。盖真宰之有，自然有，而不得不有。所谓原有也。天地人物，乃化生之有，非必然有，所谓幻有也。（第一章"明万化所来之原"）

道行经云：真宰首显之大命，万性之宗原，乃万有起始归宿之大都会也。无色无象，贯通万化。（第四章"明生死之由"）

他关于真宰造化宇宙万有的表述，起于大命的先天后天乃其最初的造化。其后，分别表述先天后天的称谓、理象气形、造化物名异实同等问题。根据《大化总归》和《会归要语》所述，真宰的造化大致含有如下内容：

其一，造化进程。

《大化总归》说：

造化之初，有理有气。理付乎气，天地所以成形也。理不可无气，亦犹气不可无理。人之来时，由理之气，由气以成形。及其归也，由形还气，由气而达理。理也者，万有之宗。天地如此，万物如此，即人亦莫不如此。（上卷）

真宰造化宇宙万有的过程，即由理而气、而形的过程。其实，他在《会归要语》中则以"大世界有理象"之"象"，表述这里说的"气"和"形"①。具体说来，先造化先天，先天的宇宙万有皆为精神性实体；再造化后天，后天的宇宙万有既含从先天延续

_____

① 马复初：《会归要语》第三章"明大世界小世界相合之理"。

而有的精神性实体（如理），又包括物质性实体（即天地万物），精神性实体，分别寓于与之相对应的物质性实体之中，或由于欠缺与之相应的载体，而仍然存在于后天。

在造化过程中，先天、后天既显现为先后的顺序，同时，也表明先天、后天的存在，限定形形色色的宇宙万有分别活动的不同领域。只是先天是个精神性实体的语词概念的、空泛存在的领域；就所造化这类语词概念，即便具有无限的数量，并不需要任何记载或表述它的光阴或时间，也不因为语词数量的无限堆积而占有任何的场所或空间，因此这类精神性实体也就毫不具有任何的质量、重量、动量或能量。可以认为，先天乃人们思维的逻辑产物。

从真宰造化的观点出发，这一时空同样是真宰造化所不可或缺的、看不见摸不着而又确实存在的精神性实体；它与后天一同被造化而存在。

由造化而出的后天，在存在形式上则有所不同。就万千语词概念而言，一方面，先天造化而出的语词概念，在后天无须任何载体而得以延续存在；另一方面，它们则寓于后天被造化而出的、与之相应的物质性实体之中，与该载体并存。真宰所造化的后天的物质性实体，一方面，那些在后天延续存在的语词概念仍不占有时空，但与物质性实体并存；但另一方面，与其语词概念相对应的物质性实体，则占有一定的时空。这是说，由真宰造化的宇宙万有，在其产生、形成后，还应为其提供化生、存续、演变、活动的光阴（时间）和处所（空间），这一时空，显然是在真宰的造化之中。

其二，真幻有别。

上引《会归要语》所述"天地人物，乃化生之有，非必然有，所谓幻有"，马复初以此与真宰之"原有"相区别，为的是表明"真宰之有，自然有，而不得不有"，是"原有"；更为重要的是，马复初强调的是真宰为"真"，而天地人物为"幻"。正如他在《会归要语》中所说的：

真与幻，虽同称其有，而大相悬殊焉。盖幻有者，有起灭，有变迁，有形色，有方位。原有者，一无所有之有也。如人之命，吉凶祸福，夭寿穷通，全然由命。但其命无形色可见，无方位可求。不居身内，不在身外，而不离乎身。似无而有，似虚而实也。若主持天地，纲维理数之真宰，亦无形色、无方位，无声无臭（古通"嗅"——引者注），而为世界所不能离。但不在世界之内，亦不在世界之外，巨细在其掌握，无物不听其操纵。万化之性，万象之形，由乎其安排。（第一章"明万化所来之原"）

在马复初看来，真宰之"原有"，与作为天地人物之"幻有"，有真幻之别；这是说，天地人物乃化生之有，这一"幻有"仅相对于真宰而言；其实，从人的视角来看、来说，就不是什么"幻有"，而是确确实实的、客观存在的"有"。否则的话，人们难以理解吃的、喝的都是虚无，看到的、听到的都是不存在的，可能对谁来说，都不会接受这一说法的。

真中含幻，万有之理是也。幻理（似应为"里"——引者注）藏真，万物之所以然也。（第一章"明万化所来之原"）

马复初的这一说法，完全是从真宰乃造化之本原而说的，无外乎要信众了解万化的本原是真宰。

其三，大世界小世界相合。

真宰造化的宇宙万有，显现为天地万物、显现为大世界和小世界。马复初的《会归要语》沿袭伊斯兰教的传统主张，认为大、小世界相仿相合。他说：

> 天地为大世界，人为小世界。大世界所有者，人亦有之。大世界有理象，人有神形。大世界有天地，人具身心。天有七政，心含七德。地载江河，流浸四方。身含脉络，通行一体。地限七州（后作"洲"——引者注），各产以异。身分七窍，各司其能……大世界之治乱起灭，总一无象（像——引者注）之真宰，为之纲维。小世界之生死贵贱，亦一无形之天命，为之主持……（第三章"大世界小世界相合之理"）

马复初的这一表述无疑是说真宰造化的统一性，并为其后所述人的复生，即以人为代表的万有的"总归"做了不可或缺的铺垫。

其四，先天后天称谓有别。

马复初在《大化总归》中，关于先天、后天的表述形式，在他的其他著述中，先天有时也称为理世（或妙世、或上界），后天则称为象世（或色世、或下界，有时也有尘世、今生今世、现世）。

马复初之所以需要上述的先天、后天等不同称谓，为的是从不同视角，极力显示真宰造化之真。他说：

> 显其造化之真者，此固有先天者之必有后天。有理世者之必有象世。且象世之必通乎理世。（《大化总归》上卷）

这是说，先天后天、理世象世、妙世色世是连续的、一贯的，其间不存在任何间隔。在探讨先天、后天的内涵时，还应了解《大化总归》为扩展其思想及表述的需要，很自然地会伴随着造化活动的进展，而衍化出一系列的语词概念，其中，主要有理、象、气、数、形等语词。就它们的确切含义及其所显现的实体，都是造化的产物；它们可能是精神性产品，也可能寓于物质性实体之中，应予以分别探究。

其实，在马复初的思想中，根据《大化总归》的说法，先天可以视为前世，后天又可分为尘世（即今生今世）和后世。正如其所说：

> 真主造化今世，以其有后世也。造化后世，以其有今世也。今世非后世不显，后世非今世不彰。合之而为一世者，分之而为两世焉。（下卷）

在《大化总归》看来，今世（或尘世、今生今世）和后世两者，从人的视角看，"分之而为两世"，人只生活在尘世，而不生活在后世；从真主的视角看，"合之而为一世"，就是说，在造化者那里，两者都不过是后天不同阶段的表现，仅是相对于先天而言的。

这是说，后天既有今生今世，即一般意义上所说的尘世（或现世、今生今世），又有今生今世后的后世。尘世亦即从先天复归后世（或前世）的过渡。这一后世，亦即人必定复归的理世。或者说，从理世到象世而言，是一个下降过程，而从今世到后世（理世），是一个上升过程。这一上升过程，亦即人于后天返回到真宰造化宇宙万有的理世—先天。一切皆在马复初所述的这一安排之中。如以列式表示，则为：

理世——象世——理世

或者说，亦即

先天（前世）──后天（今生今世）──先天（后世）

应予指出的是，尽管上式所表明的，从理世经象世到理世的复归，是《大化总归》所拟表明的。可是，就前一理世与后一理世的内涵上，两者已有所不同。就是说，前一理世所含有的仅仅是精神性实体（如语词概念等），它们从未经过象世的物化的显现过程；在象世中，不仅有着精神性实体的存在，而且有着物质性实体的活跃。而后一理世则是经过象世的发展进程的，因而其内涵也就丰富、充实得多。或者就人来说，返回后一理世的，则是有血有肉的躯体（尽管它是死的），还不算涌入理世的大量的物质性实体。这是马复初在其《大化总归》中未能言及的。

《大化总归》在表述其思想时，甚至主张后天包含中天和后世。① 这既与马注所述"先天而为受命之根，中天而发遵命之华，后而结复命之果"② 之说相同，又与马注的"五时三会"③ 之说有别。马注所说的先天、中天、后天，伊斯兰教的"三世"之说，仅仅在表述形式上有所不同，其"三世"思想则是共同的。至于"五时"之说，不过是"三世"的不同表述形式，并不具有特殊的含义。

其五，理、象、气、数、形。

所谓"理"，它无疑指的是人们的思想、观念等一类精神性实体或语词。在《大化总归》中，一方面，与之相关的则有理世（或妙世），它存在于先天、上界；另一方面，它也存在于后天，

---

① 它说："彼中天为先天之镜。故尘世显先天之定然，而寿夭穷通可例观也。后天为中天之镜。故复生显尘世之事迹，而善恶贤愚可互见也。"参见马复初《大化总归》（上卷），第33页。

② 马注：《清真指南》（卷之六）"问答"，第275页。

③ 参见马注《清真指南》（卷之二）关于"天命"所说的"人生有五时三会"，指的是："一、原无之时；二、命有之时；三、命连身体之时；四、命离身体之时；五、复活之时。命有之时，会于妙世；命连身体之时，会于色世；复活之时，会于后世。"（第67页）

或寓于与之相应的有形物的实体之中。

理世乃一切精神性实体存在、活跃的领域，它并不据有任何的空间或场所；这一领域完全是虚无的。由于"理"作为精神性实体的存在，还可能体现于象世、今生，因此，"理"也就寄寓于、存在于尘世的与之对应的一切物质性实体之中。根据《大化总归》的说法，只有当宇宙万有中的一切物质性实体毁灭后，"理"才返回到理世（或后世）。《大化总归》说：

> 造化之初，有理有气。理付乎气，天地所以成形也。理不可无气，亦犹气不可无理。人之来时，由理之气，由气以成形。及其归也，由形还气，由气而达理。理也者，万有之宗。天地如此，万物如此，即人亦莫不如此。（上卷）

这是说，先有精神性的"理"，后有介于精神性实体和物质性实体之间的"气"，从而才有形体即天地万物和人类的诞生。由此表明，在尘世，"理"与"气"并存于一定的事物或物体之中；或者说，"理"寄寓于、存在于"气"之中。

所谓"象"，在先天，它同样是以精神性实体的形式存在；可是，在后天它则指的是一切物质性实体的显现及其存在的形象。在《大化总归》中，与之相关的是象世（或色世）。"象"皆有其具体的形象，它们分别以不同的形式予以显现，具有其存在的实体、形象、含义，它还占据一定的空间和时间，存在、活跃于象世（或色世）中。

所谓"气"，它在先天同样是精神性实体；在先天向后天过渡的过程中，气则被视为元气。在马复初的思想中，元气既是先天精神性实体衍化为物质性实体的因素，又是后天一切物质性实体构成、存在的基础。《会归要语》所说的"夫气乃无形中之有形，而近于妙焉"①，无疑是将气（或元气）视为由精神性实体向物质性实体过渡的基因，从而精神得以派生（变化、构成……）物质。

所谓"数"，数在先天也是精神性实体。在后天却成为宇宙万有的命运、气数。显然，在《大化总归》那里，由真宰命定天地万物皆有其气数。

所谓"形"，它在先天同样是精神性实体；在后天它指的是存在、活跃于象世（后天）中的一切有形物的外在形象（形式、面貌、状态、性质）及其具体表现形式。

根据《会归要语》，关于理气关系有如下表述：

> 或曰：人类既同受天命之性，则又何有善恶贤愚之分。答曰：世人之性，虽同出一原，第理同而气异。理随气化。因气不同，而理亦不同也。（第四章"明生死之由"）

同样的，在《大化总归》中也有类似的表述：

> 气清者必清，气浊者必浊。所以人虽同受天命之性，而有善恶贤愚之分者，因理同而气异也。理随气化。气不同，而理亦不同耳。（上卷）

从上述有关语词的表述，似可认为，《大化总归》与《会归要语》可能源自大致相同的原著。

其六，性理异名同实。

根据《大化总归》的说法，在真宰造化后天之前，"理"只存在于先天；而在造化天地万物之后，"理"亦随之存在并活跃于后天。作为精神性实体，马复初主张其存在的客观性应予肯定。

---

① 马复初：《会归要语》，第四章"明生死之由"。

问题是，作为精神性实体的"理"，却是一切物质性实体产生、形成的基础和根源；这无疑是说，物质性实体源自精神性实体，或者说，物质（或天地万物）由精神派生而出。

人的形象离不开"理"，这就是它所说的，"理也者，万有之宗"。一方面，马复初肯定与上述理、象、气、数、形相应的真境、真机、真时、真德等精神性实体在先天的存在；另一方面，真境、真机、真时、真德则是表述的需要，分别体现为后天被造化而出的天地万物及其人类生存、活动的环境、机遇、时刻、品性等，而这又以其相应的形体予以体现。

就人而言，马复初同样根据表述的需要，在表述其造化过程中，又由"理"引进了语词"性"的概念。

就一般意义上说，作为精神性实体或是物质性实体的宇宙万有，有其"理"的同时，也就有其"性"。就是说，物有其物性，人则有其人性；性理名异而实同，之所以将性与理做一区辨，为的是说明人贵于一切有无生命体的万有。

在《大化总归》中有所谓"人亦莫不如此"[①] 之说，指的是人在后天产生后，完全是先有人的"理"（即人的概念），而后才有人的肉身；其肉身则以其"性"的存在为前提。这就是它所说的：

> 知象不可无理，则知身不可无性。而性亦不可无身。身无性则身不能生，性无身则性不能显。（上卷）

这是说，就物而言，"理""象"不可分割；就人而言，人的躯体离不开"性"，反之，"性"也离不开躯体。"性"如无寄寓处所而无法存在、显现，人也就无从产生。其实，人有人性，物

---

① 马复初：《大化总归》（上卷），第13页。

也有物性。《大化总归》所述造化先天、后天的真正目的，完全是为了造人，使人得以认主而复归真宰。故他讨论的重点是人，而非物，是人之性，而非物性。

其次，真宰造化含六品之性。

《大化总归》将真宰所造化的性分为六品，这与《四典要会》所述完全相同。[①] 这一六品之性的思想同于刘智之说。[②] 鉴于《大化总归》着重讨论人的六品之性，它对天地万物的六品之性，仅做极其简略的表述。

马复初关于人的六品之性，可分别概述如下。

其一，六品之性。

《大化总归》关于人有六品之性的说法如下：

> 天方以先天后天定之，而为六品焉。先天之品二也，后天之品四也。其四维何？坚定性、生发性、活性、气性也。此其后天之品也。其二维何？本性、继性也。此其先天之品也。（上卷）

《大化总归》关于真主造化之人的六品之性，分为先天、后天两个不同阶段。这与刘智关于造化的六品之说，只是在表述上有所不同，其内容则大致相同。

就是说，刘智关于人的造化显现出"灵性"后说："……体窍既全，灵活生焉。灵活者，人之所以为人之性也。其性一本而该含六品。一继性，二人性，三气性，四活性，五长性，六坚定。坚定不名为性，以其同于金石之性，无生发故也。"[③] 他又说："本性者，本乎先天之所分与，而无美不备者也。其性与后天气

---

① 马复初：《四典要会》（卷三）"幽明释义"，第57页。
② 刘智：《天方性理》（卷三）"灵性"，第15页。
③ 刘智：《天方性理》（卷三）"灵性"，第15页。

性、活性、长性、坚定之性，相浑为一。但其显也，有先后之分。后天四品，以次为先显。此一品显于其最后。本性与继性，与真宰之本然，有次第而无彼此。由真宰之本然而有继性，由继性之分与而有本性，是其所为次第也。"①

马复初在人的六品之性的表述上，不知是据原本《甫苏思》而述，还是译者依据《四典要会》的复述。之所以说与刘智之说"大致相同"，完全是在造化顺序的表述上有所差异而已。

很可能《大化总归》的主旨与刘智《天方性理》的主旨有所不同。在刘智那里，六品分为先天六品和后天六品，均有所指。②马复初的主旨，在于表述真宰造化人的整个过程，而不是讨论宇宙万有的造化问题，这可能是与表述的主旨不同有关。

其二，后天四性。

仅就《大化总归》所表述的思想而言，它说"后天之四性"，即坚定性、生发性、活性、气性这四性与土、水、火、气的分别结合，遂产生矿物、植物、动物和人类。

后天之四性，与种俱存，与胎俱生。而禀风火水土以成

---

① 刘智：《天方性理》（卷三）"本性"，第30页。
② 根据《天方性理》，刘智将真主最初的造化"无称"，分别显现为"数品，一不动品，体也。二初动品，用也。三主宰品，体用分也。四初命品，真理现也。五性命品，万理分也。六形气品，气象著也。六品备而造化全也"。（卷一"最初"）；真主的造化由隐而显，即"隐者各有所待而显耳。元气发露，亦分六品。一浑同品，即此际位分也。二起化品，阴阳分也。三广化品，四象著也。四正位品，天地定也。五蕃庶品，万物生也。六成全品，人类出也。六品备而元气之能事毕矣"（卷一"元气"）；就真主造化人类而言，"亦分为六品。一元始品，即此种子也。二孳生品，始结胎也。三变化品，四本成也。四成形品，表里分也。五定质品，体窍全也。六呈露品，灵活现也。小世界有形之六品，盖不减于大世界有形之六品也"（卷三"人始"）。黑右军（鸣凤）对《天方性理》本经的注释，则更为简略地表述为："大世界自无初之初，分体分用，显为著命，以至人性物理，无所不备。是为先天，凡六品。自元气显著，剖阴阳，分四象，位天地，育万物，以至金石、草木、鸟兽、鱼虫，无所不显。是为后天，凡六品。通十二品。"见《天方性理》（卷首），第17页。

其妙者也。今夫土与水合而金石生；金与火合而草木生；木与气合而活类生。活性生于中，即气性达于外。此后天之四性，由本身而出也。然四性人与物同，至气性则人与物异。（上卷）

这里说的"与种俱存"的"种"，是就矿物、植物、动物的不同物"种"而言；这里说"与胎俱生"的"胎"，是就胎生的动物，特别是指人类的化生过程而言。《大化总归》述及了"父阳授于母阴"，母体孕育胎儿足月后，胎儿"离母腹"，而后成长。[①] 具体说来：

夫人之本体，从活性而来，活性从生发而来，生发从坚定而来，坚定从四行而来，四行从元气而来，元气从一切灵性而来。其来也，由始而溯终；其归也，由终而反始。（下卷）

当父阳授于母阴之初，不过点精而已。子宫内何人造化，何人滋扰，乃忽焉而坚定启矣。坚定启而后长养生，长养生而后活性成，知觉具。（下卷）

马复初关于尘世造化之物，分别有气性、德性、人性、物性之说，[②] 显然，这不是他表述的重点。他的重点是衍化元气（因元气而有四性）的灵性问题。至于有关胎儿孕育过程四性的一般性表述这里从略。

马复初在《会归要语》中关于四性有如是说：

---

① 马复初：《大化总归》（上卷），第17页。
② 马复初：《大化总归》（下卷），第18页。

　　第须知物之性，不似人之性。盖人性出乎天，物性生于地，而分四品。坚定性，金石之性；生发性，草木之性也；活泼性，鸟兽之性也；气性，人鸟兽共有者也。而人独具天理之性，名德性，又名真性。各具之性，乃由公共之大命，荫袭而有者也。（第四章"明生死之由"）

　　这里，马复初更为明确地提出，人性、物性皆基于"公共之大命"而有。所谓"公共之大命"，亦即先天之理而衍化之命；此命乃一切有生命体的本原，故有"大命"之称。他的表述较之泛泛地谈及后天之性又为清晰一些。

　　其三，灵性。

　　《大化总归》所述"一切灵性"，实际上指的是寓于人（而非矿物、植物、动物）的继性、人性、气性、活性、长性、坚定之性（即刘智所述的六品之性）。

　　在马复初看来，就坚定性、生发性、活性、气性而言，人与物相同，只是在气性方面，既有相同的一面，又有不同的一面。不仅如此，即使后天之人，在气性方面也有其差异。他在《会归要语》中说：

　　灵性原不同于气性，但非气性而灵性亦无所附丽（似为隶——引者注）。（第四章"明生死之由"）

　　夫先天之二品，无形者也。非得人身之气性以承载之。则本性何由而出，所以人之气性，顺承本性之用以为用。凡气性之所能为者，皆本性之所欲为。本性所有之知能，其发现尽付之于气性耳。但气性之所分别者情形，而本性之所分别者义理。人之所以贵于万物、灵于万物者，此也。且夫本性为各具之性，而实公共之大命，所包含而有者也。故又名

曰人性、曰德性。此非独人与物分。即人与人亦无不分。（上
卷）

所谓"情形"，这里的"情"指的是人的情感、情绪、灵性
等；"形"则指的是人的形体、形象、作为等。根据这一说法，不
仅人与物在气性方面有别，人与人之间也有区别。

根据上述的六品之说，何谓灵性？所谓浊体？在《大化总归》
看来，"灵性光明是也"，"浊体黑暗是也"。灵性无形，源自先
天，在后天则寄寓于人的有形躯体，并与人体共生。人的躯体乃
浊体。灵性只属于人，它与浊体有着天壤之别。因而灵性与浊体
相对，两者有别。联系到今生后世，《大化总归》说：

> 浊体胥浑，灵性全昭。（上卷）

> 今夫有形之身，内必有无形之体。灵性是也。（上卷）

人的肉身乃浊体，灵性不得不寄寓于浊体之中。可是，由于
人的本然源自先天，人在后天的心地究竟如何，难以等同划一，
它取决于各人在后世的处境。或者说，人的心地"光明者为天堂，
黑暗者为地狱"①。基于万物皆朽的思想，寄寓于浊体中的灵性，
迟早会离弃浊体的束缚，返回先天的光明之境。《大化总归》说：

> 今世存心光明，则后世之所升腾者，即在天堂矣。今世
> 存心黑暗，则后世之所堕落者，即在地狱矣。（下卷）

人死则是灵性脱离人的躯体而返回天国之时。这是《大化总

---

① 马复初：《大化总归》（下卷），第13页。

归》的一个重要观点。它指出，那种不信灵性寄寓于形身的思想是不妥的。因为，灵性尽管看不见、摸不着，但它却内在于形身的精神性实体之中。它以梦与醒为喻，说明梦为幻，而醒为真；梦与醒的根本区别在于，究竟何者为真、何者为幻。它进而以尘世、天国说明，尘世为幻，而天国为真。其论证天国为真的论据为：

> 古今来纯真无幻者，真一之境也。真中之幻者，天国之境也。幻中之真者，尘世之境也。纯幻无真者，梦中之境也。（上卷）

在马复初看来，即使是信众期望前往的"天国之境"，乃"真中之幻"，而他们生活的现世，则是"幻中之真"。

其四，理同气异。

所谓"理同气异"，意思是说，尽管人们皆赋有先天的"灵性"，可是由于各人在先天光照的不同，受其前定的影响，各人所具有的"气"也就有所差异。

上述的"人与人亦无不分"，即人与人之间之所以有区别，原因为何，马复初接着说：

> 所有人虽同受天命之性，而有善恶贤愚之分者，因理同而气异也。理随气化，气不同而理亦不同耳。（上卷）

《大化总归》认为，真宰期望人生而有其智、正、善、明，可是，由于各人的"气"质有异，而有愚、邪、恶、暗之分：

> 盖真宰之于人，无不以智期之、以正期之、以善期之、以明期之也。而人乃偏处于愚、于邪、于恶、于暗者，何哉？

诚以人生本于智，不知学而成愚；人生本于正，不自立而成邪；人生本于善，不存理而成恶；人生本于明，不去私而成暗。是非真宰之负人，而人自负之；非真宰之昧人，而人自昧之。所望人以显真宰之全体大用者果何在哉？夫乃叹世事本不偏，而人自邪也；世事本不虚，而人自幻也。惟人自邪，而不偏之世而亦偏矣；惟人自幻，而不虚之世事而亦虚矣。（上卷）

这是说，人之所以有其智、正、善、明，完全在于人的知学、自立、存理、去私；人在后天之所以不能坚持智、正、善、明的境界，其原因在于人在后天不知学、不自立、不存理、不去私。而处于愚、邪、恶、暗的境地，完全是由于人在后天"自负""自昧""自邪""自幻"。《大化总归》的意思是说，尽管任何人的六品之性，皆始于先天的灵性，可是，由于"理同而气异"，人之"理随气化"，从而也就出现愚、邪、恶、暗的情景。显然，有其伦理说教的味道。

再次，万有莫能超越真宰之化。

在《大化总归》看来，真宰不仅造化宇宙万有，而且主持宇宙万有之万化。这完全是由真宰的万能所使然：

真宰者，纲维理数，掌握天人，固超越万有，而无大不包，无微不贯者也。（下卷）

真宰之鉴察也，本无所不知，无所不能，无所不全，无所不善之神化。（下卷）

所谓"纲维"，亦如上述，它不仅指法纪或事物的一般发展规律，亦指信众应对伊斯兰信条的信仰。宇宙万有的一切性理，皆由真宰主持、掌控其产生、发展、变化，以及其间的联系和时限（或命数）。这是说，真宰能够造化宇宙万有，超越万有，也就能不靠任何人力、神力，决定、主持、支配宇宙万有的生生变化，而宇宙万有的一切发展、变化，皆不得违背真宰的意志和前定，背离真宰造化该物之宗旨而背离其掌控、违反其所化，另有所为。换句话说，一切造化物的存在、发展、变化，均由真宰"神化"所命定，其"命数"如此，莫能超越其化。

马复初提出，真宰为人造化九天八品天堂。其中，九天与人性相通。他甚至就人在后世步入天堂后，仍然认为人在天堂根据其先天之性而位于不同的层次，由不得人的意志或选择。他说：

> 人能于某品中而尽其性，即能于某品中而践其位。（下卷）

他列举不同天堂为不同人性之人在后天所处的位置。

真宰的造化命定了各人去世以后，在天堂复生而"践其位"，任何人不得越其品位的限定，进入另一天堂，这一切都是与"尽其性"密切相关的，也是伊斯兰教主张的前定信条所决定的。马复初的这一主张，人们在马注《清真指南》中可以读到类似的说法。① 根据伊斯兰教之说，天堂有八层，各人应以其命而入不同层次的天堂。

最后，万有存在皆有时限。

在《大化总归》看来，作为精神性实体，一般性事物之理，是真宰自我思想的产物，同真宰自我并不同时并存。这些一般性事物，是在真宰造化宇宙万有之理后，由万有之理再衍化才存在

---

① 马注：《清真指南》（卷之四）"世纪"，第174、175 页。

的。按照它的主张，一切产生的东西（无论是精神性实体还是物质性实体），都会随着"形朽而理亦与之俱朽"的现象发生。从《大化总归》的观点来看，是合乎其主张及其逻辑的。或者说，符合其"凡物皆属幻有。幻则不能真。朽者所以去其幻，而归于真"① 之说。至于其立论、其说法能否为人们普遍接受，则是另外一个问题。

《大化总归》主张万物皆朽：

> 真经云：万化之形皆朽，惟真宰一面独存。注云：一面者，大用之谓也。（上卷）

> 真主喻云：凡物皆朽，惟主之本然不朽。（下卷）

真主自我是无形的，其"体"本为无形的精神性实体，而在造化过程中，则陆续显现为有形之"体"；此"体"即由精神性实体衍化而成的物质性实体。这些物质性实体，从而也就具有其形体。天地万物正是以其形体而显示真宰之"用"的。这些受造物，其形体的存在也就有其或长或短的时限，而非永恒的存在。按照《大化总归》的说法：

> 宇宙间凡有形者皆朽，无形者不变。浊体之必朽，正以显灵性之不变。人之身虽死，人之性长生。是名为死，而实则生也。（上卷）

> 浊体朽于尘世，灵性归之天国。（上卷）

---

① 马复初：《大化总归》（上卷），第37页。

可是，在《大化总归》看来，作为受造物的存在，有其存在的时限：

> 天地万物，无一物之形不朽。且形朽而理亦与之俱朽。本经云：是故万物只朽其相，弗朽其理。盖弗朽之理，乃天理也。（上卷）

一方面，它提出天地万物之形皆朽，与此同时，"形朽而理亦与之俱朽"。这是说，与受造物同朽的，还有寄寓于、内在于天地万物之中的"理"。作为精神性实体的理，一般地说，并不随该物的消失而一同消失。某座房子焚烧了，一个苹果腐烂了，这是说，作为有形体的房子和苹果都不存在了。但这并不等于房子之"理"（即房子这一"语词"）、苹果之"理"（即苹果这一"语词"）也一同焚烧了、腐烂了，从而语词"房子"和"苹果"也不存在了。《大化总归》关于"且形朽而理亦与之俱朽"的主张，是值得商榷的。

可是另一方面，《大化总归》又认为，"万物只朽其相，弗朽其理"，在它看来，"盖弗朽之理，乃天理"。这是说，《大化总归》把"理"分为一般性事物（如房子、苹果）之"理"，与真宰同在的"天理"之"理"。它的这一具体区分，无疑在认识上，又较王岱舆、马注、刘智等人有所不同。至于这一说法，即"天理"不朽，其他"理"（即一般的语词、概念）皆朽之说能否成立，是否有所深化其思想，仍然是值得探析和深究的问题。

鉴于大千世界事物的多样性、复杂性，以及这些事物有其发生、发展、变化、消亡及其存在的时间性、阶段性，同时人们对不同事物的理解、解释的差异，从而需要以不同的语词表述其存在的形式及其不同的义理。

《会归要语》同样主张，一切被造化物皆朽，唯有万物的造化主永存不朽。

第三节　"真主之道"

根据伊斯兰教的一般说法，"真主之道"亦即引导信众步入信仰真宰的无形之道。具体说来，就真宰造化宇宙万有而言，它指的是造化万有的蓝图或摹本，万有皆依据该蓝图或摹本而被一一造化，从而得以物化的形式显现其形象；就教道关系而言，它指的是先有"真主之道"，后有至圣之教，或者说，穆罕默德依据"真主之道"而创立伊斯兰教，其道乃教的基础。就人对道的认识而言，可将其分为天道和人道；教所显现的道，则为人道。

刘智关于道、教、法三者之间的关系，曾有如下说："道非教不明，教非法不立。夫道也者，天理当然之则也。教也者，示人循是则而行之者。法也者，析理欲，辨是非，规天下于无妄者也。"① 根据刘智的说法，"道"乃"天理当然之则"，亦即源自先天之理，此理即真主的规范、法则，或者说，即"天道"，或"真主之道"。显然，这个"道"是无形之道。如何将真主的无形之道为信众所遵循，也就是他所说的，由"教"予以体现，使信众依据这一无形之道"循是则而行之"；换句话说，亦即由穆罕默德所创立的教，以体现这一无形之道，而以至圣之教的形式体现该"天道"；至圣之教是有形之教，为的是体现无形之"天道"。他所说的"法"为的是规范信众的言行"于无妄"，而能践行圣人之教，以合乎"真主之道"。大致在 150 余年前，刘智关于道、教、法关系的论述，为马复初所认可。

《大化总归》和《会归要语》有关"真主之道"的所述，其含义大致可概括如下。

---

① 刘智：《天方典礼》（卷一）"原教篇"。

首先，"真主之道"区分为天道人道。

《会归要语》说：

> 夫道之本出于天，末行于人。而人体天之意，复达乎天，是谓之德。德分表里。表为人道，里为天道。人道者，处世之理，乃人与人所当行之事也，是谓五伦。天道者，乃人与真宰所当尽之功，是谓五典也。（第二章"明道之本末"）

按照马复初的说法，人应了解"道"源自天。他所说的"天"，亦即源自真宰。人通过其体认"天之意"而能"达乎天"，从而有其"德"。这里说的"德"，亦即人的德性、真性、灵性、天理之性。在他看来，人的德性可分为表里，其道亦分为表里。这样人对真宰的体认，通过他的行为而有其处世的五伦人道，同时有其应予践行的五典天道；五伦人道为人的德性之表，而五典天道则为人的德性之里。这一表里之分，使人对于了解并实践真主之道，有了义理根据。

其次，灵性显示"真主之道"。

马复初的一个重要思想，即认为人的灵性显示"真主之道"，两者有着密切关系。

马复初在表述并强调人乃"天地万物之灵"的同时，把体现真宰全体大用的人之身、之性、之命、之形，分别称为"万形之粹""万灵之纲""万理之元""万象之全"，这一切由人的灵性所显现，从而得以将灵性与"真主之道"联系起来，为的是说明：

> 人为天地万物之灵者，万物之灵魂也。（上卷）

他进而引用《妙喻经》、《道行经》（可能即《道行推源经》——引者注）所述："人也者，道之显象（像，下同——引者注）也"，"大道无形，人为其形；大道无象（像），人为其象（像）"，"天地如树人如果（菓，下同——引者注），果（菓）即树之种也。树木之全止于果（菓），天地之全备于人"。① 它引用经典的目的，完全是为了表明"人之原，乃真宰首显之大命也"②。

值得重视的是，《大化总归》把命与灵性联系起来，以此表明灵性乃真主之道的显现。由于人的灵性源自真主的造化，体现真主造化的全体大用，从而信众也就很自然地以有形之身融入无形之道。

人之所以不同于物，全在于人性不同于物性。这完全是因为人具有其灵性，而有其知"道"、载"道"、得"道"、传"道"的能力，而物则无法胜任、无法承担。人的灵性，主宰人的一切作为，从而在人身上得以体现真宰造化的全体大用。

第四节　全体大用

马复初以先天、后天分别显示主宰的"全体大用"③。它所说的全体大用，与王岱舆、刘智所说的体—用—为、马注所说的体—用（用含有本为和作为）是一个意思。只是添加了定语"全"和"大"，在表述体—用的内容方面并没有多少创新。马复初用这一语词表述，无外乎是借以表明真宰造化宇宙万有之"体"全，从而显示其造化之"用"大。在《会归要语》中，他则直接以体—用表述其思想。

---

① 马复初：《大化总归》（上卷），第10页。
② 马复初：《大化总归》（上卷），第10页。
③ 参见［日］松本耿郎《马复初哲学中的"全体大用"探析》，姚继德译，《北方民族大学学报》（哲学社会科学版）2009年第3期。

就体—用关系而言，《大化总归》认为，一切造化活动均赖其"体"的运作，它基于"体"之"用"而显现，其造化活动才得以真正实现。马复初说：

> 有用则有体。体所以立用之基也。（上卷）

他所说的"有用则有体"的意思是说，一切有用之物皆赖于其"体"的存在而有所作为；凡是有"体"之物皆有其"用"，"体"乃物之"用"的根基，"用"则为物之"体"的功能、作为的显现。正如《会归要语》所说的：

> 体不同，用不同，而化自不同。（第一章"明万化所来之原"）

这就是说，真宰之所以能够造化宇宙万有，完全是由于真宰之"体"中含有其"用"；体、用不同，决定其万化，即其功能、作为亦不同，这无外乎是说，"体"乃"用"得以显示其本为及其作为的基础。

根据这一说法，《大化总归》还说：

> 要皆主宰造化之真，有以成始而成终也。顾天地覆载乎人，万物滋养乎人，光阴位置乎人。而人之必有一真德者，本主宰重视乎人，借以显此全体大用之真造化耳。（上卷）

就全体大用而言，它无外乎是真宰本然的自我显现。马复初为此从如下的不同方面予以表述其思想。

首先，全体大用乃真宰本然的显现。

真宰造化宇宙万有，乃其全体大用的显现，全体大用之显，亦即其本然的显现，或者说，亦即真宰自我品性的显现。

关于本然，王岱舆的《正教真诠》、伍遵契的《归真要道》有时亦将本然称为"本来"。《大化总归》在不同的段落中，亦分别以本然（或本来）表述其思想。马复初说：

> 本来者，从先天无始而来。乃真一首显之继性。通达万物之全理，成真宰之大用，而为天地万物所公共而得者也。但万物各因其量，而所得者偏，惟人则充其量，而所得者全。（上卷）

> 夫元种者，真一始显之。继性，千古万命之总会，全体大用之首显也。（上卷）

> 盖真主之本然，无形体、无方向、无位分。如之何能见，必也真主将人之幔障揭开，使俗眼易为慧目，乃能以己之本然，合乎真主之本然。举全体大用，无不了然于心目，是乃所谓归真者也。（下卷）

鉴于《大化总归》并非专门讨论真宰本然问题的著述，因而它对本然并没有做更多的表述。可是，仅从它所说的本来（或本然）"乃真一首显之"，这已比王岱舆对本来未予阐释要前进一步。至于从《大化总归》所述真宰造化人后的发展、变化来看，人的"俗眼"之所以"易为慧目"、之所以"无不了然于心目"，乃本然的特性、人的本然与真宰自我的本然完全相通所决定的。这也是刘智之所以在"六品之性"中将人的"继性"置于首位的原因所在。

这就是说，真宰的本来（本然），无外乎真宰自我固有的精神性实体；该精神性实体却是造化宇宙万有的本原，既是构建宇宙万有的"物质基础",又是真宰显现自我及其造化的宇宙万有的真正动因。真宰的全体大用,不过是真宰本然显现其万能的不同表述形式而已。具体说来,本来即全体大用的笼统表述,而全体大用则是本来品性的体现。它显现为一切精神性和物质性的实体,正如马复初所说的:

> 真宰者……浑万物而不遗一物。统万事而不失一事。妙万形而不灭一形。岂可以人能而衡量哉。(下卷)

这些所造化的实体,分别以有形、无形的形式存在或是活跃于尘世。

真宰造化的宇宙万有中有人有物。那么,在人、物之中由何者体现其全体大用呢?根据《大化总归》的说法,它的体现者不是天地万物,而是人;这是因为在造化过程中,天地万物与人所获得的本然之"量"有所不同。天地万物"所得者偏",唯有人"所得者全",这就是"真主之奇造,而为大中之至大,奇中之至奇者。非人也哉"① 的原因所在,从而决定了只有人才能真正、完满地体现真宰的全体大用。或者说,由于人的本然、人的全体大用,获得造化之"量"不同于物,也就很自然地使得人的本然"合乎真主之本然"。

从该书的视角出发,考虑人的本然"合乎真主之本然",并能相合问题,完全合乎逻辑地显现其写作的意图。只是实现人之本然与真宰之本然相合之境,并非在尘世,而是在人归真之后,这时的人"乃所谓归真者"才完满显现"合乎真主之本然"。有关归真问题,或者说"总归"问题,将在下一节讨论。

其次,全体大用显现真宰造化的万能。

---

① 马复初:《大化总归》(上卷),第 2 页。

真宰造化宇宙万有，完全是以全体大用显现真宰自我的万能。这就是有的经籍所说的，人应通过认己而认主；认主的目的之一在于认识真宰的万能。就其万能而言，它具体表现如下。

其一，真宰万能显现为统御万有。

真宰的万能在于统御象世理世，前古后今。真宰之知能不同于贤智、常人。马复初关于真宰的知能说：

> 万知则无所不知，万能则无所不能。万妙万奇，则无所不妙不奇。（上卷）

他强调真宰之万能显现为对万有的恩威。其恩威皆发自本然。他说：

> 真宰由本然，而发为恩。恩固自然也。而所赏者，不偏丝忽。真宰由本然，而发为威。威亦自然也。而所罚者，不谬毫厘。不偏不谬，则见真宰之所以为赏为罚者，皆自然而不得不然。（上卷）

这就是说，真宰的恩威皆为"自然而不得不然"。马复初由此推理而得出如下的看法：

> 由此而想，人之身心性命，又何一不归于自然哉。（上卷）

这里说的自然，亦即真宰本然万能的显现。

其二，真宰万能显现为重视造人。

在马复初看来，真宰的造化可以认为在于重视造人，以与所造的万物有别。也就是《大化总归》所说的："真主造化天地覆载万物，无非为人。"①

前述的"天地覆载""万物滋养""光阴位置"，完全是为了人，以此表明"重视乎人""滋养乎人"，满足人在世间的需要。这就是人优越于、高贵于万物之处，以此显示其造化的万能。

具体说来，它指的是在造化人的过程中，

> 得天之粹而成心，得地之华而成身。人之理，统括万有之理。人之象，包含万有之象。而为万化中所特生者也。故观其外，则天包乎人；推其内，则人包乎天。心与理世相通，性与天理相接，命与真宰相贯。（上卷）

《会归要语》持同样的主张：

> 真宰化生天地，覆载万物，原为人也。生人以参造化之妙，而显真宰之全体大用也。（第八章"明死而复生"）

在马复初看来，真主之所以重视造人，完全是因为"人之理，统括万有之理。人之象，包含万有之象"，"真宰化生天地，覆载万物，原为人也"，这正是真宰万能的显现。

其三，真宰万能显现为与人的本然相通。

既然人的本然"合乎真主之本然"，这就决定了人的本然能与真宰的本然相通，人也就以其理而理解、把握、认识、通晓其有。亦即上引的"人之理，统括万有之理。人之象，包含万有之象"。上述的"天包乎人"，无外乎是从人的肉体离不开天地万物而说的，是就人生活于天地之中而说的；而"人包乎天"，无外乎是从人的思想可以认识、包容天地万物，将天地万物以思想、观念或

---

① 马复初：《大化总归》（下卷），第15页。

是形象的形式，包容在人脑之中所说的。所谓"人为天地所生，而人又能生天地"，这里说的人能生天地，并非人能创造、造化、显化天地，而是指人的思想、精神包含天地万物，天地万物均在人的思想、观念之中。也就是说，天地万物不过是人的思想对象。其实，马复初在《四典要会》"幽明释义"中就说过："人为天地所生，天地又生于人，但天地之生人也，乃生其象（像——引者注），人之生天地也，乃生其理。是以人在天中觉人小而天大，天在人中觉人大而天小，天大以形，人大以理。"① 这一说法，同于马注的相关说法。②

至于说"人之象，包含万有之象"，按照《大化总归》的说法：

> 天地之生人，生其象；人生天地，生其理。生其象者，人在天地中，觉人小而天地大；生其理者，天地在人中，觉人大而天地小。天地大以象。人大以理。其实人之理，即包乎天地之理；天地之象，即寓乎人之象也。（上卷）

这是说，理大于象；这也是《大化总归》确认人为天地万物之灵的根据所在：

> 要皆言人为天地万物之灵，其灵维何？盖人之身为万形之粹，人之性为万灵之纲，人之命为万理之元，人之形为万象之全。所为道之总，局统于人，而其人实道中之菓也。谓之为灵，灵在道也。又云，人为天地万物之灵者，万物之灵魂也。（上卷）

---

① 马复初：《四典要会》（卷三）"幽明释义"，第66页。
② 马注说："论色世，则天为一大世界，而人居其中；论身世，则人为一大世界，而天地居其中。"见《清真指南》（卷之九）"认己"，第392页。

　　明末清初的王岱舆、马注主张，认主先认己。这是人的本然与真主万能相通的关键。人"若不能认己，则不能格物；不能格物，则不能穷理；不能穷理，则不能净性明心；不能净性明心，则不能识自己之本来；不能识自己在本来，则不能知至圣；不能知至圣，则不能奉事真主矣"①。马注在《清真指南》中多处论证认己与认主的关系问题。它的"原注"说："认主之道，莫先认己，认己不彻，茫无所归。"他还引用圣谕说："凡人认得自己，便认得造化之真主。"② 马复初还像王岱舆、马注一样，以人的吉凶祸福、寿夭穷通说明此皆为命，以此说明命与真宰的关系。

　　再次，全体大用显现为人的身、性、命。

　　就马复初表述的全体大用而言，其主旨在于强调人的性命源自真宰。真宰的全体大用，唯有通过人才得以认识其全体大用，所以他说：

　　　　命也者，受主所令之物，而赋于（予——引者注）己者也。所以认主必先认己。知己必先知命。知命之所必有，则知主之所必有矣。（上卷）

　　所谓"命"，《大化总归》提出，人的命虽然"无形无色，无方无位，无臭（古通"嗅"——引者注）无声"③，然而由真宰造化之命又确实存在：

　　　　然而，命不居乎身之内，亦不在乎身之外。殆知主不在

　　① 王岱舆：《正教真诠》（上卷）"似真"，第41页。
　　② 马注：《清真指南》（卷之四）"认主"、（卷之九）"认己"。参见金宜久《中国伊斯兰先贤——马注思想研究》，第278—241页。
　　③ 马复初：《大化总归》（上卷），第6页。

世界之内，亦不在世界之外焉。苟泥乎身以求命，而命不见。离乎身以求命，而命亦不见。亦如泥世界以求主，而主不见。离世界以求主，而主不见焉。故舍主以论命，而不知命之为命；舍命以求主，而不知主之为主也。夫乃叹主为公共之命，命为各具之主。主与命，不皆似无而有，似虚而实者哉。（上卷）

这里所说的"泥乎"，意思是说，如果拘泥于、固执于从人的肉体出发"以求命，而命不见"；同样的，如果拘泥于、固执于从世界出发"以求主，而主不见"。就真宰与人命的关系而言，它认定，正如真宰执掌宇宙万有的一切产生、发展、变化、死亡一样，人的命不仅主宰人的生存，而且决定人的一切思想、行为、活动。更为重要的是，它强调人的命，完全来自真宰的造化。人之命虽不可见，但它确实又存在着并主宰着躯体的一切思想、行为、活动。

就全体大用显现的身、性、命之间的关系而言，马复初认为，性在人身和人命中，居于主导地位。他说：

凡天下万有之物，非极之剥落殆尽之秋，必不能复乎其先。盖复者，来之反也。身反于性，而性之妙显于身。性反于命，而命之理显于性。命反于真，而真主之体用显于命。（下卷）

物极必反。从这一思想出发，人在尘世的肉身与其性、肉身与其命的关系究竟如何，在他看来，这完全取决于各人在尘世的生活态度。基于人在后天的身、性、命，都不过是真宰造化的全体大用的显现。他进而以动静、天地说明肉身、性命的关系。他说：

静者阴之象，而所属者地。彼人身至夜，而秉与静。因
夜静得以养其身之凝。是身属地。而性则属天也。属天秉于
动，动则能显性之灵，而归于天国。更体之浊，而化为轻妙，
故不须静夜以养之。（上卷）

这里所说的"静者阴之象"，肉身需要夜静"以养其身"，故
属于地。反之，人的性命支配肉身活动，"不须静夜"养息而能有
"显性之灵""更体之浊"，故它属于天。这是《大化总归》主张
浊体必朽，灵性升天而赴天国的原因所在。由此，它进而提出与
浊体相关的理欲、公私问题：

何谓理？本乎天命之谓理。何谓欲？悖乎天命之谓欲。
何谓公？本乎天命而有利于人者谓公。何谓私？悖乎天命而
有利于己者谓私。且本乎天命，即有利于己者亦谓公。悖乎
天命即有利于人者亦谓私。理欲不并立，公私不并行。（下
卷）

显然，马复初认为，"理欲不并立，公私不并行"①。《大化总
归》以此为基点，进而涉及义利问题：

君子尚义，小人尚利。义者，天理之公也。利者，人欲
之私也。（下卷）

《大化总归》进而认为，

儒家动言理欲，抑知理何以谓理，欲何以谓欲。盖理者

---

① 马复初：《大化总归》（下卷），第41页。

出乎天，犹光之生于日也；欲者生于己，犹影之出于形也。惟形碍光而后成影；惟己碍理而后成欲。是理之机甚微，微则易为欲所扰；欲之机甚危，危则难为理所制。二者相反，而实以相尅。相尅而即不相同，所以理如昼也；昼则为明之征。欲如夜也，夜则为暗之验。昼夜原不并立，亦明暗自不并行。（上卷）

这就是说，《大化总归》视理"出乎天"，故称为"天理"；欲"生于己"，故称为"人欲"。它以昼夜不并立、明暗不并行，譬喻天理人欲相反相克，以此表明理微则"易为欲所扰"。就是说，如天理盛则不受人欲所扰；反之，人欲高涨天理则无从制服，躯体因欲难免成浊体。

最后，全体大用化尘世之身心。

根据以上所述，可以认为《大化总归》写作的真正目的，在于揭示真宰造人"并无负人、昧人之心"，为什么"人偏自负自昧"呢？

真宰造人虽赋予人以全体大用，可是，心欲物欲使人难以显现真宰造人时赋予人的全体大用。他认为，只有达到"尘世之身心悉化"[1] 的境界时，才是全体大用的最为完满的显现者。因此，《大化总归》和《会归要语》有以下说法：

至是则不以视而见无形之色，而无所不见。不以听而闻无言之语，而无所不闻。且不及而得，其得无方，而无不得。不觉而动，其动无息，而无不动。不作而成，其成无双，而无不成。所谓大得、大觉、大地、大成，而以真一之用为用，乃万物之元，归真者之极品也。（上卷）

---

[1]　马复初：《大化总归》（上卷），第3页。

　　万物各显真宰所含之理，所有之用。人能持真功，寡嗜欲，克己私。始能显真宰全体之大用，是为达天之德也。（第二章"明道之本来"）

　　《大化总归》和《会归要语》的上述说法，完全表明这是那些精神功修者才能达到的精神境界。对于一般信众而言，为达到这一境界，似应做出应有的艰辛努力，方可达到"尘世之身心悉化"的程度。这也是真宰造人，人复归真宰的至高目的。为实现这一至高目的，唯有通过"总归"的途径才能得以实现。

　　实际上，马复初关于理和欲、公和私，是为那些从事三乘道路的精神功修者、为信众复归真宰讨论的议题。在他看来，就常人所说的理和公，在圣人那里依然为欲为私。为什么会是这样呢？

　　马复初提出，信众可以分为修身、明心、净性三类，即修身者只能近乎理、近乎公，而"欲尚常然而在，私尚常然而留"；明心者实能准乎理、准乎公，"而欲已勉然而绝，私已勉然而销"；净性者"真能纯乎理、纯乎公，而欲之尽自然而化，私之尽自然而浑"①。这种以天命决定信众的理欲公私之说，纯粹是为了再现苏非主义的精神功修的道路问题。这也就是《会归要语》所说的：

　　人之身禀气火水土而成。则其身不能越乎四者之性，而随乎四者，亦有生尅制化之情也……四性之变，嗜欲随之而出，是以修道功夫，首在清正气血。气血清则气性明而真性显矣。（第五章"明灵性所分之由"）

　　同样的，《大化总归》也持这一看法：

---

　　①　马复初：《大化总归》（下卷），第43页。

非由礼乘而进道乘，由道乘而进真乘哉，至真乘则已举
理欲公私之迹，而浑化之。并举理欲公私之念，而昏忘之矣。
是与天为一纯，然而见天理之公，人事不与，粹然而无人欲
之私，非天下之至诚，其孰能与于斯。（下卷）

《大化总归》认为马注《清真指南》关于德、命、性、体的
关系问答，对理解性的内涵有所裨益，从而大段引录"以备参
考"，只是在引用过程中，有所省略。① 可见，马复初对马注思想
的重视程度非同一般。

第五节　总归

《古兰经》说："他们确信自己必定见主，必定归主。"（2：
46）《古兰经》还说："今世的生活，只是虚幻的享受"（3：
185），"今世的生活比起后世的生活来，只是一种［暂时］的享
受。"（13：26）。伊斯兰教正是按照这类经文制定其"六信"中
关于死后复活、末日审判（即"信复活""信末日"）的信条的。
这就是真主造人，人必定返回真主以接受预定的末日审判，成为
信众必定信奉的信条。

一般的伊斯兰教著述只是提及它的基本信条，言及死后复活，
没有具体地表述后世、复生的情景，及其相关的问题。正如马开
科在该书序中所说的，像王岱舆、刘智都对"后世复生一节，多
所阙略"②。关于后世、复生问题，可能纯粹是个末世学的、想象
中的问题，并无现实的基础。由此，探讨它也就毫无现实的意义。
可是，对那些相信人死后能够复生，并渴望有后世生活的信众来

① 马复初：《大化总归》（上卷）第 18 页；引文见马注《清真指南》（卷之三）
"性命"，第 92 页。
② 马复初：《大化总归》马开科"序"，第 3 页。

说，却是不容忽视的重要问题。

《会归要语》和《大化总归》在表述"总归"方面，值得重视的内容大致有如下几个方面。

首先，归真乃人的必然归宿。

《大化总归》为了表明今生乃"总归"的起点，也是归真的唯一途径，它从不同方面做出论证，为的是表明今生不过是个中转站，人从前世来到现世，即从先天来到后天；而后，再由现世返归人的源出地。这一返归是人的必然归宿。马复初将这一返归称为"总归"。

所谓"总归"，指的是人从哪儿来再返回到哪儿去。亦即信众通常所说的"归真"。就是说，人被造化而出后，尽管在尘世生活，最终必将归回后世。按照《会归要语》的说法，

> 复生之身，乃改旧换新，去伪存真。重浊变为轻清，朽体化为真身。性妙而身亦妙，心明而体亦明。两妙相合，永不变更。（第八章"明死而复生"）

这里说的"总归"，指的是性妙和身妙的"两妙相合"；该"性妙"之"性"，即其"灵性"，亦即灵性之妙。这无疑说的是精神性实体的复归。这里说的"身妙"，乃其"真身"之妙。在复生时，躯体"改旧换新，去伪存真"而与灵性相合，即谓"总归"。问题是这个"真身"究竟是精神性实体还是物质性实体，《会归要语》并未言及。

《会归要语》关于"总归"，称为"会归"。在正文之前，有一为类似前言的表述：

> 人生于性，性出于天。天理达于性，由性显于人。人贵乎性，性贵合乎天。人归性，性归天，是谓天人之大会，造

化之总结。此篇分析造化之来复，世界之降升，因体古人会极归极之意，而言之名曰，会归要语。

这里说的"会极归极"的"极"，亦即马复初《性理卷五注释》"万化归一图"中所说的"中极"，它乃"万途中所会归之一总极也"①。"会极归极"的意思是说，无论何人的"复生"，均以"中极"为归。《会归要语》所说的"会归"与《大化总归》所述的"总归"，具有相同的含义。

在伊斯兰教中，由于信众对归真有着不同的理解，在对待尘世生活的态度方面也就大相径庭。《大化总归》指出：

> 且夫归真，有分为表里者焉。圣贤克去己私，复还天礼（似应为"理"——引者注），于有生时，尽一化己之功。即于有生时臻一归真之境。此在表归真之谓也。下此必待其死，而后归真者，以死则化己，化己则归真。此在里归真之谓也。所以善人以性命为归真之具，常人以死亡为归真之途。（下卷）

信众在参与世俗生活的同时，是仅仅注重履行宗教功课，还是更专注于精神功修，对此，《大化总归》从不同侧面予以论证这一"总归"的必然性。

其一，从真境、真机、真时、真德论证。

根据《大化总归》，与理、象、气、数、形相应的，则有真宰造化之真境、真机、真时、真德之说。

就境、机、时、德而言，都无外乎指的是尘世的环境、机宜、时间以及人的德行。为表明从先天向后天复归的必然性，后天乃

---

① 马复初：《性理第五卷注释》"万化归一图"，第19页。

人的最终归宿，《大化总归》以人为中心而做出论证，它所说的真境、真机、真时、真德，指的是后世的情景。其说，则在于表明真宰造化的先天后天互为因果，不可或缺：

> 从来天地必有一真境，万物必有一真机，光阴必有一真时……而人之必有一真德者，本主宰重视乎人借以显此全体大用之真造化耳……不知人之真德，固与天地之真境，万物之真机，光阴之真时，相互贯通于其际，而显真宰之全体大用也……此固有先天者之必有后天。有理世者之必有象世。且象世之必通乎理世，后天之必归于先天者，无非为天地复此真境，万物复此真机，光阴复此真时，人亦由此而复其真德焉。则主宰全体大用之真造化显矣。（上卷）

这里说的真宰造化的真境、真机、真时，完全是为了"重视乎人"，通过人的真德，借以显示真宰所造化的全体大用。尽管真宰造化宇宙万有，在尘世已经显现其全体大用，可是，在《大化总归》看来，能够真正显示其全体大用的，并非在现世，而是在来世。所以它提出不同于尘世的真境、真机、真时，以及人的真德。这无外乎是说，真宰以自我的全体大用以造化人，而以人的真德显示真宰自我的全体大用。

《大化总归》设定真主造化的天地、万物、时间和人，必有从其真境、真机、真时、真德出发，在后天归于先天的过程中，人经过中天即尘世生活的过渡后，在后天不管具有何种私心杂念、情欲，必将复其真境、真机、真时、真德，以此显示真主造化之万能。

正如概括该段含义的行文所说："此章言真宰造化天地万物光阴，皆以为人。而人之大，实有超乎其上者。然所以能显真宰之全体大用，必在后世也。盖至此天地之真境，万物之真机，光阴之真时所贯注，亦即人之真德所发挥已。"①

其二，以理为"万有之宗"的论证。

《大化总归》从理、气、形的关系、躯体与性的关系出发，说明理乃"万有之宗"，以此论证"总归"的必然性：

> 人之来时，由理之气，由气以成形。及其归也，由形还气，由气而达理。理也者，万有之宗。天地如此，万物如此，即人亦莫不如此。故知象不可无理，则知身不可无性；而性亦不可无身，身无性则身不能生，性无身则性不能显。（上卷）

这无疑是说，人之来（即其身之降）为理——气——形，而人之复（即其身之升）则为形——气——理。从理象的关系来说，这里说的形、气，不过是源自理象的更为具体、形象的表述形式。至于说到有生命的人，其身与性是合一的；而人丧失生命时，躯体死亡，而人的性并不随之消失。在他看来，性之脱离人的躯体束缚，人虽死亡，其性则返回到它应去的地方。

其三，以经籍所述论证。

为论证"总归"存在的现实性，《大化总归》还以"圣谕"所云"尘世者，天国之影也。影出于形，而因形以生象，则见影为何如之影，即知形为何如之形"②，表明天国为实有，尘世为虚无。进而以此申明信众应放弃尘世而积德以赴天国，不可轻天国而重尘世。其说教的目的极其显然。

它认为："尘世如梦，天国如醒。由尘世而归于天国，如由梦境而还于醒时也。故经云：死者醒也。醒者离乎幻境，入于真境。而天国之事，由此始；尘世之事，由此终。圣谕云：尘世者，天

---

① 马复初：《大化总归》（上卷），第 3、4 页。
② 马复初：《大化总归》（上卷），第 13 页。

国之影也。"①

其四，以通俗的譬喻论证。

《大化总归》认为，今生今世为"傀儡登场之世"，属于"梦境"。它以梦境譬喻的形式论证"总归"存在的现实性：

> 夫知今世之为梦，则知后世之为醒。知梦之所终，为醒之所始。则知今世之所终，为后世之所始。彼做梦者既醒，则见醒而不见梦。凡梦中所见之物，已非醒时所有之事……而变为乌有也。是梦者以醒，视之，梦为幻境矣。今世以后世视之，今世又为幻境矣。（上卷）

> 梦为醒之幻境，今生为后世之幻境；后世比之归真，仍为幻境。（下卷）

至于梦境醒时，从人们的现实生活来说，今生是梦，后世为醒、为真。梦终醒始。为的是表明真幻、虚实，人不知后世之真、今生之幻。在它那里，今生后世乃为一世，或者说，今生后世是两面而非两境。

至于以梦解说梦为醒之幻境，为的是说明今生为后世之幻境。譬喻虽佳，但完全是两码事：一为现实之事，一为虚幻想象，两者并无可比的意义。

《大化总归》甚至以有昼必有夜、有明必有暗的一般自然现象出现，进而肯定有尘世必有天国，人必然"总归"：

> 岂知有尘世不能无天国，有天国不可无尘世。亦犹有夜不能无昼，有昼不可无夜也。盖无夜则昼之明不显，无昼则

---

① 马复初：《大化总归》（上卷），第13页。

夜之暗不彰。（上卷）

> 由尘世而归于天国，如由梦境而还于醒时也。故经云，死者醒也。醒者离乎幻境，入于真境……尘世者，天国之影也。（上卷）

显然，以人们现实的尘世生活中日日可见的昼夜、明暗现象，与需要实证的后世、后天、天国相类比，是缺乏说服力的。因为认定昼夜、明暗存在着交替的规律性的自然现象，是无法实证并肯定尘世与后世、先天与后天、现世与天国之间存在必然的交替、轮换现象的。

其次，人死必定复生。

《大化总归》不仅论证天国之真、尘世和梦境之幻，更为重要的是，它极力表明灵性的存在并担负着返归天国的重任。按照《大化总归》的说法，人们的尘世生活归根结底不过是个幻境，唯一的真境是在天国：

> 今夫有形之身，内必有无形之体，灵性是也。变迁之世，外必有永长之境，天国是也……夫尘世不信天国，形身不信灵性。殆如处梦境而不信醒时也……岂知梦境不知醒时也。至醒时则悟梦境之为幻。尘世不知天国也，至天国则悟尘世之为幻。形身不知灵性也，至灵性则悟形身之为幻。（上卷）

马复初认为，真宰造化之大能，"不必求诸高远之处，即眼前物理，而亦有可见者"①。这是说，从事物必将返本还原的道理出发，在他看来：

---

① 马复初：《大化总归》（上卷），第5页。

> 万物返本还原，皆自然之理。至借始生之事，以证复生之功。（下卷）

> 由此推之，而知死中之有生，复生是也。（上卷）

这里说的复生，指的是人死后的复活。

上述关于"灵性"乃"人之精粹"①，无外乎是说"灵性"是真宰的全体大用的最为完满的体现。后世所说的"灵性"，则是人死之后，人的躯体与"灵性"的再次结合，目的显然在于说明人为接受预定的末日审判而必须如此：

> 故人归后世，不能代此活体而归，必另行复生者。是取妙者必损其所为浊，取久者必损其所为朽，而后可以归真返本，证还大原也。至此则以今世之形体，与后世之灵性，合而为一……身体虽浊与朽，借灵性而无不自得。非如尘世之生。（下卷）

问题是《大化总归》并未解决"借灵性而无不自得"的躯体究竟是精神性实体还是物质性实体，并以此证明人的复生。

什么是它所说的后世，在它看来，后世即人的归宿之处：

> 至于后世，论里而不论表，论理而不论情，论性而不论形也。属人性者，显之以人形。理之所当然，情之所必然。属物性者，显之以物形。理之所不得不然，情之所不能不然。里世（似应为"理世"——引者注）之必朽其形，而归于性者，正谓此也。（下卷）

---

① 马复初：《大化总归》（上卷），第14页。

这是说，人必定归向后世、后天，完全是因为包括人在内的任何造化物，均有其表里、情理、形性的不同方面。就人返回后世、后天，指从里、从理、从性，而非从表、从情、从形而言的。只有这样，才能真正复其真境、真机、真时、真德。它所说的那些在后世"属人性者，显之以人形"，显然会起到一定的精神慰藉的作用。

至于那些"属物性者，显之以物形"，即显现为桌椅、花草之形，或是狼、豹、狮、虎之形。它强调的是，"诚以今生之所重者形，而后世之所重者性也"①。这无疑是说，在今生今世亦应重视人性的培育，在复生日方可获得人形。否则的话，在"总归"时不能"显之以人形"，这一表述无疑对那些信奉者会起到警示作用。

再次，"复生"与赏善罚恶。

在《大化总归》看来，人在今生今世的"性"善恶，决定了人在后世复生"总归"时显现为人形还是物形，而且它强调的实际上是今生今世的善恶报应问题：

> 人至后世而人之事全。后世者，所以行今世善恶之报应也。（下卷）

> 性属阳似火，而禀于上。身属地似水，而禀于下。是性胜者，身随性而向上，则所行者善。将来必归于至善。形胜者，性随身而趋于下，则所行者恶。将来必归于至恶。然惟恶则必招天怒。地狱其究竟也。惟善则必招天悦，天堂其归宿也。（下卷）

---

① 马复初：《大化总归》（下卷），第 19 页。

《会归要语》有同样的说法：

> 或问曰，真宰之赏罚，行于现世，有何所碍，何必俟其死后复生，而尽归天国乎？答曰，尘世乃人情之世界，故人得以自由自用。善不见赏，恶不见罚，而究之，为分顺逆，别贤愚之大关头也。必俟其人事尽，善恶明而赏罚分。则人世转为天国，如黑夜反为白昼。至此则真宰之赏罚显，而里世（似应为"理世"——引者注）所隐者明矣。（第七章"明善恶必有赏罚"）

这类善恶报应的思想，是一般宗教都有的。为何报应不能在今生实施，非要到后世才兑现呢？对此，《大化总归》以今生后世并非两世（或上述的非"两境"）作为回答：

> 两世者，非真有彼此之别而为两境。不过化乎彼此之间，而为两面。即如一物之有表里是也。今日之对乎己者为今世，明日之背乎己者为后世。今日去，明日来。后世之里面，从今世之表面而转。殆如夜尽而为昼。亏尽而转全。毁坏者而永久，虚假者而真实。是今世之为表，而后世之为里者此也。不有今世之善恶，又何以有后世之报应哉？（下卷）

《大化总归》还根据《补都耳经》所述，认为人的善恶，"早具于灵性气性之中。其滋长微似乎人之助"，这是说，人在后天所行之善，"本生于灵性之光辉"，所作之恶，则"生于气性之暴虐"①，人的善恶既受先天灵性命定，又与后天作为相关。显然，人之所以作恶，在它看来，由人的"自由"或私欲所使然。这就

———————————————

① 马复初：《大化总归》（下卷），第22页。

为后世的善恶报应提供了根据，同时也奠定了审判和奖惩的基础。这也就是《大化总归》所说的：

> 真主将善恶两等人俱生世界。亦欲人人自为己之所欲得为。（下卷）

这仍然表明了人虽有其自由，但自由最终不离前定。说明后世赏罚，一切咎由自取。善者入天堂，与灵性合一；恶者现污浊之形，堕入地狱。①

关于后世，《大化总归》认为，伊斯兰教见真言切，因为它是"真宰赏罚所彰也，天地究竟所毕也，万物归宿所定也，光阴结局所终也，原始反终之要道所成也"②。上述说法，无疑表明"他教圣人"是难以比拟的。③

复次，关于天堂地狱。

在《大化总归》中，与"总归"内容密切相关而又被单独列出小标题的有四章。其中有"天堂""地狱"两章。这两章有关"天堂""地狱"的表述形式，与伊斯兰教一般著述的说法，虽大致相仿亦有其不同之处；④《会归要语》的第九章和第十章也分别表述了有关"天堂""地狱"的内容。

所谓"天堂"，《大化总归》说：

> 天堂者，真主报答一切善人之所造者也。（下卷）

> 且夫天堂者，真宰之真光所发显而成者也。（下卷）

---

① 马复初：《大化总归》（下卷），第20、26—34、35—38页。
② 马复初：《大化总归》（上卷），第22页。
③ 马复初：《大化总归》（下卷），第21—22页。
④ 另两章章目为"总论"和"理欲公私说"，见马复初《大化总归》（下卷），第38、41页。

《会归要语》说：

> 夫天堂乃真宰之全能所化之真境，其美华之极，荡荡乎无能名焉。（第九章"明天堂"）

这是说，"天堂"乃真宰为"报答一切善人"而以其"真光所发显"的华美之"真境"。马复初认为，"天堂"有八品。他说：

> 且夫天堂有八品。皆上映乎九天，而与人性相通者也。人能于某品中而尽其性，即能于某品中而践其位。如阿而实为至圣性所藏寓，即至圣之天堂也。库而西为大圣性所藏寓，即大圣之天堂也。土天为钦圣性所藏寓，即钦圣之天堂也。木天、火天、日天为列圣性、大贤性、智者性所藏寓，金天、水天、月天为介廉性、善人性、庸常性所藏寓，即此数者之天堂也。（下卷）

在《大化总归》看来，天堂八品分别为不同信众在后世的场所。将信众分为不同品性的做法，实际上是在重复刘智的《天方性理》中将人性分为九等，与之相应的，则是人有九等。

关于库而西天之下的天堂，《大化总归》将那些在八品天堂的信众又分为三等：

> 此八品天堂，亦有分为上中下三等焉。夫下品之天堂，着乎形迹，而修身之善人所到也。中品之天堂，泯乎性色，而明心之贤人所到也。上品之天堂，浑其形神其色，至妙至玄，明其各具之本然，而能尽性之圣人所到也。所以阿而实为至圣独见之真境。（下卷）

其实，它又将至圣的天堂单独列出，认为"阿而实为至圣独见之真境"①，这无疑将圣人也分为不同等第。这一说法，与《四典要会》"幽明释义"之说，有所差异。

关于其间的差异，据《四典要会》："然天堂虽同居上界，而其中品第相隔远矣！约而言之，有三等焉。有有形之天堂，有无形之天堂，有无形色而达乎真一玄机妙用真境之天堂。因其人有身心性三者，则天堂亦分三品焉。仅能修身者为善人，则位列于有形之天堂，其所享亦形色之天恩也。并能明心者为贤人，则位列无形色之天堂，其所享亦无形色之天恩也。更能于尽性而明其各具之本然者为圣人，则位列至妙至玄之天堂，其所享乃真一全体大用，无量无数之真恩，人所难名也。"②

所谓"地狱"，在《大化总归》和《会归要语》看来，它不过是：

尘世之迷途，即众生之禁监也。己身之气性，即后来之幽囚也。（下卷）

人之不能逃乎地狱者，皆人之自为此地狱也。（下卷）

一般认为，地狱不过是人们设想的、自作自受的惩恶场所。

而地狱之火烧人也，则欲死而未能，求死而不得。虽皮肉屡换，筋骨屡易，只有痛苦，而无死亡。（下卷）

盖地狱，乃真宰威严之大用所显之境，而火本威严之踪迹，是以无所不克。（第十章"明地狱"）

---

① 马复初：《大化总归》（下卷），第27页。
② 据《四典要会》（卷三）"幽明释义"，第69页。

《大化总归》在表述上的特点在于，它把地狱描述为"气性"幽囚之所；而《会归要语》甚至援引经籍所述，以证明地狱之火：

> 本生于气性之暴虐，逆理狂悖之行，皆地狱之煤也。（第十章"明地狱"）

有意思的是，在《大化总归》看来，人死之后，在经历地狱之火焚烧过程中，还有个"欲死而未能，求死而不得"的问题；对此，它的解释是："地狱之设，皆一逆之自害其身。而地狱之必用火者，以逆入心性，虽身亡而欲在，故必需火化，乃能明心净性。"①

不知写作者又是如何获得地狱中的"人"的情景这类信息的！这只能设想的是，其想象力之丰富！

最后，至圣引导信众步复生之路。

从信仰的视角考察后世、复生、复归等，作为造化的产物，《大化总归》认为人的智慧无法达到对这类问题的认识。必须经过至圣的引导和教诲，人们才得以认识其归真之路：

> 夫后世复生本属隐微。虽极智慧之精妙，到此亦无能为力矣。此异端之所以隐昧不言也。（下卷）

这是说，关于后世复生之说，只有在圣人的引导下，信众才得以认识它。没有圣人的指引，一切无从谈起。《大化总归》所说的"异端之所以隐昧不言"，显然是指那些不相信后世复生者所言的。

为何要由至圣引导信众步复生之路，在它看来，至圣乃"真

---

① 马复初：《大化总归》（下卷），第38页。

宰所特生"之人，一般信众为辨善恶、分黑白、知真伪，就需要
至圣的引导。这就决定了至圣具有"数千代列圣"所没有的这一
特权。

《大化总归》极力表明，至圣在德、教、学、道四个方面的至
上地位。因为至圣如实、完满地体现了"教道之全"：

> 教道之全，莫全于至圣。至圣乃恍然无光而照普世者，至
> 圣之德也；不润而泽万有者，至圣之教也；弥饮而弥渴者，至
> 圣之学也；弥行而弥远者，至圣之道也。至圣不求名，而名及
> 千古，愈久而愈彰。至圣不求利，而利在万年……（上卷）

> 古来教道多矣，何教不有圣人……然他教既有圣人，则
> 后世一节，是教道中之至重至大者，何以漠然无一言乎？不
> 知我教圣人所任者，天道；他教圣人所任者，人道。以任人
> 道者而欲其言天道，则非惟识见所不到，亦且职任所不宜。
> （上卷）

《大化总归》中有："是教道中之至重至大者，何以漠然无一
言乎？"① 它提出，为何东土圣人对后世问题及其究竟如何持漠然
视之态度，无一人涉及这一问题呢？它做出的回答是，东土圣人
的"职任"只是人道，唯有伊斯兰教圣人的"职任"在于天道。
因此，

> 以任人道者而欲其言天道，则非惟识见所不到，亦且职
> 任所不宜。故删定赞修，著书立说，他教之圣人其制作非不
> 彪炳宇内。而惜乎于真宰之赏罚，天地之究竟，万物之归宿，

---

① 马复初：《大化总归》（上卷），第 21 页。

光阴之结局，斯人原始返终之要道，则缺焉不讲也。谓非有人道而无天道乎！（上卷）

在它看来，其他宗教只是关注人道问题，唯有至圣不仅关注人道，更为重要的是关注天道。《大化总归》的这一说法，究竟有无事实根据，这里不予讨论。与其他宗教相比，伊斯兰教肯定至圣的使命是其他宗教圣人所没有的。至圣不仅讲人道，而且讲天道，这是其他宗教的圣人无法比拟的。至圣在今生中引导信众的神圣使命，也是其他圣人无法比拟的。

它之所以强调至圣在伊斯兰信仰中的至上地位，无疑为表明自"古圣"以来"六百年之道脉将斩，而至圣以一身维持之；数十国之异端迭兴，而至圣以一己挽回之"[1]，更为重要的是，它力图表明至圣可引导信众复归后世、天国。

如何接受至圣的引导呢？《大化总归》以苏非主义的三乘予以表述。[2]

鉴于《大化总归》的主旨思想是表述"复生""后世""归真"问题，马复初在最后一节"理欲公私说"中，只是极其简略地提及三乘道路的功修问题，并未展开论述。

① 马复初：《大化总归》（上卷），第20页。
② 马复初：《大化总归》（下卷），第41—44页。

第 七 章

马复初的《性命宗旨》

　　马复初游学归滇后，陆续编译携归的经籍，以应教学、讲道之需。他在主持信众宗教生活时，所撰"讲劝教论"的"片语单词皆性命之文"（即宣教布道的文稿），于清同治二年（1863 年）"集其数册为性命书"，以《性命宗旨》（以下简称"同治本"）之名刊印问世。① 该刊本可能是《性命宗旨》的最早刻本。光绪二十四年（1898 年），刻印伊斯兰著述闻名的成都"敬畏堂"，重刊《性命宗旨》（以下简称"光绪本"）。该刊本除照录马安礼序外，"敬畏堂"的周明德亦为之撰序。《性命宗旨》虽为编译作品，但它既包含原著的内容，又有马复初本人对原著的阐释和补充，似可认为该书内容反映了他的思想及其学术贡献。笔者以成都周明德的重刊本（光绪本）为底本，除对《性命宗旨》做一简介外，拟分别从人生主旨、认一事天、性命生死、立德明理、敬修法圣等不同侧面，探析《性命宗旨》的基本内容。

第一节　《性命宗旨》简介

　　马复初从朝觐、境外游学返滇后，陆续编译携归的经籍，以为讲道、教学的文稿。《性命宗旨》是马复初早年的著述。它阐释

---

　　① 马复初：《性命宗旨》，马安礼"序"。

真主与宇宙万有相关的伊斯兰哲理问题。该书之所以称为"性命
之文",是与它在表述信仰、礼仪时,其主旨环绕认主明理、身心
修持、克己制欲、行道树德的精神生活,以圣贤为楷模,从事精
神功修。本质上,它强调的是人生性命问题。

《性命宗旨》以发隐章为全书的开端。所谓"发隐",其目的
在于揭示《性命宗旨》的奥义,阐释隐秘于人生性命中的相关思
想、主张。似可视为该书的引言,并为其后各章的思想之纲。该
书分为九章,即认一、事天、明理、敬修、人性、生死、寡欲、
立德、法圣,5000 余字。它言简意赅地全面介绍了伊斯兰教有关
人生性命的基本主张。

马、周二人所撰序,亦可视为对《性命宗旨》的导读。其中,
马安礼的序介绍了马复初编译《性命宗旨》的目的在于向信众提
示,"真主何时不与人近,而人自远之","道在目前,人自不
知","皆狃与成见"①,从而无法认识人世生活的"宗旨"。它提
出,儒、墨、释、道皆有其道,"各教之道,皆有可取"之处,只
是其道未必"大全",这使马复初"悯大道之不明,痛斯人之无
归",遂将所译经籍有关性命问题为讲道、教学内容,"以补各教
之不足"②,这是他宣讲人的性命应有其主旨的重要原因。

周明德所撰序中,明确提出马复初编译该书,完全在于"悯
吾教同人,得失念切,罔惜性命,弃绝宗旨",从而以《性命宗
旨》劝谕信众,以为生命宝鉴。他在序言中说:"盖造物主生人,
俾人人各具性命。虽然人人具矣,未必人人能保之、正之,识性
命之宗旨。"③ 这无疑是让信众了解人的来龙去脉,醒悟信仰之真
谛,或者说,要了解人从哪儿来、到哪儿去;为的是使信众"执

---

① 马复初:《性命宗旨》,马安礼"序"。
② 马复初:《性命宗旨》,马安礼"序"。
③ 马复初:《性命宗旨》,周明德"性命宗旨序"。

此以进，寻宗真而契真一"①，达到"与主合一"的目的。

同治九年（1870年），由提督军门马如龙刊行的《汉译道行究竟》，该书亦称"性命书"，同样有马安礼的"序"。该"序"实与同治二年（1863年）马安礼为《性命宗旨》所撰序的录文一致。似可认为马安礼并未为《汉译道行究竟》专门撰序。在刊刻《汉译道行究竟》时，以《性命宗旨》之序为序。

第二节　人生宗旨

在马复初那里，宇宙万有（以下简称为"万有"）含精神性实体和物质性实体，乃真宰造化②的产物。精神性实体以无形的"理"（或思想、观念……）的形式存在，物质性实体则以有形的天地万物的形式存在，其中，作为万物之灵的人则生活于天地间并赖万物而生存、活动。

"万有"之所以能被造化而出，完全是因为它内在于真宰的思想之中，随着真宰有其造化的意愿及其造化行为后，"万有"也就陆续从无形的精神性实体分层次地衍化为物质性实体，天地万物遂得以产生、形成并存在。

根据马复初的思想，发隐章从不同方面表述真宰与其造化的"万有"的关系。

首先，真宰与"万有"的始终关系。

在马复初看来，作为造化者，真宰是永恒的，他的存在是无始无终的，可是，他的造化物——"万有"的存在，有的有始有终，有的有始无终。这就是说，在真宰从事造化之前，只有真宰自我的存在。这时，则一无所有，既无始，亦无终。只是在真宰

---

① 马复初：《性命宗旨》，周明德"性命宗旨序"。

② 关于"造化"的含义，可见金宜久《中国伊斯兰先贤·马注思想研究》，第233页。

从事造化之后，才有"万有及其"始终的显现。

> 化有终始，始于至真，终于至人。（"发隐章"）

所谓"化"，它指的是真宰的造化，即造化"万有"。

所谓"始"，它有两层含义：第一层含义是，"始"指真宰造化的开端，其"始"乃"万有"存在的前提；第二层含义是，它从时空两个领域规定"万有"得以产生、形成、存在。根据马复初的说法，"始"则"始于至真"，造化必以其"始"显现其造化行为。"万有"的真正本原、"万有"得以存在的根本原因在于"至真"使之以"始"。所谓"至真"，是说其"真"是真而又真的。这个"始于至真"的"真"，也就是马复初以学理性的语词概念替代所信奉的真主。在《汉译道行究竟》中，所述之"真"，显化为"真一""数一""体一"，即其造化行为的显现。

在被造化的"万有"中，还包含被造化的人类。根据伊斯兰教的一般说法，被造化的人则有始无终，[1] 马复初亦持这一主张。

> 真宰藏妙光于人身，寄以大美大全，乃先天代理之德之显也。造化人类，为此也，人贵于物，为此也。（"生死章"）

真宰乃"万有"得以产生、形成的本原。人之所以在造化过程中"有始无终"，为的是通过人显现真宰的"大美大全"之德。

所谓"终"，指"万有"消亡之时即为其"终"，何时得以消亡呢？马复初认为，它"终于至人"。一般地说，"人"指的是民众，而人中的"至人"（在该《性命宗旨》中，有的章节中，亦称为"大人"），指的则是伊斯兰教的创立者。他在引导世人复归

---

① 马注《清真指南》（卷之二）"客问（十六答）"，第39页。

于"万有"的造化者——真宰时，即为其造化之"终"。这里说的"终"，并非时空意义上的"终"；就人被造化而出，进而复归真宰并接受预定的末日审判，按照伊斯兰教的说法，此并非为"终"，而显现为一个想象中的漫长的时空过程。

始终关系无疑表明的是真宰为始，在人以外的"万有"则为终；只是由于真宰造化人，为的是显现真宰自我的"大美大全"而使人"有始无终"。这一安排也为了其后表述人将接受末日审判，只是本章不涉及这方面的内容而已。

其次，真主与"万有"的真幻关系。

马复初在表述始终的基础上，进一步表述了真宰与"万有"存在着与始终密切相关的真幻关系。显然，真幻像始终一样，是既矛盾而又共存的统一体。他对其真幻关系做如是说：

> 始乃真中幻，终为幻者真。真中何有幻，无幻不显真……见真不见幻，见幻不见真。真幻不并，明暗各分。至真本无幻，至人却有真幻。
>
> 实而真虚，幻必不实。真必不虚。真起名曰幻，幻化而成真。幻乃真之障，真非幻不燦。无真无幻，有幻无真。真杂于幻，不即幻。幻化于真，即是真。（"发隐章"）

在马复初看来，真幻两者是完全对立的，而且是不能并列的。因为"真"的存在是真实的、永恒的、绝对的，而"幻"的存在则是虚无的、短暂的、相对的。由于"真"的真宰的造化活动，使得"幻"才得以存在。

在真幻二者的关系中，"真"中有"幻"，这是就"幻"乃真宰由"真"中造化而出才得以显现的。在真宰未从事造化前，"幻"则内在于（或者说，寄寓于）"真"之中，它一旦被造化而出，"幻"也就由虚无的存在，变成为短暂的、相对的存在，其存在也就成为真实的存在；如果幻不能变为真，真宰的造化"万有"也就成为一句空话。这就是马复初所说的"真中幻"和"幻者真"。

"幻"之所以被视为真，完全是因为它确实是存在的，人们不能说所见所闻的任何事件都是幻影而非实有。进一步说，在马复初那里，事物在真幻的对立关系中，其存在都是相对的。如果认为"真"中无"幻"，"真"也就无法显现为"真"而存在；只有"幻"的存在，"真"才得以被认定其为"真"。从人们认识事物的观点来看问题，人只有通过事物之间的大小、上下、美丑、黑白等的比较中，即从其对立关系中，才得以认识事物的面目。

从上述关于"始于至真"和"终于至人"的表述中，可以认为，"至真"是真而又真的，"真"中虽然包含着"幻"（即"幻"内在于"真"中），但是"幻"的存在是依附于"真"的；只是这一"幻者真"乃是相对的，就其实质而言，仍然是虚无的。

在马复初看来，"至人"却不同。真宰在造化"万有"之前，"至人"并不存在；他与"万有"的其他存在一样，内在于真宰的思想之中。只是在最初造化精神性的"万有"之后，他才以造化之"代理"、或"大命"的形式存在。"至人"之真，从常人的立场看来，他的存在是真的；从"真"的立场看来，他仍为"幻"而非真的，所以马复初称他为"至人却有真幻"①，也就是说，"至人"是又真又幻的。或者说，常人"见真不见幻，见幻不见真"；可是，从真宰的立场看来，一切皆"幻"，唯有真宰自我的存在为"真"。问题是从什么立场来看待"至人"的存在。一般地说，在常人的眼光里，任何对立物（如上下、大小等）的存在，是在它们的相比较中而被认识的；否则的话，很难说其上、其大，其下、其小，更难以认定其存在还是不存在。

---

① 马复初：《性命宗旨》"发隐章"，第 1 页。

按照伊斯兰教的一般说法，真宰为显示自我的俊美和万能，遂造化"万有"。造化"万有"不过是为了显示自我。这就是说，由"真"的造化而产生的"万有"，使之"起名曰幻"。这一"幻"的存在，在常人的眼光里并不是什么"幻"，相反的，它"化而成真"；这一"幻化而成真"的"万有"，一方面，人们生活起居其中，同时它又成为人认识"真"的障碍；但在另一方面它又是"真"显现其俊美和万能的、不可或缺的载体，以显其"燦"。马注曾引用经籍表述。[1]

在马复初的思想中，"万有"皆为真宰从其"真"中造化而出，没有"真"也就没有"幻"的存在。那种背离"真"的纯粹的"幻"，也就不真。可是，"真杂于幻"也就不是什么纯粹的"幻"；当"幻化于真"时，即当"幻"在向着"真"复归之际，其终极则为"真"。

显然，这是一个由"真"而"幻"，再由"幻"而"真"、复归于"真"的过程；或者说，它是真——幻——真的过程。显现为真宰造化"万有"，并由"万有"复归于真宰的过程。

就真幻关系而言，无外乎是借助"万有"之"幻"以表明独一真宰之"真"；其实，称为"幻"者，乃"真"以不同形式在尘世的显现，从而有其真实形象和相应的称谓，在现实生活中短暂而相对地存在。马复初正是通过这一过程表述其真幻关系的思想的。

再次，真宰与"万有"的隐显关系。

在马复初那里，与始终、真幻相应而又极其密切的是隐显关系。隐显作为一对矛盾统一体，同样是马复初表述他的思想不可或缺的重要语词概念。关于隐显关系，说的是真宰在从事造化之前，"万有"处于"隐"的状态，而在造化之后，"万有"则才得

① 见马注《清真指南》（卷之四）"认主""世纪"，第118、177页。

以"显"。他说：

> 真著而幻隐，幻藏而真明。幻乃真之显，物乃幻之象，名为幻之谱，合中又有分。真本无名，借幻以有称。真幻既著，各另其境。（"发隐章"）

马复初认为，真宰在造化"万有"之前，"万有"处于"幻"和"隐"的状态。这时，唯有真宰自我的存在。这就是他所说的，"真著而幻隐，幻藏而真明"。可是，当真宰从事造化时，此前作为"幻"的"万有"，却成为"真"通过"万有"存在的形式来显现自我；或者说，天地万物则成为"幻"的载体。"幻"则以天地万物的不同称谓及其不同形象显现；天地万物则成为"幻"存在的符号。在他看来，尽管"幻"与其相应的载体合一，但在预定的期间内，这种合一仍会分离，即返回到唯有真宰自我存在的原初状态。

这里说的"幻乃真之显""物乃幻之象""名为幻之谱"，无外乎表明了真宰造化"万有"之后，"幻"不过是"真"获不同形式的显现；这一显现，物则成为以"幻"为名的不同形象的载体。人们赋予"幻"以不同称谓，并且为之分类，使之隶属于不同的谱系。就是说，借助"幻"显现为不同形象的物，随之而有不同的称谓，亦即真隐而幻显。

所谓"真本无名，借幻有称"，说的是一切被造化物皆为"真"的显现。可是在"真"显现之前，并无称谓；只有当"真"造化出天地万物后，天地万物中的事物，以其不同的形象而有其称谓。这是说，"真"正是借助造化出事物之后，原本"无名"的"真"，"借幻有称"。

所谓"其境"，指"真"仍为其"真"，而"幻"则以天地万物的不同形象及其时空境遇而活跃、演变。根据这一说法，

"真"处于"隐"的状态，"幻"尚未被造化而出，亦无其"显"（显现）；当"真"始而造化后，"幻"则"显"而"真"则"隐"。或者说，"真"与"隐"相应存在，而"幻"则与"显"相应而存在。此乃真宰造化"万有"后，其造化之物，则为"幻"（即"万有"）的不同形象的显现。

复次，真宰与"万有"的恒更关系。

马复初在表述真宰与"万有"的始终、真幻、隐显关系后，很自然地会联系到真宰由静而动的造化过程中，显现为与之有关的恒更问题。

所谓"恒更"，"恒"指持久、永恒，"更"指更替、变换。他说：

> 真者恒而幻者更。真者为天理，幻者谓人情。人事由乎天，天事不由人。（"发隐章"）

"真者恒"，是说真宰从事造化活动，不会因此发生任何变化，仍然恒常不变。"幻者更"，则说"万有"却生生灭灭，不断地发生更替、变换。

根据他的"恒""更"之说，联系到"万有"的实际发展，马复初提出"真者为天理，幻者谓人情"，这无疑是说，天理为"真"，人们看不见、摸不着的天理，显现为"虚"的，但它却恒有、恒在，实有、实在。由于它恒常不变，从而能决定、规范人的一切行为。人情为"幻"，它虽然显现为"实"的，似乎实有、实在，但它却会因人、因时、因地、因事等而不时地发生变化。即使同一个人，在不同的时间、地点、环境下，也会随着自身的思想、情绪、态度等的变化，其人情也会相应地发生变化，而非固定不变的。这一变化，就人事而言，则受天理制约，人情也就由天理决定其是非、曲直；而人事归天理所定，不受人的意志影响，天事则由不得人决定其取舍。

问题很简单，因为包括人在内的"万有"本身皆由真宰造化而出，因此，马复初在表述恒更关系时，进而涉及与信仰密切相关的人的顺逆、贤愚问题。就恒更关系而言，再次强调的是真宰的作为虽恒常不变，但却决定着"万有"的生灭变化。

又次，真宰与"万有"的一多关系。

马复初继表述始终、真幻、隐显、恒更关系后，很自然地就一多关系做出说明。他说：

> 万事出自然，事分以对待。上下一体看，时光有先后，处所异东西。所有对待本是虚，古今往来人所论。无数光阴还是一，字殊义异总一理。体一象数究何分，到头体象仍是一。夫体一而用数，理合而象分。（"发隐章"）

这里说的万事，包含着上下、时光、处所、古今、往来、光阴等等语词，其间的关系都是相对而存在的。在马复初看来，它们都不过是"真"的显现。这些相对之物看起来"实"有，其实，仍是"虚"的；它们表现为"多"，都不过是"一"的不同形式的显现，归根结底仍然是"一"，也就是他所说的"字殊义异总一理"。这个"理"，无外乎是天理，即这一切乃天理所使然。可以认为，这里说的"一"，其实指的是"一真"，或者说，是"真"。

马复初在表述一多的对立统一关系时，所谓"体一"，亦即作为认识真宰主体的人，对繁杂的受造物的体认、认识；不过是借助王岱舆、刘智关于"真"的"三一"中的"体一"来表述他的思想。①

---

① "三一"指"真一""数一""体一"。见王岱舆《清真大学》、刘智《天方性理》；参见金宜久《王岱舆思想研究》（民族出版社 2008 年版）之"三、王岱舆的《清真大学》"的相关内容。

所谓"象数",这也是借助中国哲学史的语词,说明宇宙万有生生变化的现象、数量、定数,即"物生而后有象,象而后有滋(滋生),滋而后有数"①。这就是说,无论是人还是"万有"的变化,归根结底,均有其"定数",仍然是由"一"所使然。所谓"理合而象分",意思是就事物之理而言,乃为"一"(即"理合"),就事物的现象而言则"象分"为"多"。

关于一多关系,不过是表述真宰为一,而"万有"为多;之所以由一变化为多,完全赖于真宰自我的造化活动所使然。这时,真宰才得以由纯粹自我的存在,而有与之对应的非我短暂的、相对的"万有"的存在。最终,多仍将归之为一,或者说,一——多——一。

最后,真宰与"万有"的内外关系。

马复初还就真宰与"万有"的内外关系给出了说明。内外关系在某种意义上可以说是表里关系。他说:

> 庸夫不知物中物,岂可与谈真里真。真内之真无中有,一概形色有中无。谁知真性人不见,所见形体梦中人。不知人中人,焉知境外境。("发隐章")

表面上,这里似乎是说庸夫不知"物中物",因此,也就无法与其谈论"真里真"的问题。实际上,马复初要说的是,在真宰与"万有"的关系方面"物中物"不仅说的是物中有物。正如说苹果的果皮中包含有果肉和果核;果皮在外、在表,果肉、果核在内、在里。他更为强调的是"真里真"。这是说,在常人眼光中视为真的天地万物,却是潜在于造化天地万物的"真"之中。就人而言,人不仅外在有鼻子有眼、有四肢躯体,也有其生命,从

---

① 见冯契《哲学大辞典》(上海辞书出版社1992年版)之"象"(第1488页)、"数"(第1683页)、"象数之学"和"象数相倚"(第1489页)。

而能够生龙活虎、活蹦乱跳，更为重要的是，人不同于鸟兽之处还在于人的内里有灵性，这个"灵性"乃决定人之所以为人的根本原因。

所谓"真内之真无中有，一概形色有中无"，说的是在"真"内潜在着"万有"。当"万有"被造化而出后则外化为"真"，这就是说，最初为无而后显现为有（即"无中有"）；它一旦被造化成有形有色的、外在于"真"的"万有"后，则"有"中潜在的"无"（即"有中无"）得以显现为人们所闻所见的天地万物。

什么是他所说的"真性"？他所说的"真性"，指的是内在于人体中的、源自先天的人之性，即人的"灵性"；之所以称为"灵性"，按照马复初的说法，"灵性"乃"人身之总持"①，亦即人人皆有的人性。马复初在《汉译道行究竟》中说："大世界之有也，先有六品无形之理，后有六品有形之象……小世界之有也，先有六品有形之象，后有六品无形之理"②，这里说的大小世界的"六品"，即《四典要会》所说的"六性"③。因为"论性之本来，皆由真性应晰而有"④。马复初所说的"谁知真性人不见，所见形体梦中人"，无外乎是说，当人们没有认识人的"真性"时，他们见闻的形体不是现实的有其"灵性"的、活生生的人，只不过是抽象、虚幻、梦境中的人。由此，"不知人中人，焉知境外境"，这就是说，如果不了解人中有人，也就无从认识天外有天、境外有境。马复初这里说的"人中人"，无外乎是指那些能够认识"万有"的人。他说：

> 人中有人小包大，人心含道道包天。（"发隐章"）

---

① 马复初：《汉译道行究竟》（卷二），第 26 页。
② 马复初：《汉译道行究竟》（卷二），第 21、22 页。
③ 马复初：《四典要会》（卷三）"幽明释义"，第 57 页。
④ 马复初：《四典要会》（卷三）"幽明释义"，第 57 页。

这是说，在人群之中，之所以有的人能以个人的躯体容纳、认识"万有"（即"小包大"）；之所以能够容纳、认识"万有"，这完全是由于这类人真正显现出其想象力、抽象力、认识力，从而得以认识真宰之道，这个"道"也就能够容纳、认识"万有"，亦即能够"道包天"，或者说，"人心含道"。

马复初所说的内外对立统一关系，表面上，似乎可以有上述的理解；在他看来，这不过是"庸夫"的看法。其实，他的真实含义是说，由真宰造化的"万有"，在其显现之前，仅仅内在于真宰的思想之中。当真宰有其造化的意愿后，"万有"则被造化而出。"万有"由真宰的思想中外化而出，成为人们生活其中并赖之以生存天地万物。这就是他所说的"真内之真无中有，一概形色有中无"。

从马复初上述的真宰与"万有"的六大关系（始终、真幻、隐显、恒更、一多、内外）中，与王岱舆关于真宰与宇宙万有的关系：隐显、动静、内外、一多关系①相比较，可以发现，马复初在真宰与"万有"关系的表述方面，既有相同的方面（如隐显、一多、内外），又有不同的方面（如始终、真幻、恒更）。王岱舆所说的"真一"的动静关系，马复初虽然没有采纳并使用语词"动静"，但是，他所说的语词"恒更"及其关系，仍有"动静"的含义。这也就是说，马复初在讨论真宰（或"真一"）造化活动的过程中，在表述其思想时，是有所发展的。

发隐章关于真宰与"万有"的关系，对人们理解《性命宗旨》其后诸章有着不可忽视的重要作用，这是值得费以笔墨的。

---

① 见王岱舆《正教真诠》"真一"、《清真大学》"真一"；另见金宜久《王岱舆思想研究》第七章论"真一"。

第三节 认一事天

认一事天,主要是探析《性命宗旨》中的认一章、事天章的相关内容。这两章是马复初讨论信众的性命宗旨思想的深化。所谓认一事天,指的是信众的性命宗旨的至高目的在于认识"真主独一",其信仰之道则在于侍奉所信仰的真主。马复初接受中国传统文化所称谓的"天",成为信仰、侍奉的对象——"事天"。

《性命宗旨》从认一章开始,其行文所述的"道"并非有形的、可闻可见的道路,行事的方法,或是事物发展的法则、规律。马复初说:

> 夫道一而已。始于一,归于一,则尽乎道矣。如万数始于一。集一而成万,而总不离乎一焉。("认一章")

所谓"夫道一而已",说的是"道"为"一"而不是多。"一"是作为"万有"本原而存在的精神性实体。就"万有"而言,它"始于一",即源自"一",最终必"归于一",这就是"道"的完整的含义。这个"一",在马复初看来,也就是真宰、"真一"之"一"。

就"道"与"一"的关系而言,马复初认为,"万有"中一切皆始于"一",此"一"并非数字之一;数字之一可由一到多、到万,以至于千千万万,但千千万万离不开一,皆由一相集而成;可是,此数字之一非彼"一"。这个并非数字之一的"一",亦即《性命宗旨》所说的"道"。因而"道"具有独一性、至高无上性。因为它是"万有"的本原。这是说,道为一。这个道,亦即"真主之道"。真宰的独一并非数,而是一切数皆始于一;数尽,则必定归于"一"。而数又由一为始端而能集之为万。至于什么是他所说的"道"呢？《性命宗旨》随即借助中国传统文化关于道的主张，演绎相关的思想。他借助孔子之说以阐释道。他说：

> 孔子曰：吾道一以贯之。（"认一章"）

马复初在解说"吾道一以贯之"①中"贯"的含义时说：

> 贯者，由里达表，由始及终，而皆此一为之主。所谓一本散为万殊，万殊归于一本也。是以清真之教，认主独一，而不容掺杂疑贰于其间。（"认一章"）

马复初认可孔子《论语·里仁》中所说的道，与伊斯兰教的"认主独一"联系起来，认为其道类似于伊斯兰教信奉的真宰。或者说，马复初把孔子视为"一以贯之"的"道"，并理解为宇宙万有的本原，即造化天地万物的主宰，"皆此一为之主"。两者词异而义同；能否理解为"吾道一以贯之"即贯彻表里、始终的是"道"？

其实，在《论语·里仁》中，"孔子少谈天道，主要讲人道"②。马复初的这一比附，完全是在中国社会的大环境下，适应一般信众的认知需要而为之。至于能否将孔子所说的道等同于伊斯兰教的信仰，只能由读者自身去领悟了。

此外，他还借助老子所述"道生一，一生二，二生三，三生万物"③之说，即"一"分阴阳，而有二；这个二，在阴阳和合时，则有三，由三而有万物。④按照中国传统文化的说法，这个

---

① 语出《论语·里仁》。
② 冯契：《哲学大辞典》"道"，上海辞书出版社1992年版，第1598页。
③ 朱谦之：《老子校释》"四十二章"，中华书局1963年版，第112页。
④ 朱谦之：《老子校释》"四十二章"，中华书局1963年版，第112页。

"一"可以说是理（朱熹），也可以说是气（张载）。

至于马复初所说的"一本散为万殊，万殊归于一本"，实际上，是与"一本万殊，万殊一本"类似而又更为明确的不同说法。所谓"一本"，说的是本原（或根源）为"一"；所谓"万殊"，说的是"万有"之间的千差万别。就是说，千差万别的"万有"的形形色色的不同实体，都离不开"一"，其本原都不过是"一"。从马复初的表述中，可以认为，他主张"一"能"散为"千差万别的万物；而大千世界千差万别的万物，究其本原而言，无外乎都应"归于一"。这个"一"，也就是他所主张的"认主独一"的"万有"本原的"一"。

马复初还把"一"与天联系起来。他说：

　　一，大者，天。独一而至大之谓也。（"事天章"）

这是说，说"一"之大，无外乎以"天"做一比附，"独一而至大之谓"。为此比附，他还以老子关于道的主张，表述其思想。他说：

　　老子曰：寂兮寥兮，生天生地，生人生物，予不得其名，字之曰道。① 儒家称上帝，又因其至尊而称之为天，是为无象之天，而此形色之天且弗违，是以清真教曰主，又系以真字，而曰真主。不曰天者，恐人混为乾象之天也。（"事天章"）

这是说，老子所说的道，是无声无息、又无形体，但能"生

_____

① 语出《老子》第二十五章。据任继愈《老子绎读》，北京图书馆出版社 2006 年版，第 55 页。所引之文应为："有物混成，先天地生。寂兮寥兮，独立不改，周行而不殆。可以为天下母。吾不知其名，字之曰道，强为之名曰大。"参见朱谦之《老子校释》，第 64 页；道布《老子直解》，中国社会科学出版社 2015 年版，第 80 页。

天生地，生人生物"。由于"不得其名"，遂予以称谓，"字之曰道"。老子所说的道，儒家有时亦称为上帝，"又因其至尊而称之为天，是为无象之天"。这无疑是说，老子认为能够"生天生地，生人生物"的道，作为"万有"的本原，就是儒家称谓的"上帝"，亦即儒家遵奉的"天"。这在无形中把老子的道，与儒家的天或上帝（或帝）联系起来；随之，又把儒家的天或上帝，与伊斯兰教信奉的真主联系起来。

马复初认同儒家关于尊天的主张，只是他认为天有两种含义：其一为天象（乾象）所说的天，其二为造化宇宙万有的天。前者为形色之天，后者为无象之天。他在行文中主张以"天"表述其思想，此"天"并非形色之天，而是"独一而至大之谓"的无象之天。

马复初还极力表明，儒家称谓的天，"是以清真教曰主，又系以真字，而曰真主"。之所以称"真主"而不称"天"，他说："不曰天者，恐人混为乾象之天也。"

《性命宗旨》进而指出：伊斯兰教认主独一，此"一"即为"真一"。它说：

理气一元，阴阳一本，太极无极，统归真一。举凡天地、古今、名物、象数，莫不由此真一而化成之。（"认一章"）

这里，理气、阴阳、无极、太极、象数，均为中国哲学史用语。[1] 马复初借助这些相关的语词，极力与伊斯兰信仰挂钩，认为它们或是作为"万有"的本原，或是作为形成"万有"的最为基本元素、本体或属性，均被视为源于"真一"。他进而主张，一切天地有形无形之物、所据时空及其生成变化，都由"真一"造化

① 分别见冯契《哲学大辞典》第1408页"理"、第236页"气"、第709页"阴阳"、第140页"无极"、第170页"太极"、第1488页"象"、第1683页"数"。

而出并受其主宰。因为"造化归一真，掌握总一主"①。

在《性命宗旨》中，马复初对伊斯兰教信奉的"主"字之前，之所以加以"真"字，而称谓"真主"，给予解释说：

> 但主字之称，相同愈众。如佛主、神主、教主、国主之类皆是也。清真之所谓主，在我教虽悉知其义，而又恐他教之泥其文者，或疑其有似乎所供奉之神主、佛主类焉。则不如天字之为当矣。（"事天章"）

他认为，伊斯兰教之所以在"主"之前加以"真"字，其缘由在于，一方面，这是为了与其他有关主的称谓（或以主称谓其信奉对象，如佛主、神主、教主等）相区别；另一方面，则害怕其他宗教信徒不是以文字涂抹其信仰，就是认为伊斯兰教供奉的"主"，与他们信奉的佛主、神主、天主一样，有其神像。添加以"真"字，为的是以示区别。在信仰上，他则主张"不如天字之为当"，这可能是他从当时信众的一般观念而言的。就是说，以"天"称谓信奉之"主"更为妥当些。他再次强调：

> 要知此所称之天，乃所谓独一至大者，而必非此形色之天也。（"事天章"）

在马复初看来，事天者，并非事形色之天，而是事"独一""至大"之"天"，或者说，信奉造化宇宙万有之"天"，即信真主！

一句话，马复初认同儒家所说的天。他所指的"无象之天"（非"形色之天"），亦即伊斯兰教信奉的真主。这一说法，人们

---

① 马复初：《性命宗旨》"认一章"，第2页。

在他的《祝天大赞》① 中，可以读到完全反映马复初关于"天"的思想的表述。

《性命宗旨》关于认一事天之说，无外乎是在强调：

> 造化归一真，掌握总一主。志一心专，惟一真主之是奉是依。而此外皆无足以乱其心者，则于入道之途，其有据矣。（"认一章"）

第四节　性命生死

性命生死主要是探析《性命宗旨》的人性章和生死章的相关内容。人生于世，有生有死。这是不言而喻的。马复初认为，人应认清生死之缘由。为此，他在《性命宗旨》中提出，学习乃人之至要作为，即应学习"圣人之学"。

> 圣人之学，归于四端。万有之元始，万有之究竟，元始之所显，究竟之所显也。元始之所显，真世也。究竟之所显，幻世也。真世之事，天事也。幻世之事，人事也。（"人性章"）

所谓"圣人之学"，指的是"圣人"的学问。它涉及四方面内容，即关于"万有"的本原问题、"万有"之有的原委问题、"万有之元始"的显现问题以及"万有"究竟是如何伴随着"元始之所显"而随之显现的问题。这里说的"万有"包括一切精神性实体和物质性实体；"元始"是说真宰自我，而"元始之所显"则说的是真宰自我显化的整个过程，即由精神性实体如何衍化为

---

① 关于《祝天大赞》，将在第九章中讨论。

物质性实体的。

作为信众，应了解圣人所述"归于四端"，即信众应认识真宰造化"万有"所包含的四个方面。它包括认识"万有之元始"，亦即认识"万有"的本原乃真宰，或者说，"化有终始"之"始"，"始于至真"；认识"万有之究竟"，亦即认识"万有"是如何由真宰造化而出；认识"元始之所显"，亦即认识真宰最初显现之理是什么样的；最后还应认识"究竟之所显"，亦即认识主张造化而出的"万有"是如何显现其形象的。

具体地说，"元始之所显"的是"真世"，所谓"真世"，亦即"理"活跃其中的"理世"；"理世"即无形的精神世界。其中，充满着形形色色的、以语词（及其所形成的思想、观念、主张等）所体现的、与其"理"相应的精神性实体。

"究竟之所显"的是"幻世"。所谓"幻世"，亦即"象世"；"象世"则为有形的大千世界，其中有着无数光怪陆离的物体，对人来说，就是生活在其中的尘世、今世、色世、俗世。在"象世"中，就"理"（如作为语词概念）而言，它或是游历于"象世"（如存在于人脑中的思想观念），或寄寓于"象世"的有形物体之中。

就"真世"和"幻世"而言，它们分别包括先天、后天，天事、人事，如此等等。也就是通常所说的，在先天，一切皆由真宰执掌，即马复初所说的天事；在后天，则被造化的人活跃于尘世，人们之间的关系亦即人事。只是马复初省略了真宰造化"万有"的过程中，有关以代理为之完成造化的具体过程，直接切入"幻世"、人事的表述。①

马复初认为有着活生生的性命的信众，应该深切认识到：

---

① 关于这方面的表述，可见王岱舆《正教真诠》、马注《清真大学》中的相关内容。

人事由乎天，天事不由人。顺逆人之事，贤愚由是分。顺者自爱，逆者自欺。理本无顺逆，顺逆以礼分。（"发隐章"）

也就是说，天理本无顺逆、贤愚；人之所以有顺逆、贤愚，完全是个人事、人情的问题，或者说，即人的信仰、礼仪、伦理作为问题。这里，显然包括践行宗教功课：遵循教法的问题。

从造化者的视角观察"幻世"，一切皆为虚幻而无任何真实可言；而从圣人之学所说的"幻世"而言，生活其中的人们并非虚幻的，而是极其现实的，亦即通常所说的今世或尘世。根据马复初的说法，"天事"由不得人，而人在尘世中的顺逆，则赖以"自爱"或"自欺"的"人事"，并由此决定人的智愚。显然，人的尘世生活，由人自身来实现先天所命定的一切，即人的顺逆、智愚及其祸福境遇。由于"理本无顺逆，顺逆以礼分"，就"理"而言，并无顺逆；人的顺逆，则由其人事，即由人日常生活中的自身行为予以定夺，赖于其践行礼仪的状况而区分其顺逆。

至于上述的"幻世之事，人事也"的缘由及其与"真世"的关系，马复初说：

幻世之福祸，原于真世。真世之赏罚，待乎幻世。故善恶者，民之自作。其所以然，天也。赏罚者，天之所施，其所得之由人也。（"人性章"）

在他看来，幻世的一切祸福，均根源于"真世"的命定。即在先天已经命定了人在后天的善恶赏罚；而赏罚将在后世予以兑现，即善者受赏、恶者受罚。之所以如此，在于"天"之"所施"，而后由人在尘世中的作为状况而"所得"，或者说，一切归咎于人的自作自受。马复初所述，反映了他的命定论。

关于"理世"与"象世"的关系，马复初说：

> 理世之高者，人神之性也神谓天神；其下者，神祇鬼魔之性也。象世之高者，人之身也；其下者，物也。故论性，则人属理世，永存不朽。论身，则人属象世，气丧则死。人之所以为人以性，物之所以为物以形。万物之生以妙气，人之生以灵性。（"人性章"）

根据马复初所述，人之性属于"理世"，人之身属于"象世"。人之所以为人，完全是由于人有其性，这个"性"，他称为"灵性"，人有其"灵性"而得以生存于世；就是说，人的"灵性"不仅存在于先天，而且在后天寓于人的躯体之中。马复初认为人及其"灵性"，"则人属理世，永存不朽"。在他看来，天地万物之所以为物，由于物不仅有其形，而且有"妙气"，同样的，物也有其性，即其物性；不同类的物有其不同的物性，进而使之归属于不同的物类，并得以生生灭灭存留于"象世"。

应该说，万物虽有其"妙气"，也有其物性，它终究难以与人相比。因为"象世"中的人不仅有"妙气"，更为重要的是，人还有与物性完全不同的"灵性"，这是万物难以比拟的。人既有其"灵性"，而且像物一样有其形（即活生生的躯体），并赖于"妙气"而得以活跃尘世。

根据《性命宗旨》的说法，人于先天即已被命定为"奉事真宰"，从而得以降生。与之不同的是，物则于先天被命定于尘世而"奉事人"，① 这是人与物的根本区别。换句话说，真宰造化万有，即造物、造人；造物为的是供养人，造人为的是使人得以"奉事真宰"。

---

① 马复初：《性命宗旨》"人性章第五"，第9页。

　　马复初认为，有些信众往往只知眼前的尘世生活，而不知尘世来自先天；在先天之后还有来世（或后天）；或是只知死而不知死后复生——还有后世以及天堂、地狱之别。为此，他指出尘世生活只是像"栈道"一样的过境，它界于先天、后天之间；这里说的后天，含今世和后世。正如"现在"界于"已往"与"将来"之间一样；而人的死亡，不过是界于今世后世之间的情景。①他关于今世、后世的关系，以人的身性做一譬喻。他说：

　　　　夫今世者，后世之表。后世者，今世之里。譬如身者，性之表，性者，身之里。表朽而里存。里之全显，惟在其表。既朽之后，如灯之与罩。灯在罩中则明，去灯则罩仍归于暗。如是则生者性之事。死者身之情。身有性则生，身离性则死，而朽明矣。（"生死章"）

　　这是说，今世后世、人身人性为表里的关系。只是人的躯体死亡后，人性仍然存在。人性真正得以完满的显现则在人的躯体死亡之后。马复初在这里尽管没有说到人性与人命的关系，但是人的死亡无疑是指活生生的人丧失他的生命了，但作为精神性的人性，即其"灵性"仍然存在。这样说，完全是为了表明人的来复升降的关系。

　　真宰造化"万有"，是《性命宗旨》得以铺陈、演绎其思想的前提。来复升降是它的一个重要内容。所谓"来复升降"，是指人的性命的生死。人之生，则为真宰造化人的性命为来、为降；人之死，则为性命的终结，人复归真主则为复、为升。②

　　马复初还以树、种、果譬喻真主造化人类的目的。他说：

① 马复初：《性命宗旨》"生死章第六"，第9页。
② 参见金宜久《王岱舆思想研究》，民族出版社2008年版，第436页。

　　世界若树，大命其种，人其果。人之心，果之仁也。树在精粹，果也。万有之精粹，人也。果之精粹，汁也。人之精粹性也。树全果熟。则漉汁而弃其渣。故欲取其汁，必损其形。损之，正所以全之，而完其种植之本意也。（"生死章"）

　　苏非主义著作通常以树、种、果譬喻人的精神功修进程。马复初在述及人的生死问题时，以此为例，为的是说明造化的本意在于表明，"世人闻死，则愀然。盖不知死，乃人所不免，而实复生之路也。"①
　　其实，在他那里：

　　性高而妙，形下而浊。故性胜形谓习天神之所为。则身随性而时时上升，跻于天神之班，天堂其归竟（似应为"境"——引者注）也。形胜性谓同禽畜之所为，而时时下降，堕于禽畜鬼魔之党，地狱其归竟（似应为"境"——引者注）也。（"人性章"）

　　就人而言，人的来复升降不过是真宰预定的造人蓝图的实现。

第五节　明理立德

　　本书探析《性命宗旨》关于明理章、敬修章和立德章的相关内容。
　　在马复初看来，人死，乃任何人无法避免的事。这只不过是人步入"复生之路"（或"死后复活"）的一个不可忽略的过程。

① 　马复初：《性命宗旨》"生死章第六"，第11页。

至于人的"复生"又如何呢？马复初提出，人在尘世就应为其后的复生做好应有的准备。就是说，人应明理立德，以备来日的复生。如何"明理立德"，他说：

> 理出于天，欲由于人，而爱恶则生于欲。爱恶得宜，则欲合理而成德。失宜，则欲悖理而败德。（"明理章"）

> 或善或恶，惟人所欲。（"敬修章"）

这里说的"理"，乃指真宰造化而出的精神性实体；"欲"则归于人的欲望。两者分别指的是"天理"和"人欲"。所谓"天理"，亦即真宰为信众规范并应认识、遵循的"天命"，或者说，应予遵循的"万有"内在的法则或规律。这一"天命"或"万有"内在的法则或规律，是信众不得违背的。

由于人有其意志和活力，他的作为也就有其自由和欲望。这一自由和欲望显现为人的爱恶之心及其相应的行为。

根据马复初的说法，人的行为自由和欲望，如合乎道义的有关衣食住行的需求，是合情合理的。问题是其行为和欲望是否有德性、是否适宜：得宜合理的则有德，失宜悖理的则缺德、败德。

如果以人的道德来看爱恶欲望，其合乎"理"的就是有德性；不合乎"理"的即为悖理，从而败坏德性。正如人为谋利，有合义之利与不义之利的区别；谋取合乎道义之利应视为有益，亦即所谓的"义利"；而谋取不合道义之利，就有其害。[①]

马复初进而以天理、人欲、爱恶区分人与天仙、鸟兽的不同：

---

① 马复初:《性命宗旨》"明理章第三"，第3页。

　　　　天仙纯理而无欲，鸟兽纯欲而无理。人则二者兼之。盖人具天命之性，气质之性。（"明理章"）

　　天仙遵循天理，因为它"纯理而无欲"；反之，鸟兽不循天理，由于它"纯欲而无理"，这就决定天仙和鸟兽是否遵循天理、有无欲望。

　　人兼有理欲，这是人与天仙、鸟兽的不同之处。就人而言，这就决定了人既可遵天理而有理智、有欲望。人遵天理，有可能由理智而衍生其仁爱之心；人也可能因其违背天理、无理智而无法克制其欲望，从而以恶为其爱。人有理智并符合天理则类似于天仙的作为；仅有欲望，显现为人仍有其鸟兽的动物性一面。

　　就人的欲望而言，如上述，人只要有其爱之欲"得宜""合理"，就是有德性。

　　马复初从信仰的视角出发，他指出天理决定人在社会中的等第。那些完全符合天理者，指的是圣人；那些具有天理而其中又有些许欲望者，则为贤者；那些既有欲望而其中又有理智者，则为智者；那些只有欲望而不循天理者，则是愚昧者。[①] 在他看来，这是因为"圣人以理视物，则物全是道。众人以欲视道，则道为物碍矣"[②]。这正是圣人与众人的区别所在；就人而言，物欲过盛则会影响其信仰之道。

　　马复初指出人与鸟兽的不同，还在于"人具天命之性、气质之性"，而无异类的那种"唯有气性，而无灵性"的鸟兽之性。[③] 所谓有"天命""气质"之性，他指的是：

　　　　知贵贱荣辱，明善恶贤愚。是以为善有功而有赏，为恶

---

①　马复初：《性命宗旨》"明理章第三"，第3、4页。
②　马复初：《性命宗旨》"法圣章第九"，第14页。
③　马复初：《性命宗旨》"明理章第三"，第3页。

有过而有罚。（"明理章"）

由于鸟兽不知贵贱荣辱，不明善恶贤愚，所以说，对鸟兽之类来说，也就无所谓有无功过、赏罚问题。从人类的进化、发展来说，人与鸟兽有共同的"气质之性"（兽性）是很正常的事，问题是人如何正确地处理、克制鸟兽之性，从而得以显现其符合天理的一面。

根据伊斯兰教的一般说法，由于光①的不断照明，使得"心以德明"，人之有心，"心贵以德"；若"德"为"嗜欲所障"、为"己私所碍"，则"心无德"，犹如身亡一样，就"不能尽其心之本明"②。

在马复初看来，人作为天地万物之灵，就应有修道明德的责任。真宰造人的目的，就在于派遣圣人立教、授人修道，以引导信众明天理、正人情。就是说，信众为明天理、正人情，一方面应清心寡欲，另一方面则应修身立德。当信众认识天理，其后也就很自然地会为之立德。或者说，明理的目的在于立德。他说：

> 天所通于人者，道也。人所合乎天者，德也。物之所以然，理也。事之所当然，礼也。道也、德也、理也、礼也。表里一体也。道出于天，德有于人。理乃天事之自然，礼乃人事之当然。礼含于理，而发于人，为天命所当行之事。所谓天之节文也。（"立德章"）

马复初在"立德章"中着重提出天、道、德、理、礼等"表

---

① 关于"光"或真光思想，是苏非主义的一个重要方面。它以光的照明表述真主造化宇宙万有的整个过程。可见金宜久《马注的宇宙起源余光说》（《世界宗教研究》2013 年第 3 期），另见金宜久《中国伊斯兰先贤·马注思想研究》，第 190—201 页。

② 马复初：《性命宗旨》"寡欲章第七"，第 10 页。

里一体"问题。所谓"天",指的是真宰;所谓"道",指真宰之道,即真宰关于造化万有而为人规范的行为法则、规律;所谓"德",指人合乎真宰之道的德性、品行;所谓"理",指天理;所谓"礼",指信众人情中合乎教法的行为。就是说,他强调的是,信众在信仰真宰的基础上,应与道、德、理、礼"表里一体"。真宰之道是内在的,信众则应以可嘉的行为予以体现。天理是真宰造化行为时的自然之事,信众则应从事合乎教法的行为。信众的行为是否合乎教法,已在天理中命定,而由信众的行为显现,这是信众遵循天命所"当行之事",也就是真宰所规范的仪则。信众的践行,即其礼符合真宰所规范的仪则,就有德性、品行。其实,在苏非主义著作中,则是强调信众的精神功修以便达到真宰,与之合一。

马复初关于真宰与道、德、理、礼的关系所述,为的是说明信众应以其践行体现达到对真宰的认识。他进而指出,如果信众的行为,真正体现了真宰规范的仪则,这就意味着他们合乎真宰之道的德性、品行,也就有其德;如果信众的行为在无形中真正体现了真宰规范的仪则,而他自身并未意识到这一点,亦即达到了忘我境界,或者说,"无我则纯乎天理,是则所谓道也"①,完全符合真宰之道。

为此,马复初提出信众应"立德"。所谓"立德",就是要

> 以正而公。正则无偏,公则无私。处巳(己——引者注)以正,处人以公。公者,人我一体;正者,表里如一。("立德章")

他进而指出,"律巳(己——引者注)恕人,是为立德之

---

① 马复初:《性命宗旨》"立德章第八",第12页。

本"①。

如何"律己恕人"呢？根据他的说法，其行为则应如下：

> 益则先人，劳则先巳（己，下同——引者注）。乐天下之
> 乐，忧天下之忧。忍人之辱，负人之屈。正则不以邪言惑其
> 意，不以名利乱其衷，不以穷迫移其志，不以患难改其常。
> 应物无方，动不违礼。上可以体天，下可以恤民……人禀天
> 地之正气而生，故能效天法地……人能导化愚顽，利济贫乏。
> 舍劳苦而为众。设永业以利人。救人之苦，解人之难。……
> 夫合天之功，克巳（己）为本……功不自恃，德不自满。化
> 尽巳（己）私，不立我见，则动不违礼矣。所谓尽人合天也。
> （"立德章"）

马复初的这些主张，为的是做到"人我一体"，以达"合人
之道""达天之德""达天之道""成仁之功""合天之功""尽人
合天"②。他说：

> 书曰：检身若不及。老子曰：大德若谷，大白若辱，广
> 德犹不足。（"立德章"）

这里的"书"指《尚书》（相传由孔子编选而成）所言"与
人不求备，检身若不及"句，其说似有与人交往不应有戒备之心，
检点自身行为好像总有不足之处的含义，以证其说有根有据。至
于他引用老子所述"大德若谷，大白若辱，广德犹不足"，不知引

---

① 马复初：《性命宗旨》"立德章第八"，第12页。
② 马复初：《性命宗旨》"立德章第八"，第12、13页。

自何版本。① 马复初引用《尚书》和老子之说，从道、德等视角表述其思想是应予肯定的，更为重要的是，《性命宗旨》关于"立德"的思想，从一般意义上说，其中有其合理因素。至于他以中国传统文化宝库中的相关思想，极力与伊斯兰思想相融合的做法，在坚持宗教中国化方向方面，更是值得肯定、倡导的。

第六节　敬修法圣

本节探析《性命宗旨》关于"寡欲章"和"法圣章"的相关内容，其中也会涉及其他章节的行文。

马复初认为，那种以为伊斯兰教只主张信众礼拜、斋戒、诵经，而不主张"修德以绝欲"，不提及"欲退则理进""不言清心寡欲，克己之功"，完全是一种误解，也是一种心病。

他提出，在明理立德方面，心病需以心药治理，只有这样，人才得以明天理、正人情。他说：

> 五功，乃真宰示人医心之良方也。盖五功实为近主之道。近主者明。明来则暗消。人之先天属天，而秉于阳。阳上似火。后天属地，而秉于阴，阴下如水。理为先天而上，欲为后天而下。似水者下而寒，近火必暖，近久则无。是以清心寡欲，必以五功为首法焉。彼言寡欲而不以其方，犹治病而不以其药也。（"寡欲章"）

马复初所说的治疗心病的药方，就是践行"近主之道""近

---

① 《性命宗旨》"立德章"所述"大德"似应为"立德"；"广德犹不足"似应为"广德若不足"。据朱谦之《老子校释》，应为"上德若谷，大白若辱，广德若不足"。任继愈在《老子绎读》中解释其意思是，崇高的"德"好似深谷，最光彩好似屈辱，广大德好似不足。分别见朱谦之《老子校释》第109页。另见任继愈《老子绎读》，第92页；道布《〈老子〉直解》，第134页。

主之阶"的"五功"。他以先天后天、天地、阴阳、水火、理欲、上下、寒暖等语词其间的关系为喻，说明治愈心病必赖于心药的道理。他进而提出，人正其身则天必正其心，"立教之本，在寡欲"，应"去其好恶之偏，远于非礼之端"，"以天命真功，检束其身"①，因此

　　修身以敬。敬之道寡欲净性也。私欲之根，乃有巳（己——引者注）及其流弊则为鄙行。锢蔽性灵，使常蹈于暗昧而终堕于下极焉。（"敬修章"）

　　修身之法，乃时刻不忘天。即视听云为，无不畏天；食息起居，罔不顺天；一心笃意于天，万事若对乎天。即此嗜欲渐消，而天理渐明矣。（"寡欲章"）

马复初这里说的"天"，仍然是伊斯兰教信奉的真宰。他所说的"天理"，无外乎指的是真宰造化万有而为人们认识的内在法则或规律。为此，他主张信众应在修身、清心寡欲的基础上，还应从事相关的精神功修。

马复初明确提出，如拟入道求道者，在清心寡欲、明德顺理的基础上，法圣敬修、依奉真主，从而达到精神功修的成效。

　　有志求道者，心无二意，意无二向。造化归一真，掌握总一主。志一心专，惟一真主之是奉是依。而此外皆无足以乱其心者，则于入道之途，其有据矣。（"认一章"）

这是说，"入道之途"在于"志一心专"，唯真宰之天理"是

① 马复初：《性命宗旨》"敬修章"，第5页。

奉是依"，否则的话，则"足以乱其心"。

精神功修的目的在于修身，或者说，修心养性。所谓"修身"，他说：

> 天下万教，有智者，皆谓人贵于物。论性不论形。盖性光明者也，形暗昧者也。故万教俱切于修身，所以去形体之暗，而显性灵之光也。（"敬修章"）

至于如何修身呢？精神功修的目的何在呢？他接着说：

> 各教之道，至于显性则巳（已——引者注），无以复加。岂知功修之极致，乃化巳（己——引者注）而绝欲，去其根株，及至障蔽全消，与主相近，真一之全德显著，则人之有，胥浑化于真宰之有，如光显而影无也。（"敬修章"）

在马复初看来，其他宗教的功修主张仅为"显性"而已。唯有伊斯兰教认为，功修的"极致"之处在于化己绝欲、消除一切"障蔽"，显真宰之"全德"；或者说，功修者达到与真宰完全"浑化""浑化于真宰之有"时，只有"光显而影无"。也就是功修者在完满地践行念礼斋课朝"真功"的同时，还必须效仿"圣人之常行"。

何谓"圣人之常行"？它指的是仁、公、义、忠、礼、温、容、恕、和、正、端、让、惠、宽、信、慎、雅、介、廉、恒、志、威、果、耻、节、刚、勇、洁、实、勤、谦、仗义、慈悯、守分、小心、顺受、托庇、仰赖、感激、忍，共"四十端"①。这"四十端"，对圣人而言，称为"圣行"，它是圣人自身的行为；

---

① 马复初：《性命宗旨》"敬修章第四"，第5页。

对信众而言，它是信众修身应予效仿之法而为"圣法"。

马复初进而提出，"真道立于五功。凡欲去卑下而登高明者，必以此为引。超拔在天，顾持在人"[1]。由于欲求精神功修者的自身条件的限制，故在功修方面的具体践行，其功修进程也就因人而异。他说：

> 经云："尔民须求近主之引"，群贤问何以为引。圣人云："真主所示之五功也……此可知不持五功者，无以为近主之阶也"。（"寡欲章"）

> 故功亦分为三乘。讲习礼制，遵而行之，曰：礼乘。乐道德，竭心力，纯向真宰，曰：道乘。绝物忘巳（己——引者注），曰：真乘。非礼乘之外，更有道乘、真乘也。道乘所以全礼乘，真乘所以实道乘。真乘者，道乘之终；道乘者，礼乘之终……且道乘、真乘，乃上士所加于礼乘，以希天眷而近真宰也。此惟自励其身，而非圣人之常制。虽然，此亦清士之传心，有得于圣人者也。乃寡欲去私，清心明性之法也。（"敬修章"）

马复初关于"三乘"（即"礼乘""道乘""真乘"）之说，有其特点。他认为，"三乘"，指"非礼乘之外，更有道乘、真乘"，意思是说，"礼乘"包含着"道乘""真乘"。功修"道乘"，不过是为了"全礼乘"，即完备"礼乘"；而功修"真乘"，不过是为了"实道乘"，即充实"道乘"。反过来说，功修"真乘"，不过是践行"道乘之终"；功修"道乘"，不过是践行"礼乘之终"。他还以果、性为例，说明其间的关系。他说："譬如果

---

①　马复初：《性命宗旨》"敬修章第四"，第6页。

者花之终，花者树之终。惟人亦然。性藏于心，心藏于身。故论其表，则先者后之根；论其里，则后者先之果。"①

有关"三乘"问题，在他的《汉译道行究竟》中，已有表述。这里之所以一再强调、重复，完全是与其教学授课过程密切相关的。

在马复初看来，苏非主义关于践行"三乘"的功修主张，"此唯自励其身，而非圣人之常制"，意思是说，"道乘""真乘"的修持，"乃上士所加于礼乘，以希天眷而近真宰也"，似乎不主张信众去践行"道乘""真乘"；可是，他又提出"此亦清士之传心，有得于圣人者也"，似乎他仍赞同信众去践行"道乘""真乘"，因为它"乃寡欲去私，清心明性之法也"。对于精神功修，马复初的思想可能处于矛盾之中。至于功修者究竟如何践行其精神功修，他只能既说"修功研道"以"希天眷"，又说它祈求"显神奇，是纵私"，他们能否真正达到所祈求的功修目的，完全归于"天事非人事也"。②

至于一般信众究竟如何对待"三乘"道路问题，他认为，既可以只从事"礼乘"而不顾及"道乘""真乘"，这并不为过；如果在从事"礼乘"的同时，亦践行"道乘""真乘"也不是不可以的。问题在于信众应在信仰的基础上，能够"寡欲去私""清心明性"，这样做仍然是有益的。

法圣是马复初在翻译并表述其《性命宗旨》时的基本原则。他说：

> 夫行道有本，树德有法。永恒为本，圣学为法。道非外求，德非内生。经云：道本在人。又云：人即道之显象也……圣人以理视物，则物全是道。众人以欲视道，则道为

---

① 马复初：《性命宗旨》"敬修章第四"，第 7 页。
② 马复初：《性命宗旨》"敬修章第四"，第 7、8 页。

物碍矣。圣人示以三乘守其法者，可以渐化气质，而复其真性之明也。（"法圣章"）

这里，马复初提出"行道有本"，说的是"道"源自"理"，因此，它并非"外求"就能获得的；而"树德"应依据圣人之法而行事，因为"德非内生"。他这样说，原因在于"道本在人"，人本身是"理"的显化，亦即"道之显象"。因此，人应"法圣"，践行圣人所示之"三乘"以"守其法"，摈弃"以欲视道"的"物碍"，化其"气质"以"复其真性"。

总之，为做到这一点，马复初强调"法圣"的必要。他说：

人成于三。先天一性也，后天一身也，先后共者，一心也是为性心，非形心也。是以圣人所示之法程，亦有三焉。礼乘以修身；道乘以明心，真乘以尽性。礼乘包道乘，如身包心，道乘含真乘，如心含性。非身必无心，无心必无性。礼乘劳如登山，道乘险如涉海，真乘难如腾空。陆行不以舟，无舟不涉海，无翼不腾空……人分高下，功有浅深。逆其次序，徒劳而无功也。法备三乘，礼有五功……无礼无道，非道无真。礼则寡欲，道则克巳（己，下同——引者注），真则还真。三乘五功，本于化巳（己）。（"法圣章"）

马复初对此得出如下的结论："是以圣人奉天命，阐教化，立诸法程，而示之以归归者，还于真宰也。"[1]

伊斯兰教苏非主义著作关于精神功修者如何从事修炼，以达到与主合一的境界，有着更为详尽的表述，本章从略。

----

[1]　马复初：《性命宗旨》"法圣章第九"，第14页。

第 八 章

马复初的《汉译道行究竟》

　　《道行究竟》（亦称为《汉译道行究竟》）是一本简介苏非主义精神功修的宗教性著述。该书虽冠以语词"汉译"，但就其基本结构和相关内容而言，似可认为并非一本完整意义上的译著。它在所译波斯文经籍的基础上，行文中既引用刘智《天方性理》有关章节的部分内容，又含有个人的感悟、阐释，编写为日常宣教布道的文稿，而后予以汇辑、刊刻问世。作为一本编译性质的作品，被视为"性命书"。笔者以清同治九年（1870 年）《汉译道行究竟》马如龙的刊本①为底本，除对该著述做一简介外，拟据其内容，分别探析该书关于"真一"之理、当行之道、践行法程所表述的主旨，并对它所涉及的相关思想做一评议。

第一节　《汉译道行究竟》简介

　　《汉译道行究竟》（同治九年刊本）分为两卷。它的刊本分别

---

　　① 清同治九年《汉译道行究竟》马如龙的刊本，标明"至圣迁都一千二百八十七年"，而光绪二十七年（1901 年）"成都敬畏堂重刊周氏藏版"则表明为"至圣迁都一千二百八十二年"。同治九年至光绪二十七年间隔 32 年，而"至圣迁都"反而提前五年，似乎有误。"重刊周氏藏版"提供的信息表明，它在"至圣迁都一千二百八十二年"（即同治四年，1865 年）时，可能已有《汉译道行究竟》刊本，到光绪二十七年，敬畏堂又"重刊周氏藏版"，从而有该刊本。

为卷一（上卷）和二卷（卷二）。①

　　马复初就所据经籍原本有如下说明。他说：

　　　　此经原文法尔西也。因文精义奥，所言并不外乎明经大
　　集。但为庸常毁谤，而妄言也。余故以阿尔比译之。复虑其
　　知书者，难明，故再以汉文译之，使读者易晓耳。（上卷）

　　　　余以阿尔比译之，以归刘一斋（刘智——引者注）之言。
　　（卷二）

　　这是说，《汉译道行究竟》的"原文法尔西"，即波斯文。马
复初先将波斯文译为阿拉伯文；为防止"庸常毁谤，而妄言也"，
随之再转译为汉文，以与刘智《天方性理》关于大小世界的相关
表述相符。这就是人们读到的《汉译道行究竟》。

　　就马复初所据经籍而言，除行文中所述"真经云""经云"
不知为何经外，大致源自《墨格索德经》（或《默格索德》《研真
经》）、《甫苏思经》②，还引用刘智《天方性理》中的部分段落以
表述其思想。

　　作为马复初的门人弟子，马安礼为这一精神功修著述所写的
序言中，对该著述写作的缘由做如是说："传曰：道不远人。大哉
真主，何时不与人近，而人自远之。天下滔滔，皆狃于成见故习，
似儒似墨、似释似道，杂而无归。语以真一之理，则曰吾人自有
当行之道，忠孝节义是也"，"夫各教之道，皆有可取。至于大全
则未也。我夫子复初氏悯天道之不明，痛斯人之无归。每于讲劝

――――――――――

　　①　就该刊本而言，显得有所粗糙。该书虽然分为两卷，可是，卷一在正文页码上
标为上卷（第1—17页）；其后（第18—25页，第28页）的页码则为二卷，或为卷二
（第26、27页，第29—44页）。

　　②　可能即汉译《大化总归》的底本《甫苏思》。

教谕之下，著为经籍……今集其数册，为性命书"。① 从马安礼的序言中，可以看出，马复初写作该书的主旨在于阐述"真一之理"、"当行之道"（即当行的"至正之道"），对"有心斯道者，未尝无得"②。马安礼于同治二年（1863 年）为《性命宗旨》写序。笔者探析《性命宗旨》应用的底本为光绪二十四年（1898年）重刻本，该刊本仍有同治二年序。该书所载序言与《汉译道行究竟》（同治九年）序言相同。似可认为，马安礼并未为《汉译道行究竟》撰序。同治九年《汉译道行究竟》刊本马安礼序言，实为《性命宗旨》序言。

作为精神功修的著述，该书上卷含有 9 章，所述内容分别为：明行道而至于复命之境、明礼道真三乘、明全人、明隐士、明相伴道长之理、明弃绝之理、明道乘之所成者三、明修功之效、叹尘世光阴之不常。从上引章目中可以看出，它强调精神功修的目标及其进程、从事功修成员的作为，以及功修的成效等问题。

该书卷二含有 5 章，所述内容分别为：明识认真宰、明"真一"显化流行之次序、明真宰之为、明人之信心有三等、明礼乘道乘之学者；其第五章又分为 6 节，所述内容为：明认己之道、明人身所具之用有十、明万化出于大命、明人与修功所转升之品第、明行道之升腾、言修道者正身清心尽性之法乘。从上述章目和节目中可以看出，该卷涉及有关功修问题，但其所述及其强调的是，那些从事精神功修的信众，应该明确认主与认己关系的基本义理。

从两卷所述内容来看，马复初从"讲劝教谕"需要出发，所写布道文稿的主旨，皆为劝谕从事精神功修的信众，应认真处理个人的尘世生活。所以马安礼将该书称为"性命书"。

在马复初的著述行文中，应了解他所说的真主、真宰、"真

---

① 马复初：《汉译道行究竟》马安礼"序"。
② 马复初：《汉译道行究竟》马安礼"序"。

一"等语词，异名同实，含义相同。只是根据表述的需要，在不同场合应用不同的语词而已。

第二节 真一之理

《汉译道行究竟》提出，精神功修者（或行道者、修道者）必须从学理上认识"真一"之理。

马复初认为，认识"真一"之理，亦即

> 识认真宰为理学之本。本正，则所持守者正；本偏，则所持守者偏。（二卷）

马复初所说的"理学"，并非中国传统的宋明理学，而是伊斯兰教的性理之学（或道学），其主旨在于说明伊斯兰教有关的性理之学（或心性问题的主张）。也可说是它的认主学、认一学；或者说，认识真宰乃宇宙万有（以下简称为"万有"）的根源，此乃伊斯兰教的"理学之本"，也是精神功修者了解该书所述道行究竟之根。[①] 他所说的"万有"，实际上无所不包，既包含着精神性实体和物质性实体，又包含着大小世界（天地万物）、先天后天等。因此，在探析他的相关著述时，应按其行文内容，予以具体分析讨论。

该书所说的认识"真一"之理，包括四个方面，即认识真宰为原有、真宰本然的特性、真宰显化流行的次序，以及真宰本然贯彻"万有"。

首先，应认识真宰为原有。

马复初认为"有"可以分为真有、幻有。他说：

---

① 对该书相关的研究有马汝云《马复初〈道行究竟〉一书的哲学思想》，《中国穆斯林》1987 年第 1 期。

　　　　有有二等，真有幻有。真有惟真主之本然也。此外皆为
　　幻有。但亦有乎其不得不有也。（卷二）

　　所谓"真有"，指的是真主、真宰、"真一"；其有，乃真宰
本然的自我显现，因此其有亦即原有，而非化生之有。所谓"幻
有"，指的是由真宰造化而出的"万有"，乃万化、化生之有；其
有，乃通过先天的造化，再由后天化生而有。就是说，"万有"之
有，则是与"真有"相对而言的有。作为"幻有"之有，不能与
真宰的"真有"处于同等、并列的地位，只能低于"真有"；故
而称为"幻有"。马复初的这一主张，与刘智所译《真境昭微》
关于"有"的相关表述①相同，只是表述顺序有所不同而已。

　　《汉译道行究竟》关于"有"分为真有、幻有之说，完全是
从真宰的视角来表述其"有"的；可是，从现实生活中人们的视
角来看"有"的问题，绝不能说人们看到的色彩、吃到的美味、
听到的声音或是摸到的物体，都是"幻有"，都是虚无而不存在
的，而不是客观存在的色彩、美味、声音或物体。故而马复初对
所谓的"幻有"，表述为"但亦有乎其不得不有也"，仍然承认被
视为幻有的"有"，"不得不有"，仍然是客观存在的"有"。

　　尽管马复初从真宰的视角来看"万有"皆非原有，而为"幻
有"，他的这一说法，为的是显示真宰的存在是绝对的、超然的、
无条件的。为此，他又从更为细腻的、学理性的角度表述其"有"
为"原有"。

　　其一，什么是原有。

————————

　　①　据刘智《真境昭微》所述："有，有而义：曰幻有，曰真有。幻有，为变通之
有，有其名，无其实。不过了人之知解而论其显象也。真有，乃至实之有，自为本体，
而实为诸有所依赖也。除此有，则无有也。万有赖之而生，依之而立，若以有字而名
主，以止一一，不以第一义。"见刘智所译该书第十四章。

关于原有，马复初说：

> 所谓原有，而不得不有也。其有也，无始终、无形色、无方所，不随年月、不属理世、不属象世，不离万化之有，不惟体不同也，而用亦迥异，不牵于阴阳，不入于气化，非无极、亦非太极。（二卷）

> 世界为化生之有。既为化生，则必有主持造化，不属于化生，而为自然之有者。（二卷）

在他看来，"真有"乃"不得不有""自然之有"，是"不离万化"的、超绝一切的"有"。其有，是无条件的、不可比拟的、不可形容的。与之不同的是，一切造化之有乃化生之有，均非原有。他的这一说法，同样与刘智所译《真境昭微》的表述大致相同。①

在马复初看来，在真宰造化、"万有"化生的过程中，人们提及的无极太极，亦非原有。他说：

> 无极乃理世之宗，太极乃象世之元。（二卷）

在马复初那里，无极太极在真宰造化"万有"的过程中，具有极其重要的地位。两者被分别称为"理世之宗"和"象世之元"。可是，在他看来，无论是无极还是太极都不过是真宰造化之有，而不是原有。如果把真宰"无始终、无形色、无方所"的断

---

① 《真境昭微》说："真有唯一，无所次第，无染更变之名，不干多数之谓。主万化而本不化，妙万迹而本无迹。学莫能载，目莫能视。显诸色相，自无色相。觉彼万物，自超万物。欲睹其丰，目光先眩；欲泄其妙，喉舌先哑；欲思其微，心智先惑。"见该书第十三章。

言，像"他教"一样，"谓之为无，谓之为空，谓之为理，岂不大谬"①。显然，马复初在这里说的无、空、理，无疑是就"他教"或儒释道而言的。

其二，以"光"譬喻其有。

《汉译道行究竟》延续了真主是光的思想主张。它形象性譬喻真主是光，是真光（或神光）。或者说，"真一"所显化之光，亦即真光。它还借鉴"日"与"光"的关系，形象地表明真宰为"日"而为"真有"、为"原有"，"日"之"光"则为幻有。

> 真有如日，幻有如日之光也。光赖日而有，光乃日之所显。有日而后有光。所谓有乎其不得不有也。（卷二）

把真主视之为光，乃源于《古兰经》的相关经文（24：35）。除了一般的伊斯兰学者持这样的主张外，它尤为苏非学者所强调。伊斯兰教在中国获得流传后，真光思想在汉文著述中同样表现得极其明显，反映出其影响广泛。

在马复初看来，真光遍及一切领域。信众唯有遵循"真一"之理、学习"真一"之理，才得以获得真光的照明，得到真光的知识，而有其"有"。

> 清哉，真宰本原有之真光，引导良仆于至正之道，至静之品，至善之元，以止于复命归真之境。大哉真光，贯乎宇宙，通乎古今。美哉，遵而得之者。贵哉，习而至之者。（上卷）

马复初说的清哉、大哉、美哉、贵哉，为的是表明由于真光

---

① 马复初：《汉译道行究竟》（二卷），第18页。

"贯乎宇宙，通乎古今"，为此，信众就应遵循"真一"之理，学习"真一"之理，从而能够获得真光的指引，达到"至正之道""至静之品""至善之元""复命之境"。所谓"复命之境"（或"复命归真之境"），这是信众功修的至高境界、终极目的。为达到这一境界和目的，需要通过勤奋的精神功修，而非任何信众都可随意祈求、轻易达到的。

就真光而言，它强调的是"真"而不是"光"。就是说，不应把"光"孤立、突出起来，甚至抛开"真"而谈"光"。

其三，以"镜"譬喻其有。

关于真宰为"镜"的思想，在伊斯兰教的汉文著述中同样有着重要影响。在它将真宰譬喻为"镜"的同时，"万有"也就被譬喻为"镜"中所反映的不同形象之物。它进而以此表述真主与"万有"的关系。

> 盖真主譬如明镜，万化譬如镜内所照之形。形非镜而不离镜。无镜必无形，形无镜不显，镜非形不见。见形如见镜，则见物犹见主也。（二卷）

> 真宰之统万物，而贯万化，不即万化，而亦不离万化。譬若镜之与影，是一，而又非一也。盖镜之本，清明无色，所照千形万状，有形有色，此则所谓是一而非一也。（二卷）

这是说，马复初以"镜"为形象性譬喻，一切造化物（即万化之物）皆为"镜内所照之形"，"无镜必无形，形无镜不显"。这一形象譬喻，有四层含义：第一层含义是说，真宰为"镜"，镜内所显之形，皆为真宰万化之物（即造化之物）的反映；第二层含义，镜内之形不能等同于镜体本身，而镜内之形也不能离开镜体而显现其形；亦即被造化物不能等同于造化的主宰——真宰，而被造化物同时也不能离开真宰而独立存在；第三层含义，作为真宰的造化物，"万有"的存在，佐证了真宰的存在，亦即"镜非形不见"；第四层含义，见形见镜，"见物犹见主"。根据这一说法，其缘由则在于万物乃真宰的造化；或者说，信众在看到所造化的万千形色之物，均应想象到"见形如见镜，则见物犹见主也"。值得提出的是，就马复初所说的"犹见主"，并非把镜内所见之物，等同于"见主"，而应理解为犹如"见主"；马复初的意思是说，"见形如见镜"，应该从所见之物乃真宰造化物的视角理解这一说辞。

至于上述关于"有有二等，真有幻有"之说，从真宰为"镜"，万有为形这一譬喻来看，其真正目的仍在于说明"万有"乃真宰之造化，从而与真宰的存在相比拟，无疑为与真有相对的幻有。显然，这完全是从真宰的立场、视角来谈真有、幻有的。在这一问题上，与其他伊斯兰相关著述的思想和主张相类似，只是这里没有就幻有做出更为明确的解说而已。

其次，应认识真宰本然的特性。①

《汉译道行究竟》肯定真宰乃"原有"。"万有"是以"真一"的显化为存在依据的。所谓"真一"的显化，亦即上述的真宰本然自我的显现。那么，真宰本然究竟具有什么样的特性呢？马复初有如下不同的表述。

其一，什么是真宰的本然。

如上述，由于真宰为真有、原有，"万有"皆由他的造化而有，或者说，皆由"真一"本然显化而出。那么，什么是真宰的本然呢？马复初说：

---

① 关于"本然"，可见金宜久《王岱舆思想研究》"本然"，民族出版社 2008 年版，第 272—274 页；《中国伊斯兰先贤·马注思想研究》"本然"，社会科学文献出版社 2016 年版，第 158—164 页。

……真主之本然，其大无所不包，其细无微不贯。无止息，无方所，无始终。内外贯通万化，而万物莫遗其化，更无远近之别，隔碍之分。（上卷）

盖真宰之本然……似无而有，似虚而实；世界似有而无，似实而虚……岂可以庸俗之成见，而妄拟真宰之大能哉。（二卷）

他认为，与人们所见所闻的世界"似有而无、似实而虚"完全不同，真宰之本然，"似无而有，似虚而实"。因为世界不过是化生之有，它乃真宰本然造化而有之物。可以说，"万物莫遗其化，更无远近之别，隔碍之分"。马复初在这里首先肯定真宰本然的存在无可怀疑、无可争议。

其二，真宰本然有其决然之妙。

盖真宰之本然，纯粹至妙，五官不能知，智慧莫能悟，意虑摹想，莫能形容。智慧虽灵，尚不能知天仙神鬼之体为何如，而真宰之本然，妙过天仙神鬼远矣。古贤云妙似义理，而非义理也。（二卷）

大圣大贤虽知真宰，但知其当然，而不能知其所以然。经云：统万有之理，贯万化之众，凡妙中之至妙，浊中之至浊，俱与真宰之理相贯通也。是则所谓一贯恒然也。夫近与远有三，位之近远也，品之近远也，景之近远也。主近人，人远主，非此三者之近远也。（二卷）

真宰之妙，超乎万有，越乎万象。是以贯通万化，而无所滞碍。亦犹性命之贯通身体也。（二卷）

"超乎万有，越乎万象"，"贯通万化，而无滞碍"，这一切都是真宰本然的作为。可是，他的本然人们却看不到、摸不着，无法认识、无法感悟，而"真一"又确实存在，这就是真宰的奇妙所在。所谓"主近人，人远主"，并非人们通常所说的人与位、品、景的近与远所能譬喻的。这是说，真宰本然之妙，并非人的想象、知能、悟性所能达到的，他的本然信众只能"知其当然，而不能知其所以然"。

其三，真宰本然有体—用之别。

真宰的本然，是以其全体大用的形式显现出来。然而，真宰之"体"和真宰之"用"，完全不同于"万有"的体—用。

真主之体，非形色之体也。真主之用，乃不动之用也。（二卷）

经云：真宰有自立之本然，所谓体也。有本具之能事，所谓用也。体即真宰之所以然，用即真宰之所当然。妙用未显，则用隐于体；妙用既显，则体隐于用。（二卷）

真宰的造化活动乃其"体"之"用"的显现。其"体"之"用"未显现时，"则用隐于体"；当其"用"显现时，"则体隐于用"。所谓"真主之体，非形色之体"，指的是真宰"自立之本然"，这与"万有"的形体截然不同。或者说，这是真宰之所以为真宰的原因所在。所谓"真主之用，乃不动之用"，指的是真宰"本具之能事"，即其"用"乃以所显化的代理之"用"予以表现的；或者说，亦即真宰"所当然"的、具有之"用"的一切作为的显现。

虽说真宰之体—用与"万有"之体—用有别，可是，"万有"之体—用，不过是真宰本然之"用"的显现。当真宰本然之"用"尚未显现时，其"用"已经存在，只是处于隐的状态——隐于本然之"体"（或潜在于其"体"之中而未显现而已）；当真宰之"用"
始而显现时，其"用"即显现为"万有"之"体"的功能、作用。
这时，真宰之"体"并非没有体—用，而是其体—用处于隐的状
态，亦即隐于"万有"之"用"之中。这就是马复初所说的，"主
与万物相贯"[1]。就是说，"万有"之"体"源自真宰之"体"之
"用"；此"体"（含精神性实体和物质性实体）却为"万有"及其
体—用之源。同样的，"万有"的一切行为、活动、变化等皆为真
宰"不动之用"使之有其"用"的。说到底，真宰之"用"乃一
切精神性实体和物质性实体之所以有其"用"的根本性动因，"万
有"之"用"的本源。一切根源于真宰之本然。

其四，真宰本然体—用数。

就真宰本然而言，马复初提出，真宰的本然为一，而其"用"
则为多。

> 经云：体一而用数。但用未达于外，一焉而已矣。因所
> 达者异，而用亦分矣。达于义理曰知，达于造化曰能，达于
> 音曰听，达于形曰观。故曰，体一而用数也。（二卷）

这是说，真宰的本然以其"体"而得以被表述，真宰本然有
其"本具之能事"，即其"体"之"用"。他认为，真宰独一无
偶，所以其"体"为一。由于"用"尚未显现时，它与其"体"
一样，仍然为一；可是，当其显现时，则其"用"却因时、因地、
因事而异，从而显现为多。这就是他所说的"体一而用数也"。

其五，"为"乃真宰体—用之所显。

为认定真宰之所以为真宰，就必须设想真宰有其"体"，从而
其"体"也就有其"用"；其"用"乃真宰之"体"的作为；其

"用"在体—用中，同样有其作为。这一作为亦即称为"为"。

马复初以"镜"为喻说：

> 夫体如镜，用如镜之明。镜一而明亦一，但所照者异，则其明因之以异也。至于为乃用之表，为本无止境。约而言之，则造作生化予夺，凡所达于物者，皆是也。（二卷）

这是说，从表面上看来，"体"一"用"亦一；其实，"镜"所照明对象之形，并非为一，因而所映之像也就为多而不是一。其"用"为反映事物的形象，由于对象不同，在镜中所反映的形象也就各异，此即镜之"用"的作为。这是说，"用"的作为是以"为"的显现而予以体现的。

从体—用关系的视角探析这一说法，就有可能了解，所谓"体即真宰之所以然"，是说作为精神性实体的真宰，只有有其"体"，才得以有其"用"，这是"之所以然"的。同样的，这也就有可能了解，所谓"用即真宰之所当然"，是说作为精神性实体的真宰因其"体"而得以有其作为，即其"用"，这是"所当然"的。

因为任何精神性实体均有其"体"，以体现其作为精神性实体而存在；尽管这一"存在"之"体"，是精神性的，而非现实的、客观存在的。如果不能认定精神性实体的"体"的存在（尽管它是非现实的、客观存在的），那么，人们也就无法解释任何精神性实体的事物，予以想象、思索、设想、表述了。

为了说明"为"的功能、作用，马复初对体—用的作为做了专门表述：

> 真宰之为，乃用之达于外者也。自真体运动，作为始出，而万化显焉。万化显，则主宰之踪迹见焉。其踪迹有两端。

人不可得而见者，理也。可得而见者，象也。（二卷）

所谓"为，乃用之达于外者"，这是说，"为"是作为"用"的外在显现（外化）而活跃的。

"为"可以指创造、作用、产生、变化、给予、夺取，如此等等，凡是它"所达与物者"皆为"为"。正如"体一用数"以镜为喻所说的，"为乃用之表，为本无止境"，由于"体一用数"，故其体的外在表现之"为"，其"数"也就有万千变化而"无止境"。

就"为"所显现的"踪迹"而言，可以概括地说，它有可见的"象"（象世）和不可见的"理"（理世）。至于它与体一用的关系，马复初进一步指出：

> 用起于体，为出于用，而大命又生于为。由大命而有理世、象世。古贤云：论其有，用即体也。论其义，用非体也。而用中所含之义，即万化之所以然也。（二卷）

就是说，"用起于体，为出于用"，"为"源自体一用；而"为"同时又是其后理世、象世一切事物有所作为之缘由。所谓"万化之所以然"，意思是说，"为"是"用"的作为的显现，理世、象世一切事物的产生、发展、变化、消亡，都根源于"用"之"为"。就"用"的作为而言，它是"体"之"用"；就其含义而言，则"用"源出于"体"，并非为"体"。

与上述的"原有"相对应的，则是"万有"，亦即与一切语词、概念相应的天地万物。原有的体一用，贯通于"万有"的一切形体之中，也就是他所说的"亦犹性命之贯通身体也"。或者说，"万有"的显现，即其外化；外化也就有其万化；这一万化，就是"用"之"为"的种种外在显现；归根结底，其万化显现为理世和象世（大千世界）的、一切精神性的和物质性的实体的生生变化。

其六，"万有"体—用乃真宰本然体—用所使然。

正因为原有贯通于"万有"，马复初进而主张，性命贯通于躯体，得以在躯体中显现活力。这里说的命，亦即人们所说的性命。

> 圣人云，认主出于认巳（己——引者注）。知己原在知命。富贵贫贱，吉凶祸福，寿夭穷通，全由乎命。命无形色，无方位，不在内外，不离身。知命之所以为命，则知主之所以为主也。（二卷）

> 性命之通形体，无所不包，无所不贯，而不拘于形体之中。（二卷）

就人的躯体而言，性命寓于躯体之中，并在躯体中居于主导地位，即主宰躯体的一切活动。人有性命，人的躯体才得以活蹦乱跳；性命支配、主导作为物质性实体的人的肉身。换句话说，人的肉身之所以受其性命（即性）的支配、掌控，完全是由于人之性源自"真一"的先天之理，是理在后天通过性（即性命）支配人体的活动。

> 真宰之统万物，而贯万化，不即万化，而亦不离万化。（二卷）

> 身可损，而性不能损；肉可破，而性不能破；身可分，而性不能分；身可粉碎，而性仍浑全。即此而知性之同身，而不离于身，不在其表，不在其里，乃晓然于真宰之同万化。（二卷）

这是说，性命寄寓于躯体之中，但它"不在其表，不在其里"，其存在永"不离于身"。这是性的特性。因为性乃真宰万化在人的肉身躯体中的显现，真宰万化的功能，通过人之性而支配、掌控人的肉身，所以说，性"乃晓然于真宰之同万化"。

由于真宰造化之物，与真主自我并没有远近之别、隔碍之分，因此，就功修者而言，如果他们不了解真宰本然的这一特性，"不明与主相近之理"，从而也就"近主无方"。①

可以认为，在说明真宰或"万有"的体—用—为时，可以将它们三者分别予以表述，这样做纯粹是思维、逻辑的需要，为的是清晰地分析、说明问题。或者说，予以探析马复初关于"真一"之理表述的需要。可是，无论就真宰还是"万有"而言，其任何作为都是统一的，不能分割的。也就是说，体—用—为三者是一而三、三而一的。就具体事物而言，它的"体"与它的"用"和"为"都是并存的，很难说任何存在的事物有其"体"，但其"体"却无所"用"和"为"。从这一观点出发，考察事物，就能做到物尽其用，甚至被视为"废物"之物，同样有其可用之处。

再次，应认识真宰造化流行的顺序。

马复初为进一步表述理世和象世的一切变化，他在《汉译道行究竟》中表述了真宰造化、流行的先后次序。他说：

> 盖造化之初，大命也。大命著，则性理分；性理分，则元气出；元气出，则阴阳成；阴阳成，则天地定；天地定，则万物生；万物备，人类出，则造化之功全矣。（二卷）

这一造化的整个过程，分为六个阶段（或者说"六品"），即大命—性理—元气—阴阳—天地—万物。似可将这一过程分为两大阶段，即先天理世的造化阶段和后天象世的化生阶段。

———————

① 马复初：《汉译道行究竟》（上卷），第3页。

其一，理世。

真宰的造化以"大命"为始，此即上述的体—用之"为"的最为鲜明的显现。关于大命，马复初有如是说：

> 大命乃千古群命之一总命。而为万化之所公共者也。（卷二）

> 盖理世之元，大命也。九天各具之理，与诸天神，皆得大命之余光而有者也。（二卷）

就大命而言，应该认为这是王岱舆、马注、刘智等人关于造化说的重要语词。具体说来，在王岱舆那里，指的是"命"。他说："先天为命，后天为性，命乃种子，性乃果子，命非性不离于性，性非命不离于命。非命则无性，非性则不全矣"，"性命乃各物之本然，善恶乃性命的发用"。① 在马注那里，有"命""大命"或"灵命"之说，他说："真主从无色象之光明，造化至圣穆罕默德之大命"，"灵命不离身体，若离身体，则身体皆死。无万物，不能显造化之全工；无身体，不能显灵命之妙用；无灵命，不能显真主之全品"（"大命"即穆罕默德之"灵命"，或"命灵"，亦即穆罕默德之灵光或无极）。② 在刘智那里亦指大命，具体所指则为性、智。他说："首显大命中之本然，曰：性；曰：智。此之所谓性者，根于大命中之性而起，人之所以然也；此之所谓理者，根于大命中之智而起，物之所以然也。人与物之所以然，皆同出于一原，无有别也。乃物之所以然，则称之曰理，人之所以然，独称之曰性者，何也？性则其灵觉者也。称其灵觉以别于物也。

---

① 王岱舆：《正教真诠》"性命"，第55、56页。
② 马注：《清真指南》（卷之三）"性命"，第94页；马注：《清真指南》，（卷之六）"问题"，第239页。

性者，人之所以然也。"① 从上引的行文可以看出，大命与性、理具有同值的含义，只是后人的理解和说法有所不同而已，但造化均自大命（或命）始的观点，则是共同的。

马复初把大命视为"千古群命之一总命"，就人而言，他指的是理，这不同于刘智视为"性"的说法。可是，在造化过程中，马复初同样认为，最初出现的大命亦为"性"，即至圣之性。马复初在这一表述中与刘智持相同主张。他说：

> 大命为至圣之性也。盖万有起于大命，归于大命。所谓始终归宿之一大都会也。（卷二）

所谓"万有""起于大命"，说的是，先天至圣之性是造化之始；"万有"皆为至圣之性逐层次的衍化，从而得以显现其性理的。所谓"归于大命"，说的是，后天以人为代表的"万有"，在返归真宰的过程中，离不开以肉身形式创立伊斯兰教，并指引信众的至圣；因为至圣被视为至圣之性，即大命的显现。

关于大命，王岱舆还有大笔之说，马注则称为仙笔。对此，马复初接受大命为"大化玄机之笔"的说法，认为：

> 万有出于大命，如万字之出于笔也。但笔无自动之理。惟依书者之运动而动之。以是而知，笔非书者。则大命不可以主宰称之。盖笔在字与书者之间，犹大命在造物与万化之间，而为万化相接之由。在上者，为代理，在下者，为圣也。（卷二）

所谓"在上者，为代理"，这里说的"上"，指的是"上界"，

---

① 刘智：《天方性理》（卷一）"性理"，第16页。

即先天；这是说，在先天，以精神性的代理身份衍化其后的性理。所谓"在下者，为圣也"，这里说的"下"，指的是"下界"，即在后天；这是说，在后天，则以至圣的肉身指引信众的生活。至于以笔为形象性譬喻，无外乎是说，大命在真宰造化宇宙万有过程中所起到的是笔的作用，故有大笔、仙笔之称。

其二，象世。

在马注那里，上引的"元气出，则阴阳成；阴阳成，则天地定；天地定，则万物生；万物备，人类出"，此即象世的造化的全过程。象世万物的出现，称为化生。正如"世界为化生之有。既为化生，则必有主持造化，不属于化生，而为自然之有者"①。马复初关于象世的化生，并没有给予过多的表述，只是说：

> 象世之上者，天与日月星辰。下者，地与金木活类。（二卷）

他所说的"万物备"，亦即矿物、植物、动物的齐备。此后，则逐渐发展、进化出人类。人类的出现，使得真宰得以完成其造化。这与刘智关于"命"的说法，大致相仿。②

马复初认为，就先天而言，大命乃千古群命之总命，从而主持、支配"万有"的一切万化的运转、作为及其生生变化。在后天，人的灵性则成为"人身之总持"③。在躯体内，主持人的性肝

---

① 马复初：《汉译道行究竟》（二卷），第 18 页。
② 据刘智，"命"乃真体流行之第四品。他说：命"乃真宰发现之首品也。非体也，非用也，亦非为也。盖发现之而为命者，真宰之发现也……当此于穆流行之际，真宰以其本体中无所不有之妙，尽发现于此首品之中。首品者，千古群命之一总命也。后此之造化，皆此首品以真宰之所发现者，而一一发现之也"。他又说："首显大命中之本然，曰性，曰智。此之所谓性者，根于大命中之性而起，人之所以然也。此之所谓理者，根于大命中之智而起，物之所以然也。人与物之所以然，皆同出于一原，无有别也。"见《天方性理》"真理""性理"。
③ 马复初：《汉译道行究竟》（二卷），第 25 页。

肺腑、脾胃肾肠运作的正是灵性，在躯体外，则支配人的眼耳口鼻舌诸窍以及躯体四肢的活动。在他看来，尽管先天的大命、后天的灵性，能够左右理世、象世的一切万化，但是，大命和灵性，都不是信众的主宰；即便是在上天的代理，在人间的圣人，都不过是造物主与万化之间相连接的中介。

其三，大小世界。

马复初与王岱舆、马注、刘智一样，以天地为大世界、人为小世界，并以此扩展其著述，这就有一些极其类似的表述形式。

> 经云：天地为大世界，人为小世界。大世界之有也，先有六品无形之理，后有六品有形之象……小世界之有也，先有六品有形之象，后有六品无形之理……论其形，则大世界包小世界；论其理，则小世界又包大世界。亦犹人论形，则身包心；论理，则心又为身之君也。（二卷）

所谓大世界的造化"先有六品无形之理"，亦即上述的造化分为"六个阶段"（或"六品"），这是精神性实体的衍化过程。可是，马复初在《汉译道行究竟》中并没有就"后有六品有形之象"（即小世界的化生、演变）做出具体的表述。

上述的所谓"论其形，则大世界包小世界；论起理，则小世界又包大世界"，这无疑是说，就形体而言，人处于天地之中；而就性理而言，人的思想则能认识、想象、思索、包容天地万物。就当时人们对人体的理解，往往认为人的心脏、心智具有极其重要的地位，这无疑是对的。因为某人的心脏停止跳动，该人也就丧失了生命。可是，这里说的"小世界又包大世界"，指的是人脑（而不是心脏），即人的思想可以包容大世界、认识事物。

《汉译道行究竟》的以上表述，与刘智《天方性理》在相应章节中的说法基本相仿。马注也有这样的说法："灵觉乃心体之光明。虽居心内，实超心外。"他还说过："万有之物，不在身内；万有之理，不在身外。以色界观之，则世无尽，而人居其中。以妙境言之，则心无尽，而世居其中。"① 马复初所说与刘智、马注之说很可能源自相同的原本，只是在语词上予以或多或少地更换或借鉴而已。

其四，尘世。

尘世，即人们一般所说的今生今世、现世。在马复初那里则称为象世。在他看来，真宰造化尘世，以显示真宰自我的万能。可是，他又认为尘世乃为幻世。那么，究竟尘世是否现实存在的客观世界呢？对此，马复初这样说：

> 尘世之变迁不常，终归于尽。若灯下之影，非常存者也。但论其变迁不常，则为幻世。若论其为真一自然之妙，发现之形，则又为真世也。此所谓幻中之真也。（卷二）

马复初在这里无疑是从不同的视角表述这一问题。就本体论而言，他坚持宇宙万有皆由真宰造化而出的观点；就是说，在真宰造化"万有"之前，一切皆不存在、一切在真宰那里，皆为虚幻，而非真有；从这一思想出发，也就会认为尘世也不例外。

可是，从所在的现世生活而言，他又不得不承认人们吃的有美食、穿的有服饰，所吃所穿皆非虚无，都是真实的，从而有其今生今世乃为"真世"的结论。这就有所谓"幻中之真"之说。只是在他看来，"尘世光阴之不常"② 而已。

其五，造化瞬间完成。

值得注意的是，马复初关于"万有"的造化，既有理世，又

① 马注：《清真指南》（卷之二）"体认"、（卷之七）"独慈"。
② 马复初：《汉译道行究竟》（上卷），第16页。

有象世。可是，他所说的造化，实际上仅指的是理世，而非象世。

> 自大命而至于四象、四性，皆有于顷刻之间，与本然同
> 有。（二卷）

这是说，真宰的造化、大命以代理身份而使万有性理的衍化，由于这一造化和衍化，均非物质性实体的生生变化，所以说，它们的显现，无须时间，同样无须空间，一切均于瞬间完成。

很简单，因为理世的这一切造化、衍化，不过是语词概念的推演，或者说，它只是思维、逻辑演绎的过程，而非实际存在的物体的产生、形成、发展、变化。它不需要时空，需要的只是想象力。

《古兰经》关于"他曾在六日内创造了天地，然后升上宝座，处理万事"（10:3）的经文，表明造化并非"皆有于顷刻之间"。至于在象世的任何具有形象事物的产生、形成、发展、变化，都需要时空，都需要有一个过程。笼统地说，可以说是造化；深究起来，却不严谨。这就是他为什么改变语词，不再用语词"造化"，而使用"化生"的原因所在。

最后，应认识真宰本然贯彻万有。

至于说真宰之本然贯彻"万有"，完全是由上述体—用所显现之"为"而得以实现的。马复初说：

> 经云：统万有之理，贯万化之众，凡妙中之至妙，浊中之至浊，俱与真宰之理相贯通也。是则所谓一贯恒然也。（二卷）

> 真宰之为，乃用之达于外者也。自真体运动，作为始出，而万化显焉。万化显，则主宰之踪迹见焉。其踪迹有两端：人不可得而见者，理也；可得而见者，象也。（二卷）

就理、象而言，分别显现为理世、象世。他提出，在理世中，九天和"诸天神""天仙""地祇"（地祇——引者注）①、"魔类""人之性"之理皆得大命之余光，或居上而遵奉真宰，或居下而违逆真宰之命禁。在象世中，同样是从大命所显现的四象（或四行，指的是水、火、气、土）、四性（指的是温、平、寒、热）亦有上下之分。在上者，如天与日月星辰；在下者，为地与金木活类（活类中包含人）。如上述，他进而认为："自大命而至于四象、四性，皆有于顷刻之间，与本然同有。"② 只是马复初对四象、四性没有做出具体的解释。这可能是在认定读者对四象、四性已有所了解的前提下，予以省略的。

《汉译道行究竟》关于真宰之本然贯彻万有之说，真正强调的是人在万有之中的特殊地位，即真宰造化而出的万有的显现，有其先后。马复初随后说：

> 夫人生于万物全备之后，则真宰造化之功，至此而全。（二卷）

这里提出先天后天，无外乎是强调先天乃天理世界、后天乃人情世界。两者虽有所不同，但能够贯穿、联系其间的是人。正如引文所说的，人显现与万物齐备之后，反映了"真宰造化之功，至此而全"，这就是该书强调人的来复、人为种果的原因所在。

第三节　当行之道

所谓"当行之道"，它指的是"至正之道"，亦即信众不仅应从思想上认识真宰为原有、真宰本然的特性、真宰造化流行的顺

---

① 马复初：《汉译道行究竟》（二卷），第 24 页。
② 马复初：《汉译道行究竟》（二卷），第 24—25 页。

序、真宰本然贯彻万有等所表述的"真一"之理，而且在行为上还必须认识到，应认真践行"当行之道"，从事"修真"功课，而后方可认为真正达到对"真一"之理的认识。

从学理上说，《大化总归》所述"真主之道"，其主旨在于表述引导信众信仰真宰的无形之道。而本节所述则在于强调信众在信仰的基础上，应予践行的精神修养，或身、心、性修养的正确道路。

马复初像王岱舆、马注、刘智一样，在《汉译道行究竟》中有时把真宰视为真光。为践行"修真"功课，必须认识真光、达到真光。在他看来，仅有常人的智慧，或是一般的知识、见闻，是无法达到对"真一"之理的认识的；即便是"仙神"亦难以"遽知"①（即顿悟）其"理"，唯有那些"顺命者"②才能真正达到对真光的认识；为认识真光，就应从事相应的精神功修，亦即应有其"当行之道"。

首先，应明了至于复命之境乃行道至高目的。

在《汉译道行究竟》看来，行道者（或修道者）"当行之道"在于获得真光的照明，从而达到复命之境，始得真宰之真光。

> 欲行道者，始于见闻。见者，见诸典籍；闻者，闻诸训诰。首则持守礼乘，久之而自生慧心。夫慧心既生，则能明识真伪之攸分。真伪既分，尽心持守礼功，久行不怠，则自进于道乘也。既进于道乘，从此勉力加修，克全其道，则自进于真乘。至真乘，而始得其真宰之真光。（上卷）

---

① 马复初：《汉译道行究竟》（上卷），第2页。

② 所谓"顺命者"，《四典要会》"信源六箴"关于信顺关系的表述中，已有所涉及。或者说，应从体—用关系中，理解"顺"乃作为"信"之体的用，而呈现其顺从、顺服其信仰的作用。这里是说，作为有信仰者，应该是"顺命者"。

从《汉译道行究竟》的内容来看，这一三乘道路与《研真经》的相关内容大致相仿。似可认为《研真经》乃马复初编译（或编写其讲道文集）的底本。

获得真光，并不能"至于复命之境"（即所谓"复命归真之境"）。为达到"复命之境"，行道者应在精神境界达到完满，这一切唯有通过具有深厚"真一"之理的精神导师的指导才能够真正实现。

《汉译道行究竟》认为，近主的品位层次"无可数计，实无止境"[①]；作为行道者，在践行功修过程中，应予"修身明道，清心显性"[②]。其先决条件是，应有精神导师（即"真人"、道长）指导其从事精神功修。

> 真宰本原有之真光，引导良仆于至正之道……以止于复命归真之境。（上卷）

> 欲求清心显性者，须得真人为师。方能得乎真宰之真光，而止于至善。（上卷）

真宰的真光，可以通过精神导师"引导良仆"获得真光，达到"止于至善"，从而为"止于复命归真之境"奠定应有的功修基础。

马复初认为，行道者可以分为两类，即"道乘之人"和"真乘之人"。[③] 在他看来，为达到真宰之真光，就道乘的行道者而言，在他们面前并无任何的栈道或途程，只应专注于主，只有

---

① 马复初：《汉译道行究竟》（上卷），第4页。
② 马复初：《汉译道行究竟》（上卷），第2、3页。
③ 马复初：《汉译道行究竟》（上卷），第3页。

"真主之本然"。① 他说：

> 故不明与主相近之理者，近主无方也。明乎此理，则刻刻不离主，时时如见主……定信真主，无处不在，无时不在。兢兢焉无须臾之离主也。（上卷）

就真乘的行道者而言，在他们的面前只有独一之真宰。这是说，他们只有视一切皆为"真一"之显化；或者说，一切皆虚，唯有真宰为实有。用《汉译道行究竟》的譬喻来说，即真宰为无边无际的大镜。如果修道者见形而忘镜，则其修炼将一事无成。也就是马复初所说的：

> 修道者若见形而忘镜，则所修无成。非道远于人，而人自远于道也。人自远于道，而欲其见主也，难矣。（上卷）

根据上述说法，任一从事精神功修的行道者，只要完成了三乘程式的修炼，似乎皆可轻易获得"真宰之真光"。其实不然。马复初接着说：

> 行道以至于真乘，而得夫真宰之真光者，万中鲜有其一。余者皆止于见闻，或止于有慧心而已。（上卷）

可见，真正能够达到"真宰之真光"者，只能是"万中鲜有其一"，而非人人可得。功修而能真正止于复命之境的，则是极其困难的。

其次，应明了三类信众的机遇不同。

---

① 马复初：《汉译道行究竟》（上卷），第3页。

《汉译道行究竟》将信众分为三类，即"祖遗者""考证者""洞明者"。它认为，这三类人对事物、对真宰的认识，有着不同的手段和方法，因而在行道过程中的境遇也就完全不同。

它分别指出，"祖遗者"对真宰的认识，完全凭借先辈的口耳相传，或是限于个人见闻。这就使得他们关于真宰的知识有所欠缺，对真宰的信仰缺乏实据，也就难以十分虔诚。

> 尽由于耳目，而亦因其心之有决断，而无疑也。然而无实据也。（二卷）

由于这类人虽信主无疑，但他们缺乏"实据"，这就很自然地会"忧衣禄，视因由，发贪心，赖人为"，甚至还"信星卜，求医药"，也就是说，他们"见象而不见理"[①]，只求今生今世的物质福利，而不解上述的"真一"之理。

就"考证者"而言，他们对真宰的信仰，完全凭借经典，其认识完全符合信仰的要求。

> 考证者之信真主，乃依经据典。所见者深，所明者广，而无一毫疑贰之意，以乱其心。惟以经典为确据，其所信坚定不移，万事托赖真主。真主之外，绝无所依赖，且知其事之有无成败，乃真主使之然，而出于不得不然。如是者之考证，则在其里之确信，而不在其表之作为也。（二卷）

这是说，"考证者"对真宰的认识和信仰，虽然符合信仰的要求，但在《汉译道行究竟》看来，这类人一切皆"出于不得不然"，此"乃真主使之然"，因此，在事物的万千变化之际，仅据

---

① 马复初：《汉译道行究竟》（卷二），第28、29页。

其"考证"，也就"在其里之确信，而不在其表之作为"。如果说"祖遗者见象不见理"，"考证者"则"见理而不见象"①，就伊斯兰教主张两世生活来看，也是有所欠缺的。

《汉译道行究竟》认为，唯有"洞明者"能达到其复命之境，能于"理中见象，象中见理。所以见万化之有，出于自然而不得不然。则知万事万物，皆为全美，而无一毫之偏驳也"②。

为什么"洞明者"能够做到这样呢？这与这类行道者对真主的认识已经达到真光之境有关：

> 洞明者之信真主也，具超常出众之明。由心机之内，发现原有之真光，视万化为真主本然所含自然之妙，而发显之象也。到此极品，实为彼归真之日也。至此而知天地还无，万化归无，惟真主本然独湛，大用全明。如是之洞明，则所谓知以主，见以主也。（二卷）

在马复初看来，唯有"洞明者"能够"知以主，见以主"，也就能达到"至正之道，至静之品，至善之元，以止于复命归真之境"。

再次，应明了有无的义理。

根据《汉译道行究竟》之说，功修者在践行"当行之道"之前，还应该明了"有无"的义理。它提出，为真正明了上述有关功修的学理，功修者首先应该认识并领悟"有无"语词的含义。

> 论有无二义，曰：无者可以转为有，有者可以转为无。如世界先无而后有。将来仍然归于无。又曰：有者，原来有，永不能无；无者，原来无，永不能有。则有无之义，乃隐者

---

① 马复初：《汉译道行究竟》（卷二），第29页。
② 马复初：《汉译道行究竟》（卷二），第29页。

转为显，显者转为隐耳。以是知造化者，真主使之显；归回者，真主使之隐。（卷二）

这是说，就"有无"而言，是真宰使之有或无的。正如"真一之理"所表述的，"有"有"原有"，也有"幻有"；唯有真宰为"原有"，一切万有皆为真宰使之有，从而得以存在的；同样的，真宰可以再使之由有变为无。在他的主宰下，"有无"可以相互转化。这一转化，归根结底，完全是由于其有不过是作为宇宙万有的"幻有"。也就是上述的，"无者可以转为有，将来仍然归于无"，以及"有者，原来有，永不能无；无者，原来无，永不能有"。这里的"有"指的是"原来有，永不能无"的真宰；而"无"指的是被视为"幻有"的宇宙万有。所谓"永不能有"，意思是原来不存在的事物，真宰可以使之存在，但它并不能像真宰一样永远存在，在其存在的一定期限后，则会变为无。

为解说上述引文的含义，马复初以文字及其含义之间的关系做出解释。或者说，文字有其形体，其含义却无形象，但文字可以通过其含义而被人们认知。他以此表述作为"幻有"的有可以由无变为有，即由隐变为显，而后再由有变为无，即由显变为隐。这一隐显转化完全是由真宰主导的。上述引文的真正含义是以"世界"的有无事例表明，"世界未显，则象隐于理；世界既显，则理隐于象。此所谓有者转为无，无者转为有也。"[1] 这为其后表述"当行之道"做出铺垫。

复次，践行"当行之道"应有的认识。

根据《汉译道行究竟》之说，功修者在践行"当行之道"以前，还应明了大小世界被造化的过程及其相关的六点知识。其重点则在于从人体的缘起、结构、机制等不同侧面，涉及行道者应

---

[1] 马复初：《汉译道行究竟》（卷二），第31页。

该明了的各种认识。

其一，明认己之道。

所谓明认己之道，这是说，马复初主张行道者应认识自身；或者说，通过认己以达到认主的目的。他说：

> 须知，大世界有四品：理也、源也、里也、表也。理者，真宰之本然也；源者，本然中所含自然之妙，而为万物之所以然者也；里者，妙世也；表者，形世也。大命著，则元气出；理世彰，则象世现焉。象世者，九天与日月星辰、地与金木活类。小世界亦有此四品。理者，性也；源者，一点之种子也；里者，心也；表者，身也。阴阳交，则种子入；种子入，则清浊分；清浊分，则四液成；四液成，则身心定焉。（卷二）

这一说法，较之刘智《天方性理》中所说的大小世界的衍化，在语词和行文上，多少有所不同。刘智提出大小世界各有六品。他说："天地大世界也，人身小世界也。大世界未有之先，先有六品无形之理，后有六品有形之象。小世界之有也，先有六品有形之象，后有六品无形之理。大世界先无形而后有形者，由理而达于气也。小世界先有形而后无形者，由气而还于理也。其有形者起于一点，乃先天性理所余，而成其为渑渣者也，天下万世人生之根种也。"[1] 就小世界即人的产生来说，由继性、人性以至于气性、活性、长性、坚定[2]。这六品是由精而粗的过程。这一过程实际上是由理世而至象世的演变，是由无形到有形的演变。这一演变过程，也就是真宰造化人的过程。

---

[1] 分别见刘智《天方性理》（卷三）"人始""灵性"。

[2] "坚定不名为性，以其同于金石之性，为生发故也"，见《天方性理》（卷三）"灵性"。

马复初关于大世界的演变，以其"四品"表述，即"理也、源也、里也、表也"，同样的，关于小世界的"四品"，更为具体地表述为"理者，性也；源者，一点之种子也；里者，心也；表者，身也"，这是不同于刘智所说的"六品"的。在人的躯体成长过程中，也就由坚定而显现为长性、活性、气性、人性以至于继性，则是由粗而精的过程。这一过程则是由象世返回到理世的演变，它是从有形到无形的演变。这一演变过程，也就是以人为代表的宇宙万有复归真宰的过程。由隐而显（或者说，由无到有）再由显而隐（或者说，由有到无）的变化，为的是说明真主的造化的全过程。说明这一切的真正目的在于，让行道者明了认己的目的在于认主。

上引马复初的表述与刘智之说大致相仿，又似有新的不同概括。

其二，明人身所具之用。

马复初认为，人体之用有十，分别寓于躯体内外：

> 五寓于内，五寓于外。外者，视、听、尝、臭（古通"嗅"——引者注）、触也，寄之于耳、目、口、鼻、肢体。内者，总觉、想、虑、断、记也。此五者，寄之于心。而并寓之于脑。（卷二）

由上述关于五官的功能及其作用、关于人脑的机制及其作用的表述，可以看出，在这方面的知识，马复初同他的前辈王岱舆、马注、刘智等人，几乎相同；只是在肯定总觉、想、虑、断、记"寄之于心。而并寓之于脑"这一点上有所不同。他说：

> 总觉者，总统内外一切知觉，其位在脑前。想者，于其巳（已——引者注）得之事，而追想之，其位在总觉之后。

虑者，审度其是非可否，其位在脑中。断者，灵明果决，而直断其所疑，其位在脑后。夫脑之力，能运动脏腑肌体。然必借血气以兼之也。（卷二）

可惜的是，马复初没有提及脑的"记"的功能，但这并不影响他关于脑的解剖方面的知识了解，似比之王岱舆、马注、刘智又前进了一步。

马复初显然已经认识到督力相当于人体的神经系统，而役力相当于人体的感觉、思维、肌体的活动能力；督力能起到支配役力的作用。[1]

他进而具体表述人的六品之性。他提出，人与物在坚定性、长性、活性三个方面相同，而从气性开始，则与物有所区别。尤其是人性中的灵性，乃继性的显现，或者说它是真光的显现。

灵性者，即继性之所以显著于人者也。继性如中天之月，灵性如镜内之月。故人人皆具此灵性。但人为气禀所拘，物欲所蔽，而难显此灵性之明者，多也。（卷二）

继性显于人，可以谓全其大命也。可以谓全其真一之全体大用也。但其事为难中之至难，非易得也。（卷二）

夫人身之来也，来于最下；复于最上。故身为至下，性为至上。则承领真宰之真光者，实因其性之明也。（卷二）

《汉译道行究竟》所述"明人身所具之用"，其真实目的不在于让功修者了解人体的结构、机制的同时，就应从"气禀"中释

---

① 马复初：《汉译道行究竟》（卷二），第35页。

"所拘"之灵性、极力克物欲，以"全其大命"，从而真正"承领真宰之真光"。

其三，明万化出于大命。

根据《汉译道行究竟》之说，"大命"指的是先天至圣之命；王岱舆所说的"首命"与马复初的大命是一个意思。大命、首命，均为至圣在真宰造化"万有"过程中的代理，或造化"万有"的执行者。马复初说：

> 大命为万灵之纲。理世、象世，莫不借之而有。即真宰之大用，莫不以之而显，贯通万化。万化由此而出，如万字由笔而显也。（卷二）

俗话说，纲举目张。大命作为"万灵之纲"，理世象世都必须赖之大命而有，真宰的大用，同样要赖之大命而得以显现。如上述，大命乃真宰造化过程中，首先被造化（即经由体—用—为）而出。或者说，真宰的造化有其代理而予以体现。因此，认识并了解作为真宰造化宇宙万有的代理，大命在行道者的整个精神功修过程中的神圣作用，是任何事物都无法替代的。这就要求行道者了解大命在先天造化宇宙万有所起的代理作用；在后天则以肉身显现，创立伊斯兰教，并引导信众返归真宰的至圣的作用。对此，行道者在功修过程中必须认识这一点，从而接受至圣的教诲。

其四，明功修的品第。

马复初提出，信众应了解人之性来自先天的九天之理，从而人在后天的品第，也就由下而上地可以分为九个品第，即穆民、善人、廉士、智士、大贤、圣人、钦圣、大圣、至圣。信众从事了功修，在九品等第中，究竟处于哪一品第，则由各人"与修功所转升之品第"① 相关。

其五，明行道之升腾。

所谓"行道之升腾"，乃行道者"归宿之品第也"②。在明了信众的九个品第的基础上，一方面，应明了各人的品第不能逾越。这是说，信众来自何处，归于何处；来自先天，复归先天。信众在先天的品性决定其在后天的品第，在性命离开躯体后，其归宿则仍归其原有的品性。关于人的九品之性，就其品第而言，马复初说：

> 修道者今日所到之位，将来性命离体后，必仍归于其位。故穆民之性，归于太阴天；善人之性，归于水星天，至圣之性归于至上之天。（卷二）

根据上述说法，似乎一切皆为命中注定。③

可是，在另一方面，对于功修者而言，其品第并非一成不变的。情况也会有所变化，这与行道者个人的悟性及其功修的勤奋程度相关，可能出现所谓"超拔"的现象。对此，马复初说：

> 所谓超拔灵魂者，此也。去其浊体，而复真身。未能复

① 马复初：《汉译道行究竟》（卷二），第37页。
② 马复初：《汉译道行究竟》（卷二），第37页。
③ 刘智持这一主张。他说："性者，人之所以然也。而人性大概之品有九……性之最初而近于真宰者，至圣之性也。其次大圣之性，其次钦圣之性，其次列圣之性，其次大贤，其次知者，其次廉介，其次善人，其次庸常，凡九品。"只能归回其先天之原位。见《天方性理》（卷一）"性理"；根据"性理始分图"和"后天形器图"，穆民居于太阴天，善人居于水星天，如此等等。同样的，马注根据"至圣之灵光"照明而衍化的"命"的等第，主张人在先天的"性灵"分为"四班"；在后天人的"性灵"则分为"四类"。他将这"四类"人中的前三类分为九等（即九品），认为他们的品位分别类似于九品天仙。这九类人分别是至圣、大圣、钦圣、觉圣、大贤、确认、清廉、力行、诚信。根据马注的说法，他们将分别寄寓于九重天的不同天园之中。见《清真指南》（卷之四）"世纪"。

乎其元者，其性居太阴天之下，所谓地狱是也。古有理学中之明人曰：归位乃知能功苦之果报。知能美洁者，归位至上。纯一之人曰：行道者之升腾无止境……夫理世之大命，如象世之太阳，得其照者，无所不明。（卷二）

《汉译道行究竟》尽管承诺那些功修者可以逾越其位而获得升腾，但那些"妄冀登高而无明师者，多为患害"[1]。他特别强调三类功修者：自恃或恃己为超出乎众者、恃己与主宰并尊者、不能守口而泄露天机者为患害。因此，对功修者来说，应引以为戒。

其六，明功修之法程。

所谓"法程"（或法乘），亦即行道者应予遵循功修的相关法规、仪式、制度、进程，以践行其正身、清心、尽性的程式，完成克己还真的功夫。或者说，应克去己私，复还天理。这是说，人由理世来到象世，受到尘世物欲之染，只有明了经过这一法乘，行道者才得以真正做到复命归真。

克巳（己——引者注）之谓清，复理之谓真。其功在除妄绝私，其效在化己还真。（卷二）

如何"除妄绝私，化己还真"，《汉译道行究竟》认为，行道者应在道长的指引下，先守"立教之柱"的四少四常的八德。所谓"八德"，指的是少食、少饮、少睡、少言，常洁、常念、常斋、常静。[2] 这被视为行道的"初境"。在守此八德的基础上，其信仰也就更趋坚实，以至于"视而不见，听而不闻，食而不知其味。到此境，则人所各具之真光，由心而发现之矣"[3]。这就是他

---

① 马复初：《汉译道行究竟》（卷二），第 39 页。
② 马复初：《汉译道行究竟》（卷二），第 42 页。
③ 马复初：《汉译道行究竟》（卷二），第 42 页。

所说的获得真主的"超拔"。

只有了解了以上六点知识，才有可能认真践行功修的相关程式。

最后，践行当行之道以明了来复之理。

在体—用之"为"的具体表述方面，值得提出的是关于降升来复之理的表述。这也是王岱舆、马注等都在他们的著述中提及并予以明确表述的。

所谓"降升来复"，它指的是真宰造化"万有"，以及以人为代表的"万有"复归真宰的全过程。就造化的过程而言，既包括先天性理的衍化过程，又包括后天万物化生过程（在后天万物的化生过程中，性理则寓于相对应的万物之中）；这整个过程亦即他们所说的"降"或"来"。至于他们所说的"升"或"复"的过程，亦即人归真复命而赴天堂（或地狱）；至于人究竟是在天堂或在地狱，则由其他因素予以定夺。

"有无""表里""真幻"等语词表述的是整个造化由先天的由里而表、由真而幻的过程，亦即由无形到有形的衍化；经过后天化生的过程，而有大世界和小世界的变化，则由幻而真、由表而里，即由有形到无形的变化过程。

　　故先无形，而后有形者，是由里而达表，由真而达幻，由理而达于气也……故先有形，而后无形者，是由表而还里，由气而还理，由幻而还于真也。以是而知小世界之来，乃随乎大世界；而大世界之复，又随乎小世界。（二卷）

行道者尽管已了解到功修的至高目的在于通过获得真宰的真光，进而达到复命归真之境，但在功修过程中仍应明了降升来复之理。

　　盖万化来于真一，必归于真一。来则由里而达表，一本发为万殊也。复则由表而还里，万殊归于一本也。万殊何以归于一本，是即幻而还真之义也。（卷二）

　　是故人也者，论其来，即万有之种。论其复，即万有之果。来为开辟之始，复为归宿之终。来于先天，归于后天也。先天乃由天理之世界，而来于人情之世界，后天乃由人情之世界，而返于天理之世界也。（二卷）

　　万化的来复，说的是由里到表，再由表到里的转化过程。这一过程也可视为由真而幻，再由幻到真的转化过程。这一转化，为的是表明"真一"的显化以及所显化的"万有"复归"真一"，这在表述上是一个封闭的圆圈。具体说到人的来复，为的是说明真主造人，人归真主并接受其末日审判，以定赏罚。

　　践行当行之道，更是为了让行道者完满地理解"有无"转化的真实含义。亦即引的"无者可以转为有，有者可以转为无"的经文①的表述内容。

　　为说明这一表述，他还以字与义形象地譬喻"有无"（或隐显）含义。

　　字有形，义无象。义有于知，字出于能。万理如义，万象如字，有义既有字。但未书时，不显也。以是知世界未显，则象隐于理；世界既显，则理隐于象。此所谓有者，转为无，无者转为有也。（卷二）

　　他以寻常的"有无""隐显""义字"的相互转化为喻，为的

---

① 　马复初：《汉译道行究竟》（卷二），第30、31页。

是使行道者明了，通过践行"当行之道"真正认识"有无""来复"之理，此乃造化的真实意图。可是，仅以有关"来复"的表述，试图说明本体论、宇宙起源论这样性质的深奥学理问题，显然是缺乏说服力的。

第四节　践行法程

根据《汉译道行究竟》的主张，"欲行道者"从事精神功修有着具体的践行法程（或"法乘"）。这一践行的程式，是从事精神功修或任何行道者，必须完成而不得有例外的。

其法程分为"三乘"，即上述"礼乘""道乘""真乘"。这一践行法程，亦即通常所说的"三乘"道路。就践行法程而言，它主要涉及如下的内容。

首先，关于"三乘"道路。

就信众从事精神功修的整个进程而言，马复初认为，"人分上中下三等，则其法亦有三品焉"①。这里说的三品，也就是一般说的"三乘"道路。这是一般苏非主义著作流行的主张。他说：

> 礼乘乃圣人示众之法，道乘乃圣人自任之功，真乘乃圣人独践之境。圣人云："礼乘，吾所言也。道乘，吾所行也。真乘吾所历之境也。"凡慕道者，先习礼乘之学，而遵守其事，行之不息。由礼乘而进于道乘。进于道乘，则加工进修。功成修尽，穷究既通，由道乘而进于真乘。至真乘，则可以期其真光显露。真光显露，乃因其人之功苦甚大耳。（上卷）

---

① 马复初：《汉译道行究竟》（上卷），第5页。

　　王岱舆有与马复初类似的说法。只是他以"三道"（即常道、中道、至道）表述"三乘"。他在解释什么是"圣人之治"时说："故圣曰：'至道者乃吾之时也，中道者乃吾之行也，常道者乃吾之言也。'"马注亦以"三道"表述"三乘"。他说："圣谕云：'常道者，吾之所言；中道者，吾之所行；至道者，吾之所见。'是兹三程，若身心之与命，缺一不可。"马注还说："学而不明常道、中道、至道，无贵乎其学也。教而不能以常道、中道、至道教人者，无贵乎其教也。舍常道而言中道、至道，犹树无根；舍至道而言常道，如夜行无烛；舍至道、常道而言中道，如纸花满瓶；舍中道而务常道，以寻至道，如镜无光。三者相连，若身心之与命，缺一不可。"① 张中关于"三乘"道路的说法又不同。他说："非设礼而忒（礼乘——引者注）不可涉世，非脱离格忒（道乘——引者注）不可忘世，非哈该格忒（真乘——引者注）不可出生。不知三乘一理，不可分析。譬如这橘子，皮护瓤，瓤养核。去皮，而瓤败；瓤败，则核不完；核不完，则无以返本还原。"② 从张中、王岱舆、马注和马复初所述，可见他们对精神功修的重视程度，较之有关伊斯兰教的一般性著述，在说理方面似更胜一筹。

　　这是说，精神功修的"三乘"践行法程，分为"礼乘""道乘"和"真乘"，这在无形中把人分为三类，即仅仅效仿圣人之言者，只是礼乘之人；一般来说，这是就只从事一般宗教功课的信众而言的。那些体验圣人之德者，为道乘之人；而能够获得圣人之所得者，则为真乘之人。

　　从事精神功修者，必须具有以下的条件。

---

　　① 可参见王岱舆《正教真诠》"真圣"；马注《清真指南》（卷之四）"因教"，（卷之九）"遗珠序"。

　　② 张中：《归真总义》，第63页。

　　三乘之设，实以全乎其为人也。有心望道者，必须语言真详，性情和平，行为端庄，身有功苦，心存戒慎，更得明师指示，始能定信真主为独一。（上卷）

　　应该说，这只是极其笼统地提出一般的条件。这类条件，似是仅对那些从事礼乘功修者而言的。

　　在马复初看来，那些既不从事"道乘""真乘"修持，又不参与日常宗教功课（即"礼乘"）的"三乘"全无者，"则形虽人类，其不近于禽畜者，几奇矣"[1]。这无疑是主张信众应根据个人的情况从事相应的功修。

　　其次，关于精神功修条件。

　　就从事"道乘"功修者而言，他们的当行之道则应尽十事。具体说来，它指的是：第一，"时时求近乎主"；第二，"虚心访求明师"，"明师乃幻海之慈航，无慈航不能渡幻海"；第三，"心悦诚服"明师；第四，"诸事必听道长之命"；第五，"常存敬畏之心"；第六，"遵守礼乘"；第七，"寡言"；第八，"少睡"；第九，"减食饮"；第十，"居静"。《汉译道行究竟》认为，常守此十事，"必见万理之显，缺一则所行无效，必无到岸之日"[2]。

　　《研真经》第二章"行道之行持，有十件"，它说："第一件，寻主人。二件，求明师……三件，喜明师……四件，遵明师……五件，摆脱……六件，计较……七件，谨言也。八件，少睡也。九件，减食也。十件，避静也。"[3] 人们可通过行文比较，看到大致相同的内容，只是表述形式（或是翻译的语词）有所差异而已。

　　就从事真乘行道者而言，他们的当行之道同样应尽十事。具

① 马复初：《汉译道行究竟》（上卷），第5页。
② 马复初：《汉译道行究竟》（上卷），第6、7页。
③ 所引《研真经》行文与《汉译道行究竟》关于道乘"十事"与"行道之行持，有十件"内容大致相仿。见欧栽尔《默格索德》（《研真经》，卷一），第14页。

体说来，指的是：第一，"首复其元"，即指"识真主、亲真主，更识万化之本"；第二，"和蔼世人"，认为"和蔼乃近主的踪迹"、"爱惜万化"、"不戕其生"、"慈心普概"；第三，"亲爱世人"，"隐人之恶，扬人之善，全人之事"；第四，"谦下为怀"，"不敢有一毫骄矜傲慢之心"；第五，"乐贫"，知"贫穷中有真乐"；第六，"顺受"，"顺乎主之前定"，"处于困苦危急，生死难免之际，而不敢有一毫怨尤之心"；第七，"不制于嗜欲而妄为"；第八，"仰赖真主赐我以后世之路，今生之福"；第九，"忍辱负重"，"忍人之所不能忍，受人之所不能受"；第十，"不起希图之心"。它认为，"以上十事能持守而遵行之，则一心专注于道矣"①。显然，这是不同于道乘功修者的。行道者为能真正做到真乘之功，其前提则应先习道乘之学。

同样的在《研真经》的第二章"见道之修持，亦有十件"中，人们也可读到大致相同的内容。② 只是它不提行道者功修真乘，而是直接表述为"见道"。这是不同于《汉译道行究竟》的。

再次，关于明了践行功修法程义理。

《汉译道行究竟》指出，践行精神功修应明了功修的基本学理。

其一，应明了"弃绝之理"。

所谓"弃绝"，指的是行道者应绝对抛弃嗜欲所好。它提出嗜欲所好有内外之分，即"尘欲之情"和"系恋之物"。除了名利为修道的障碍外，它认为"久惯之附功"也是修道的障碍。

它提出，在功修过程中，影响信众功修的有四类"贼"，即"乱其求道向主之心"，"好为人师，不知自治"，"好施舍，终必

---

① 马复初：《汉译道行究竟》（上卷），第7、8页。
② 《汉译道行究竟》关于道乘的"十事"与"见道之修持，亦有十件"的内容大致相仿。另见欧栽尔《默格索德》（《研真经》，卷一），第15页。

匮乏”，“凡己之所欲”。① 《汉译道行究竟》甚至引用经文明确提出：

> 经云：以嗜欲为主宰者，虽时时诵言万物非主，惟有真主，皆虚语也。盖主者，宰持之谓也。为名利所制，名利即主也。为淫欲所扰，淫欲亦主也。无数之主，岂可以言万物非主哉。（上卷）

马复初认为“主”乃“宰持之谓”，这无疑将那种受“宰持”的一切，均视为“主”的宽泛解释，对任一行道者如果仍有尘世之情、尘世之欲，而不能予以弃绝者，则其功修将一事无成。只有明确这一“弃绝之理”，才能真正步入功修之境。

其二，明了“道乘所成者三条”。

所谓“道乘所成者三条”，指的是功修能否成功有三种不同情况：“人之功修”“功之精进”“主之超拔”。

信众应首先从事功修，这是道乘“所成者”的前提条件；信众在功修过程中其践行的法程不断精进，是成为“所成者”不言而喻的。以上两条是功修者成为“所成者”应做到的。至于其后的一条“主之超拔”，并非修道者主观苛求的，而有其客观的条件，那就是功修到一定程度，行道者

> 忽焉得真主之悯爱，其心廓然而明，弃绝尘情。视富贵如浮云，观形势如傀儡。笃意真宰。众人视为甘美者，而彼以为苦毒。（上卷）

《汉译道行究竟》强调“超拔”。马复初引用经文说：

---

① 马复初：《汉译道行究竟》（上卷），第13页。

经云：毫末超拔，胜于人神之功。修真者若得主之超拔，则道味自甘，而世味自淡。视之如苦蕶焉、如敝屣焉。修道至此，而后可期其复命也。此所谓得主之超拔也。（上卷）

"超拔"又可称为"顿超"。

夫超拔之中，有去而不复来，而常注于亲爱之境者，是为心之归复，亦犹身之归复也。断绝人事，独契真一。则所谓顿超者也。（上卷）

"顿超"又分为两种情况：其一，"由顿而渐超"；其二，"由渐而顿超"。即

其间又有往而复来。深入苦境，功修既至，复得超拔者。所谓由顿而渐超者也。（上卷）

其间又有先入苦境，迨功成行满，积累而后超拔者，所谓由渐而顿超者也。（上卷）

在这两者之外，马复初还说：

其间又复有修功，而功未满，有待于主之超拔者，则名为道者而已。（上卷）

那些等待超拔而尚未获得超拔的行道者，只能称为"道者"。

总之，《汉译道行究竟》所说的功修"所成者"的三种不同情况中，除了等待超拔的"道者"（即行道者）外，行道者经过精神功修，其成果可以分为"顿超者""由顿而渐超者""由渐而

顿超者"三类修道者。这对于从事精神功修的信众，甚至对于行道者而言，至关重要。

其三，明了"修功之效"。

在马复初看来，行道者精神功修的成效，可分为两类，即"至于主者"和"体乎主者"。

> 至主者，乃修道之功成行满，而至于得主也。夫至主者之终，乃体主者之始也。（上卷）

这是说，修功的效果，是"至主"还是"体主"，都有其成效，都能达到见主而不见物。但两者之间仍有着原则性的区别。

> 行道而至于见主而不见物，是为统万合一。故见一而不见万。体主者之见主也，是于体中见用，而复于用中见体。是为一中见万，万中见一也。（上卷）

可见，修功之效不仅仅在于见一见万而无所不见，而在于"一中见万，万中见一"。

其四，明了"尘世光阴之不常"。

《汉译道行究竟》在表述"弃绝之理""道乘所成者三条""修功之效"后，得出结论：一般信众和求道者应明了"尘世光阴之不常"。就是说，它告诫一般信众和求道者，切勿贪恋尘世的小安小乐，即"见利勿乐，逢患勿悲。凡事顺主而已"①。

最后，关于行道者的归宿。

《汉译道行究竟》指出，那些履行"三乘"道路的行道者，如上述，他们在道长的指引下，先守被视为行道"初境""立教

---

① 马复初：《汉译道行究竟》（上卷），第17页。

之柱"的"四少"（少食、少饮、少睡、少言）"四常"（常洁、常念、常斋、常静）的八德。在守八德的基础上，其信仰也就更趋坚实，以至于"除妄绝私，化己还真"，"视而不见，听而不闻，食而不知其味。到此境，则人所各具之真光，由心而发现之矣"①。至于他们的前程，大致有三种不同的归宿，即他们可能是全人，可能是隐士，也可能相伴道长。

但《汉译道行究竟》没有提出担任道长一职应具备的条件。

根据《归真要道》，出任道长者，应具备二十件"全美的动静"："道长的高品，不能尽表。必须要有二十件全美的动静。若少一件，不得称全"，它提出的二十件"全美的动静"指的是：学问、诚信、才智、输舍、定见、守分、志气、恩顾、担待、行恕、贤性、克己、仁慈、托靠、顺命、情愿、尊重、从容、定心、威严。② 这是说，具有以上品格者，才能胜任道长。马复初虽然没有列出这些条件，但据他对门人弟子提出的要求，似可认为他认可《归真要道》所列出的大致条件。

至于行道者的前程究竟如何，根据《汉译道行究竟》所述，其归宿大致如下。

其一，全人。

所谓"全人"，指的是那些完成三乘修持，并具有"四德"的行道者。

> 全人者，全此三乘而备乎四德者也。四德者，善言、善行、谦和、认识者也。全此三乘四德，即所以全乎其本性也。（上卷）

当修道者能够真正做到"三乘四德"时，他就能

---

① 马复初：《汉译道行究竟》（卷二），第42页。
② 伍遵契：《归真要道》（卷三），第12—13页。

心不为物欲所蔽，自能知真一之体用焉。不惟知真一之体用，更可以见真一之全体大用焉。修道至此，始知万功之止境，惟在致人于安逸。安逸者，得超脱而归于永久之大庆也。（上卷）

完成道乘"十事"修持后的"全人"，完全超脱尘世、享有安逸之境。与《默格索德》（《研真经》）所说的"四事"，即"善言、实行、德性、认识"，内容大致相仿。[①]

其二，隐士。

所谓"隐士"，《汉译道行究竟》指的是有些行道者，虽然德备学全，才高势大，但他们认识到自身的能力仍然有限。

修道之人，万事虽能如意，而未敢过求其遂意。惟待时运之流行而已（已——引者注）。岂有一毫任情妄为哉。夫人虽德备学全，才高势大，其能有限也……求道者知此，则知万事不能由人，是以不敢自专，付之真宰，顺其造化，而未尝任意以妄为也。至若名与利，一旦弃绝，有不愿为师长，以无为为至善者，其意在独善其身而已。有愿为师长而教育人者，其意在慈爱愚蒙、悯恤孤弱。（上卷）

就是说，一些人在弃绝名利之后，不愿培养门人弟子，一切以无为为至善，而"独善其身"；那些愿为师长、培养门人弟子者，则意在"慈爱愚蒙、悯恤孤弱"。

一等惟愿弃尘情，远世务。居静安分，隐姓埋名。一等弃尘务而后，任其所来，顺其所遇。观其时宜。二者各见其

---

① 欧栽尔：《默格索德》（《研真经》，卷一），第16页。

理，各事其事。（上卷）

马复初认为，对于这两类人各有损益，惟真宰知之。

值得提出的是，可能中国伊斯兰教遵循两世福乐思想，不过于主张信众或行道者避世隐居，故而有关"隐士"问题表述从略。笔者在此亦不过多揣测。

其三，相伴道长。

所谓"相伴道长"，指的是伴随道长、侍奉道长。其目的显然在于获得当行之道的真谛。根据《汉译道行究竟》所述，并非任一行道者皆可伴随道长的。伴随道长者，有其严格规定。修道者

> 宜小心奉敬。道长在位，一心专在倾耳诚听，勿发妄言。师有所问，当应以简要之言，不可以累赘之词。勿持己意擅问师长。师长所言，不可折辩。若处群友之中，师长在位，事师长不宜以太过之礼；然亦不可失礼……凡事俱当应宜，勿从惯习。（上卷）

根据这一说法，相伴道长的积极意义在于，

> 伴道长一日或一时，其见效甚于无道长者之苦修百年……无道长而得道者，未之有也。修道而无道长，亦犹渡海者之无舟楫也。（上卷）

即便是相伴了道长，行道者自身能否得道，他的心意起着决定性作用。这是说，"相伴之中，有得失焉。相伴之意真，则道不期而得；相伴之意伪，则道不可得也"[1]。《归真要道》关于伴随

---

[1]　马复初：《汉译道行究竟》（上卷），第12页。

道长提出的条件有20条。它说："门人若要长川侍奉筛核（即道长——引者注），须要撇下一切牵连，仍要廿件事，才能相伴道长"，它所说的20件事，指的是讨白（即忏悔）、清廉、避静、信心、计较、忍耐、戒争竞、饶勇、施舍、仗义、真诚、学问、求乞、胆气、任怨、才智、礼义、和顺、领命、交付。[①] 这是说，修道之心不诚，即便是天长日久地相伴道长，仍然不得其道。

第五节 与《道行究竟》相关思想

《汉译道行究竟》除了借鉴《研真经》和《甫苏思经》[②] 等经籍的相关内容外，还引用刘智《天方性理》中的部分段落表述其思想，有的行文乃译者个人见解的发挥。可以认为，它不仅不是一本完整意义上的译著，而且它的内容，还有如下三方面值得重视的问题。

其一，关于以梦为兆说事。

该书引用《古兰经》的相关经文，以"尘世如梦"表述其思想。例如，它以"谜疏尔王"（即埃及法老——引者注）夜梦之事说：

> 梦七壮牛被七瘦牛所吞。问之，莫能解。俟后得一圣人解之曰：壮牛主丰年，瘦牛主荒年。自明年起丰收七年，所获之粮草当积之，以补七年之缺。迄后果如其言。（卷二）

关于埃及法老着人解梦的表述，出自《古兰经》第十二章。该章以"优素福"为章目。根据《古兰经》所述"优素福"（即

---

① 伍遵契：《归真要道》（卷三），第17—20页。
② "甫苏思经"可能即马复初的《大化总归》的原本"甫苏思"（或"甫苏师"）。可见马复初《大化总归》马开科序。

《圣经·旧约》"创世纪"的约瑟）为经文提及的先知之一，他是叶尔孤白（即《圣经·旧约》"创世纪"的雅各）之子。

据传，优素福幼时曾梦见 11 颗星辰和日月向他鞠躬。因得其父的宠爱，受到他的多位兄长的忌恨，从而密谋加害于他。在一同出游时，他被推入水井。恰巧为路过的商队救出，卖给埃及的大臣为奴。优素福长大后，因反抗大臣妻室的勾引而被诬下狱。后为法老释梦，得以洗冤出狱，受命任官，主管粮仓。时值七年丰收，仓蓄粮。又遇到七年旱灾，他开仓济荒。优素福的兄长来埃及购粮，他不记前恨，并将其父及全家接到埃及赡养。由于该章经文内容所述故事引人入胜，哈瓦利吉派否认其为"天启"。①

《汉译道行究竟》认为，

所梦之事能解之，而应将来之事。（卷二）

甫苏思经云：夜蒙应欲昼，今生如夜。所阅历之事，皆为后世之先兆也。（卷二）

这种以梦为"先兆"，"而应将来之事"的思想，显然是毫无事实根据的。

其二，关于十叶派影响。

可以说，《汉译道行究竟》在一定程度上反映了十叶派的思想影响。该书表述"大命为至圣之性"，"在上者，为代理；在下者，为为圣"②，是很正常的。

所谓"大命"，即真宰造化宇宙万有时最初显现之命。它所说的上下，分别指的是先天和后天。这是说，至圣之性（即大命）

---

① 见《古兰经》"优素福"（12：43—49）。所述故事见《圣经·旧约》"创世纪"（36—47）。

② 马复初：《汉译道行究竟》（卷二），第27页。

在先天为代理，即代理真宰造化宇宙万有；在后天，则寄寓于至圣之肉身，以圣人的身份，引导信众坚持伊斯兰信仰，进而引导信众归真复命。这里，所受十叶派影响并不明显。

它所受十叶派影响，主要表现为以下的说法：

> 道长撒尔顿丁云：为圣有始有终。始即元祖阿丹也。终即至圣也。而代理亦有始终。始为大贤，终为至贤。至圣乃万圣之封印，至贤亦万贤之封印，万世之总结。至圣已往，至贤尚未来。（卷二）

根据道长撒尔顿丁之说，"为圣"是指真宰向世间派遣的使者（中国伊斯兰教有时以圣人称之）。他认为，真宰派遣的使者有始终。最初的使者是阿丹，最后的使者则是至圣穆罕默德；"至圣乃万圣之封印"。

可是，据十叶派的说法，圣人均有其代理，代理有始终。最初的代理是"大贤"。所谓"大贤"，指的是第四任哈里发、十叶派的首任伊玛目阿里（即穆罕默德的堂弟和女婿）。最后的代理为"至贤"，指的是第十二伊玛目（或隐遁伊玛目穆罕默德·蒙塔扎里）。所谓"至贤亦万贤之封印，万世之总结"，在十叶派看来，"至圣已往，至贤尚未来"。它接着说：

> 虽未来，而至圣已表章之。已言其名号，但未言生于何地，出于何时。又言是人生于世尽之期。其道大如圣，权大如王。乃代理至圣之位也……为圣为表，代理为里。表至至圣而止。里由至圣而始，至至贤而止。所以代理之全，必待时光之全。全则止矣。为圣之始，明万事之表，代理之终，则明万事之里也。（卷二）

　　所谓"为圣为表，代理为里。表至至圣而止。里由至圣而始，至至贤而止"之说，完全是从宗教隐义的视角表述其思想的。作为内学派，十叶派的隐显（或隐义表义）二义的主张，反映了它从隐义说明隐遁伊玛目将于世界末日再世。所谓"为圣之始，明万事之表，代理之终，则明万事之里"之说，无外乎是说，穆罕默德不过是为世人创立了伊斯兰教，为的是让信众"明万事之表"而归真复命；隐遁伊玛目的作为则在于让信众"明万事之里"，在归真复命的过程中，真正了解归真复命的深邃奥义。十叶派的教义主张，完全不同于一般意义上的，或者说，逊尼派的主张。

　　"在上者，为代理；在下者，为为圣"①，这无外乎是说，"代理"的职能和活动范围仅在先天，而"为圣"即圣人的职能和活动范围，则在后天；"万有"皆源自先天，它演变为有形体后，则活跃于后天，生活于后天之人，必将返归先天。当以人为代表的"万有"返归先天之际，真主造化"万有"的这一周期最终完成。在人返归先天之际，真正起其作用的则是至贤。可见这段话反映的是十叶派观点。

　　至于马复初是否意识到所引用的道长撒尔顿丁之说，却反映的是十叶派苏非的主张，笔者在此不予揣测。

　　其三，关于刘智的《天方性理》。

　　根据马复初所述，波斯文《道行究竟》原著"所言并不外乎明经大集"。他译该"经"为阿拉伯文。由于它"文精义奥"，并"为庸常毁谤而妄言"；还由于"虑其知书者难明"，遂将所译阿拉伯文，"再以汉文译之使读者易晓耳"②。马文所述"庸常毁谤而妄言"，不知庸常所指为何人，毁谤、妄言所云为何？

　　从《汉译道行究竟》译文来看，如上述，可以认定它并非一

---

① 马复初：《汉译道行究竟》（卷二），第 26 页。
② "此经原文法尔西也。"见马复初《汉译道行究竟》（上卷），第 1 页。

本完整意义上的译著。因其不仅在译文中多处出现第一人称"余"① 字（显然是马复初的自我表述），而且在译文中还根据《天方性理》的相关内容，比对《汉译道行究竟》原著。

例如二卷第五章的相关内容中，他说：

> 前经《墨格索德》所言，小世界身心显著，清在外，而浊在内，亦由乎大世界之显著也。但刘一斋（刘智——引者注）夫子以小世界之分形，实反乎大世界也。大世界阳在外，而阴在内。小世界清在内，而浊在外。大世界以外为上，小世界以内为上。故以心为天，以身为地，理明事顺。余以阿尔比译之，以归刘一斋之言。（卷二）

这里，《墨格索德》亦即《默格索德》（《研真经》）。显然，马复初以刘智《天方性理》关于真宰造化小世界内外、清浊之说，与"前经《墨格索德》所言，小世界身心显著，清在外，而浊在内"予以比较后，认定刘智所述为"理明事顺"，遂"以阿尔比译之，以归刘一斋之言"。

据刘智《天方性理》："小世界之化生，与大世界之化生，品数无增无减，但其内外分形，实相反也。大世界之分形，以发越于外者，为大为上，故其阳者发于外，其阴自敛于内矣。小世界之分形，以藏寓于内者，为大为上，故其清者藏于内，其浊自围于外矣。"② 刘智所述，为的是说明大小世界的造化，其"分形"奇妙之处在于清浊、内外"实相反"。

刘智在著述《天方性理》时，曾摘录《研真经》14 段行文，其中就有马复初所述的内容。只是在表述造化大小世界的行文时，并没有采纳"《墨格索德》所言"，显然认为"小世界身心显著，

---

① 马复初：《汉译道行究竟》（上卷），第 32 页。
② 刘智：《天方性理》（卷三）"胚胎"。

清在外，而浊在内"之说不妥，回避了其说法，而不予以采纳。

马复初接受刘智《天方性理》之说，表现为他的如下行文：

> 夫身心既备，则灵活生焉。灵活者，早巳（已——引者注）寓于元种，其所以然者，一本而皆含六品言。其有也，自继性、人性以至于气性、活性、长性、坚定性，乃由精而及于粗也。其显也，坚定先显，而次长性、活性、气性，以至于人性、继性，是由粗而复于精也。由粗而复于精者，仍然以有形而化至于无形也。（卷二）

这里，刘智的《天方性理》中有关于"人之所以为人"而有其"灵性"的表述，马复初以"灵活"替代灵性，并采纳其说法。只是马复初在此不仅言及了"由精而及于粗"，而且言及其"由粗而复于精"，对他之所以"归刘一斋之言"做一说明。

第 九 章

马复初的其他汉文著述

白寿彝先生关于马复初的著述列有 35 种，其中，有的原著为波斯文或阿拉伯文，汉文著述 20 余种。① 笔者已从中探析 8 本汉文著述②。他的《宝命真经直解》《实录宝训》涉及经训内容，《朝觐途记》《寰宇述要》涉及地理游记、历法等领域的问题，笔者拟不予讨论；他为之校补的《天方字母释义》（刘智原著），也不予讨论。《尔勒壁春秋》在《清真大典》和《回族典藏全书》中均未能发现该书书目，难以讨论其行文内容。本章笔者所据底本中，《醒世箴》和《天理命运说》为合编本（《醒世箴附天理命运说》），《真德弥维》和《礼法启爱》亦为合编本（《真德弥维礼法启爱合编》，它又简称为《明德经》）。本章拟相继探析他的《祝天大赞》《醒世箴》《天理命运说》《明德经》（含《真德弥维》《礼法启爱》）《据理质证》等著述。

第一节 《祝天大赞》

马复初在朝觐麦加前，已了解国内一般信众认可前人有关敬

---

① 白寿彝：《回族人物志（近代）》，第 179 页。
② 笔者已分别探析马复初的《指南要言》《真诠要录》《性理卷五注释》《四典要会》《大化总归》《会归要语》《性命宗旨》《汉译道行究竟》。

仰"天"的现状。马复初回国后,根据"游天方,得救劫真经,特译为《祝天大赞》"①,以申明他关于"天"的主张,时已同治二年(1863年)。该短文仅320字,就赞诵"天"70次(其中,向天、事天、敬天、畏天、顺天、听天各2次)。光绪四年(1878年)戊寅,锦城敬畏堂刊刻何日孚撰《祝天大赞集解》,其中内附《祝天大赞》②。笔者依据该刊本为底本,拟从四个方面探析该短文。

首先,关于对"天"的信仰。

中国传统文化和民间通常视"天"为万事万物主宰,有"天帝"(即上帝)之称,甚至认为人的祸福、贵贱皆由"天老爷"命定。

与伊斯兰教相关的史书、方志、民间文书以及碑铭中,以"天"称谓伊斯兰信奉的真宰的,可以概略地列举如下。

《唐书》称:"……使者又来,辞曰:'国人止拜天,见王无拜也。'"

《通典》称:"……其大食法……不信鬼神,祀天而已。"又

---

① 马复初:"祝天大赞原序",见何日孚《祝天大赞集解》。
② 马复初《祝天大赞》:

清哉玄天,寂哉妙天,尊哉上天,真哉皇天。独一无二天,无色无象天,无方无体天,无始无终天。无可比拟天,无可想象天,自然而然天,神化莫测天。统觉万理天,定夺万数天,普垂万象天,执掌万国天。主宰万有天,养育万世天,无而化有天,有而化无天。掌握性命天,万古恒然天。呜呼!皇天,大道出于天,明德本乎天。化我者天,育我者天,禄我者天,令我生者天,令我死者天。我所依者天,我所望者天,我惟向天、事天、敬天、畏天、顺天、听天。我以何报天,我以何答天。一息忘天,一事悖天,是为逆天。我命受于天,我命归于天。万事总归天,报应无私天。大仁天,大义天,大慈天,万美出于天,万善成于天。圣者之圣以合天,贤者之贤以敬天,智者之智以应天,愚者之愚以违天。呜呼!妙天,至仁至公至慈惟上天。愚仆昏昧多忘天。尊哉皇天,赦我愚仆昧若瞽目,获罪于天。非敢傲天,大福大庆惟在天。仆惟向天,事天,敬天,畏天,顺天,听天,俟天之命。

录自何日孚《祝天大赞集解》
锦城敬畏堂刊刻本,清光绪四年戊寅

称："……无问贵贱，一日五时拜天。"①

宋赵汝适的《诸蕃志》上卷"大食国"条目中有"官民皆事天，有'佛'名麻霞勿"②。

元至正八年（1348年）所立《河北定州"重建立礼拜寺记"》中有"云其教，专以事天为本而无像设……且其拜天之礼一日五行……"之说；至正十年（1350年）《福建泉州元吴鉴"重立清净寺碑记"》说："其教以万物本乎天，天一理无可象，故事天至虔，而无像设。"③

《明史》有："其教以事天为主，而无像设。每日西向虔拜。每岁斋戒一月，沐浴更衣，居必易常处。"④

明李贤《明一统志》（卷九十）"默德那国"条目下载："其教专以事天为本而无像设。"游朴撰《诸蕃考》"天方"条目下载："君民皆拜天，号呼称扬以为礼。"孙可菴（庵）撰《清真教考·默德那国》中，有"其教专以事籲（古'天'字——原注）为本，而无像设"；《潜确类书》十三卷"默德那国"条目称："其教专以事籲为本，而无像设"⑤。

明嘉靖七年（1528年），清真寺掌教陈思撰《来复铭》，有"籲太虚有天之名，籲气化有道之名，合虚与气有性之名，合性与

---

① 《唐书·西域传下·大食国》卷二百二十一下；《通典·边防九·大秦国》卷一百九十三，夹注；《通典·边防九·大食国》卷一百九十三，夹注。

② 见清《学津讨原》本，第12页。

③ 余振贵、雷晓静：《中国回族金石录》，宁夏人民出版社1987年版，第15、67页。

④ 《明史·西域传》（卷二二〇）。

⑤ 李贤撰：《明一统志》（卷九十）（清文渊阁四库全书本）；游朴撰：《诸蕃考》（明万历二十年刻本，第6页）；孙可菴（庵）撰：《清真教考·默德那国》，康熙五十九年（1720年），沈懋中为之写序，在"默德那国"条目下注：文出《明朝一统志》九十卷、《潜确类书》十三卷、《明朝吾学篇》四译考下卷（广文书局有限公司1976年印行）。

知觉有心之名。存心养性，以事其天。"① 天启四年（1624 年）
《北京三里河清真寺"重修清真寺碑记"》称："每见月初，其国
长率彼人民拜天号呼称扬，以为礼……洁身以敬天耳。"②

由上可见，自唐至明，官方民间对伊斯兰教的信仰均以"天"
称之。

明末，詹应鹏在《群书汇辑释疑跋（旧录）》中，对前人有
关"其教专以事天为本"之说，即信奉"天"的表述，已视其
非。他说："第以为'天'则非也。盖所事者，宰乎天地万物之
主……若曰'天'，天即有像矣。有像者，皆真主之所造，吾教事
主之外，凡主一切所造之物俱不事焉。故曰事主，非事天也……
故以天之名称主，非其天即主也。"③ 詹文极其明确地指出，"故
曰事主，非事天也"。

可能后来的学者或书文刊刻者，读到詹应鹏在《群书汇辑释
疑跋》中的相关表述后，随之做了相应的更改。如《天方至圣实
录·默德那国》所引"《潜确类书》曰：……其教专以事主为本
而无像设"④，其实，该引文与上引《潜确类书》所述有别，该书
以"主"更换龘（即"天"）乃后人所为。尽管詹应鹏主张"故
曰事主，非事天也"，可是，该主张的影响仍极其有限。一般信众
对"天"或"主"的表述形式及其真实含义的本质区别，可能并
不予以重视。这或许是马复初为此译《祝天大赞》，做出自身解释
的原因所在。

其次，赞"天"缘由。

---

① 《山东济南清真南大寺"来复铭"碑》，见余振贵、雷晓静《中国回族金石
录》，第 215 页。
② 《北京三里河清真寺重修清真寺碑记》，见余振贵、雷晓静《中国回族金石录》，
第 5—6 页。
③ 见刘智《天方至圣实录·群书汇辑释疑跋》卷之二十，中国伊斯兰教协会印，
1984 年，第 366 页。
④ 刘智：《天方至圣实录·默德那国》卷之十九，第 346 页。

　　大致在詹应鹏、刘智等人之后，除了经师、阿訇和一部分学者以"主"而不以"天"称谓所信奉的"真主"外，在民间的广大信众中，仍以"天"称谓所信奉的"真主"。作为有文化知识的经师，或作为宗教从业人员的阿訇，马复初所说的"天"的内涵，显然与民间所信仰的"天"是有本质区别的。

　　马复初承认中国传统文化和民间对"天"的看法，对一般信众有其不可忽视的重要影响。他编译《祝天大赞》的目的，显然在于通过其短文教化信众，使之认识到"天"与伊斯兰教信奉的真宰名同实异，他甚至引用诗书为之说明：

　　　　诗曰：天生烝民。书曰：天降下民，是人之赋畀，皆出于天。故尽心知性，所以知天；存心养性，所以事天。人固不可一日无而忘天也。自汉魏以来，佛老教兴，只知瞻拜土木偶像，忘其生我本来自然之天。获罪于天，致干天怒，是以天降浩劫，莫能挽回。(《祝天大赞》原序)①

　　　　天即吾教所谓天地人物万有之真宰也。诚能斋戒沐浴、朝夕虔诵、悔罪改过、求天恕宥，自可回天之心……其功何止千万也。(《祝天大赞》原序)

　　马复初在中国社会的大环境下特别是在不同民族生活地区的民众对伊斯兰教的了解有所欠缺的环境下，把"天"视为真宰，适应一般信众的信仰状况，也是马复初为改变这一现状，所采取的做法：既不否定民间的这一现实，又使之纳入正统信仰的表述形式，正如他在《祝天大赞》原序中指出的，"天即吾教所谓天地人物万有之真宰也"。他以通俗、朴实的语言说教从而更能够为

----

　　① 马复初：《祝天大赞》祝天大赞原序，文见阿日孚《祝天大赞集解》。

人们所认可。

其实，马复初在《性命宗旨》中，已经明确将之表述为："清真之所谓主，在我教虽悉知其义，而又恐他教之泥其文者，或疑其有似乎彼所供奉之神主、佛主类焉。则不如天字之为当矣。而要知此所称之天，乃所谓独一至大者，而必非此形色之天也。"①

再次，赞"天"要点。

马复初所赞之"天"，实际上指的是真宰，因此，他所赞要点与真宰的体—用—为并无区别。基于他所赞为"天"，从而在表述形式上有所不同。概括起来，大致有如下几点。

其一，该"天"清寂、玄妙、独一、无二、无色、无象、无始、无终，虽无行迹，却造化万有、主宰万物，因而无可想象、无可比拟，自然而然，神化莫测。

其二，该"天"既统理、气、象、数，又超理、气、象、数；能化无为有，亦能化有为无；执掌性命，养育千古。

其三，该"天"光明、俊美、仁义、慈善、恩泽、赐福，人事、天事均归予定夺。

其四，该"天"显现大道，昭示明德；人应敬畏、顺从、听命、侍奉，切勿忘怀、悖逆。

鉴于马复初关于"天"的赞颂，反映了他对真宰的信奉，有关真宰的体—用—为，笔者在上述相关章节中已有所讨论，本章从略。

最后，与赞"天"相关序文。

马复初的《祝天大赞》于1863年（同治二年）编译后，光绪三年（1877年）白位西以该大赞赠予"认真主人"阿日孚。阿日孚感到《祝天大赞》"其深有裨于事天之道"②。遂书写并刊刻《祝天大赞集解》使之问世。

---

① 马复初：《性命宗旨》"事天章第二"。
② 马复初：《祝天大赞集解》阿日孚跋。

阿日孚除为《祝天大赞》做一浅注和跋外，还对大赞中涉及的语词，以"天""主"等9篇[1]解说。这对读者了解《祝天大赞》的思想有所裨益。

1878年，马安礼在《祝天大赞》成稿十多年后，为阿日孚所撰《祝天大赞集解》写序，认同马复初的"天即吾教所谓天地人物万有之真宰也"的这一观点。他说："我师复初氏洞彻两家之理，深明当世之故，窃叹腐儒俗士，言天而复拘于形迹，言理而不得其主宰，致以回教为异端，屏之不齿。而回教之人，又往往循其粗迹，遗其至理，言真主而讳言天，不知天即真主也，真主即上帝也。统理气象数而言之，则天包乎万有；超理气象数而言之，则天浑而无名称之，以真主犹以主宰之用言之，而非其本然之体也。我师复初氏有见于此，因著为祝天大赞指迷归真，使天下人人知有天，人人知敬天，返于真天，而不混于形气之天。"[2]

从马安礼的序中，可以看出，一般意义上所说的有形迹的天，与马复初以"天"称谓真主，是有其特殊原因和一定区别的。

继马安礼之后，纳国昌有《马复初的〈祝天大赞〉》。他说："伊斯兰教信仰的造物主——安拉，当时，无以名之，始按中国传统尊称'天'，因为天至高无上，素为人们景仰，中国穆斯林也乐意移植，为我所用，赋予新的概念而已。"[3]

第二节　《醒世箴》

《醒世箴》是马复初于同治二年（1863年）纂辑的作品。同治十三年（1874年）锦江吉安堂重刊，并将其后附以《天理命运

---

① 阿日孚为《祝天大赞》所做浅注和跋外，还有"天字解""主字解""教统辨""教门论""回子解""反教议""回回源流"，并附"叩头辨"和"洪水辨"等短文（搜于《祝天大赞集解》中）。

② 马复初：《祝天大赞》马安礼序，文见阿日孚《祝天大赞集解》。

③ 纳国昌：《马复初的〈祝天大赞〉》，《中国穆斯林》1987年第3—4合刊。

说》。本节拟据该重刊本为底本从事相关研究。

根据《醒世箴》所述，拟分别探析该文的主旨，以及明德、五功、修道等问题。

首先，阐释明道、体道的义理。

所谓"箴"，乃箴言；"醒世箴"则为规劝、告诫信众的种种善意良言。马复初在《醒世箴》中开宗明义地指出该著述的主旨说：

> 盖闻道理出乎天，私欲生于人，而达天之德亦在人。所谓明道在天，体道在人，人能清心寡欲，克尽己私，可以复达夫天。（《醒世箴》）

这是说，《醒世箴》的基本主张在于唤醒信众，既要参与尘世生活，又应远离物欲以防堕入迷途，从而得以顺利复归后世，永享天园福乐。该书除表述这一主旨思想外，还强调信众应"明德"、遵循礼仪及其功修道路，兼及斥责乱道作为。《醒世箴》提出，"道"之理出于"天"，私欲生于人，能够"达天之德"的也在于人。这里说的"天"所指为何？联系到马复初所著《祝天大赞》，可以认为，他所说的"天"，指的正是造化宇宙万有（其后简称为"万有"）的真宰。简言之，《醒世箴》的主旨在于，唤醒参与尘世生活的信众"认主""顺主"，从而"清心寡欲，克尽己私"，最终顺利复归真宰。

那么，这里所说的"明道""体道"中的"道"是什么意思呢？马复初说：

> 道也者，天人授受之真明，而为灵心之所以然者也。全之者为圣，体之者为贤，明之者为智，昧之者为愚。夫惟至清至明之性，可以体之。明其体之之法，首在认主，次在顺

主。(《醒世箴》)

　　马复初在这里所说的"道"，指的是真宰所授、人所惠受的"真明"；所谓"真明"，亦即真光，或者说，"真一之光"。此光乃人所受真宰造化宇宙万有的奥秘知识，即"真理"。

　　马复初认为，在圣贤智愚的四等人中，只有具有"至清至明之性"者，才能体认奥秘、达到"真理"；而体认其奥秘知识、"真理"的首要方法，在于"认主"。根据马复初关于真宰的本质属性之说，其主张的基本思想在于唤醒信众，既要参与尘世生活，又应远离物欲以防堕入迷途，从而得以顺利复归后世，以永享天园福乐。为此，他明确提出，应认识并确信独一真宰的实在。这一纯粹从信仰视角做出的表述，无外乎是要信众确信真宰独一的本质属性。他说：

　　　　确信真主，实有而独一，寂而非空虚，感而无声臭(古通"嗅"——引者注)。不落形色，不拘方位，似无而有，似虚而实。人不知其所以然，惟以万化而知其有为，以为而知其有用，因用而知其有体。(《醒世箴》)

　　这是说，独一真宰，虽非空虚、无声臭、无形色、无方位，人们不能感觉他。但他并非虚无、空泛，却为实有、实在。人们之所以不能感觉到真宰的实有、实在，原因在于不知其所以然。

　　马复初认为，就人的认识而言，正是通过"万有"的生生变化，即通过"万有"的"万化而知其有为，以为而知其有用，因用而知其有体"，从而得以感觉、认识事物的存在及其作为，由其作为而感觉、认识其功能，进而肯定其实有、实在。换句话说，即由"为"而推之于其"用"，由"用"而推之于其"体"。或者说，这是人们认识的为—用—体的推理过程。马复初提出，人们正是由此而认知真宰之实有、实在。马复初还提出，真宰有其体，只是这个"体"并非类似任何有形象事物之体，而肯定其体乃实有、实在的精神性实体，与此同时，他还肯定真宰有其体—用—为。就是说，"真明""真光""真理"源自真宰。所以说，认识"道"也好、认识"真明""真光""真理"也好，其本义仍在于"认主""顺主"。

马复初进而提出，由此应对"认主""顺主"应有如下的认识。

其一，认识真宰至仁、至公、至正、至善。

真宰的至仁、至公、至正、至善，或者说他的仁、公、正、善，决定了所造化的"万有"各得其所，信众对此理应心悦诚服，顺从他的安排，即便是祸患亦应安然顺受。因为一切"造化出于自然，则所化无不该然"①。

其二，认识真宰造化之理、礼。

事之所以然谓之理，事之所当然谓之礼。理乃天事，而出乎自然；礼乃人事，而不可不然。盖人乃身性相成，性由天应……身成于地……身为性之役者，向上而好善；灵为形之使者，趋下而好恶。身随性者明而妙，性随身者昧而浊。向上为顺天，趋下为逆天。人分顺逆，则上天自有赏罚焉。（《醒世箴》）

这是说，真宰造化天地蕴含着天理、人礼，并以此考验人的身、性。能人事并尽其天事者，必定合于"事之所以然"之理；其人事必定合于"所当然"之礼；反之，则不然。此乃"认主""顺主"过程中不可忽略之事。

---

① 马复初：《醒世箴》，第 2 页。

其三，认识真宰命定尘世福祸无常。

在真宰的造化中，有福有祸，人究竟能否避祸享福，一切皆为前定。

> 夫尘世之事，祸福无常。福之中藏祸，祸之中藏福。如贫苦疾病、丧财损子，人皆恶之，而不知乃真宰磨砺斯民，转其贪慕浮华之心，而归于真宰。(《醒世箴》)

他关于"尘世之事，祸福无常"、关于"福之中藏祸，祸之中藏福"之说，极其类似《老子》的"祸兮福所倚，福兮祸所伏"。从真宰造化"万有"的视角出发，马复初认为，尘世祸福皆为造化物。它被造化的目的在于"磨砺"、考验信众，让他们知道事物并非一成不变，祸福可能相互转化。

其四，认识真宰以财色气试探信众。

> 酒之醉人，人皆知之。而财色气三者之醉，更有甚焉。盖酒醉一息而已。色之醉人，沉迷靡已，好财好利尤甚。贪饕无厌，聚宇宙之财，不能满其意，盖贪如火也。(《醒世箴》)

马复初指出，真宰不仅造化财色气，真宰还"降灾""疾病"等，这一切完全是为了唤醒信众，勿迷恋尘世之欲，应克服"贪慕浮华之心"，"不以贫富异，不以贵贱殊"[①]，宣扬克己、安贫、认命思想，其说仍为了使人信仰真宰，一切应"归于真宰"。

其五，认识真宰命人修德以避祸患。

为避免在认识事物、处理事物过程中的祸患，马复初说：

---

① 马复初：《醒世箴》，第9页。

> 自古圣人持世，莫不教人以修德。修德者，顺主前定，
> 而祸福不计焉。(《醒世箴》)

就人而言，既不能认识"预定之祸福"，也无法"测其所以
然"。马复初指出，事物有表里。人往往以自身的好恶看待事物、
处理事物，只关心其表，而不解其里；只注重眼前，不考虑未来。
因此，人也就不能觉察事物的福祸。为此，马复初指出，人唯有
修德，才得以享福利、避祸患。所谓"修德"，就是顺主前定，而
不计祸福。真宰以所降祸患于人，或为"显其性德之美"，或为
"显福中之隐祸，以使之觉悟，而有以保其明德"①。

其次，阐释认识真宰关于明德的义理。

马复初认为，"明德"乃真宰之"全恩"，即真宰之"真恩"。
理世、象世的一切所有，莫能与之相比配。赖此"全恩"，信众得
以"永居天堂，大见群神"②。

为什么会如此呢？这是因为"明德"乃"真一之光"，其光
照于人，人即获得真宰之"全恩"。马复初说：

> 夫明德者，心之明。乃真一之光也。其于人也，如世界
> 之太阳。显则光于天下。众目因之而见。明德之于心，显则
> 心地光，慧眼明。其在人也，如蚌中之珠……如真宰之影，
> 若天地之心。(《醒世箴》)

基于"真一之光"的光照，使其心得以"明"。在马复初看
来，"万有"在太阳的光照下，人们可以看到"万有"的形状、
大小和色彩。就"明德"对于心而言，则显现为心地之光，"显
则心地光，慧眼明"，人们得以心明眼亮，视物也就清晰透彻，亦

---

① 马复初：《醒世箴》，第 5 页。
② 马复初：《醒世箴》，第 10 页。

即慧眼开而显现其敏锐之眼力。

马复初就"德"与人性的关系而言，他说：

> 德之于性，如性之于身。性无德，如身无性。德乃性之
> 性，心之心也。（《醒世箴》）

这是说，"德"乃人性之本。人若无"德"，亦即人无人性，则同于禽兽。他强调提出"德乃性之性，心之心"，无疑是说明人有其德，即"明德"的重要性。因为"明德"就是"明其真德"；"真德"即伊斯兰教主张的体认真宰之道。

马复初认为，与之相反的，则是"性之病也"，就会影响"明德"。正如他所说的，

> 夫明德之反，曰：过；曰：恶。二者性之病也。性染其
> 一，则明德弱矣……身以性而生，内外之力以性而显……性
> 强则德强，性弱则德弱。罪恶之暗昧一生，则真德之光明遂
> 灭，暗昧甚而不可治，则明德遂失。亦如性之离身，故人当
> 知心性之病……故身之安危随乎心。（《醒世箴》）

在他看来，人可能得病，更为严重的是，人的心性之病，它决定人"身之安危"。也就是他所说的，

> 身之安危随乎心，心无外物之患，则其心为真宰所享。
> 无抗违之病，则其心为真宰所喜。（《醒世箴》）

然而，人既能顺从真宰，亦能违抗真宰。他进而以镜为例，说明"太阳惟显于向日之镜，而不能显于背日之镜，是镜背太阳，

非太阳背镜也"①。以镜譬喻人心，顺从还是违抗，完全取决于心之向背，有德而向真宰，恋尘而向邪欲。因此，马复初强调：

> 心中之明德，如镜中之日。顺民之心如镜，欲显明德之光，必使心远于暗昧，而向真宰。去天人之间，所谓己私也。（《醒世箴》）

所谓"暗昧"，指的是"贪恋尘世""己私"。马复初认为这是"诸恶之首"。一切"秽德"，均为"毒药"，"诸恶"由此而起。一般地说，它指的是"图财好名，嫉妒愤怒"的心病。具体说来，马复初关于"明德""秽德"之说，应予重视的有如下几个方面。

其一，极力反对欲性。

在马复初看来，人并不知所深爱的"财货""子孙"往往是人的祸患，以"非义而遂其欲"②。马复初极力反对人在尘世的贪恋之欲。

> 心之垢，乃心之病。即贪尘世也。经曰：贪恋尘世，乃诸恶之首。凡喜尘世之念起，则无端之秽德，由是而生。贪财好名，嫉妒愤怒，种种嗜欲，扰之、蔽之，皆心之病也。增一病，则明德之光减一色。秽德之犯明德，如水犯火……故凡诸秽德，心之毒药也。不义之端，即心之害也。（《醒世箴》）

马复初之所以重视信众的心病，原因在于"心可以顺主，可

---

① 马复初：《醒世箴》，第 13 页。
② 马复初：《醒世箴》，第 4 页。

以违主"，还在于心"可向道德，可向尘情；可向真宰，可向邪欲"①。这类侵扰人心的欲性乃"外邪之媒，人身之大患"，它"常引邪魔于心"，是为"内贼"。严重的是，"内贼乃外贼之缘，外贼非内贼不入"，欲性作为祸患可害生，"并害其德，且害及后世之福"，"欲性之为害，制之者必吉，受其制者必凶；从之则彼引尔于天罚，尅之则尔引彼于天赏"②。这是马复初首先提及并予以反对的。

其二，强调尘事皆幻。

马复初认为，一切被造物，"终归与亡"。人处于"幻世"无须畏惧、回避。就死亡而言，在他看来，当死亡来临时，人则应安心顺命而受。因为人的死亡，不过是"离此尘世，脱其欲性，以归于原来本初之境。而改换其体，不染旧习。由幻世而转永世，由暗昧而返光明"，此乃真宰"令其由象世而返理世"③。这是说，人死亦即人的解脱。

由此，他提出"今世后世，原一世界。但二者之间，相去一间，对待而立，而二者遂分为两世"，就人的出生而言，不过是"由光明而入暗昧。身之生，性之藏也；人之归，乃由暗昧而返光明。性之生，身之藏也。去其壁影，而真光普照于诸界，大地光明……万有之真理玄机，毕呈于真光之下，如形色之显于象世也"④。在他看来，这时，尘世之幻有皆消失，万有皆在其被造化之前的境界。

其三，宣扬人死乃复生。

马复初在肯定今生之后有后世的同时，宣扬真宰造化万有"其间必有深远之机密"，他就人心处于今生后世说：

①　马复初：《醒世箴》，第 12 页。
②　马复初：《醒世箴》，第 15—17 页。
③　马复初：《醒世箴》，第 19 页。
④　马复初：《醒世箴》，第 23 页。

> 夫人心若镜，有表有里。心向尘世，则精尘世之事，而于后来（似应为"世"——引者注）有所蒙；心向后世，则精后世之事，而于世事有所蒙。（《醒世箴》）

> 凡物皆有象有理。象者表，理者里。表者身，里者性。二者各有世界。显于斯者存于斯。身体之世界，象世眼见者也；性命之世界，妙世天国也。性不能越身而显，身亦不能越性而有。是故有今世必信后世。（《醒世箴》）

被造化之身，有其心也有其性。心为有形之心，性为无形之性。人的身心借助其性而得以认识、觉悟事物的义理；而性则借助身心而得以觉察色象。这是在尘世间之事。人一旦去世，马复初虽然说明了人的后世的精神生活，甚至提出天堂为光明之所，可见"天理之真光"；地狱为暗昧之所，"乃人欲之锢蔽"，这一切均以人的复生为前提。

其四，重视身性关系。

就身性关系而言，性在尘世能否显现其明德，完全决定人身的行为。因此，马复初对二者的关系做了如下的表述：

> 身性二者，各有其用。性之妙，生活也、醒觉也、安康也。身之情，死也、睡也、痛也、愚昧也。性之妙行于身，身之妙行于性。在象世则身为本、为表、为主；后世为末、为里、为从。反之亦然。（《醒世箴》）

> 性在尘世，身之随从。显而不现。是以随其身之（禀——引者注）赋而转移。身变性亦变、身病性亦病、身受染性亦受染、身混浊性亦混浊，而性反受身所制。（《醒世箴》）

这是说，就性在尘世而言，身乃性之障碍。如果从后世的视角来看身、性，则情况完全不同。

> 万物之真理显，性灵著。身于此世，又为性之随从，则又隐而不见；以性之异而异、以性之明而明、以性之强而强、以性之妙而妙。（《醒世箴》）

这是说，在后世的身、性关系上，性显然居于决定性的地位。

总之，今生的明德，是信众在来世所受奖惩的根据。这一劝善戒恶的伦理说教，对一位有着学识的经师、阿訇而言，是轻而易举的事。

再次，阐释五功的义理。

马复初从人性"合天神之妙"，人身"具禽兽之浊"出发，认为人的"本性胜者近天神，气性胜者近禽兽"[1]。为抑制人的气性，发扬人的本性，就有必要增强人身的，尤其是人性的"至益之资"。为此，继明德之后，很自然地会进而阐释践行礼仪的义理。

> 性亦有强之之资，念礼斋课朝是也。身之于性，如罩之于灯。信德之明灯，必赖真功之油。夫真功，必以五者何。盖人备五仪，身心性命资用之财也。礼者身之功，念者心之功，斋者性之功，朝者命之功，课者财之功。（《醒世箴》）

马复初把信众日常的五功礼仪，与人的身、心、性、命和财产联系起来，视之为真功，使之具有其特殊的义理，与刘智从仪式、方法、意义、道理、实证等五个方面分别阐述其义理极其雷

---

[1]　马复初：《醒世箴》，第24页。

同。显然，这不是一般性的宣教布道，而是从更为深邃的视角，看待五功。

他从信众的一切皆由真宰造化而出的基点出发，认为信众在尘世的一切作为皆应"合于义"，即信众的一切作为是正义还是不正义，可以践行五功为准则，从身、心、性、命和财产等不同方面考察其作为是否"皆合于义"，所以他说：

> 身也、心也、性也、命也、财也，类皆真宰之掌握。吾人完其身之课礼拜是也，则身之所有皆合义。完其心之课赞念是也，则心之所有皆合义。完其性之课赋斋戒是也，则性之所来皆合义。完其命之课赋大朝小朝是也，则命之所有皆合义。完其财之课赋，则财之所取皆合义。缺一端之课赋，则为非义。人当纳其当然之课赋于真宰。（《醒世箴》）

马复初在信众践行五功方面，指出智者与愚者作为的区别。他认为，愚者往往"舍其所当务，而务其所不当务"；智者则以五功为人事，从而"智者以天事付之天，人事责诸己。人事者五功是也"①。这是智者与愚者以及愚俗者所不同之处。

在五功方面，根据马复初所述，其含义大致如下。

其一，关于赞念。

他认为，赞念应合于口、心、时，即口念应"诵圣人所授之谛言"；心念则应知颂词之义而"纯向真宰，且去其私欲"；时念则指"念诵之时，合乎所念之意"②。总之，赞念应摈弃一切私欲、妄想，一心向主。

其二，关于礼拜。

在《四典要会》"礼功精义"中，有关礼拜功效问题，已有

---

① 马复初：《醒世箴》，第25页。
② 马复初：《醒世箴》，第26页。

所述及。这里所谈五功的礼拜，只不过表明作为宗教从业人员在主持日常宗教生活之外，劝导信众应遵主循法。这是说，一切事物皆有其象、其理、其义。拜之象，应"按经训之礼法，遵其仪则"；拜之理，则为"纯向真宰，在拜中谦恭敬慎"；拜之义，则应"收其放心"，"以拜功转其心"。①

他所说的"礼有数品"，指的是"无心之拜，胜于不礼；常礼胜于间礼；守时胜于后补；合众胜于独礼；庄严胜于疏慢；小心胜于无心。然不必以所不能及者，强之于己"②。

其三，关于天课。

天课为"代天行惠"，"施于贫困"，乃"富者之善德"；实际上，此"乃真宰假手于善人，以惠禄贫民"。这是说，"施天财始则济贫，终则济己"，正如经文所说，"行一善有十倍之善报"，如果在行善时能获得"受惠者之祈祝，则所报更无量矣"③。

其四，关于斋戒。

由于人乃"色妙两成"，其"性与天仙同，身与禽兽等"，故以斋戒制于人，"乃止其所好也。其法则止其昼之食色，其意则制其性之嗜欲"。他进而认为，人体的各个部位皆有其斋，"不言非礼，口之斋"，"不视非礼，目之斋"，"不听非礼，耳之斋"，"不践非礼，足之斋"，信众如能"止尽欲性，不染于污浊，则为全斋之人"④。

其五，关于朝觐。

他认为，朝觐乃"虔向帝廷，远离故土，及关受戒，驻跸入觐"，"心朝之义，乃离其秉性之家，惯习之乡，绝其性之所好，而置之度外，纯然朝真宰也"⑤。

---

① 马复初：《醒世箴》，第 27 页。
② 马复初：《醒世箴》，第 28 页。
③ 马复初：《醒世箴》，第 28、29 页。
④ 马复初：《醒世箴》，第 30 页。
⑤ 马复初：《醒世箴》，第 31 页。

马复初对五功做出的解释，人们在伍遵契的《修真蒙引》、刘智的《五功释义》等著述中，可以读到类似的表述。

最后，阐释修道的义理。

什么是马复初所说的"道"呢？

> 道也者，天敕圣训所定之正路也。遵之有厚赏，违之有重罚。真宰圣人所许约，明经大籍所表章。浩然若三光，粲然若二曜。真实可信，亦复坦平而易行。乃不于分内守可行之道，而强于分外希难得之品。（《醒世箴》）

这是说，修道要走"所定之正路"，应在"分内守可行之道"，而不应"强于分外希难得之品"。原因在于"正路""守可行之道"，就是遵循三乘功修道路。

> 夫人有三品，上也、中也、下也。则其道因之亦有三品焉。礼乘也、道乘也、真乘也。礼乘以五功，道乘亦然。即真乘亦莫不然。虽然，身行其表，礼乘也；心行其里，道乘也；以心之心，行里之里，真乘也。（《醒世箴》）

马复初关于"三乘"道路的表述，与王岱舆、马注所述有同有异。其不同之处，如"以心之心，行里之里"表述真乘，这是王、马所没有的。它正反映该书的一大特点，甚至与他本人的其他著述（如《汉译道行究竟》）的相关内容，也有所不同。就其有关"三乘"的整个表述而言，大致有如下的内容。

其一，"三乘"与沐浴的关系。

他以身、心、性的洁净解说"三乘"，从而使之有其新含义。

> 礼乘之沐浴，洁其身于有形之污秽。道乘之清洁，洁其

心于无形之污秽，可贬之性情是也。真乘之清洁，洁其性于
主外之物也。(《醒世箴》)

他将"三乘"与沐浴联系起来，分别清洁功修者的身、心、
性的有形、无形之污秽、性情、"其性于主外之物"，这是王、马
的著述未曾表述的。

其二，"三乘"与拜、课、斋、朝的关系。

他以拜、课、斋、朝的义理解说"三乘"，从而使之有其新
含义。

就"礼乘"而言，其拜、课、斋、朝分别具有如下含义。其
拜遵"仪则条例"，乃拜之象征，是"身之拜"；其课"舍余财于
贫困"，乃课之象征，是"课之表"；其斋止"昼之食色"，乃斋
之象征；其朝则"辞家而往帝庭"，乃身之朝。①

就"道乘"而言，其拜乃至始至终一心"向乎真宰"，是拜
之里，"心之拜"；其课则"舍所有于主""并舍其性"，而"毕付
之真宰"，乃"心之课"；其斋止其"私欲之所好，礼之所恶"，
乃"心之斋"；其朝则离其"秉性之私家"，"往向真宰"，乃"心
之朝"。②

就"真乘"而言，其拜绝于"主外之物"，"并忘乎己，以己
之有，化归真宰之有"，是拜之机微，乃"心机之拜"；其课为
"舍己之有，归于真宰之有，而至无己"，亦即"贫之至"，而为
"性之课"；其斋止其"主外之物"，乃"性之斋"；其朝则"去其
己之有，而浑化于微妙之境"，"此乃性之朝觐也"③。

从马复初关于"三乘"的拜、课、斋、朝所述，可知在义理
方面他对于"三乘"理解的深度与广度。

① 马复初：《醒世箴》，第31、32页。
② 马复初：《醒世箴》，第31、32页。
③ 马复初：《醒世箴》，第31、32页。

其三，三乘之间的关系。

> 礼乘身之功也，真功之象也。道乘心之功也，真功之理
> 也。真乘性之功也，真功之机微也。礼乘乃道乘之根，道乘
> 乃真乘之源。盖礼乘如树，道乘其花，真乘其果。无道乘者
> 无真乘，无礼乘者无道乘。譬如无心者无性，无身者无心。
> （《醒世箴》）

这是说，"三乘"之间的关系，本质上，即身、心、性的精神
功修之间的关系。其中，躯体的修炼，是功修的象征；心灵的修
炼，是功修的精髓所在；性的修炼，则使功修获得真正的奥秘。

所谓"礼乘乃道乘之根，道乘乃真乘之源"，这是说，没有
"礼乘"就没有"道乘"，没有"道乘"也就没有"真乘"；反过
来说，能否践行"真乘"，其根源在于"道乘"的践行成效；能
否践行"道乘"，则根源于"礼乘"的完满实践。这是一个一环
扣一环的进程，一切源自"礼乘"的践行。马复初甚至以浅显的
身心事例说明，没有躯体之身的人，也就无心；没有心的人，也
就很自然地没有性灵，即其灵性。可见，"三乘"之间的关系，无
可分割，它是个渐进的功修过程。

马复初还同王岱舆、马注一样，把"礼乘"比之为树、"道
乘"比之为花、"真乘"比之为果。这可能与他们均以境外经籍
读本为据从事相关写作有关。

马复初还以苏非主义经常言及的"信圣人之言礼乘也，遵圣
人之行道乘也，得圣人之见真乘也"之说，强调那种只求修炼
"道乘"，忽视"三乘"之间的辩证关系：

> 不知三乘之义，而疑其为三教。于是求道乘而舍礼乘，
> 是犹求花果而伐其树，乌可得哉。盖三乘乃一道而有三品也。

（《醒世箴》）

其四，践行"三乘"的要求。

马复初在《醒世箴》中，细致地描述践行"三乘"应有的要求。由于践行"礼乘"者的功修，与一般信众的日常礼仪并无原则性区别，他只是提出，那些期望践行"道乘"者，即在"礼乘"基础上"更求精进"者，除"遵前人之嘉行仪礼"外，其"礼功"还要"受制者十有二仪"①，以后又添加了一些美行，"如始终存心，致恭尽礼，如见真宰"②。

马复初指出，践行"道乘"功课，就是遵循圣人所行。

> 道乘之功课，乃遵圣人之所行，昼夜按课，如宝命谛言，祝辞赞文，及语副功，皆是常礼副余之拜……所行有八。四少四常，少食、少饮、少言、少睡是也，常沐、常念、常斋、常居静是也。（《醒世箴》）

践行"道乘"的行持、条例、显迹等，应具有如下条件：

> 道乘之行持，乃含忍、安分、仗义、仁慈、忠信；道乘之条例，乃舍尘情、甘贫贱、清静无为；道乘之显迹，乃避交寡俦，少伴人，忧惧谨默。（《醒世箴》）

这是说，在践行"礼乘"的基础上，进而践行"道乘"，不仅得其上述的象征，而且得其至理，更得其精微，从而可步"真

---

① 马复初：《醒世箴》，第34页。据《礼法捷径》"主制十二件"为沐浴、盛服、洁处、正时、正向、立意、端立、举手、诵经、鞠躬、叩首、跪坐。

② 马复初：《醒世箴》，第34页。据《礼法捷径》"主制十二件"为沐浴、盛服、洁处、正时、正向、立意、端立、举手、诵经、鞠躬、叩首、跪坐。

乘”之境。究竟如何践行“真乘”之道，《醒世箴》言及不多。

其五，践行“三乘”应“防乱”。

为达到修道的目的，马复初极其强调在整个修道进程中应“防乱”。

所谓“防乱”，指的是有的信众“由于不知己”，从而产生其“丑德之根”①，因此，马复初明确提出，应去其“丑德之根”。

他进而指出，在信众中已出现“有专力越其闲而不守其本分者”，此即为“乱道”。更为严重的是，他认为：

> 夫异端之流，妄云彼之道长，乃真宰之象，真宰乃其理也。真宰乃隐然之主，而道长乃显然之主。道长之为天下向，较天庭为至当。向之诵礼其名，而宰牲可也。又有曰：为圣之事往矣、毕矣。事又流于代理。及今之道长，较群贤为至大，且大于圣人。（《醒世箴》）

这类说法，显然与遵法派的修道之说相悖。马复初在《四典要会》中已经见过这类说教。对此，他明确提出“防乱之道”有七，即“防法尔西杂经”“防邪说之乱”“防异行风俗之穆民”“防其以后世易今世，以现在鬻将来”“防自满”“防奸宄”“防嫉妒”。②

总之，根据马复初之说，修道防乱的基本目的在于顺利复归后世，以永享天国福乐。这可能是马复初在宣讲精神功修的过程中，对信众的劝诫之言。

第三节　《天理命运说》

《天理命运说》是马复初纂辑之作。同治十三年（1874 年）

---

① 马复初：《醒世箴》，第 35 页。
② 马复初：《醒世箴》，第 39—47 页。

锦江吉安堂将它附于《醒世箴》后重刊于一集，称为《醒世箴附天理命运说》。本节以此重刊本为底本从事研究。

《天理命运说》的主旨在于说明：

> 天地人物之事未显之先，早已预定于造物大觉之中。是以谓之天理，谓之前定。（《天理命运说》）

它从真宰造化"万有"的视角出发，一切被造物（包括人）在被造化而出之前，已在真宰的"大觉之中"，即其造化意愿、思想之中。"万有"之被造化及其存在、发展、变化、消亡，无外乎皆为天理所定。可以认为，天理与前定的含义大致相同。

马复初接着指出，就天理、前定而言，对人则为命运：

> 本乎其所定之理，而发显于外者，谓之命运。外事随乎内理。如影随形，迹随印。必不差爽毫厘。（《天理命运说》）

> 前定所有者，必不能无。前定所无者，必不能有。（《天理命运说》）

为了说明人的行为受前定制约，有其天理的根据，马复初从前定与人的行为自由之间的关系，尤其是从人的日常"营谋"有其善恶动机出发，做了明确的说明。他说：

> 夫天人授受之事，判乎美恶。而其美也恶也，间有人不得而自由者，亦有人所得而自由者。夫人得而自由者，善恶贤愚是也。人不得而自由者，富贵贫贱是也。不得自主者，天事也。就外观之，似乎全然在天；而其内实不免人事尽之。人所得自由者，人事也。就外观之，似乎全然在人，而其内

实不免天事主之。夫天事之与人事，分之不开，而合之有别。（《天理命运说》）

> 天事付之天，人事要人为。不尽人事是自误，妄求天事是自欺。（《天理命运说》）

就天事和人事的关系，人是否有其自由，还是完全受制于前定。他以灯光与有孔隙的灯罩说明这一关系。就是说，当灯光通过灯罩照明时，由于孔隙大小、形状不同，光透过不同大小、形状的孔隙照明，加之光又映照在不同色彩的墙壁上，从而"显为万光"。其实，光由罩内而映射于罩外时（光"由内而映于外"），光源之光（内光）虽仍为一，可是它通过灯罩后却有色彩、大小、形状不一的万光（外光）显现于墙壁上。在他看来，"其光为形所拘，为色所制，而不能自由也"①。这是就灯光与灯罩的关系而言。

既然宇宙万有的一切皆由前定，那么，马复初所说的"圣人所授祈福避祸之语"② 是否可信呢？对此，他进一步解释说，"圣人所命祈祷之语"③，对前定之事，或是通过祈祷有助于实现，或是通过祈祷而得以避免。这是说，祈祷有助于实现或避免前定不利于祈祷者的命运。

> 前定有福利，必定有来由。或不须求而来，或必俟乎求而来。若货之待价。如是者求则得之，否则失之。前定之患难亦然。有可得而避者，有不可得而避者。可得而避者，避之则止，非避必来……人以祷祝而隔灾，亦犹以牌而隔箭，

---

① 马复初：《醒世箴附天理命运说》，第2页。
② 马复初：《醒世箴附天理命运说》，第2页。
③ 马复初：《醒世箴附天理命运说》，第2页。

非但祷祝能免其前定必到我身之灾，乃前定已免此灾，恰逢祷祝而止也。(《天理命运说》)

马复初指出，关于前定、自由，天事、人事，皆不可"不安命，不听天，求星卜，问巫觋"[1]。

　　总而言之，人当时运，所想合乎天意，是以所谋遂意，所求必成。卜之是，即不卜亦是。人背时运，所想反乎天意，是以所谋不遂，所求不成。卜之非，即不卜亦非。
　　万事由天不由人。(《天理命运说》)

这是说，一切皆有"天数。当存者存，当亡者亡。妖术虽能远荫人身，但分中与不中，不能越乎前定耳"[2]。

可见，在马复初看来，一切皆有前定；即便人尽其人事而有其自由，归根结底，其自由是否成行，仍受前定决定。可以认为，《天理命运说》亦即天命说、宿命说。

第四节　《明德经》

《明德经》亦即《真德弥维》和《礼法启爱》的合称。

马复初根据阿拉伯经籍，编辑浅显易懂的讲道文稿，简介伊斯兰教的基本信仰和礼仪。该著述早年并未正式刊刻。鉴于该著述亦可作为宣教布道或教授门弟子的讲授提纲，马安礼于光绪二十五年（1899年）汉译该提纲的早年纂辑之作，以《真德弥维礼法启爱合编》之名，由成都敬畏堂刊刻问世。本节据该刻本为底本从事相关研究。

---

① 马复初：《醒世箴附天理命运说》，第3页。
② 马复初：《醒世箴附天理命运说》，第5页。

《真德弥维礼法启爱合编》的基本内容，可大致概述如下。

首先，关于《真德弥维礼法启爱合编》。

《真德弥维礼法启爱合编》一书分为两卷，即《明德经》第一卷《真德弥维》（或"真德弥维卷一"），含明德篇，涉及伊斯兰教的基本信条问题；《明德经》第二卷《礼法启爱》（或"礼法启爱卷二"），主要涉及教法方面的条例、仪典、法规等问题，其目录，含沐浴、礼拜（聚礼、会礼、殡礼）、课赋、斋戒、朝觐、婚礼、乳亲、出妻、立誓12篇；而在该卷正文中，却另列有原礼篇，故该卷实为13篇。[①]

马安礼何以称《真德弥维》和《礼法启爱》为《明德经》？从他为该书所写序言中，可以看出，他完全是以"真德弥维"和"礼法启爱"的含义为据，而书其名的。

他说："诚哉至德要道，民之不可须臾离也。但其典籍繁赜，如林如渊。非好学深思，穷究数十年，莫得其要领。我夫子复初氏，悯念东人讲习之难，于是提要、钩元，约为真德弥维、礼法启爱二经，以明认一之道，修真之法。简矣至矣。道之命脉，其在斯乎。然东西异文，业儒者，犹有难焉"，于是，他将真德弥维、礼法启爱二经，"译为汉文。名曰明德经。使吾教人，讲而习之，明其真德。其亦修道还真之一助云尔"[②]。

可见，该书既涉及信仰的"认一之道"，又包含功修的"修真之法"，言简意赅，既是为那些"业儒者"（即自幼习读儒书而不谙伊斯兰教者）而备的读物，使之"明其真德"，又可为那些修道者了解其含义之后，"亦修道还真之一助"。

周明德为《明德经》所撰"首序"说："天方之教，有教、有道。教者，道之入门；道者，教之究竟。未有不入门而至究竟。

---

① 《礼法启爱》全文结束后，有一段说明。它说："按礼法经，此下尚有数册，专言人道。因年老事烦，未暇采集。故仍缺之，以俟将来。"

② 马复初辑、马安礼译：《真德弥维礼法启爱合编》马安礼"序"。

昨阅复初夫子所辑礼法启爱真德弥维合编一书，既明谟民教典日用应行之事，复明谟民归信之准的。较诸典礼等书，虽浅而明显过之。如阅者能执此以证经师，即可由教以入道，由道直趋谟民应行之所以然。诚如此书，实谟民入教门之津梁，趋真道之究竟也。"① 周明德把"教"视为入道的前提，由"教"而得以"由道直趋谟民应行之所以然"，认识道的究竟。这一关于教道关系的浅显读物，究竟对信众认识伊斯兰信仰、礼仪有无裨益，应由读其著述者作答。

至于马复初于何时辑其《明德经》，马安礼又于何时将所辑文稿译成汉文，序言都没有说明。根据周明德的"首序"，似可认为他大致在光绪二十五年（1899 年）斋月前，看到马的汉文译稿后，遂予刊刻问世。

光绪刻本可能是最早的刻本。《明德经》虽为浅显读物，但它被视为"实谟民入教门之津梁，趋真道之究竟"，可见，素有刊刻大量伊斯兰教著述之名的敬畏堂，对《明德经》的重视程度，非同一般。

该书除有敬畏堂周明德和马安礼的序文外，在卷一和卷二之间，刊刻有类似引言而未具名的"引"。其基本内容在于表述"宜以浅显之语，依所目见之事导之"②。从该"引"行文的语气来看，似由刊刻者所为。

其次，《明德经》之一，即"真德弥维"（或"明德篇"）。

一般地说，明德，即美德、或完美的德性。《礼记·大学》有"大学之道在明明德"之说。朱熹予以阐释说："明德者，人之所得乎天而虚灵不昧，以具众理而应万事者也"，就是说，明德乃人们天赋本然的善性。③ 这可能是马安礼以"明德"命名该书的缘由。

① 马复初辑、马安礼译：《真德弥维礼法启爱合编》周明德"首序"。
② 马复初辑、马安礼译：《真德弥维礼法启爱合编》"引"，第 1 页。
③ 冯契：《哲学大辞典》"明德"，上海辞书出版社 1992 年版，第 993 页。

作为卷一，明德篇的字数不多（约 1600 字），但它却明确提出，信众应学习"清真认一之学"，"知圣人之教"，"所有制度典章，悉原于天经圣论，更有群贤之会同比例焉"。① 因此，读者当了解其主旨要略。在该篇中，究竟何谓"认一之学"，如何学习"认一之学"，并未予以表述。可能与该书乃"浅显之语"，不宜深究其义理有关。《明德经》关于"明德"之说，在《性命宗旨》中已言及"明理立德"问题，可以视它乃《醒世箴》相关表述的补充。

就其行文而言，明德篇主要包含"真德""六仪""体用""悖逆"四个方面内容，拟分述如下。

其一，真德。

马复初认为，对"穆民之至要者"，即

> 首认夫真德之本原，与其条例、仪典、律法，及干犯乎德者。（"明德篇"）

什么是马复初所说的"真德之本原"，真德即天赋的美德。其本原即所谓的"真德弥维"，指的是天赋的美德遍及伊斯兰的法度，或者说，即真主所赋予的礼法。

> 夫真德之本，乃确信圣人所受于真主之礼法，而承认之也。（"明德篇"）

马复初甚至引用相关著作说明真德的重要性。所谓"真德者，信心之真力也"，"真德者，心者之真光也。真德在心，如性在身，心无真德，如身无性"，"真德者，心者之种也"。② "真德"，即信

---

① 马复初辑、马安礼译：《真德弥维礼法启爱合编》"明德篇"，第 4 页。
② 马复初辑、马安礼译：《真德弥维礼法启爱合编》"明德篇"，第 9 页。

仰之心的"真力"，是心灵的"真光"和"种"，这无疑将"真德"视为伊斯兰教的基本信仰、相关仪典和律法条例，信众了解真德的真正含义，也就至关重要了。

其二，六仪。

明德篇所说的"六仪"，亦即通常所说的六大信条（或"六信"）。它指的是信真主、信天仙、信真经、信圣人、信会归、信善恶。

就信真主、信天仙、信真经、信圣人而言，与通常人们所熟悉的内涵没有区别。所不同的是信会归、信善恶。

所谓"信会归"，亦即信死后复活并接受预定的末日审判，只是在表述形式上有所不同而已。马复初在随后的解释中，有如下的说明：

> 会归乃世尽之日，天与其所有，地与其所载，同归于朽。真主令其原形，复由丧而返于成，由朽而转于久，由不足而转于大全。万物之中，各呈其真主寄藏之美德，而幻世转为真境。是所谓复生也。至此，则大彰善恶，审讯而考核之……善登天国，恶归地禁。真宰以万有之大全，而显其恩之隆、威之极焉。（"明德篇"）

所谓"信善恶"，亦即信前定，意思是说人在尘世所行的善恶，皆为先天命定：

> 善恶，乃真主之前定，人情之自由。两相成者。如光照物而生影，镜照形而显容。不可执一论也。（"明德篇"）

就是说，他关于善恶受到"真主之前定"与"人情之自由"，是结合而"两相成"的。至于他关于"信天仙"中包含"天神地祇"，在伊斯兰教的一般著述中，"地祇"可能是不予提及的。

其三，体用。

关于"信真主"，马复初认为真主"乃自然实有，而不得不有"。他以"真一"称谓真主，着重从以下四个层次表述"真一"的体—用关系。

第一，究"真一"之体而言，"其体赜而隐"，"其用感而通"；五官无法感觉，智慧莫能知晓；"不可以形色求，不可以虚无论"。第二，"论体以寂，言用以喻"，人"惟知其当然"，而不识"其所以然"。即便是"知其当然"，既非"意虑揣想""聪明才力"所能及，亦非"慧照明觉"之能说。第三，"实有，但非形状之体，亦非气质之本。非倚物之迹相，亦非着相之本质。不属象形，不拘方位，不随年月。无支分、无彼此、无比似、无始终，超万有而独立，恒生生而无息"，但真一却"至知也、至能也，观不以视、闻不以听、言不以音、意愿不以心、造化不以力，自为无所拘"，其大用则"自然而然，无大不包，无微不彻，所施无不宜，所化无不美，无过无不及"。第四，"用同体立，义与体殊。盖大用含于体，浑然无分"，从而"化万有，育群生。所为任意，均平无私。无偏无曲，生灭以其宜，与授称其量"。所谓"人之威权，乃真宰之威权所映照。故必待真宰之命令，其实亦非真宰之协辅也"，因此，一切"听其操纵，无物出其范围"而不得自专。①

其四，悖逆。

根据马复初的说法，有真德者，必定"遵崇圣教"、守"大禁"；只要"真德在心，如性在身。性无真德、如身无性。"② 这是说，"真德未丧，不致入于悖逆"。而属于悖逆者必有如下作为：以妄为正，或以正为妄；自甘天罚、自外天恩；妄议天条圣谕、

---

① 马复初辑、马安礼译：《真德弥维礼法启爱合编》"明德篇"，第6页。
② 马复初辑、马安礼译：《真德弥维礼法启爱合编》"明德篇"，第9页。

偏解经义、亵玩教典；以真宰之命禁为可免；定真主之赏罚有尽限；妄定天堂于群圣之下者、妄定地狱于良正者；怨恨真主、憎恶主之前定；过不及归于真宰、藐视圣人；信服神巫、捏造未来之事；信服托生、祀神求佛、信其能作祸福，如此等等。①

马复初关于真德的主张大致如此。

再次，《明德经》之二：《礼法启爱》。

严格说来，《礼法启爱》是马复初"采群经扼要"，分层次的言简意赅地表述涉及与教法相关的问题。可以大致将其分为如下四个层次来看其行文内容。

其第一层次，表述原礼、沐浴两篇内容的要略。"原礼篇"提出，"礼法实教道之权衡"，"当以礼法为先务。礼法不明，则修身无术"，"未有五功既失，而百行能立者也"。② 作为伊斯兰教的基本功课（五功）的根据。

马复初认为，这些经籍乃真宰"降真经，差群圣"，特别是"穆罕默德，得天独厚"的"受真经以垂典谟于亿万世"，以使"大道之昭著于天下"。

礼法乃"圣人之遗训"，其"大纲小目，皆本天命以立言"，其后，"群贤继起。有哈乃斐③者，实吾教之先觉，推演天敕，阐发圣训，制礼法，以垂教于天下万世"④。

马复初据所采群经（如"卫道经略""礼法秘实""礼经会海"等）扼要，"节录天道五功，人伦要事，辑为一帙，以发明其仪则条例"⑤。不仅"天方学人，亦奉为入德之门"，而对于"远隔天方"的"东土之人"，更应重视其在信仰中的不可或缺的

---

① 马复初辑、马安礼译：《真德弥维礼法启爱合编》"明德篇"，第8—9页。
② 马复初辑、马安礼译：《真德弥维礼法启爱卷二》"原礼篇"，第2页。
③ 即波斯人阿布·哈尼法（699—767年）。他乃伊斯兰教哈乃斐教法学派奠基者。中国伊斯兰教在教法领域主要遵循的是该学派教法。
④ 马复初辑、马安礼译：《真德弥维礼法启爱合编》"原礼篇"，第1页。
⑤ 马复初辑、马安礼译：《真德弥维礼法启爱合编》"原礼篇"，第1、2页。

地位。

"沐浴篇"提出,"沐"的"主制""圣则"与信众的小净的程序、要求并无区别。其中列出"坏沐"的各项作为。"浴"的"主制""圣则"与信众的大净的程序、要求亦无区别。

在该篇中,还对沐浴用水有相应的条件,对代净(以及"坏代净")亦提出相应条件。另外,它对女子(假期、产后)、旅行者、亡人、进教者,亦有相应规定。

其第二层次,表述伊斯兰教的基本功课。在"原礼篇"和"沐浴篇"之后,《礼法启爱》讨论有关信众的基本功课问题。或者说,它讨论的是"五功"中的四项基本功课,即礼拜、课赋、斋戒、朝觐诸篇的相关问题。

其一,礼拜。

"礼拜篇"有"礼箴七则"。强调拜乃万善之源,心诚入拜,勿逾时,赴朝堂可加礼一拜,勿托词贫病,勿自持高寿,拜必敬必戒。规定拜"有主制十二件,条例、仪则,各六端"。根据条例,拜(含晨礼、晌礼、晡礼、昏礼、宵礼)必沐浴,"身、服及拜所,当去其污秽",拜有定时,有拜数,应立意,有定向。根据仪则,拜应念("安拉至大")、端立、诵经、鞠躬、叩首、跪坐。[1]

马复初在该卷中对聚礼、会礼、殡礼另有相关条例规定。[2]

其二,天课。

"课赋篇"规定12岁以上"执掌满贯"的信众,一年"营运生息","除日用负贷外"的余财,应"四十分中抽一纳课";牲畜、矿产亦按规定纳课。所纳之课,唯有"贫乏者,理科者,负债者,朝觐缺资、出征远行者,方可受课"。天课用于济贫,

---

[1] 详见马复初辑、马安礼译《真德弥维礼法启爱合编》"礼拜篇",第5—13页。

[2] 详见马复初辑、马安礼译《真德弥维礼法启爱合编》,"聚礼课赋篇""会礼篇""殡礼篇",第14—16页。

不可用以"施逆人",亦不可"修朝堂、建学馆、给亡人、作衾殓"。

它还提出"施开斋仪",规定可以米、大麦、小麦施舍。①

其三,斋戒。

"斋戒篇"规定入斋开斋以(二正人)见新月为准,斋期自"晓初至日没,不可饮食,并禁色欲"。它还对坏斋、补斋,以及无法斋戒者做出相应规定。

它规定斋月下旬,"居静"者"饮食坐卧,皆在朝房",至少居静一日或"致意两昼",非必有(如溺秽等)时,不得出朝房;无故而出,则坏其居静。② 它还提出"施开斋仪",规定可以米、大麦、小麦施舍。③

其四,朝觐。

"朝觐篇"规定应于"朝觐之月"即伊斯兰教历的10月、11月和12月的"上旬"(正朝)进行。信众"康健无疾,有盘费,有足力,有乘骑,及有应用什物者,或富足有余,或家资足用至旋归者",生平可有一次朝觐。至于"妇女朝觐,必其本夫,及其亲人同行方可;否则不可"。

"觐礼"包括受戒、诵念相关经文、绕行"克尔白"7周、抚(或凝视)黑石、赴萨法和麦尔卧两小山间奔走、住"米那"、宿夜、驻阿拉法特山、听"告谕"、射石、宰牲、辞朝等。马复初提出:"朝觐大礼,节目甚多。此篇只载其略。使幼学者知其仪节。"朝觐者须着无缘领、不缝纫、内外皆新的戒衣,"虽盛暑必复"。在朝觐期间还有种种戒律。犯戒者,可以罚替之。它规定"戒之源有四:一为正朝,一为副朝,或正副并朝,或正副分朝","如

---

① 详见马复初辑、马安礼译《真德弥维礼法启爱合编》"礼拜篇","课赋篇",第16—17页。

② 详见马复初辑、马安礼译《真德弥维礼法启爱合编》,"课赋篇",第18—20页。

③ 详见马复初辑、马安礼译《真德弥维礼法启爱合编》,"课赋篇",第16—17页。

无力用（宰）牲，必斋七日"。①

　　中国伊斯兰教信众的基本宗教功课，指的是念清真言、礼拜、课赋、斋戒、朝觐（有的简称为念、礼、斋、课、朝，或简称"五功"）。

　　可是，马复初在《礼法启爱》中只提其中的四项，没有言及念清真言。这是否是有所忽略或遗漏呢？事实并非如此。马复初完全是根据境外经籍编辑礼法条例的要略，是有所依据的。

　　这是说，马复初依据境外著作，肯定信众应履行五项功课，其前提则是念诵清真言；基本功课则只有四项：礼拜、课赋、斋戒、朝觐。其中，并不包括念诵清真言。由 Ahmad A. Galwash 博士编写的 *The Religion of Islam* 中，介绍四项功课的行文有 48 页，提及其依据的参考书有 58 本之多，而提及念清真言的行文只有寥寥数语。② 因而可以说，马复初的《礼法启爱》并没有忽略或遗漏，亦非故意为之。

　　其第三层次，表述婚礼、乳亲、出妻问题。"婚礼篇"提出，"结姻之道，宜用各方习惯之语，明显结成。但必二人方可缔结"。就其结合的方式而言，可由男女子相缔合，或父母主亲择配，或托人代为结婚。它认为，结姻应由二男，或一男二女为证婚人。

　　依据教典，"上自本源，下及流裔"则禁婚配；应予禁婚的，还包括"野妻之源，及其流裔"，"与有私情，而奸未成者"，离异之妻而"限期未满"者，"与本夫有孕而守制者"。它还有可成婚或禁婚配的种种规定。

　　婚前应行聘，聘金以为"定婚之财"；其数则据情给予。

---

　　① 详见马复初辑《真德弥维礼法启爱合编》，马安礼译，"课赋篇"，第 20—24 页。

　　② Dr. Ahmad A. Galwash, *The Religion of Islam*, Vol. II, 4th Editions, 1956, pp. 15 – 63.

它还列有"婚姻大禁图""奸者大禁图""奸婚大禁图"。①

"乳亲篇"规定，凡在二岁半内吸吮"他人之乳一口者，其亲遂定。即若嫡亲"，而有乳亲（乳母、乳父、乳兄弟姊妹等）关系，亦禁婚配（或奸）。

马复初说："乳亲为婚，实真宰在所大禁。"他认为"东土穆民，往往习焉不察。或抱子沿街乞乳，或将乳任意给人。不慎于给乳之时，安能辨于结婚之际"。其原因在于"父兄、掌教、社口不言，以至经中虽有明条大法，而人竟不知遵守。然无论知与不知，但一为婚，则罪所不赦也"。他同时提出，"亦有嫡亲所大禁，而乳亲中不禁者。"为此，他列出"乳亲大禁图"和"乳亲无禁图"。②

"出妻篇"指"拆其婚缔""夫妇离异"。凡年长、晓事的男子，"无论当面明言、背地暗言、有心故言、无意失言、醉中狂言、怒中妄言、顺口误言、欣时戏言，但凡出妻之言，或一言而包三出，或一出而言三次，即可为被出之据。惟梦中所言，不以为据"。

马复初又将出妻之言，分为显出（如断出、绝出、定出、永出等言）、隐出（如已离尔、已弃尔、不认尔、勿认我、任尔寻夫等）、暂出（如出而复归，或以聘金复与缔合）、警戒等。考虑到中国的国情、语言与境外伊斯兰流传地区的差异，马复初关于"出妻"之事，慎重提出，"凡我穆民，于出妻之言，宜加谨焉"，因为"论教典已为有据，而论国法，又难径行若畏国法，则悖教典；若废教典，则为大逆。况言出复御，直若奸淫，不若慎言，以免招愆"。

---

① 详见马复初辑、马安礼译《真德弥维礼法启爱合编》（卷二）"婚礼篇"，第24—30页。

② 详见马复初辑、马安礼译《真德弥维礼法启爱合编》（卷二）"婚礼篇"，第31—32页。

根据"守制"规定，被出之妻应守一定期限方可婚嫁。此外，还有相应规定涉及"退婚退亲"事宜。①

其第四层次，表述立誓问题。《礼法启爱》关于"立誓篇"规定，可以主之名，或以主之用（指大、尊、胜、贵、言、经等）起誓，亦可以"我誓、我约、我自作证等语"为誓；还可以"我若为此，我即逆人"等语为誓。但不得以主之慈、妙、威、怒、赏"为誓"；也不得以圣人、天房为誓。如以虚妄之词，或是发誓后又反悔，或是忘却，"俱当罚赎"。

它规定，凡"犯誓，既经罚赎，即不断为逆人"。犯誓可以释奴、济贫、守斋为罚赎。②

可以认为，马复初所辑"礼法启爱"即一般性地介绍伊斯兰教的相关礼法，又考虑到中国的国情，做出相应的表述，具有普及相关伊斯兰礼法知识的作用，

第五节　《据理质证》

清同治四年（1865 年）四月，马复初相继致天主教古若望司铎（司祭，即神父，1821—1907 年）③ 两封信函，同年以《据理质证》为名刻印问世。本节以民国十三年（1924 年）北京光明印书局刊印的《据理质证》为底本从事相关研究。

根据信函内容，在第一封信中，马复初对古若望司铎极其尊重。当年，马复初已 70 余岁高龄，但信函中仍称谓古若望司铎

---

① 详见马复初辑、马安礼译《真德弥维礼法启爱合编》（卷二）"止妻篇"，第 34—38 页。

② 详见马复初辑、马安礼译《真德弥维礼法启爱合编》（卷二）"立誓篇"，第 38—39 页。

③ 关于古若望司铎的生平，可参见姚继德《"回耶"对话的一次实践——马德新〈据理质证〉及其文明对话观》，《西北第二民族大学学报》（哲学社会科学版）2007 年第 3 期；肖清和、文英杰《中国回耶对话的典范：马德新〈据理质证〉新考》，《史林》2016 年第 1 期。

（时年 44 岁）为"古司铎大兄大人"，商讨有关天主教教义问题，"老先生不以弟为庸愚，而愿结知心，则不得不殷殷询之"，最后则以"愚弟复初马德新顿首拜"结尾。从称谓中似可认为马复初有所过谦。至于这时他是否面见过古若望司铎或知晓其年龄，因缺乏资料难以说明。在第二封信中，他则在信函中，多处有"余非好辩""余教独认""余教之经""余游外洋"等表述，可能这时他或是已与古若望司铎面见过，或是对司铎已有所听闻，从而以"复初氏马德新叙"为信尾，完全改变了信函的口吻。

马复初在信函中，肯定天主教信仰的天主，亦即伊斯兰教信仰的真主。他还肯定天主教的经籍"谈理精深，立志诚笃"，"实可与儒回两教相为表里"，甚至言及"天国后世、赏善罚恶、天堂地狱，以及认主一切吁蔑以加矣，诚毫发无遗憾"，因此，他"玩不释手，并取其尤佳者佐吾经之注疏，从此奉为圭臬"。

与此同时，马复初对天主教教义中，认为"不可解"的问题，"如天主降生为耶稣一说"提出疑问，以与古司铎商榷，并"探索"其确切含义。其实，这是马复初对天主教教义中的神学思想的置疑。

根据信函，马复初提出"不可解者十"，随后，又提出了"十疑"。[①]

就马复初提出的"不可解者十"和"十疑"，可以大致概括为如下问题。马复初在提出问题后，从信仰视角出发，以伊斯兰教关于这类问题的观点，予以相应的批驳。

首先，马复初根据理象关系之说，肯定耶稣为圣人而非天主，即从耶稣乃人而非神的观点出发，认为天主教之说不是"夸张太过"，就是"浅陋不及"。他说：

---

① 马复初：《据理质证》，第2—6页。

　　不及者见象而忘理。曰：圣人亦人也。生死所必受，祸福所难免，衣食所必需，特学识广大而已。太过者知理而忘象。曰：真主者圣人之理也。圣人者，真主之象也。指象则曰圣，指理则曰主，主与圣实为一体。此天主教之书，夸张太过，反与不及者等。（《据理质证》）

　　这是说，马复初认为天主教之说，所谓"真主者圣人之理也。圣人者，真主之象也"，或是认为"指象则曰圣，指理则曰主，主与圣实为一体"，无疑是把真主与圣人等同看待，从而"夸张太过"，与那种仅仅视圣人为普通的人的主张相同。从理象关系而言，并非圣人即真主的人格化的形象，而是说，圣人乃真主造化而出者而已。

　　其次，马复初认为天主教关于"耶稣乃天主圣子，甘心结合一人性于己性，而成为一真人，而真天主者也"[1] 之说，纯粹是人神不分，视人性为神性，进而视人为神。

　　真人以有灵魂有肉躯，与人无异。真天主以圣三中第二位圣子，实与圣父圣神本一体、一性、一天主真人。而天主者，因耶蘇（稣——引者注）一位，有天主性与人性实缔合而成一救世者，故以其原性而言之，天主也；以其所取之性而言之，人也；以其两性结合属圣子之原位而言之，乃二其性而不二其位也。诚为一位天主而人，人而天主者。（《据理质证》）

　　马复初以《古兰经》中耶稣只是马利亚之子的经文为据，认为耶稣"只是真主的使者，只是他授予麦尔彦（即马利亚——引

---

　　① 马复初：《据理质证》，第 10 页。

者注）的一句话，只是从他发出的精神；故你们当确信真主和他的众使者，你们不要说三位”（4：171）之说，与天主教所信奉的圣父—圣子—圣神（或圣灵）的“三位一体”相比照，就其“体”而言，他明确提出耶稣是有灵魂有肉躯的“真人”，在天主教看来，亦即“圣三中第二位圣子”，这就使作为“真人”的人与圣父、圣神同于“一体”；就其“位”而言，耶稣既有其人性，同时又具有其“原性”（即神性）“天主性”，这是说，同一耶稣具有人性和天主性，“乃二其性而不二其位”，无疑是将人视为天主（神）、天主视为人。这显然是常人难以接受的主张。马复初不仅以伊斯兰教的经籍为据，说明天主教主张的谬误，而且以“儒道释三教”的典籍证明其说为“背谬”。[①] 他认为，“天主与耶稣合为一体之说，其为背谬，不待辩而明矣”[②]。

再次，马复初从造化与被造化的视角斥责天主教相关之说。他说：

> 彼书云：人而天主，天主而人。既曰人，则人必是受造之物。又云天主，则是行造者也。其言之意，乃耶稣自造本身也，且又有父子称之。则耶稣为子又为父，鄙而不通之论也。若云为父者天主之性也，为子者，人性与肉体也。外虽一体，其内有尊卑。总而言之，耶稣论其形则人，论其理则天主，岂知形体、灵性是受造之物也。天主与真性乃行造之本也。行造与受造岂可浑为一体乎。（《据理质证》）

这是说，从伊斯兰教关于造化的视角而言，事物（或是人）的形、体、性皆为造化的产物。鉴于耶稣具有人的形象、躯体和灵性，他又被视为天主，因此，耶稣不可能既是被造化者，又是

---

① 马复初：《据理质证》，第 11 页。
② 马复初：《据理质证》，第 11 页。

造化者；或者说，耶稣在造化自身，显然，这是不合乎常人的想象的。由此马复初提出"行造与受造岂可浑为一体乎"的疑问。

复次，马复初认为天主教否认其他宗教圣贤的主张不可取。他说：

> 彼书又言，往古之圣非圣也，千秋之贤非贤也。所立之教非教也。独耶稣一人、一教、一圣为是。不但此也。必如天主降附于耶稣之身者是圣，余者皆非。（《据理质证》）

马复初为之辩护的，不限于伊斯兰教是宗教、它的圣贤为圣贤，而且也言及其他的宗教。

最后，马复初根据伊斯兰教经籍指出，耶稣仅为使者，既非圣子，亦非天主，是人而不是神。他说：

> 真性乃真宰之继性，千古万命之总命，而为真宰大化之笔也。元气为墨池，万化若字迹，真宰若书者。合千古为一经，而谱真宰之象也。一人乃经中一字。即耶稣亦经中之一字也。然则岂可指字为笔，更不可指笔为书者。彼称耶稣即天主，亦犹指字为书者，指书者与字合为一体，鄙哉其言。且耶稣与天主共为一体，是不以下而随乎上，反以上而随乎下也。（《据理质证》）

马复初以天主为上、耶稣为下，甚至以天主为君、耶稣为臣为例，说明不是主张下随乎上，而是让上随乎下，无疑是让尊贵随乎卑贱，而不是坚持卑贱应随乎尊贵。他进而以天主教称谓耶稣为救世主，其降生为救世、治世之说，指出"天主未降生之先，能造天地人神，而不能治之。必待附合耶稣之身，而后能救世、治世。盘古氏之后，耶稣之先，六千余载岂无圣贤阐明教化，而必俟耶稣之救世……不惟令人难信，笑其浮夸，即使耶稣闻之，亦恶其怪诞"①。

就信史而言，自传说中的盘古氏到公元纪元之始的耶稣诞生而言，是否仅为"六千余载"，是一个值得深究的问题。

这里，应予说明的是，笔者仅以所见的《据理质证》为据，探析马复初于该著述中所反映的思想。

马复初以伊斯兰教的经籍、主张，对古若望司铎有关天主教教义主张（如耶稣救世、治世之说）的"不可解者十""十疑"的相关的评议和驳斥，似可视为一家之言。

用当今流行的"宗教对话"的观点来看马复初的《据理质证》所述，目前还未发现古若望司铎的关于天主教教义及其神学思想方面的回复，是一件憾事。

根据马复初的《据理质证》所述，似可认为，他不仅像王岱舆、马注、刘智一样，"四教博通"②，而且也知晓基督教的一支天主教的教义教理，从而从伊斯兰教的视角出发，与古若望司铎在信仰方面商榷。其实，他在《四典要会》中已经明确提及"天主教称耶稣为主宰之谬"，只是他在该著中未有更多表述。③ 至于古若望司铎如何答复马复初提出的"不可解者十"和"十疑"，限于资料难以作答。

由于本节所述，涉及两个不同宗教在教义教理方面的辩论。不管其最终结局如何，笔者只能做一客观简介，不便予以过多评议。

---

① 马复初：《据理质证》，第13页。
② 王岱舆：《正教真诠》梁以浚"《正教真诠》叙"。
③ 马复初：《四典要会》（卷一）"信源六箴"，第27页。

第 十 章

马复初汉文著述概观

　　马复初朝觐麦加、游学返滇后，在主持信众宗教生活，应经学教育和宣教布道之须，陆续完成汉文、阿拉伯文或波斯文文稿。一般地说，他的汉文著述是在阿拉伯文或波斯文原著（或为写作的素材）的基础上，经过翻译、编译、译释、补充等完成的。其中，有的文稿，经由他的门弟子马安礼或马开科笔录、修润、完善后刊刻问世。如马开科录记他所口译口授《甫苏思》而完成的《大化总归》，马安礼协助他摘录王岱舆的《正教真诠》而完成的《真诠要录》。他以汉文为载体而问世的成果，有《四典要会》《汉译道行究竟》《性命宗旨》《会归要语》《醒世箴》等作品。就上述著述而言，不可忽视的是，在阿拉伯文或波斯文原著基础上，还包含他个人的理解、阐释、充实、发挥，而不是原著的纯粹翻译。他个人完成的著述如所辑马注《清真指南》的《指南要言》、注释刘智的《天方性理》而成的《性理第五卷注释》（《性理卷五注释》）。纯粹由他个人独立完成的作品，如《据理质证》《天方蒙引歌》《续天方三字经》等。他在沿袭王岱舆、马注、刘智的伊斯兰教中国化道路方面，有着极其鲜明的特点，也有着自身的方法。这表现在阐释其主旨思想方面，极力强调伊斯兰信仰的正统性；认可遵法派苏非的思想主张和践行礼仪；在思想文化领域，则认同中国传统文化（特别是儒家的思想、典籍、语词、传说），使之与伊斯兰信仰相匹配，或是适当变换表述形式以与伊斯兰信仰相融合，从而在伊斯兰教中国化方面做出了独特的贡献。

第一节　汉文著述的主旨

马复初汉文著述的主旨，首先表现为坚持逊尼派伊斯兰信仰的正统性。就已探析的马复初汉文著述的《四典会要》而言，它的"信源六箴"和"礼功精义"不是一般地简介伊斯兰教的基本信仰和礼仪功课，而是从学理性的视角，论证认识"信源六箴"和"礼功精义"义理的必要性、合理性，并对此做出清晰的说明。

所谓"信源六箴"，指的是伊斯兰教的基本信条，即信"真一"（即王岱舆以来对"真主"的学理性替代词；有时也称为"真宰"）、信"天仙"、信"真经"、信"圣"（指"信圣人"）、信"复生"（含信末日和死后复活）、信"前定"。所谓"礼功精义"中的"礼功"特指"五功"，即"身有礼功，心有念功，性有斋功，命有朝功，财有课功"①。

在《明德经》（即《真德弥维》和《礼法启爱》）中，《真德弥维》卷一的"明德篇"中，有"仪则六条"，除提出"首信真主"外，还应"信天仙""信真经""信圣人""信会归""信善恶。"这与《四典要会》"信源六箴"的表述大同小异。《礼法启爱》卷二的13篇中，涉及"五功"的有"礼拜篇""课赋篇""斋戒篇""朝觐篇"，人们通常所说的赞念"清真言"的功课，在它的"礼拜篇"和"立誓篇"中均有所提及。

可见，《四典要会》与《明德经》所述，反映的是逊尼派伊斯兰教信仰的基本主张。

马复初的《天方蒙引歌》是一篇全面表述伊斯兰的通俗作品，它以诗歌形式表现其主旨思想。它于何年正式刊刻成篇，目前缺

---

① 《四典要会》（卷二）"礼功精义"。

乏相关资料做出明确说明。笔者看到的是光绪九年（1883 年）镇江清真寺版重刊本。作为通俗读物，其中贯穿着有关伊斯兰教的基本知识。该蒙引歌适合儿童背诵。就其所述内容，同样反映了伊斯兰正统信仰的主旨。该蒙引歌 7 字为一组，共 408 组，2856 字。

《天方蒙引歌》关于伊斯兰教的基本信仰，明确提出首要的是信仰真主，并对真主的性质做一表述：

　　教门理学首认主　认主不实德无根　古来无名称上帝后儒又以天字名　诸家改为理字训　有无虚实议论纷　汉语无名借主字　因主造化独一尊　信主实有无形色　无方无所无臭（古通"嗅"——引者注）声　非空非虚无终始　权衡万古变更无　化生万物不类物　不似天仙不似神（《天方蒙引歌》）

关于信仰圣人、经典的信条，它与劝善戒恶结合在一起表述；至于有关信奉天仙的信条，则隐含在劝善戒恶、有关天堂地狱的表述之中：

　　真主惟愿人人善　差圣敕经化万民　力戒诸民地狱路指与众人天宫程　地狱本为恶人造　恶人原为地狱生（《天方蒙引歌》）

它关于前定的信条，做如是说：

　　既知有主宜顺主　祸福顺受莫怨憎　主之前定我之命前定命运无变更　主有命禁宜遵守　小心谨慎贵分明　人之顺逆定赏罚　主不屈人半毫分（《天方蒙引歌》）

关于信仰复生（含信后世和信死后复活）的信条这样说：

　　寡尽私欲身随性　复生之日随性登　俗辈惟以尘务实
醉生梦死过一生　百年富贵黄粱梦　人到归结梦初醒
　　后世身体藏灵性　复活灵性正还身　性归明光离黑暗
身体离幻归至诚
　　善享天堂真荣耀　恶受地狱极苦刑（《天方蒙引歌》）

《天方蒙引歌》的表述形式虽然极其朴实，但它与那些学理性著述所表述的思想完全一致。这一表述形式显然为便于一般信众的理解，也可作为童谣或儿童的启蒙读物。也就是它所说的：

　　此篇浅语初解出　特为下愚妇孺论　其中至理需参悟
宜歌宜咏可会心。（《天方蒙引歌》）

马复初的《续天方三字经》，是在刘智的《天方三字经》基础上的演绎和发挥。其内容的正统性同样不言而喻、也是毋庸置疑的。

刘智的"三字经"关于"道"有如下表述。它强调"人问道　有几宗　尔对曰　有五宗　秉附者　神之道　受庇者　圣之道……　吾所覆　至圣道　道之纲　信以心　道之目　行于身　修天道　勤五功　尽人道　敦五伦　道如光　在人心　以认主　无像形　……"①。

刘智这里说的"道"，指的是基于信仰而遵循的教之根源的"真主之道"。具体说来，他主张一般信众在认清信仰"大道"的前提下，还应认识念真言为"道之首"、念真经为"道之心"，进

---

①　刘智：《天方三字经》，第6页；参见《天方三字经幼义　附续天方三字经》（刘智撰，马联元校正，马复初续）。

而认识"道之光"有暗、狭、美、法、礼、尊、肤、果、种、叶、髓、根之别，为的是说明"尔在道，道在尔"，"吾与道，道在我"。由此，他关于道"有五宗"之说，无外乎是指不同的信众所循之道完全不同。这是说，秉附者有"神之道"，受庇者有"圣之道"，准听者有"穆民道"，而革黜者只能是"奸邪道"，可待者则是"异端道"。对道的态度不同，其所步之道亦即有天壤之别。

根据刘智"三字经"关于道"有五宗"之说，马复初在他的《续天方三字经》亦有关于"道"的表述，其行文扩展了刘智之说的内容，同样体现了伊斯兰教正统信仰的主张。他说：

> 有圣人　教化兴　闻圣教　知见深　……　道之根　认主明　主无方　亦无形　……　普天下　圣教行　有人礼有天道　认主宰　为首要　其中礼　最微妙　修天道　以五功　……　此五功　为五常　主命人　克已（己，下同——引者注）方　括愚智　统圣凡　各遵奉　礼当然　为已（己）责　勿怠荒　……（《续天方三字经》）

《续天方三字经》是继刘智《天方三字经》后的一篇伊斯兰教的通俗作品。该"三字经"亦适宜儿童背诵。它为咸丰八年（1858年）刊本。其刊本由马联元校正刘智《天方三字经》后，以《天方三字经幼义》之名刊刻时，其后附以马复初的《续天方三字经》（其写作和完成年代不详）。该"经"以3字为一组，共476组、1428字。目前人们可读到该刊本《天方三字经幼义　附续天方三字经》。

在《续天方三字经》中，马复初关于真主造化过程的内容，与以性理为表述中心的学理性著述的内容不同，它虽极其简略，但就其所述思想而言，其差异并不悬殊。他的《续天方三字经》

关于造化过程做如是说：

> 实真有　妙难喻　止于有　莫思深　有大用　曰知能
> 知豫（同"预"——引者注）理　能衍形　开造化　理象成
> 大命立　众妙门　分性理　俟其形　万理备　妙质存　名
> 元气　实浑沦　先天末　后天根　元气剖　阴阳分　四象著
> 定乾坤　万形备　乃造人　人也者　天地灵（《续天方三字
> 经》）

《续天方三字经》所述，极其简略而又高度概括了真主的本质及其造化万有的全过程。人们可以在马复初所辑《真诠要录》"真道篇"所含的5章（即真一章、元始章、前定章、普慈章、至圣章）中，读到更为详尽的内容。

如以马复初的《汉译道行究竟》关于真主造化万有进程为例说：

> ……盖造化之初，大命也。大命著，则性理分。性理分，则元气出。元气出，则阴阳成。阴阳成，则天地定。天地定，则万物生。万物备，人物出，则造化之功全矣。（二卷）

这一说法，虽极其简略，与王岱舆、马注的相关著述的说法大致相仿。[①]

马复初的《礼法捷径》是一本浅显介绍伊斯兰教法的通俗著述，其写作"特为幼年失学，暮而归正者设"[②]。严格说来，它主要是向信众简介有关礼拜及其基本条例、仪则；亦即该书所说的

[①] 可见王岱舆的《正教真诠》"元始""真圣"等节，马注的《清真指南》"本用""格物""问答""大能"等节。

[②] 马复初：《礼法捷径》"序"。

"礼法"。这里所谓的"礼",指的是礼拜;所谓"法",指的是礼拜的条例和仪则。为的是适应信众的礼拜需要。至于斋戒、天课、朝觐的条例,因其极其浩繁而未能过多涉及。这些礼拜的条例和仪则,极其鲜明地表述了伊斯兰信仰的正统性。其中还以中阿译音对照的形式,介绍了阿拉伯文经文含义,同时在阿拉伯文经文之下,又以汉文音译经文的对应词,方便了那些不识阿拉伯文的信众(由于所读经文有其释义,信众在诵读其音译词的同时,可以大致了解所读语词的含义;天长日久,这些信众也就能了解经文含义,不再需要这类音译词而能背诵相关的经文)。原刊本年代不详;笔者目前所见的是咸丰八年(1858 年)重刊本。正如其"序"所说的,该"捷径"乃适应那些"吾人生长中土,大半幼读儒书……及至年力就衰,欲寻源归正,而习我清真之经文,已戛戛乎难之矣"①,因此,马复初应这些信众之求,"何不以儒字释经文,使我辈借韵读之,庶几得以拜主而认圣"②。

正如《礼法捷径》"序"所说的,

> 吾教之名为清真也。大矣哉。夫清者不染于浊,贵乎知有源也;真者不杂于邪,贵乎知有正也。吾人受主之恩,遵圣之教,则一言一字,必遵其源;所行所止,必归于正。故吾教每日朝时朝拜,乃先天受真主之明命,中天遵至圣之教典,后天望真主之眷顾,此自有生以来,必如此行者。(《礼法捷径》)

"捷径"所述"五时拜数",完全反映了伊斯兰正统信仰的规定:

---

① 马复初:《礼法捷径》"序",第 2 页。
② 马复初:《礼法捷径》"序",第 2 页。

晨礼四拜，先二拜是圣则，后二拜是主制。晌礼十拜，
先四拜是圣则，则次四拜是主制，后二拜亦圣则。晡礼四拜，
俱是主制。昏礼五拜，先三拜是主制，后二拜是圣则。宵礼
九拜，先四拜是主制，次二拜是圣则，后三拜是典礼。（《礼
法捷径》）

上述拜数共 32 拜。其中"主制"17 拜，"圣则"12 拜，"典
礼"3 拜。这与《四典要会》所述相同。如果以它与《四典要会》
"礼功精义"相比照的话，人们可以发现二者在表述形式上有所不
同，而所述内容的含义则完全相同。"礼功精义"关于"五功"
做如是说：

五功乃五者近主之道，而归主之门也（五者，即身心性
命财也，一有所私，则远于自矣）。五功见尽，则五者无私，
而归于大公矣！五功之中，礼为首要，礼也者不可须臾离也。
有主制、有典礼、有圣则、有副功，拜内亦然。其次第条目，
皆圣人所定之法也。礼功之主制，每日十七拜，晨礼二拜，
晌礼、晡礼、宵礼每时四拜，昏礼三拜，典礼三拜，续于宵
礼之末。圣则十二拜，晨礼前二拜，晌礼前四拜，后二拜，
昏礼、宵礼后二拜。（"礼功精义"）

关于"拜之法"，《礼法捷径》列出"主制十二件"。它有如
下表述：

沭（沐——引者注）浴　盛服　洁处　正时　正向　立
意（此外六件条例阙一而礼不正也）　端立　举手　颂经
鞠躬　叩首　跪坐（此内六件仪则阙一而礼不成也）（《礼法
捷径》）

　　上引《礼法捷径》所述，对照目前可以读到的伊斯兰教相关著作，两者完全符合。

　　《礼法捷径》还具体就"主制""圣行""圣则""圣功（含聚礼、会礼）"，和相关的"端立""鞠躬""叩首""跪坐""坏拜""坏沐（沐——引者注）""浴（含主制、圣功）""浴制"等均有其相关条例规定。

　　此外，马复初还以"三字经"的形式，三字一组（共有 83 组 249 字）表述"拜功仪则"：

　　　　五番拜　为天命　拜之法　外六仪　用净水　服净衣
　　拘正时　心属意　面向西　又六件　拜内仪　赞主起　身直
　　立 ……（《礼法捷径》）

　　就其内容而言，完全显现出伊斯兰信仰正统性的表述形式。

　　众所周知，伊斯兰教权威安萨里（1058—1111 年）对伊斯兰教发展的重要功绩，恰恰在于他继艾什尔里将理性主义引入伊斯兰教，以理性论证信仰，使之为信仰服务后（被当政者定为官方信仰），把苏非主义中的那些适应一般信众精神生活需要的、强调个人心灵体验的神秘因素，引入伊斯兰教的主体思想，使之与伊斯兰信仰相结合。其后则被视为伊斯兰教的正统信仰，从而改变了以前仅仅注重外在礼仪，忽视内心感受的教条主义和形式主义。

　　自安萨里接纳苏非主义后，伊斯兰教更为关注信众的身心修养。12 世纪以来，他的主张在伊斯兰世界逐渐成为一种不可忽视的潮流，居于伊斯兰信仰的主流地位。恰在这一时期，苏非主义发生内在的分化，分别逐渐形成遵奉教法和在不同程度上忽略教法的社团，最终分为遵法派苏非教团和非遵法派苏非教团。伊斯兰教的这一自我调节、自我完善的作为，不能不对伊斯兰教所流传的不同地域信众宗教生活产生影响。

像世界其他地区的伊斯兰教一样，中国伊斯兰教受到这一潮流的影响，也是无法避免的。

由于苏非主义在伊斯兰世界的影响，16 世纪下半叶，中国经堂教育的倡立和发展，苏非著作成为经学教育的读本之一，从而在穆斯林聚居地区的不同教坊中，陆续流传。明末清初，遵法派的苏非传教士和非遵法派的传教士，同样在不同寺坊中宣教布道，极其活跃。①

马复初的汉文著述，极其明显地受到苏非主义的影响。明确地说，他所受苏非主义的影响，表现为认同遵法派苏非的基本主张。这包括苏非主义的基本思想及其精神功修道路。此乃他的汉文著述主旨思想的一个不可或缺的方面。

马复初将《四典要会》"信源六箴"的"六箴"，视为"乃圣人授于修道者之心法"②，是受到苏非主义影响的一个最为一般性的明证。一般地说，伊斯兰教信众均应遵奉的、最为基本的"六信"，同时也是那些受到苏非主义影响而从事功修者，步入精神功修的前提和功修进程的基础。一般信众与精神功修者虽然同样遵奉"六信"，可是，马复初在表述他们对"六信"含义理解的深度和广度时完全不同。

他关于苏非"三乘"道路的思想、关于礼拜乃"三乘"道路的基础的思想，无疑是受到苏非主义影响的明证。他说：

> 总而言之，人有三等，上也、中也、下也，下者为其功之象，名曰礼乘，中者为其功之理，名曰道乘，上者为其理之礼，名曰真乘。因礼乘而有道乘，因道乘而有真乘……舍

---

① 有关苏非传教士来华并在各地活跃的情况，可见赵灿《经学系传谱》（青海人民出版社 1989 年版）；另见金宜久《苏非主义在中国》（社会科学文献出版社 2013 年版）。

② 马复初：《四典要会》自序。

礼乘而求道乘、真乘者，如丧其身而养心性，伐其树而求花
果，愚迷之极也。（"明拜之理"）

　　从上述关于"三乘"道路的表述形式中，可以看出，他所受
苏非主义的影响，完全是以遵循礼法为功修的前提和基础的遵法
派苏非的主张。肯定"三乘"道路中礼乘、道乘、真乘三者间的
树、花、果的循序渐进的功修进程的关系，并非舍弃基本礼仪，
仅仅追求精神功修、追求内功成效的做法，而后者被视为非遵法
派苏非的作为。正如王岱舆所说的，"兹缘吾道之异端，外托正教
之名，而内演空玄之理，以讹易正，泾渭不分"，"宁若异端邪说，
独言修内而不修外之欺蒙耶"。①　所谓"修内而不修外"，指的是
只强调或注重心灵的精神功修，而忽视日常的礼仪践行，这是某
些摈弃"五功"苏非的作为，从而被视为"异端"。
　　19 世纪中叶，马复初在朝觐麦加期间，曾经拜访过苏非学者。
有这样数段对白，值得人们重视。他在《四典要会》中写道：

　　　余初至天方，问一学者，名以斯莫恩来。曰："此地有传
真道之晒以核乎"？彼曰："今众人所行之五功为假道乎？圣
人与众弟子所行者，五功也；四大名贤、百万贤学，所守者，
五功也；千经万典所载者，亦五功也，此非真道乎？此地现
今之学者数千之众，无不以此为功夫，独尔一人视为小乎？"
余曰："非敢视之为小也，乃闻各经言理乘（礼乘——引者
注）、道乘、真乘之三涂（古通'途'——引者注），望其
升进也。"彼曰："然，但浅人为其浅，深人为其深，小为
之则小，大为之则大，总不外乎五功也，且晒以核即有太阳
之明，其于瞽目何益哉。"余闻其言，深愧知见之不足，请

① 王岱舆：《正教真诠》"易真""较量"，第 43、116 页。

加训。曰:"命中所有,终必得,命中所无,切无强求,彼寻尔则易,尔寻彼则难。况五功乃真主所命,而吾分之所当为者也。道乘、真乘非主所命,乃我自加之功,是为副功也,为之则美,即不为与我无责,尔须保守天命,谨之!慎之!"余喟然而叹曰:"尝观群经,犹不及觉,今闻君命,豁如梦醒。"后又阅安作礼(即安萨里——引者注)所著以核呀矣经(可能即《宗教学科的复兴》或《圣学重光》——引者注),真言更明,而遂不复再问道乘、真乘矣。("正异考释")

马复初在朝觐游学期间,与当地学者以斯莫恩来的思想交流,让他印象极为深刻。这次交谈,使他对苏非主义有着更为清晰的认识,从而对他其后的写作产生着不可忽视的影响。

可以认为,他并不一味地反对苏非们信奉并崇拜的"晒以核"(或谢赫,即老人家、道长)之称的精神导师,而是根据"晒以核"的言行,判断是遵法派抑或是非遵法派苏非,而予以取舍并决定其褒贬。这可能是他区别对待苏非的根据所在,也是他在《四典要会》"正异考释"中,极力斥责那种无原则地崇拜"晒以核"的原因所在。

在苏非主义中,那种被称为遵法派苏非的基本主张及其精神功修,可以将其归为伊斯兰正统信仰之列。因为坚持遵法派苏非的信奉者,他们在践行方面的作为及其相应的思想主张,完全是以伊斯兰正统信仰为基础而从事的功修行为及其对这类行文的学理性的表述或扩展;与一般信众的宗教生活的区别,并非原则性的,只是理解或表述形式上的差异。

在马复初的著述中,完全反映苏非主义的思想主张及其精神功修道路的著述,主要是他的《汉译道行究竟》;在他的《四典要会》中,既涉及苏非主义的思想主张,同时又斥责非遵法派苏非的谬误及其礼仪行为；同样的，在他的《生命宗旨》《醒世箴》中，也多少涉及精神功修的道路问题。上述汉文著述的探析，已有所涉及，本章拟不赘述。

在《天方蒙引歌》中，有关苏非主义的思想主张，并非是以知识性的形式予以介绍的。它借助苏非著作常用的"明月""宝镜"的譬喻，表明真主造化天地万物，为的是以此显示真主自我的俊美与全能。与此同时，它还表明，真宰造化这一切，完全是为了人，为的是人认识真宰：

> 真人之理天地心　万物论形人论理　人因天理为特生　……　特生人类总理象　真心宝镜明至真　……　真心在人品在职　无形可见确是真　恰似心中见明月　明月惟在镜中清　镜形昏暗月亦暗　镜面涂垢月不临　明月本非镜中有　向天映射光生明　身亡镜损月不见　另换宝镜谓复生（《天方蒙引歌》）

这是说，人由真宰造化而出，经历尘世生活后，最终必将复归真宰（即复生见主）。只是它借喻月与镜的关系，说明两者皆为真宰为人而造化尘世，当人"身亡镜损月不见"时，人亦即处于复生的境界。至于人在后世复生后，是上天堂还是下地狱，则由人的尘世善恶表现，以及末日审判予以定夺。

苏非主义的真光、幔帐思想，在《天方蒙引歌》中也有所反映：

> 真事真形真心性　真赏真罚真恩威　普天遍地真光照幔帐全消大洞明（《天方蒙引歌》）

按照苏非主义的说法，真光亦即真主之光。它乃真宰以普照

（照明、光照）的形式衍化出宇宙万有，万有则以天地万物的不同形式得以显现。人为认识这一造化真相，按照苏非主义的说法，唯有通过个人的精神功修道程，越过"事""形""心""性""赏罚""恩威"的"幔帐"，才能达到"洞明"之境，亦即达到对真主真理的认识。尽管它充满着神秘主义色彩，但它却以极其通俗的形式表述出来，这可能是它被称为"蒙引歌"的原因所在。

就马复初的《续天方三字经》而言，其中除了有着明显的伊斯兰正统信仰的表述外，涉及苏非主义关于"三乘"（即"礼乘""道乘""真乘"）的行文，共有 32 组、96 字。它的基本内容乃表述遵法派苏非关于精神功修的践行主张：

> ……修天道　以五功　心向主　念真功　身敬主　礼真功　制嗜欲　斋戒功　济孤贫　天课功　舍眷恋　朝觐功　深与浅　在心胸　身之功　为礼乘　心之功　为道乘　所以然　名真乘　夫礼乘　为本根　道真乘　从此生　礼乘废　三功冥　此五功　全乎人　明心性　登至诚　功与德　油与灯（《续天方三字经》）

从上述行文中可以清楚地看出，马复初依据苏非主义的思想主张，把信众日常的"五功"或者说"礼乘"视为"油"，而把从事精神功修者的"道乘"修持喻为"灯"。没有"油"，作为以"油"为燃料而能发出光亮的"灯"，就不能发挥照明作用；这是说，"油"是"灯"得以发挥其照明功能的基础。

这一"油与灯"的关系，以"三字经"行文予譬喻，反映了遵法派苏非对日常功课（五功）与"三乘"道路的精神功修关系的理解，即作为修身的"五功"乃践行"三乘"道路得以修心以致于修性的基础。正如没有"油"，"灯"就起不到其为"灯"的作用一样，不从事日常的宗教功课，只专注于精神功修，这一修炼则是无源之水、无本之木。在遵法派苏非看来，那些只从事日常宗教功课的信众，虽不践行精神功修也是无可指摘的；因为不从事精神功修，并不改变其坚持正统信仰的作为。至于从事"真乘"功修，在它看来，此乃"彼寻尔则易，尔寻彼则难"，并非强求可得。这可能是他的相关著述中，言及"真乘"行文不多的原因所在。

与之相应的是，马复初在《续天方三字经》中，严厉地谴责了非遵法派苏非的作为。他说：

> ……说登仙　夸通神　惑愚俗　求利名　假仁义　乱教门　若饰金　若伪银　卖狗肉　悬羊头　张大言　以欺人……如此类　混清真……违主圣　悖群经　无斋拜　犹妄称　不修身　乃修心　有内功　无外行　夫此类　实奸恶……（《续天方三字经》）

在马复初看来，明末清初的王岱舆在《正教真诠》中，就已经抨击过非遵法派苏非的那种"不修身，乃修心""有内功，无外行"的主张和作为。① 这是坚持伊斯兰正统信仰的信众应提防那些"卖狗肉，悬羊头"的"欺人"说教。

第二节　汉文著述的方法

继王岱舆、马注、刘智之后，马复初在伊斯兰教的思想文化领域中国化方面，做出了重要贡献。这与他深受中国传统文化特别是儒家思想的影响，从而认同中国传统文化，在从事经学教育

_____

① 见王岱舆《正教真诠》"易真"："所谓易真者，若播糠眯目，皂白不分。上下四方，自然易位。兹缘吾道之异端，外托正教之名，而内演空玄之理，以讹易正。"亦即《真诠要录》所说的"宁若异端邪说，独言修内而不修外之欺蒙耶"。

和宣教布道过程中，沿袭并坚持伊斯兰教与中国传统文化相协调、相融合是分不开的。他的汉文著述有 20 余种，涉及宗教学理、律法、语言、历法、地理等不同领域。就前面所探析的汉文著述主旨而言，可以发现他在著述过程中，有着与之相应的著述方法，这是他在"以儒诠经""附儒以行"方面，得以做出学术贡献的一个不可或缺的原因，也是他在伊斯兰教中国化的进程中取得可喜成果的重要原因。

如果仔细考察并探析马复初的汉文著述的内容，可从行文中明显地看出，在写作或翻译（编译）过程中，其著述方法对他阐释或表述其主旨思想，具有极其重要的作用。

一般地说，著述方法服务于著述主旨。特别是在他从事经学教育和宣教布道过程中，既应便于信众理解、接纳所述内容，又要考虑如何讲求实效，是很自然的事。借助中国传统文化的经籍、典故、传说，以引文形式，表述其思想，或以相关的语词概念，佐证其论点，或以它表明伊斯兰信仰相符于中国传统思想。在当时的社会条件下，结合民间的相关说法，适当展开所述内容，是对伊斯兰教信众说教的一种方便形式。概括起来，他的著述方法大致有如下几个方面。

首先，借助中国传统文化的典籍表述其思想。

借助民间广泛流传的典籍，为其主旨思想说事，是极其方便而又可行的著述方法。这是马复初表述其主旨思想的特点之一。可以引证的实例很多。

其一，关于对"天"的敬仰。

明末清初，詹应鹏已有"事主，非事天"① 之说。马复初在近两个世纪后，是否知晓该说暂且不究。可以肯定的是，他为适应一般信众"尊天"传统之需，仍延续使用语词"天"的表述形

---

① 见刘智《天方至圣实录·群书汇辑释疑跋》（卷之二十），中国伊斯兰教协会印，1984 年，第 366 页。

式，只是在所辑《真诠要录》中，以儒家典籍的相关语词，说明儒家所信奉之天，乃"苍苍形体者"，并非伊斯兰教信奉的真主。

> 历考诗书六艺，所言皇天上帝，乃无形无象之天。此非苍苍形体者也。故程子易传云，帝者天之主宰也。以形体谓之天，以主宰谓之帝。朱子云，天是至刚至阳之物，自然如此，运转不息，所以如此，必有为之主宰者。既云真有上帝，何不示天下以一定之理，使人人事天、敬天，而反开以游移恍惚之路。如程子太极图注云，理者非物也。所以无其理则无其物。朱子云，天之所以主宰万化者，理而已，天下莫尊于理。故以帝名之。据此则以理为主宰也。朱子又云，若理则是洁净空阔的世界，他却不会造化。气则能酝酿凝聚生物，据此是又以气为主宰也。朱子又云……（"似真章"）

他进而引用儒家诸书所说的天、上帝、理、气，以及无极、太极等，为的是说明：

> 尧舜以前，去古未远，认主犹真，故其敬天畏天之心，既诚且恪。自周以下，古典残阙。尧舜周孔之道，不能尽传。虽宋儒苦心裒集，不过循其聪明智慧，初无上帝明命，认主真经，特于智慧中所及者及之，智慧之所不及者不及之。是以不能不有所缺略耳。沿流至今，则概以有象之天为主宰，是又谬矣。盖天者，物也。主宰者，造物也。以物为主，如以官室谓之主人，虽至愚者不必以为然也。（"似真章"）

同样的，他在《性命宗旨》中关于"儒家称上帝，又因其至尊而称之为天"之说，认为此"天"，"是为无象之天"，"是以清真教曰主，又系以真字，而曰真主"。伊斯兰教既认为"无象之天"为真主，同时又"不曰天者，恐人混为乾象之天也"①。

《天方蒙引歌》也借助儒家中的"天"来表述其信奉的真主。

> 教门理学首认主　……　古来无名称上帝　后儒又以天字名　诸家改为理字训　……　汉语无名借主字　因主造化独一尊　……（《天方蒙引歌》）

他甚至以通俗、朴实的语言，译《祝天大赞》。② 显然，马复初主张信奉的"天"，并非沿袭中国传统文化、民间日常所见的有形象的自然之天，而是信奉无形无象借以"天"之称谓，"即吾教所谓天地人物万有之真宰也"③。这是说，在表述形式上，词同义异。

其二，表述或论证尘世生活乃"戏场"。

《真诠要录》中，有如下的说法：

> 经云："尘世乃一戏局。"……尘世乃古今一大戏场，功名富贵、万事万物皆其中之傀儡。（"今世章"）

马复初像王岱舆一样，沿袭并借助《孟子》之说，表述其尘世生活乃"戏场"的思想。《孟子·告子下》有"故天将降大任于斯人也，必先苦其心志，劳其筋骨，饿其体肤，空乏其身，行拂乱其所为，所以动心忍性，曾益其所不能"。

《正教真诠》借用其说，在引用这段话时，抹去了原著中的"天"，从而改变了原著的含义。王岱舆在行文中说："故欲降之大任，必先苦其心志，饿其体肤，劳其筋骨，经历危难，奈何以

---

① 马复初：《性命宗旨》"事天章第二"。

② 马复初关于"天"的思想主张，可以详见第九章《祝天大赞》。

③ 马复初：《祝天大赞》"祝天大赞原序"，见阿日孚《祝天大赞集解》。

戏场了其一生乎。"① 这里要表述的意思是，今生今世所处环境如同戏场一样，决定人们的思想行为究竟如何步入正道。这在一定程度上反映了苏非主义的主张。

马复初认可这一譬喻，摘录了上述语句。只是在行文中将王岱舆省略的"天"替换为"真宰"，从而不同于王岱舆。他说：

> 故真宰欲降之大任，必先苦其心志，饿其体肤，劳其筋骨，经历艰难，奈何以戏场了其一生乎……（"今世章"）

这反映了马复初极力应用那些有利于他的思想演绎的典籍行文，即强调无形之天亦即伊斯兰教信奉的真主。②

马复初认为，有形者必朽，无形者不变，以此说明天地万物必毁、人则必死的义理。它从信仰出发，认为儒家重尘世轻天国，不知尘世乃人粉墨登场之傀儡，因此贪生怕死，以死为不祥。③ 他在《大化总归》中关于"死"的义理表述为：

> 人情断绝，尘世收场，得超拔而显主全体大用之时。（《大化总归》上卷）

它进而引用"季路问死。孔子答曰：未知生，焉知死。诚以死之理，大于所生；死之义，微于所生。而知非徒以俟，即了其所生也。宜其并答南宫适之问也夫"④。它还引用孟子之说，"顺受其正"，"反身而诚，乐莫大焉"。⑤ 甚至以儒家所说的理欲、天

---

① 王岱舆：《正教真诠》"今世章"，第139页。

② 马复初相关的思想，可见《祝天大赞》。

③ 马复初：《大化总归》（上卷），第26页。

④ 马复初：《大化总归》（下卷），第21页。

⑤ 马复初：《大化总归》（上卷），第29页；马复初：《大复总归》（下卷），第21页。

理人欲问题，借助形影关系说事。①

其三，关于遵循宗教礼仪。

马复初在《四典要会》有关信仰礼仪的"自叙"中，借助儒家之说，表明伊斯兰教关于相应礼仪活动的正常性和必要性。

> 诗曰："小心翼翼，昭事上帝。"孟子曰："斋戒沐浴，则可以祀上帝。"其说与吾清真昭事真主，同其义而合其理焉。古言千美万善，忠孝为纲。盖君为一国之尊，兼有平治之德，亲为一家之长，又具生育之恩，则为臣者当忠，为子者当孝，以报君亲恩谊之重也。（"礼功精义"）

这里，马复初虽对当时中国的某些传统信仰及其做法有所非议，但他所引用的相关说法，关于"忠孝为纲""平治之德"（即"修齐治平"）则反映了他所受中国传统思想的影响。

其次，借助中国传统的语词概念。

马复初同王岱舆、马注、刘智一样，借助中国传统的语词概念，表述其思想、观点。可以认为，这是他表述其主旨思想时，采取的又一方法，也是他的著述的特点。似可以列举的实例如下。

其一，借助无极、太极表述其思想观点。

马复初同王岱舆、马注、刘智一样，在《四典要会》中接受无极、太极等语词之说，表述他关于"真一"乃为真有，宇宙万有则为幻有的思想。他说：

> 理世所有之理，象世所有之象，一皆出于真一之化生。即万理之原（所谓无极是也），万象之宗（所谓太极是也），亦莫不须其造化而有也。（真一第一箴）

---

① 马复初：《大化总归》（上卷），第34、35页。

　　诸家所谓无极而太极，乃数之一也。（真一第一箴）

他在《性命宗旨》中，也做如是说：

　　是以清真之教，认主独一。而不容有掺杂疑贰于其间。从可知理气一元，阴阳一本。太极无极统归真一。（认一章第一）

其二，借助人性善恶表述其思想、观点。
　　他在《真诠要录》中，表明"性者，本然之光。真主首显之大命"①。并引用孔子之孙子思（孔伋，公元前483—公元前402年）所述，说明什么是"性"。

　　传曰：天命之为性，率性之谓道。（"性命章"）

他进而以"天方之学"主张的"先天为命，后天为性"说明：

　　道者，人所达于真一之路也……今以率性为道，是必性善乃可。倘不尽善，又何可纯任其性中本然乎？故求道者，必先知性。夫性乃各物之本然。②（"性命章"）

此外，他还强调信众不应任自性，还须克己私心。

　　凡孝悌忠信、礼义廉耻之间，但有亏损，即于天人之道不全。即不得谓之听命。由此详之，意念、口舌、身体、财物，何有一毫不听命于主，而任自性妄为者，大抵克己则心

---

① 马复初：《真诠要录》"性命章"，第39页。
② 马复初：《真诠要录》"性命章"，第40页。

愈下而愈明；有己则心愈高而愈暗。（"听命章"）

这是说，任性而不克己私心，则不得谓之"听命"。就伊斯兰信仰而言，在世界末日信众接受审判时，最终决定是享有天堂无穷福乐，还是永受地狱无情惩罚，其准绳则是"听命"还是违命。

关于人性善恶问题，中国传统文化涉及人性善恶问题，已做出清晰解释。他尤重视儒家主张，在予以评议外，还提出伊斯兰教关于人性善恶问题，不仅有其价值，而且对儒家关于善恶思想，予以解说：

> 自古言性学多矣。或曰：性无善，性无不善；或曰：性可以为善，可以为不善；或曰：有性善，有性不善。性之说愈纷，性之理愈诲。儒者以性善二字辟之。不过借以杜一时异学之偏。而其实人性之所以然，犹未大明于天下。天方圣人于性学一道言之详矣。（《大化总归》上卷）

> 性有先天之性，后天之性。顾性出于先天者，则善而无恶也。性出于后天者，则恶多而善少也。于此见或人之言性，似是而实非。即儒者之言性，又浑沦而无别。（《大化总归》上卷）

这是说，儒家关于性善问题极其"浑沦而无别"。他认为，关于"人性之所以然，犹未大明于天下"问题，伊斯兰教根据真宰造化之说，以先天后天做出明确的回答，从而说清楚了性善性恶问题。他还以《道行推原经》关于人性如谷种之喻，说明元种即"真一始显之，继性千古万命之总会，全体大用之首显也"[1]。

---

[1] 马复初：《大化总归》（上卷），第11、12页。

他认为，在理欲公私问题上虽与儒家无异，但以"三乘"道路，在该问题上可补儒家之不足。[1]

关于精神功修者在修炼过程中应慎言慎行、表里如一，否则即为"小人"。他同样也以儒家之说予以明证。

> 既知修真道义如此，须当谨戒妄言，持守圣训。若有言无行，有表无里，是小人也。儒云：君子欲讷于言，而敏于行。又云：敏与事而慎于言，就有道而正焉。此之谓也。（《汉译道行究竟》上卷）

其三，借助"道"表述其思想、观点。

借鉴儒家的某些语录来证明它的思想，《汉译道行究竟》表明有的修道者无法获得精神功修的成效，原因在于这类修道者"自远于道"。

> 修道者若见形而忘镜，则所修无成。非道远于人，而人自远于道也。自远于道，而欲其见主也，难矣。儒云：道不远人，人之为道而远人。此之谓也。（上卷）

所谓"镜"，它以真主乃无边无际的大镜为喻，"若见形而忘镜"，是说修道者如果在修炼过程中，专注于镜中所见之形，而忽略真主这一无边无际的大镜，"则所修无成"。这里所说的"道"，无外乎指的是修道者"当行之道"，精神功修之道。"自远于道，而欲其见主"，也就极端困难了。它所说的"儒云：道不远人，人之为道而远人，此之谓也"，正是为表明其主张完全符合儒家的思想。

---

[1] 马复初：《大化总归》（下卷），第44页。

马复初的《四典要会》说："德勿自矜，学勿自满，德在无私，道在无我"，不应自持"贤善"，① 特引用孔子和老子之说：

> 善以身旁，非以言谈。言道多无道，论德无真德。孔子曰："君子欲讷于言而敏于行。"老子曰："圣人以无德为德。"又曰："大德若谷，大白若辱，广德犹不足，日月有时蚀，何况人乎！"（"礼功精义"——"言贤善不自居"）

马复初接受了艾什尔里（873—935 年）关于前定与自由关系的主张，认定此乃"真主之事"。他引用孔子所述的"及其至也，虽圣人亦有所不知焉"②。这同样是借助儒家影响的实例。

为表述"真一"思想，《大化总归》借助清学者窦克勤（1653—1708 年）的《理学真宗》（应为《理学正宗》，下同——引者注）③，以及孔孟之说论证其主张确切无疑。

> 《理学正宗》云：道乃无象之人。人乃有象之道也。所以身为大道流行之身，性为大道流行之性，心为大道流行之心。为表为里，皆道之所贯注而成者也。（《大化总归》上卷）

他以《理学正宗》极力旁证其圣贤身在尘世，而心已归真宰之说。

> 人为天地万物之灵。其灵维何，盖人之身为万形之粹；人之性为万灵之纲；人之命为万理之元；人之形为万象之全。

---

① 马复初：《四典要会》（卷二）"礼功精义"，第46页。
② 马复初：《四典要会》（卷二）"礼功精义"，第32页。
③ 见《四库全书存目全书》（四库全书存目丛书编纂委员会编）子部第二十四册"理学正宗十五卷"，齐鲁书社1995年版，第582—838页。

所为道之总局统于人。而人实道中之菓也。谓之为灵。灵在道也。(《大化总归》上卷)

"真主之道",完全聚集于人。故而人之心性,在后世必定归返其"元种"。

彼圣贤不滞于嗜欲,不碍于色象,身虽住世,而心性早归于真主之前,此自然而复其元种也。故《理学正宗》云:复至大命,唯圣贤所能。庸愚无化己之功。事事有障蒙,而虚灵之妙尽失;物物有滞碍。而俗习之染日深。气禀拘矣,明德昏矣。如之何能复其元种也。孔子云:苗而不秀,秀而不实;孟子云:苟为不熟,不如荑稗,此之谓也。(《大化总归》上卷)

它还说:"儒者云:致中和,天地位而万物育。时措宜,成已仁而成物知。""中庸所云:不思而得;不勉而中。从容中道之圣人,即此也。"[1] 这类引证均为表明圣贤虽人在现世,而心性早已归主。

其四,关于修齐治平、三纲五常。

马复初的著述,提及修齐治平、三纲五常是很平常的事。只是其目的性极其明确,即为了印证伊斯兰思想主张的正确,或表明伊斯兰教的思想主张更为高明。前者如对"客问:二氏(指"释道"——引者注)既非,儒者之道何如"时,他答复说:

纲常伦彝,正心诚意,修齐治平之道,至中至正,不偏不倚。非此则人道不全,法治不备。此儒道独隆于东土。第

---

[1]　马复初:《大化总归》(上卷),第 3 页。

其始之所以来，终之所以往，造化本原，生死关头，一切不言，天下深观之士，不能无疑焉。(《指南要言》"原教")

他的答复之所以持"不能无疑"的态度，完全是为了说明"盈虚消长，莫踰其数。夭寿穷通，概不自由。此必有一至尊无对，至大无极，纲维造化，运行始终者，主宰其间，而不可以疑似参之也"[1]。

后者则如他为表明伊斯兰教重视妇女，把夫妇关系提到首要地位，甚至认为"三纲五常"乃基于"夫妇之仁"而立。他说：

人之性理，斯树之种也。人之身体，斯树之果也。浑一未分，是为人极。一化为二，是为夫妇。人极原一人，夫妇为二人。一人者，人也。二人者，仁也。是故，三纲五常，君臣父子，莫不由夫妇之仁而立焉。(《真诠要录》"人品章")

这一说法，既极力与传统说法求同，又表明不同于中国传统的男尊女卑、妇女地位低下。这是伊斯兰思想与儒家"三纲五常"主张相融合的一个生动事例；至于妇女在伊斯兰社会中的地位究竟如何，则非本节讨论的论题。

再次，借助中国民间传说，以与伊斯兰教的相关主张相契合。

中国民间的故事传说极其丰富。借助这类故事传说，有助于马复初在行文中表述他的主旨思想以与伊斯兰教相关主张相吻合。这方面的实例同样很多。列举数例如下。

其一，关于伊斯兰教礼拜朝向。

伊斯兰教礼拜的朝向为麦加的"克尔白"。马复初在《四典

---

① 马复初：《指南要言》"原教"。

要会》中将中国古代民间传说中的神话人物"盘古氏"①与伊斯兰教信仰的人祖"阿丹"联系起来，使信众更便于了解、接受其表述内容。

礼拜必正向者，面朝天庭也。其庭名凯耳白（即"克尔白"——引者注），在天方国满克（即"麦加"——引者注）城内，乃始祖盘古氏（天方云阿丹）奉天命而敕建之，以为天下朝拜真主之向。（"礼功精义"之"明其拜之为至要"）

清真教，天方穆罕默德人之教也。亦人祖阿丹（即"盘古氏"）圣人之古教也。（"幽明释义"）

关于"盘古氏"，他在回答"客曰：回汉各具皆源于盘古，而道不同，何也"时说：

开辟之后，人生日繁，播迁四方。土地不同，性情亦异，是以从违各殊，子孙之贤不肖故也。贤者务其正而大，不肖者务其偏而鄙。此地距天房数万里之东，去阿丹八千年之后，其间不无见闻失实。然犹仿佛清真，惟事上帝。自玄释之论出，于是事佛事仙，事神事鬼，各出意见。（《指南要言》"原教"）

如前述，马复初极力把中国传统文化所信奉的"天"（或"上帝"）与伊斯兰信仰的真主联系起来，认为信众"然犹仿佛清

---

① 据三国时徐整的《三五历记》：盘古氏生于天地混沌中。后天地开辟，天日高一丈，地日厚一丈，他日长一丈。如此 18000 岁，天极高，地极低，日月、星辰、风云、山川、田地、草木、金石，都是他死后由他的身体各部变成。见《辞海》，上海辞书出版社 1980 年版，第 1906 页。

真，惟事上帝"外，他甚至把"盘古氏"与阿丹挂钩，其间虽"不无见闻失实"，但它却缺乏史实根据。

至于"东土"民众之所以有"不肖"和"偏而鄙"的情况发生，他完全归于"自玄释之论出"，民众受佛道的影响，从而出现"事佛事仙，事神事鬼，各出意见"，导致行为偏颇；可以认为，这是他贬释道的原因之一。

其二，关于持贫。

《汉译道行究竟》指出，苏非"真乘"修持，"所当尽则者，亦有十事"。其中，第五条为"乐贫"。它说：

> 夫贫也者，世人不知其乐也。人但知富贵之为乐，而不知富贵中有真苦。人但知贫穷之为苦，而不知贫穷中有真乐。何在乎？道，而已矣。语云：颜子一箪食，一瓢饮，在陋巷。人不堪其忧。颜自不改其乐，此之谓也。（《汉译道行究竟》二卷）

这里说的"颜子"，即春秋末时的山东人颜渊（公元前521—公元前490年），孔子的学生。《汉译道行究竟》以儒家弟子颜渊与精神功修者的行为联系起来，这同样是以儒家弟子的行为，证明苏非精神功修有其合理之处。

其三，借鉴典故说事。

借鉴传统文化的语词、典故，特别是借助儒家的语词、典故表述其思想，或论证其主张，是马复初的又一方法。例如，《大化总归》除了在行文中沿袭孔子、孟子等古人的言辞，表明其思想，它还借助尧舜、瞽瞍、魏武、伯夷、盗跖的事例旁证其善恶报应之说。显然，这是《甫苏思》（既《大化总归》原本）不可能涉及的。它说：

舜为天子、为圣人，宜乎可盖瞽叟之恶矣。乃舜之孝愈大，而瞽瞍之恶愈彰。虽父子之间，不死亦为无益，死之不为有损明矣。（《大化总归》上卷）

鲲鱼朝发昆岺之墟，曝须于碣石，暮宿于孟津。洋洋乎自以为此外无世界也。及其化巨鹏。奋翎翮，翱翔于杳冥之上，乃知天之高也、远也，而翻然悟前此之小且近也。（《大化总归》下卷）

这是说，沿袭儒家的一些典故，表述其基本主张方面，是不应忽视的。

白寿彝在评论金吉堂的《中国回教史之研究》时，曾就马复初《大化总归》所受中国传统文化影响的问题，有所评论。他说："刘智之《天方性理》，马复初之《大化总归》，更能吸收宋明理学，阐发回教之根本思想。此不惟在中国回教史上应有一崇高之地位，即在近代中国思想史上亦能表现其坚实与博大之光辉。"[1]白寿彝认为马复初在《大化总归》中吸收宋明理学以阐发伊斯兰思想，为极力表明伊斯兰教与中国传统文化既有一定关连，又有所区别，甚至极力表明中国传统文化未能涉及之事，伊斯兰教则予以阐明。这一论述，似可视为马复初的著述方法，在他的相关著述中均有所反映。

复次，值得重视的著述方法。

除了以上列举的著述方法外，其行文或借助中国传统文化而立论，或以自然现象表述其思想，甚至做了即兴发挥，这是他在写作、翻译（编译）中，增添了原著完全不可能表述的语词或内容。似可提出并值得重视的著述方法如下。

---

① 白寿彝：《中国回教史之研究》，见李兴华、冯今源《中国伊斯兰教史参考资料选编（1911—1949）》上册，宁夏人民出版社 1985 年版，第 268 页。

其一，以不同事例比附阐释其思想主张。

《大化总归》在表述和论证方面，往往以现实生活中遇到的种种自然现象（如昼夜更替，明暗、形影、梦醒关系等），比附或譬喻神灵、天国问题，这显然是马复初著述的又一方法。这是值得重视并应予提及的。

> 盖凡物皆有两面。对我者此一面，背我者彼一面。对我之一面，即受见今生之一证也。背我之一面，即隐藏后世之一证也。若隐藏之后世，转为受见之一面，则受见之今生，又转为隐藏之一面。是两面而实为一体也……如一宅之中，间隔一壁。在外者则分为外室，在内者则分为内室。两间而实为一间焉。故置身外室，则见前层之景物；而后层者，必不能见。及转至内室，则见后层之景物；而前层者，又不能见矣。夫前层之景物，今生所显之浊体是也。后世之景物，后世之显之灵性是也。知显于今生者为浊体，则以俗目视之，而今生可见。显于后世者为灵性，必以心眼视之，而后世乃彰。（《大化总归》下卷）

上述的所谓今生之幻，常人难以信服；后世之真，常人同样难以信服。所谓今生虚幻、后世真实之说，缺乏说服力。对常人来说，自然现象司空见惯，而关于后世、神鬼、天国的存在，则应予实证。这种以现实生活或自然现象比附后世、神鬼、天国的著述方法，似乎可以说明问题，但它无法替代那些需要实证、需要科学论证的问题，也是无法在同一基础上予以讨论的。因为在现实生活中，相信"南柯一梦"之境的情景为实者，终究是极其罕见的。

其二，对原著增添行文，表述其思想主张。

探析马复初著述时，不应忽视的是，有的著述中有关的行文并非原著内容的译释。而是在翻译、注释中，马复初增添的。

> 我观东土圣人，凡人生纲常名教，日用饮食数大端。诗书所载，无不尽美尽善而无以复加。惟于真主何以认识，造化何以奇妙，举人性之所包括，人心之所隐藏，与几（似应为"机"——引者注）微之奥妙，尊大之事理，其中分门别类，以至复活见主归真，各世界一切规矩范围，并未能旁赞一辞，岂非以职不任此，而言亦遂不及此哉！（《大化总归》上卷）

又如《汉译道行究竟》"第五章明礼乘、道乘之学者"说：

> 其经墨格索德所言小世界身心显著，清在外，而浊在内，亦由乎大世界之显著也。但刘一斋夫子，以小世界之分形，实反乎大世界也。大世界阳在外，而阴在内；小世界清在内，而浊在外。大世界以外为上，小世界以内为上。故以心为天，以身为地。理明事顺。余以阿尔比（即阿拉伯文——引者注）译之。以归一斋之言。（《汉译道行究竟》卷二）①

这是说，马复初的著述，对所译原著根据需要而即兴发挥。显现出他的著述方法非同一般。其目的，仍在于以此著述方法表述其主旨思想。

最后，在中国传统文化中重儒而轻释道。

在中国传统文化中，对儒释道三者并非同等对待。马复初对

---

① 如上述，马复初在上卷首页以注释形式明确表述："此经原文法尔西（即古波斯语——引者注）也。因文精义奥，所言并不外乎明经大集。但为庸常诽谤，而妄言也。余故以阿尔比译之，复虑其知书者，难明，故再以汉文译之，使读者易晓耳。"《汉译道行究竟》上卷，第1页。

儒兼以褒贬的同时，极力贬释道以及旁门左道。

关于天国赏罚、报应问题，《大化总归》认为以天国赏罚、报应之事，"质之周、程、朱、张"，认为他们都无可驳辩。[①]

马复初抨击佛道轮回托生之说：

> 轮回之说，出于佛氏……佛氏未悉其详，遂疑人间祸福，即善恶之报，而何以善者未尽获福，恶者未尽遭殃，且有祸善福恶，令人难信，无可奈何，乃创作轮回之说……后人遂信以为真，误矣！彼所谓托生者，乃曰：灵魂更身换体，往而复来，来而复往，乃阴阳返复……善者善报，恶者恶报，阴间不报阳间报，今生不报来生报，不报本身报儿孙，盖谓为人既死，灵魂归于冥府，会阎君而审考之生之善恶，善者上天堂，而后令其托生富贵之家，得以显荣。恶者下地狱，而后令其托生贫贱之家，受其饥寒。[《四典要会》（卷三）"幽明释义"]

此外，他还抨击"纤维术数之学"以一己之智慧为定论之说。[②] 抨击异端左道，"不知天地朽其象，万物坏其形，光阴移其时"而"妄为猜度"[③]，不知万物返本还原之理。

马复初斥责佛道的思想主张，亦旁证他深受中国传统文化的影响。

除上述他在《指南要言》"原教"中所述"自玄释之论出"，于是发生"事佛事仙，事神事鬼"的现象外，他在《四典要会》中，反对佛道的偶像崇拜。他说：

---

① 马复初：《大化总归》（下卷），第41页。
② 马复初：《大化总归》（上卷），第37页。
③ 马复初：《大化总归》（上卷），第24页。

儒门称之为天，是天下万世所公共者也。其所持守者，顺天、事天、敬天、畏天，亦千古万国所当行之公礼也。较之他教祝神、祈佛等俗为何如，且更以土、木、金、石为神佛，妄称其灵能专主吉凶福祸，谁是谁非。孔子之言"获罪于天，无所祷也"，足以明之。孟子之言"斋戒沐浴，则可以祀上帝"，又足以证之。（自叙）

他还就"复生"列举佛教关于"轮回""托生"之说为非。

轮回之说，出于佛氏。而天堂地狱，报应善恶，古圣亦往往言之。佛氏未悉其详，遂疑人间祸福，即善恶之报，而何以善者未尽获福，恶者未尽遭殃，且有祸善福恶，令人难信，无可奈何，乃创作轮回之说，其言偏行已久，更有著作，后人遂信以为真，误矣！（"幽明释义"）

彼所谓托生者，乃曰：灵魂更身换体，往而复来，来而复往，乃阴阳返复，自然之理，善者善报，恶者恶报阳间不报阴间报，今生不报来生报，不报本身报儿孙，盖谓为人既死，灵魂归于冥府，会阎君而审考在生之善恶，善者上天堂，而后令其托生富贵之家，得以显荣。恶者下地狱，而后令其托生贫贱之家，受其饥寒。且恶之大者，遭诸祸殃，恶之最大而残害人者，贬其托生为畜类，诸受苦难，以报前世之冤。如是之说，乍闻之，似可信，究其说，乃无稽之谈。（"幽明释义"）

此外，马复初在《天方蒙引歌》中，同样将中国传统文化的相关思想、人物或事件，与伊斯兰教的主张结合起来：

人超万有独为贵　儒云人为天地灵　造天设地育万物

化生众有原为人（《天方蒙引歌》）

庸夫不察生人意　虚名浮利终其身　若论名利不论德 颜子乐贫是痴人。（《天方蒙引歌》）

先天前定不由人　忘言今生祸与福　显应恶人与善人 盗跖何以享寿考　颜子何为不长生　魏武奸雄成帝业　首阳 饿死圣之清　诸儒于此无言对　弃儒从佛信托生（《天方蒙引 歌》）

回教之道无奇异　可与儒家辅而行（《天方蒙引歌》）

笔者以相当的资料论述马复初汉文著述的主旨思想后，进而 以相当的资料论述他为其主旨思想服务的著述方法，完全是为了 表明马复初在伊斯兰教中国化方面做出了自身独特的贡献。

第三节　对伊斯兰教中国化的贡献

在伊斯兰教中国化方面，马复初同王岱舆、马注、刘智一样， 都做出了自身应有的贡献。只是马复初与他的先辈不同，他在伊 斯兰教中国化方面，有着独特的贡献。

首先，他确立了中国伊斯兰信仰的"六信"最终表述形式。

所谓"六信"，指的是伊斯兰教六大信仰（即信真主、信先 知、信经典、信使者、信后世、信前定）。可是，自唐宋元到明末 清初以来，清真寺碑铭或是文本著作，人们几乎罕见有关伊斯兰 教信仰的即"六信"的完整表述形式。

值得注意的是，清初时，中国伊斯兰教有关信条的表述上， 没有统一、明确的表述，在有限的几本汉文著述中，既有反映逊尼派伊斯兰教的信仰主张，又有十叶派的信仰主张。这表明逊尼派和十叶派的教派思想、践行，在中国伊斯兰教中均有其相当的影响。

17世纪时，张中《四篇要道译解》说："我归顺真主，我归顺主一切天仙，我归顺主一切经书，我归顺主一切圣人，我归顺后世日期，我归顺好歹是主定夺，我归顺死后复活"①。张中所述反映了逊尼派信条的基本表述形式。其后的马注、刘智有其类似的表述。②

可是，与马注、刘智几乎同时或稍后的马伯良，他的《教款捷要》虽有类似张中所述"七事"的观点，③ 人们也可读到"伊玛目的条件八件"（含应知晓四位正统哈里发阿布伯克尔、欧麦尔、奥斯曼和阿里）外，还应知晓阿里之后，"又传至他十一位子孙"④；他还强调认识教门根源的重要性。⑤

这里所说的"伊玛目的条件八件"乃十叶派支派之一的十二伊玛目派的基本主张，反映了该书以十叶派教义为基调的一种混合主义观点。⑥

这是说，张中、马注、刘智与马伯良在上述诸基本信仰方面

---

① 张中：《四篇要道译解》（卷一），第50页。

② 分别见马注《清真指南》（卷之七）"独慈"；刘智《天方典礼择要解》（卷之四）谛言篇，"分信"第四章，第5页。

③ 马伯良：《教款捷要》"第一注明当归信的六件"，第2页。

④ 马伯良：《教款捷要》"伊玛目的条件八件"，第24页。

⑤ 他说："此八事乃教门之根源。若知之，即为认主独一之人。复生之日，立于圣人绿旗之下，得其脱离。"见马伯良《教款捷要》"伊玛目的条件八件"。参见金宜久《中国伊斯兰教教派归属的几个问题》，《世界宗教文化》2010年第1期。

⑥ 十叶派主张在信真主和信使者之外，还强调对作为人主中介的伊玛目的信仰。它主张伊玛目有神性或半神性，从而具有不谬性，不会犯错误；主张信仰伊玛目的隐遁教义，伊玛目将于世界末日以马赫迪（意思是"得正道者"，引申为"救世主"）的身份再世；只承认由伊玛目传述的"圣训"，并以此为教法（创制立法）的依据。它有独特的阿术拉节（如悼念阿里次子、第三伊玛目侯赛因殉难日），允许临时婚姻，必要时允许隐瞒信仰，如此等等。

的表述，兼具同异之点。这可能是受外来影响的结果，表明中国伊斯兰教在思想领域在不同寺坊各自为政、各行其是的情况下，在信仰上完成真正的（或是大致的）统一，尚需时日。

除了汉文著述外，人们还可从寺院碑铭中，读到有关礼仪的连班、独班之争的记载。连班、独班之争前后延续了三个多世纪。

连班、独班，指的是聚礼时领拜者（通常为阿訇）在队列中所处的位置。连班的领拜者与礼拜信众站立在同一队列；而独班的领拜者则在参加礼拜信众的队列之前。这是逊尼派或十叶派在礼拜过程中，不同的队列形式，反映的是教义主张的重大差异。

据《冈志》，明崇祯到清康熙（1628—1722 年）年间，北京牛街地区清真寺发生过连班、独班之争；牛街礼拜寺原立有"古制联班"碑，到"光绪年间牛街礼拜寺改为独班，联班碑即废"。赵灿《经学系传谱》也载有云南地区发生过连班、独班的更替之事。[①] 同样的，在河南也有连班、独班之争。它树立碑石，坚持"古制连班永遵"，以为反对独班"新行"的标志。[②]

显然，它不是简单的领拜人站立的位置或礼仪问题，涉及的是信众追随的寺坊、阿訇的教派归属、学理认同——是追随逊尼派还是十叶派的教义主张问题。就一般信众而言，他们在这方面可能只赴所在教坊的寺院从事礼拜、参与宗教生活，只知追随领拜者，而不深究所闻教义的缘由，也不谙熟教派的归属；可是，就领拜者（即阿訇）或是就教坊的掌教者而言，他们在这方面的认知，较之一般信众可能要多一些。

《冈志》有这样一段话，说明十叶派重视并坚持连班的缘由。它说："连班之误，其来久矣，至圣辞世，四贤缵绪，接传道统，

---

① 《冈志》（沈凤仪抄本），见刘东声、刘盛林《北京牛街志书——〈冈志〉》，北京出版社 1990 年版，第 141 页（另参见第 16、85、131、146 页）；赵灿：《经学系传谱》，青海人民出版社 1989 年版，第 31 页。

② 李增亮：《开封市东大寺记》，《中国穆斯林》1990 年第 2 期。

至尔里（即阿里——引者注）十一代孙葛斯（即‘卡伊姆’，意为‘擢升者’——引者注）嗣位，教法大乱，异端蜂起，葛斯避世莫知所之。后思葛斯氏之贤，虚其位以待之，故退为连班。"①可见，坚持连班为的是"虚其位以待之"，期待隐遁伊玛目（即第十二伊玛目穆罕默德·本·哈桑）再世。根据该派教义，第十二伊玛目将以"马赫迪"（即救世主）的身份于世界末日返世，战胜恶魔，拯救其信众。因此，没有什么人可以占据、替代其领拜的位置，主持并领导信众礼拜。发生这类争辩，是有其原因的。

值得注意的是，1863年（同治二年）马复初的《汉译道行究竟》仍有关于十叶派观点的表述。②它说："道长撒尔顿丁云：为圣有始至终，始即元祖阿丹也，终即至圣也。而代理亦有始有终。始为大贤，终为至贤。至圣乃万圣之封印，至贤亦万贤之封印，万世之总结。至圣已往，至贤尚未来。虽未来，而至圣已表率之。已言其名号……又言是人生于世尽之期，其道大如圣，权大如王，乃代理至圣之位也……"③

上述的"始为大贤，终为至贤"，大贤指的是阿里，至贤指的是十二伊玛目穆罕默德·本·哈桑（即穆罕默德·蒙塔扎尔）；所谓"至圣已往，至贤尚未来"，说的是穆罕默德已经逝世；而穆罕默德·本·哈桑将作为隐遁伊玛目于世界末日时莅临；所谓"世尽之期，其道大如圣。权大如王，仍代理至圣之位也"，实乃十叶派的十二伊玛目派的马赫迪教义。

其实，马复初于咸丰八年（1858年）所著《四典要会》卷一"信源六箴"中，关于伊斯兰教"六箴"的表述，与当今的六条基本信仰完全相仿。他为何在同治二年（1863年）又译出反映十

---

① 刘东声、刘盛林：《北京牛街志书——〈冈志〉》，第83页。
② 马复初的《汉译道行究竟》，由清同治九年（1870年）提督军门马如龙刊；马安礼为之作序。
③ 马复初：《汉译道行究竟》（卷二）第三章，第27页。

叶派观点的《汉译道行究竟》，这可能是因为马复初视这两者都是伊斯兰教著作，而不予以教派属性的区分。只能说明一方面中国伊斯兰教关于教派归属问题，这时并没有真正解决；另一方面，马复初不过是对境外伊斯兰世界的民众信仰，做出客观的介绍而已。

其后，马复初的弟子马安礼将他早年所辑《真德弥维》和《礼法启爱》译称汉文《明德经》，后以《真德弥维礼法启爱合编》形式刊刻问世。该书所述内容反映的是逊尼派观点。但不管怎么说，《真德弥维礼法启爱合编》关于信仰问题，提出"仪则六条"，包括"信真主""信天仙""信真经""信圣人""性（信——引者注）会归""信善恶"（即"信善恶前定"）。① 该"仪则六条"，为以后流传的"六信"奠定了基础，成为当今中国伊斯兰教信奉的基本信条。或者说，该书所述已为信众广泛接受，使得中国伊斯兰教信奉者的主体最终有着大致统一的基本信条。

可以说，这是马复初在伊斯兰教中国化方面做出的重要贡献。

其次，马复初以浅显语词表述信仰礼仪，以便于伊斯兰教中国化的发展。

他的《天方蒙引歌》《续天方三字经》《礼法捷径》，从其基本内容来看，可能并非宣教布道或经学教育所应用的素材。其中，既有适应一般信众宗教生活需要的内容，也有为在民间普及伊斯兰信仰而编写的通俗作品。总体来说，这类著述仍然反映了他的伊斯兰教正统思想，方便了伊斯兰教中国化的发展。

例如，他的《礼法捷径》是一本通俗的伊斯兰教法著述，其写作"特为幼年失学，暮而归正者设"②。它向信众简介了伊斯兰教关于礼拜的基本条例、仪则，其中还以中阿译音对照的形式，

---

① 马复初：《真德弥维礼法启爱合编》（马安礼译）卷一"明德篇"。
② 马复初：《礼法捷径》"序"。

介绍了阿拉伯文经文含义,在阿拉伯文经文之下,又以汉文音译经文的对应词,为的是方便那些不识阿拉伯文的信众,可以凭借汉文音译词诵读相应的经文。

正如"序"所说的,该"捷径"乃适应那些"吾人生长中土,大半幼读儒书……及至年力就衰,欲寻源归正,而习我清真之经文,已戞戞乎难之矣"①,这些信众提出,"何不以儒字释经文,使我辈借韵读之,庶几得以拜主而认圣"②。马复初正是应这些信众之求而写作《礼法捷径》。

《天方蒙引歌》是一篇以诗歌形式表述伊斯兰信仰的通俗作品。该蒙引歌适宜儿童背诵。

《续天方三字经》是继刘智《天方三字经》之后的一篇通俗作品。它同样反映了伊斯兰正统信仰。该"三字经"亦适宜儿童背诵。

再次,他的贡献还在于通译《古兰经》为汉文。

佛教自西汉哀帝元寿元年(公元前 2 年)传入华夏大地,到宋开宝四年/太平兴国八年(971/983 年)已雕印《大藏经》1076 部、5084 卷汉译经籍。可是,伊斯兰教自 7 世纪中叶输入中国,在 10 个世纪以后,即到 17 世纪中叶时,仍没有汉译《古兰经》通译本问世。这与佛教相比,显得有所逊色。

明万历三十七年(1609 年),"福建泉州'重修清净寺'碑"上说:"禅经译而便于读,故至今学士译之;而净教之经,未通汉译,是以不甚盛行于世……吾以为玄奘之译,未必尽无讹……禅经译而经杂,净经不译而净不杂。译者可言,而亦可知,知之则愈幻。不译者不可知,而可言,徒读未尽□……民可使由,不可使知,吾于经,取其不译而已矣。"③

---

① 马复初:《礼法捷径》"序"。
② 马复初:《礼法捷径》"序"。
③ 碑文原文难识,故录者以□代之。见"福建泉州'重修清净寺'碑"(明万历三十七年),《中国回族金石录》,第73、74 页。

所谓"净教之经",指的是伊斯兰教的《古兰经》。碑文作者的这一表述,无疑说明了伊斯兰教输入中国 10 多个世纪以来,未能以汉文译经的一个重要原因,在于"未必尽无讹",还由于"民可使由,不可使知",故"吾于经,取其不译而已矣"。这在当年可能反映了那些有学识的译经者,惟恐汉译经文后,"译而经杂",为使经文"净"而"不杂",取其不译的态度。

由于宗教生活的需要,一些信众可能自孩童时候起,就在寺院经师的口耳相传下,学习、诵读《古兰经》文。长年累月的习读,虽然可将日常使用的经文背记下来,但他们难以理解经文的含义。杨仲明阿訇说:"天经义谛,我国历来仅听口传,讲说纵或作始有伦,然小言詹詹,究远难行。况讹以袭谬,久之致多莫解。此又亲自见之实况。"[1] 据《西域闻见录》,甚至有的"阿訇仅能粗讲大意,其深微亦莫晓"[2]。显然,这种仅凭口传心授为特征的传统教授方法,到 19 世纪中叶马复初生活的时代,可能仍是主要的教学方法之一。

特别是碑文所述,"民可使由,不可使知"之说,这可能是早年忌译《古兰经》的又一重要原因。经文原文为阿拉伯文。在当年,信众中的知识阶层,通汉文比之通阿拉伯文者,其人数可能要多一些。如果经文汉译后,知识阶层中的那些通汉文者,也就可以了解经文含义;而掌握阿拉伯文者的优势有所下降,"民可使由"也就受到一定影响。

就当时译经活动的情况而言,可以大致分为三种不同的形式:明末清初以来的王岱舆、马注、刘智等人的"抽译"经文;其后的"选译"经文,有"赫听"(或"亥听")和"十八段",即从《古兰经》中选译一些短的(如第 1、2、36、67 等章节)经文,以汉文阿拉伯文对音的译本或注解本,如《经汉注解赫听》

---

[1] 杨仲明:《古兰经大义》例言。
[2] 清椿园:《西域闻见录》。

（1866 年，简称《注解赫听》），或以汉文拼读阿拉伯文经文，如《汉字赫听》（1882 年）；《古兰经》的通译本，即相传由马复初开始的译经活动。

可能马复初意识到仅凭口耳相传的方式传授经文，不利于伊斯兰教中国化的发展。据传，他译有 20 卷，因毁于火患仅存 5 卷，即 1927 年上海中国回教学会刊行的《汉译宝命真经》。① 让经文有其汉译本，既方便传授和习读经文者，又使那些自幼习儒而不谙阿拉伯文者得以了解经文含义。

马复初敢于突破早年的"吾于经，取其不译而已矣"，以及"民可使由，不可使知"的底线，这在伊斯兰教中国化方面，显然是有其功绩的。

汉文著述的兴起、发展，并非一帆风顺。与佛教的经籍相比，汉文著述的进展缓慢，在数量上也受限。这可能与它经历了艰难的内在争辩有关。②

然而，汉文著述在发展过程中，形成了汉学派与反对汉文翻译、汉文写作宗教问题的经学派。事物发展总有其两面性。经学派主张不学、不写汉文的做法，可能导致"小经"（"消经""狭经"）的发展。③ 所谓"小经"，即以阿拉伯文（或波斯文）字母拼写日常用语。这方便了那些不识汉文的经师（或经生），他们以笔记学习经籍含义的心得，甚至用以信函交流。随着学习汉语文的发展、汉文著述的不断涌现，经学派的影响逐渐消失。

---

① 白寿彝认为："相传德新有《古兰》译本，题为《宝命真经直解》有排印本五卷，但究竟是否德新的译品，尚待考定。"（见《回族人物志·近代》，第 182 页）

② 当时有一种说法，认为以"哈他"（指差错文字）杂于（注释经旨）清真，不仅"真主之慈即止，而罚且随之"。王岱舆提出六点理由予以反驳：文字不同，即为"哈他"；阿拉伯文字为 1，而有 70 余派，说明"哈他"不在文字，而在道理；以东土语言祈祷"无不准之理"；"圣训"中有喜"眤丫"者为"哈他"，难道西域（指境外）无一人喜"眤丫"；"吾教学人，读一句西域经典，必以一句汉言译之，不免互用，既然禁人，何不自禁"；甚至提出"此后登坛说法，再不可用汉字讲解"。见《希真正答》，第 284 页。

③ 作为一种拼音文字，"小经"不同于"大经"（或经籍）。

自民国以来，汉译《古兰经》陆续出现，当前大致已有 10 多个译本；① 无疑，乃马复初开通译之先河。

最后，马复初极力主张翻译阿拉伯文诗歌为汉文，此为他在伊斯兰教中国化方面的又一贡献。

马复初为之撰序的《天方诗经》②，其原著名《衮衣颂》（或《布尔德》，"布尔德"为阿拉伯文 burda 的对音。它由粗毛线织成，白天可用做斗篷，晚上可做被单）。该诗作者是埃及人穆罕默德·赛义德·蒲绥里（号舍赖弗丁，1213—1294/1297 年之间）。

同治五年（1866 年），马复初为《天方诗经》撰序。他说：

> 余幼习我教经典，不暇学儒。年过四十，方从事儒道。惜已晚矣。然于诗书文字之间，尝有精愈求精，密愈求密之想，而所尤好者，诗之一途也。故凡高人咏士，警句佳章，莫不珍藏而笃学之。（《天方诗经》"初序"）

> 此诗虽久传东土，因无注解，遂非庸俗易知……思以汉文译出。不特为我教习经者，知其蕴奥，即业儒者，亦得以知其美焉……无如以东土之文，译西域之诗，音韵合而义理差池，义理合而音韵乖谬，难乎其难，莫此为甚……欲置之弗为，而夙愿未偿。志存数十年，未克成编。兹于著经训徒之余，令马生（指"马安礼"——引者注）讲习，先将天方诗法，著为诗海一帙，并将此诗研炼揣摩，译而传之。

① 其译者有铁铮、姬觉弥、王文清（即王静斋）、王静斋、刘锦标、杨仲明、时子周、马坚、林松、仝道章、周仲羲、马振武、沈遐淮、李静远、马金鹏、马仲刚、李鸿鸣等人；此外，有买买提赛来的维吾尔文译本、哈再孜·马哈什的哈萨克文译本、于赛·因阿吉的柯尔克孜文译本。

② 《天方诗经》（亦译《衮衣颂》）是汉文所译的第一篇阿拉伯文长诗。它以《诗经》体裁问世，故弥足珍贵。1956 年，人民文学出版社根据光绪刻本影印出版。值得提出的是，1960 年笔者被留校任教并被分配到东方哲学教研室后，朱谦之先生为促笔者研究阿拉伯哲学和伊斯兰教，遂赠笔者此书。笔者依据该影印本从事写作。

（《天方诗经》"初序"）

　　马复初"年过四十，方从事儒道"，对爱好儒家"诗书文字""警句佳章"的阿訇，有汉译《衮衣颂》的想法，在朝觐期间又得该诗"注解"，他虽有汉译《布尔德》的"夙愿"，可是，限于文字功底，特别是翻译过程中，"音韵合而义理差池，义理合而音韵乖谬，难乎其难"，无以成行。

　　1850 年，马复初接收有着儒学基础的马安礼为弟子。他在"著经训徒之余"，"先将天方诗法，著为诗海一帙"，除讲授阿拉伯诗文相关知识外，还指导马安礼"讲习"，通过不断"研炼揣摩"，该诗得以"译而传之"，从而译诗由"夙愿"而变为现实。

　　正如马安礼在"自序"中所说的："复初师有志缵述，意欲译为诗经，以公世。尝命礼讲习其文，综其大略，甫经创始，遂遭世故，斯事遂浸。① 兹于无意之中，忽得旧编，适遇马子学海，博通经籍，因与朝夕讲论，纂译成章。"②

　　应该说，《天方诗经》乃马复初、马学海、马安礼（参阅相关注解③）协同完成的译作。④ 后人则以《清真诗经》称之。根据该书例言所述，"是诗每章二韵，皆按原文译出。用韵较难，故每以古韵转韵叶之"，它"分为十篇⑤，撮其大旨，提纲挈领，使览

---

　　①　这里说的"遂遭世故，斯事遂浸"可能是指当年爆发咸同起义，使得译诗之事中止。以后在无意中既得"旧编"，又遇"博通经籍"的马学海，从而得以"纂译成章"，实现了其师马复初"之所望欤"。

　　②　马安礼：《天方诗经》"自序"，第 2 页。

　　③　马安礼：《天方诗经》"例言"，第 23 页。

　　④　一说马复初本人有《天方诗经》译稿。

　　⑤　这 10 篇的篇名为："笃慕第一"篇，有 12 章；"克己第二"篇，有 16 章；"大赞第三"篇，有 30 章；"先征第四"篇，有 13 章；"感应第五"篇，有 16 章；"宝命第六"篇，有 17 章；"登霄第七"篇，有 13 章；"道征第八"篇，有 22 章；"真悔第九"篇，有 12 章；"慈云第十"篇，有 10 章。共 151 章。在 10 篇之后，有"续赞"。

者易晓"。①

光绪十六年（1890 年），《天方诗经》刊本问世。1956 年，人民文学出版社根据光绪十六年刻本影印出版《天方诗经》。马坚为之撰序。②

从该诗所述内容来看，它受到苏非主义的极大影响，充斥着浓郁的神秘主义色彩。马安礼在"例言"中说："是诗之奇，用以治病治怪，其效颇多。各经传注屡载之。兹以前人历试见效者，附于注后，以备采择。"③ 马坚在对该影印本有如下之说："直到现在，在文化落后的地区，还有人相信这件奇事，而且相信这篇长诗有超自然的魔力，可以当做符箓，却病避邪。"④ 认为一首长诗可以治病避邪，显然是无稽之谈。故而马坚对马安礼文中有关"前人历试见效者，附于注后，以备采择"之说，不予重视。

笔者之所以认为《天方诗经》乃马复初对伊斯兰教中国化的显著贡献，是因为，《衮衣颂》得以汉译，是与马复初的坚持、讲解诗法、指导分不开的。至于《天方诗经》于 100 多年前以四字一句的中国"诗经"体裁译成汉文，这在中国文学翻译史上，无疑是开创之作，也就有其独特的重要地位。

---

① 马安礼：《天方诗经》"例言"，第 24 页。

② 马坚根据该诗写作相关的传奇，对蒲绥里的长诗《布尔德》的梗概做了介绍。他说："据蒲绥里自己的叙述，他患了瘫痪病，成年地躺在床上，半身不遂，不能动弹。他就咏这篇长诗，歌颂先知，祈祷真宰，使他痊愈。他有时朗诵，有时痛哭，有时祈祷。有一天晚上，他睡着了，在梦中看见先知，用手抚摩他的脸，并且把自己的'布尔德'脱下来盖在他的身上。蒲绥里醒来，觉得自己的病突然痊愈了。这件奇闻很快就传布开了，这篇长诗就被称为《布尔德》诗篇，《衮衣颂》的译名由此而来。"参见马安礼《天方诗经》"影印《天方诗经》序"，第 6 页。

③ 马安礼：《天方诗经》"例言"，第 28 页。

④ 马安礼：《天方诗经》"影印《天方诗经》序"，第 6 页。

结 束 语

第一，王岱舆、马注、刘智和马复初有中国"回族四大著作家"的美誉。作为中国伊斯兰教的先贤，他们均被视为"四教博通，诸家毕览"者。马复初的经历之丰、见识之广、著述之多，是王、马、刘难以比拟的；只是他在汉文写作方面，较之王、马、刘稍显逊色。

第二，马复初幼承家学、赴陕深造，进而朝觐、游学的经历，使之成为享有盛名的经师、阿訇。他的身份及其在信众群体中的影响，很自然地将他推上咸同年间云南反清回民起义的历史舞台，出任滇东南起义的领袖。他和另一位起义领袖马如龙，顺应时代发展趋势，适时地与清廷媾和，从而有利于社会稳定、民众的安宁生活。动乱期间，他仍坚持写作，而非一味地迷恋权势地位，表明他乃学者型的从教人员。

第三，马复初之前，中国伊斯兰教关于伊斯兰信仰的表述形式，在寺院—教坊各自为政、各行其是的条件下，从未统一，亦未定型。他在著述中阐释的信真主、信天使、信经典、信圣人、信复生、信前定的"六信"，简洁、明确，为广大信众所接纳。其后，成为中国伊斯兰教表述信仰的基本形式。

第四，马复初认可伊斯兰教内在的自我完善、自我发展。他接纳艾什尔里（873—935年）和安萨里（1058—1111年）以来伊斯兰思想中内含的理性主义和苏非主义因素。他的汉文著述的主旨，极力显现其信仰的正统性；苏非主义在其中具有一定的地位。

第五，马复初严格区辨苏非主义中的遵法派苏非与非遵法派苏非。他肯定遵法派苏非的教义主张及其践行精神功修的"三乘"（"教乘""道乘"和"真乘"）道路。对一般信众关注心灵信仰、从事精神功修的作为，视为践行"三乘"道路基础的"教乘"。他的汉文著述对"道乘"和"真乘"主张有着鲜明的反映，并极力斥责非遵法派苏非神化长老及其谬误的言论和作为。

第六，在中国社会的大环境下，无可怀疑的是，马复初受到中国传统文化的深刻影响。然而，他的汉文著述的方法，既不是照搬照抄中国传统文化的行文，也不是境外伊斯兰著作的复述，而是借助传统文化的相关思想观念和语词概念，阐释伊斯兰信仰礼仪的义理，使之与中国传统文化相融合，从而像王岱舆、马注、刘智一样，在伊斯兰教中国化方面，做出了应有的贡献。

第七，中国的典籍、方志、杂记以及民间对"天"的遵奉，影响到一些信众对"天"的信仰、清真寺碑铭中也有类似的表述。马复初并未完全排斥信众对"天"的观念的信奉，明确强调遵奉的并非有形象的自然之天，而是借以"天"之称谓，信仰的乃"吾教所谓天地人物万有之真宰也"。

第八，马复初认同王岱舆、马注、刘智关于信奉对象的真主，以"真一"（或"真"）的学理性形式予以表述。接受他们关于"真一"（即"真"）显化宇宙万有过程中，处于隐显、动静、内外、一多的不同境界的观点。他从学理的视角提出并阐释"真一"还具有虚实、有无、恒更、始终、表里的关系，既发展了他的先辈的学理主张，又在伊斯兰学理领域，做出自身独特的贡献。

第九，马复初对伊斯兰教中国化的重要贡献在于：除借助中国传统文化、以浅显形式阐释伊斯兰信仰、提出"六信"、翻译阿拉伯诗歌外，突破前人关于"净经不译而不杂"，"民可使由，不可使知"之说,在前人抽译、选译《古兰经》经文的基础上,通译《古兰经》(限于时代条件,他的译作未能最终完成)。这在无形中开拓了其后汉译《古兰经》的大道。

第十,像王岱舆、马注、刘智一样,马复初的汉文著述,不仅对中国伊斯兰教有着不可忽视的学理影响,而且在丰富和发展中国传统文化方面,有其特殊的价值,已构成中国传统文化的一个有机组成部分。他们对伊斯兰教中国化的重要贡献,值得人们重视并研究他们的著述。其著述及其相关思想,乃中国历史、中国思想史、中国文化史、中国哲学史、中国宗教史不可或缺的内容,使之名垂青史,并不为过。

参考文献

《回族典藏全书》。

《清真大典》。

《清高宗实录》。

《清世宗实录》。

《中国新疆地区伊斯兰教史》编写组:《中国新疆地区伊斯兰教史》第一册、第二册,新疆人民出版社 2000 年版。

白寿彝:《回族人物志·近代》,宁夏人民出版社 1997 年版。

白寿彝:《回族人物志·清代》,宁夏人民出版社 1996 年版。

白寿彝:《中国伊斯兰史存稿》,宁夏人民出版社 1983 年版。

北京图书馆金石组编:《中国近代石刻拓本汇编》清 072,中州古籍出版社 1997 年版。

道布:《〈老子〉直解》,中国社会科学出版社 2015 年版。

冯契:《哲学大辞典》,上海辞书出版社 1992 年版。

金吉堂:《中国回教史研究》,宁夏人民出版社 2000 年版。

金宜久:《苏非主义在中国》,社会科学文献出版社 2013 年版。

金宜久:《王岱舆思想研究》,民族出版社 2008 年版。

金宜久:《伊斯兰教》,中国社会科学出版社 2009 年版。

金宜久:《中国伊斯兰探秘·刘智研究》,东方出版社 1998 年版。

金宜久:《中国伊斯兰探秘·刘智研究》,中国人民大学出版社 2010 年版。

金宜久：《中国伊斯兰先贤・马注思想研究》，社会科学文献出版社 2016 年版。

李兴华、冯今源：《中国伊斯兰教史参考资料选编（1911—1949）》上册，宁夏人民出版社 1985 年版。

李兴华、冯今源：《中国伊斯兰教史参考资料选编（1911—1949）》下册，宁夏人民出版社 1985 年版。

刘东声、刘盛林：《北京牛街志书——〈冈志〉》，北京出版社 1990 年版。

刘智：《五功释义》。

刘智：《无方典礼择要解》。

刘智：《天方性理》。

刘智：《真境昭徽》，中国伊斯兰教协会印，1984 年。

刘智：《天方至圣实录》，中国伊斯兰教协会印，1864 年。

刘智撰，马联元校正，马复初续：《天方三字经幼义、附续天方三字经》。

吕振羽：《简明中国通史》下册，人民出版社 1955 年版。

马德新（复初原著）：《朝觐途记》，马安礼译，宁夏人民出版社 1988 年版。

马复初：《四典要会》，青海人民出版社 1988 年版。

马复初：《大化总归》。

马复初：《醒世箴附天理命运说》。

马复初：《性理第五卷注释》；《性理卷五注释》。

马复初：《性命宗旨》。

马复初：《真诠要录》。

马复初：《指南要言》（卷一至卷四）。

马复初：《祝天大赞》。

何日孚：《祝天大赞集解》。

马复初辑、马安礼译：《真德弥维礼法启爱合编》。

马伯良：《教款捷要》。

马安礼：《天方诗经》，人民文学出版社 1956 年版。

马通：《中国伊斯兰教教派与门宦制度史略》，甘肃省民族研究所，
　　1981 年。

马通、马海滨编著：《中国苏菲派典籍》（上册、下册），2010 年，
　　内部刊本。

马注：《清真指南》，青海人民出版社 1989 年版。

欧栽尔：《默格索德》（《研真经》）。

祁韵士：《皇朝藩部要略》，文海出版社 1965 年版。

清椿园：《西域闻见录》。

任继愈：《老子绎读》，北京图书馆出版社 2006 年版。

任继愈：《老子绎读》，国家图书馆出版社 2015 年版。

任继愈：《宗教大辞典》，上海辞书出版社 1998 年版。

四库全书存目丛书编纂委员会编：《四库全书存目全书》，齐鲁书
　　社 1995 年版。

孙振玉：《马德新及其伊斯兰思想研究》，兰州大学出版社 2002
　　年版。

王岱舆：《正教真诠　清真大学　希真正答》，余振贵点校，宁夏人
　　民出版社 1988 年版。

杨仲明：《古兰经大义》。

杨桂萍：《马德新思想研究》，宗教文化出版社 2004 年版。

余振贵、雷晓静：《中国回族金石录》，宁夏人民出版社 1987
　　年版。

张中：《四篇要道译解》。

赵灿：《经学系传谱》，青海人民出版社 1989 年版。

朱谦之：《老子校释》，中华书局 1963 年版。

赵正轩、花醴泉：《天方道程启径浅说》。

金宜久：《中国伊斯兰教教派归属的几个问题》，《世界宗教文化》
　　2010 年第 1 期。

金宜久：《马注论"命"》，《世界宗教研究》2015 年第 6 期。

李增亮：《开封市东大寺记》，《中国穆斯林》1990 年第 2 期。

马汝云：《大化总归》，《中国穆斯林》1986 年第 1 期。

马汝云：《马复初〈道行究竟〉一书的哲学思想》，《中国穆斯林》
　　1987 年第 1 期。

纳国昌：《马复初的〈祝天大赞〉》，《中国穆斯林》1987 年第 3—
　　4 合刊。

王希：《马复初〈本经五章译解〉初探》，《回族研究》2012 年第
　　3 期。

王建平：《试论马德新著作中的"天"观念及伊斯兰教和儒教关
　　系》，《上海师范大学学报》（哲学社会科学版）2004 年第 6 期。

肖清和、文英杰：《中国回耶对话的典范：马德新〈据理质证〉
　　新考》，《史林》2016 年第 1 期。

杨晓春：《关于 1931 年中华书局刊本〈正教真诠〉的版本渊源及
　　相关问题》，《西北第二民族学院学报》（哲学社会科学版）
　　2008 年第 3 期。

后　记

2017 年夏日，《马复初汉文著述探析》的定稿工作提上日程。8 月初，左大腿、小腿内侧突患带状疱疹。不仅影响定稿进程，而且无法出席中央社会主义学院举办的"中华文化与宗教中国化"论坛，打乱出行安排。

有幸的是，前赴宽街北京中医医院诊治时，知名专家李伟凡大夫（主任医师）当即安排我住院治疗，及时控制疱疹蔓延。9 日出院后，随即接受钱洁大夫（主任医师）针灸治疗。后 8 月下旬，钱大夫轮值休假，又转由薛立文大夫（主任医师）继续治疗。在薛立文大夫的精心诊治下，10 月中旬，疱疹疼痛日减；11 月初，疱疹痊愈，又继续针灸到 11 月 30 日以固疗效。在此，谨向李伟凡、钱洁和薛立文三位大夫呈以衷心谢意。

为完成文稿，我还应感谢同人唐晓峰研究员，他为我介绍广东财经大学曾志辉博士提供有关《据理质证》的论文和法文资料；也应感谢同人刘国鹏研究员对该文的关注；感谢国家图书馆古籍馆的有关同志协助查阅相关的图书资料。

在结项和申请出版资助的过程中，除赴外地图书馆查阅《真诠要录》而无所获外，应感谢我的同人、原所长助理孙波研究员和北京师范大学图书馆侯旭红研究馆员为查阅该书提供的帮助。还应感谢院老干部工作局为本书出版提供资助。

我还应一如既往地感谢我的贤内助丁慧中女士，感谢她无微不至的关怀和照顾，使我得以顺利完成文稿工作。

对马复初汉文著述的探析，可能仍有不足之处。期望读者不吝批评、指正。

金宜久
2019 年 5 月